SOCIEDADE, CULTURA, PSICANÁLISE

Blucher KARNAC

SOCIEDADE, CULTURA, PSICANÁLISE

Renato Mezan

Sociedade, cultura, psicanálise
© 2015 Renato Mezan
© 2017 Editora Edgard Blücher Ltda.

Imagem da capa: Eleonora Pereira Macambira Mezan

Equipe Karnac Books
Editor-assistente para o Brasil Paulo Cesar Sandler
Coordenador de traduções Vasco Moscovici da Cruz
Revisão gramatical Beatriz Aratangy Berger
Conselho consultivo Nilde Parada Franch, Maria Cristina Gil Auge, Rogério N. Coelho de Souza, Eduardo Boralli Rocha

Blucher

Rua Pedroso Alvarenga, 1245, 4º andar
04531-934 – São Paulo – SP – Brasil
Tel.: 55 11 3078-5366
contato@blucher.com.br
www.blucher.com.br

Segundo o Novo Acordo Ortográfico, conforme 5. ed. do Vocabulário Ortográfico da Língua Portuguesa, Academia Brasileira de Letras, março de 2009.

É proibida a reprodução total ou parcial por quaisquer meios sem autorização escrita da editora.

Todos os direitos reservados pela Editora Edgard Blücher Ltda.

FICHA CATALOGRÁFICA

Mezan, Renato
  Sociedade, cultura, psicanálise / Renato Mezan. – São Paulo : Blucher, Karnac, 2017.
  560 p.

Bibliografia
ISBN 978-85-212-1116-7

1. Psicanálise I. Título

16-1103   CDD 150.195

Índice para catálogo sistemático:
  1. Psicanálise

Conteúdo

Apresentação 7

Parte I: Sociedade
Os que não foram heróis: sobre a submissão dos judeus ao terror nazista 19
Nasrah e seus irmãos: sobre os limites da tolerância 47
Intolerância: um olhar psicanalítico 71
Existe um erotismo contemporâneo? 89
Casamento sem sexo 117

Parte II: Cultura
Um psicanalista no bosque de Clio 139
O amor romântico no século XXI 167
Por que lemos romances policiais? 189
O ponto de fuga: sedução e incesto em *Vaghe Stelle dell'Orsa...* 227

"Mudou o Natal, e mudei eu"	259
Um rabino tolerante	285
Parte III: Psicanálise	
A inveja	297
Conrad Stein no Brasil	333
Prazer de criança: sobre o vínculo entre sublimação e identificação	347
Parte IV: Leituras, diálogos	
Um analista e seu trabalho	373
Um destino para o ódio: a paranoia	383
As espirais de Decio Gurfinkel	389
Lições de ontem para a clínica de hoje	397
"Conversa de louco": razão e sensibilidade na prática da psicanálise	411
Três em um	423
Redescobrir, refletir, problematizar: a fina botânica de Luiz Meyer	431
A Gata Borralheira da psicanálise	465
Maternidade impossível	473
Márcia e seus fantasmas: relato de uma análise	481
Silvia Alonso e a clínica do singular	487
Uma visão binocular de Bion	507
Nota sobre a origem dos textos	523
Índice de obras e filmes	529
Índice remissivo	541

Apresentação

"Este livro é dedicado àqueles dos meus colegas que não acreditam na possibilidade de uma psicanálise aplicada": assim André Green inicia *La Déliaison* (*O Desligamento*), coletânea na qual enfeixa algumas de suas mais agudas leituras de textos literários.

O desprezo por esta prática centenária – inaugurada por Freud em pessoa, que lhe atribuía importância suficiente para reservar a escritos desse tipo a revista *Imago* – origina-se numa série de suposições a meu ver errôneas. A primeira é que os conceitos e esquemas interpretativos da psicanálise se prestariam mal à elucidação de fenômenos de ordem diversa daquela para a qual foram criados, a saber os que têm lugar no trabalho clínico *stricto sensu*. Por isso – segundo motivo – tal uso abusivo das noções analíticas nada acrescentaria à compreensão desses fenômenos, limitando-se a encontrar neles os mesmos elementos que teriam informado a leitura (por exemplo, "descobrindo" que tal personagem tem um Édipo mal resolvido, ou que um crime hediondo resulta de impulsos sádicos não sublimados).

Sofrendo de "tautologite" insanável quanto ao conteúdo, no quesito "instrumentos de leitura" a contribuição da psicanálise aplicada para o desenvolvimento da própria disciplina seria também igual a zero: nada de proveitoso para a compreensão – e muito menos para a ampliação – do seu próprio campo resultaria de tão inútil empreitada. Em suma: cada macaco no seu galho, e vaias para o que se aventurasse na famosa loja de louças.

O problema com estas três afirmações é que não correspondem à verdade:

a) o objeto da psicanálise não é de modo algum apenas o que ocorre nas sessões de terapia, mas o psíquico em todas as suas manifestações, inclusive aquelas exteriores à clínica, tanto no plano individual (pense-se nos sonhos, ou nos atos falhos) quanto no da interação entre os seres humanos. Ou será que ao agir, ao criar instituições e costumes, ao dar asas à imaginação inventando histórias e mitos, produzindo ferramentas e técnicas, obras artísticas, teorias científicas e sistemas filosóficos, não estamos usando nossa mente, e portanto sujeitos às leis que a governam? Nada há de ilegítimo, portanto, em abordar essas dimensões do humano com os recursos da psicanálise.

b) o estudo delas por meio de tais recursos tem suas regras próprias, a principal das quais visa exatamente a evitar o escolho da aplicação mecânica e sem sal ao objeto a ser analisado. Ela obriga o intérprete a considerar a singularidade dele, ou seja, a apreender sua estrutura própria, da mesma maneira como faria com o discurso de um paciente ou com um movimento contratransferencial do analista. Por "estrutura" entendo a articulação das várias partes, dimensões ou camadas do objeto, suas características formais, as maneiras específicas pelas quais estas expressam o conteúdo – numa palavra, o que faz do objeto *este* e não outro. Só então, ao nos perguntarmos o que de inconsciente pode estar implícito nele, é que pode ter início a leitura psicanalítica, que, se realizada com atenção e *finesse*, terá boas chances de revelar aspectos acessíveis unicamente através da nossa disciplina. A validade da leitura dependerá da (e poderá ser comprovada pela) congruência desses aspectos com aqueles evidenciados na análise formal.

É o que faz Freud em "O Moisés de Michelangelo", um clássico do gênero: observando a posição das Tábuas da Lei no braço do profeta (elemento próprio a *esta* escultura), infere que ele as está segurando com firmeza, e não como quem pretende arremessá-las longe. Por que este gesto? A pergunta implica pensar sobre as motivações de Moisés – e com isso passamos da análise formal ao território do psíquico. Diz a Escritura que ele estava furioso com os hebreus por causa do Bezerro de Ouro; ora, se o escultor o figura *protegendo* as Tábuas, é porque as sente ameaçadas – e como o risco só pode provir da sua própria cólera, a estátua o representa no instante em que decide contê-la. Essa decisão pressupõe um conflito entre um impulso (o de arrojar as Tábuas sobre os idólatras indignos delas) e a inibição dele por meio de uma defesa, que Freud relaciona ao ideal do ego (renunciar a um desejo imperioso em nome de um valor mais alto, no caso o de cumprir a missão que Jeová lhe confiara).

c) longe de ser uma aplicação estéril de algo já conhecido a um material que não precisa disso, o movimento interpretativo de Freud abre uma série de questões eminentemente psicanalíticas: o autocontrole como forma de relativa superação da onipotência infantil, o papel das identificações estruturantes na formação dos ideais em geral (e do indivíduo Moisés em particular), o papel do narcisismo na preservação de uma autoimagem satisfatória e funcional, a relação de um homem com a autoridade paterna, metaforizada na da divindade (e portanto a maneira como lida com a castração), e assim por diante. Além de *ilustrar* esses conceitos usando o exemplo artístico, o modo como Freud os emprega torna possível refiná-los, ampliar seu alcance heurístico relacionando-os com dimensões psíquicas e com áreas teóricas não evidentes à primeira vista (digamos, o vínculo entre narcisismo e castração).

Ou seja: tem razão André Green – e junto com ele os inúmeros analistas que usaram sua argúcia e experiência clínica para investigar temas de *angewandte Psychoanalyse*[1] – ao considerar esse gênero de escritos tão legítimo quanto qualquer outro no âmbito da disciplina. A não ser pela natureza do material, que coloca dificuldades específicas e exige resolvê-las de modo adequado, eles em nada diferem do que o analista tem a fazer quando redige um relato de caso, abre uma discussão teórica ou examina uma organização psicopatológica.

* * *

Os textos que compõem o presente volume procuram observar os princípios mencionados anteriormente, como venho fazendo desde meus primeiros trabalhos no campo da psicanálise aplicada. Quer se trate de questões da vida social (Parte I), de obras da cultura (Parte II), de assuntos mais tipicamente psicanalíticos (Parte III), ou da leitura de escritos de colegas (Parte IV), eles começam por contextualizar o tema, continuam com o estudo de algumas características que o individualizam entre outros da mesma classe, e só então se aventuram a sugerir hipóteses de cunho psicanalítico.

---

1 Subtítulo escolhido por Freud e Rank para *Imago*. Mesmo o leitor que desconheça a língua alemã terá adivinhado o sentido da expressão: psicanálise... aplicada.

A contextualização depende, como é óbvio, da natureza do assunto: no mais das vezes, é histórica (a epopéia do Gueto de Varsóvia, os artigos sobre a tolerância, sobre o amor e o erotismo, o ambiente em que convivi com Scarlett Marton no Departamento de Filosofia da USP, entre outros), mas pode ser igualmente conceitual (a noção de "romântico", o que torna "policial" uma novela, etc.), estética (o preto e branco num filme de Visconti, a descrição da inveja por Clarice Lispector), ou mesmo propriamente psicanalítica (o que entendemos por "sexualidade" ou "prazer", exemplos clínicos e referências teóricas nos livros comentados). Uma vez situado o tema nesse gradiente, vou em busca do que o singulariza: os elementos formais a meu ver relevantes são então destacados, e a partir deles vão surgindo as indagações para as quais busco resposta.

Neste percurso, sirvo-me de uma ideia que atravessa todo o volume, e apesar da variedade de tópicos lhe confere certa unidade: há no ser humano aspectos que podemos considerar universais, ou seja, independentes de época e lugar, e outros que dependem de circunstâncias históricas, sociais e culturais. Fazem parte do primeiro grupo as pulsões elementares (sexualidade e agressividade), as angústias fundamentais (de morte, invasão, despedaçamento, perseguição, dissolução, castração...), e o elenco de defesas contra umas e outras; pertencem ao segundo elementos ligados ao ego, ao superego e aos ideais, que o indivíduo absorve por identificação a modelos vigentes no meio em que lhe toca viver (normas, costumes, crenças, valores éticos e estéticos, e assim por diante).[2]

Exemplos dessa forma de proceder encontram-se entre outros nos capítulos sobre o livro de David Levisky *Um Monge no Divã*,

---

2   Entre outros trabalhos, essa questão é discutida com vagar em "Violinistas no telhado: clínica da identidade judaica", in R. Mezan, *A Sombra de Don Juan* [1993], 2ª edição, São Paulo, Casa do Psicólogo, 2005, p. 237-295.

no qual ele se interroga sobre a pertinência de estender o conceito de adolescência para além da sociedade moderna, no que discute os impasses do multiculturalismo ("Nasrah e seus irmãos"), ou no que aborda o prazer que sentimos ao ler romances de mistério: na verdade, é ela que permite o trânsito entre a singularidade das produções humanas examinadas no livro e o que a psicanálise tem a dizer sobre o funcionamento psíquico da nossa espécie.

Como este ponto é central para meu argumento, convém explicitá-lo um pouco mais. A ponte entre cada tema em particular e o arsenal teórico herdado de Freud e dos seus sucessores reside no *tipo de problema* que aquele permite formular, o que por sua vez convoca para sua solução determinados conceitos analíticos. Assim, o incesto entre irmãos sugerido em *Vaghe Stelle dell'Orsa...* exige abordar questões diferentes daquelas para as quais apontam o fundamentalismo religioso ou o papel da imagem em certas formas do erotismo.

Uma questão metodológica e epistemológica encontra aqui o seu lugar: a acusação de arbitrariedade frequentemente levantada em relação às interpretações no âmbito da psicanálise aplicada. Segundo alguns, ela seria o território do vale-tudo, simples tela de projeção para fantasias de diletantes mais dotados de arrogância que de discernimento. No estudo sobre o filme, apresento a visão – baseada na psicanálise – de um crítico de cinema segundo o qual a história não se passa entre os personagens, mas apenas na imaginação de Sandra, que teria sido abusada pelo pai e não pelo irmão. Discordo dessa opinião, que me parece incompatível com o que se poderia esperar caso uma menina tão pequena (com três ou quatro anos) tivesse sido vítima de um trauma dessas proporções. Independentemente da posição que parecer mais acertada ao leitor, resta o fato de que as duas não podem ser simultaneamente verdadeiras, porque estão lastreadas em avaliações opostas do comportamento da jovem. A meu ver, isso refuta a objeção de arbitrariedade: uma hipótese, em psicanálise como em qualquer outra disciplina, precisa ser comprovada por meio de um material diferente daquele que lhe serve de fundamento, e é o que me leva a não aceitar a sugestão do crítico.

* * *

O caso do filme introduz outro tópico: a influência do que lemos sobre nosso próprio pensamento. O que me permite certa segurança na divergência com o crítico são as observações de Renata Cromberg num dos livros comentados na Parte II, *Cena Incestuosa*. Talvez o leitor se pergunte por que quis incluir neste volume doze textos sobre obras escritas por outros autores: resenhas e prefácios, como se sabe, não são considerados pelas agências federais como produções válidas para avaliar o trabalho de professores universitários. Segundo elas, não estariam no mesmo plano que os que tratam de temas mais diretamente ligados à sua área do saber, e no fundo não pertenceriam à espécie *scriptum scientificum*.

A ideia do que seja "produção intelectual" envolvida nessa postura me parece profundamente equivocada. A ciência – qualquer ciência, mas sobretudo as humanas – é uma atividade social, e não somente o fruto dos estudos de um indivíduo isolado. Toda investigação se apóia no que outros produziram e produzem, dialoga com o já estabelecido, às vezes o questiona, outras o aprofunda, ou abre novas perspectivas. Conhecer – e dar a conhecer – o trabalho dos colegas é assim parte integrante da atividade intelectual, e exige tanto esforço quanto pesquisar qualquer outro assunto; talvez até mais, porque para dizer algo pertinente nesse campo é necessário entrar no "mundo" de outra pessoa, procurar compreender o que quis realizar, e avaliar até que ponto o conseguiu.

Por isso, toda leitura é também um diálogo com o autor do texto, e por isso emprego ambos os termos como título da Parte IV do presente livro. Penso que ler com atenção o que escrevem meus colegas, meus mestres e meus alunos é bem semelhante ao que faço quando escuto meus pacientes: claro que sem pretender ter acesso ao seu inconsciente, o que seria ridículo e abusivo, é com o mesmo interesse e com o mesmo respeito que procuro entender o que dizem, como o dizem, por que o dizem deste modo e não de outro, e compartilhar com outros o que aprendo com eles.

O alcance de um comentário assim concebido é muito maior do que supõem as normas estreitas das agências avaliadoras. Além de dar notícia de trabalhos interessantes, estimulando outros a lê-los e a aproveitar seus resultados, trata-se de intervenções no campo a que me dedico, já que para discutir as ideias do autor é preciso – mais uma vez – contextualizá-las segundo parâmetros apropriados a cada caso. Isso me leva a pesquisar com quem ele está debatendo, a restituir a história daquelas questões, a examinar os argumentos pró ou contra determinada solução para elas. Também me leva a pensar nos assuntos tratados, e eventualmente a externar minha própria concepção a respeito. Se isso não é trabalho intelectual, não sei o que pode merecer este nome!

Além disso, como os autores aqui comentados pertencem ao mesmo território – o da psicanálise brasileira atual – o estudo dos seus escritos, se tomado em conjunto, revela algo do que se passa nele. Com efeito, diversos tópicos são focalizados em mais de um dos livros que escolhi discutir, seja na Parte IV, seja nos demais textos: são questões que vêm se impondo nos debates profissionais, e que naturalmente suscitam a atenção de muitos colegas.

Para que não reste dúvida de que assim é, vejamos algumas:

- abuso sexual e incesto (Renata e *Vaghe Stelle...*);
- problemas da adolescência (o filme, e o livro de Levisky);

- inerência do passado infantil no presente adulto (quase todos, mas em especial em Visconti e nos escritos de Sergio Telles, Luiz Meyer e Renata);

- a distinção entre clínica do recalque e clínica da dissociação (forma como Decio Gurfinkel estrutura o campo das psicopatologias, que figura com diferentes nomes nos trabalhos de Silvia Alonso, Luís Cláudio Figueiredo e outros);

- algumas organizações psíquicas, como a perversão (Renata, Silvia, Luiz Meyer), a histeria (Berta Hoffmann Azevedo, Silvia, Luiz Meyer, Lusimar de Melo Pontes), e as ditas "novas patologias" (Figueiredo, Menezes);

- questões do feminino e da maternidade (Claudia Suannes, Lusimar, Silvia);

- o conhecimento informado do paciente para publicação de material clínico (Sergio Telles, Lusimar);

- a herança de Freud e dos pós-freudianos como parâmetros para a prática (Luis Carlos Menezes, Roberto Girola, Silvia, os dois livros de Luis Claudio);

- a espiral como método de pensamento (Decio, Luís Claudio, Renata, Menezes, Meyer), assim como o que Bion chama de visão binocular (Figueiredo), e o rabino Abraham Heschel de visão em paralaxe (Alexandre Leone);

- a natureza da escuta analítica (Menezes, Telles, Meyer, Silvia)...

Tamanha comunidade de interesses e de problemas não é casual: resulta da ação combinada de processos e fenômenos próprios à sociedade contemporânea, que trazem ao consultório novas demandas clínicas, as quais são por sua vez abordadas com os recursos técnicos e teóricos forjados em cento e vinte anos de psicanálise, e com novos recursos teóricos e técnicos desenvolvidos a partir deles. Esse "mapa" da disciplina em nosso momento histórico e em nosso país, embora necessariamente parcial, não poderia ter sido desenhado – ao menos por mim – se não me dedicasse com paciência e afinco à tarefa supostamente "menor" de mergulhar em profundidade nos livros aqui comentados.

* * *

É tempo de concluir esta Apresentação. Seja-me permitido encerrá-la com uma palavra de gratidão aos meus mestres na filosofia e na psicanálise: Marilena Chauí, que me ensinou a ler e a dar aulas, Regina Schnaiderman, que me ensinou a ouvir, e Conrad Stein, que me ensinou o valor de ter uma voz própria nos domínios da psicanálise. Se os artigos e conferências aqui reunidos tiverem para você, leitor amigo, um décimo da utilidade que para mim tiveram o exemplo e as lições deles, já me darei por satisfeito!

Aproveito a ocasião para agradecer a algumas pessoas sem as quais este livro não veria a luz: Paulo Cesar Sandler, que me convidou a prepará-lo para a Karnac; Beatriz Berger, cuja infinita paciência comigo lhe garante um lugar eterno à direita do Senhor; e os organizadores dos eventos nos quais foram proferidas as conferências, assim como os das coletâneas nas quais saíram originalmente alguns dos textos aqui reunidos.

Boa leitura!

Renato Mezan
Julho de 2015

PARTE I
SOCIEDADE

Os que não foram heróis: sobre a submissão dos judeus ao terror nazista

À memória de David Sztulman, morí umadrichí[1]

"As ideias precedem os atos, assim como antes do trovão vem o relâmpago."

Heine, De l'Allemagne

Na parede lateral da sinagoga que, na Congregação Israelita Paulista, é usada para os ofícios diários, estão gravadas centenas de nomes: homenagem aos parentes dos membros da comunidade que pereceram durante a "Solução Final da Questão Judaica", como os nazistas denominaram a mais fantástica realização dos seus doze anos de poder, nos quais não escasseiam horrores e crueldades.

---

1 "Meu mestre, que me mostrou o caminho". David Sztulman, nascido na Polônia, foi por muitos anos diretor do Departamento Juvenil da CIP. Ele e sua esposa Sima despertaram meu interesse pela história e pelos valores do judaísmo, e me proporcionaram alguns dos anos mais felizes de minha vida. Que este texto sirva como um testemunho da gratidão que lhes dedico.

Lembro-me da primeira vez em que entrei nesta sinagoga, durante os preparativos para meu *bar-mitzvá*. O mármore coberto de nomes me chamou imediatamente a atenção, e me recordo de ter pensado que o de minha avó Renata Mezan poderia estar entre eles; mas não foi da Alemanha, e sim de Milão, que ela partiu para uma morte horrenda em algum campo da Polônia. Os nomes me fizeram pensar também na visita que Tzivia Lubetkin, uma sobrevivente do Gueto de Varsóvia, fizera à CIP poucos meses antes, e no encontro que David Sztulman, então diretor do Departamento Juvenil, organizara com ela. Tzivia Lubetkin havia sido uma importante testemunha no processo Eichmann, dois anos antes, e a este título é mencionada no livro de Hannah Arendt, *Eichmann em Jerusalém – um relato sobre a banalidade do mal*, do qual voltaremos a falar. Ela nos contou sobre o Levante, sobre o heroísmo dos jovens comandados por Mordechai Anilewicz, sobre o prodígio que foram aquelas três semanas da primavera de 1943, quando algumas centenas de judeus enfim despertados da sua apatia resistiram às brigadas alemãs, até que somente uns poucos permanecessem vivos e pudessem escapar pelos esgotos.

Foi por esta época que li *Mila 18*, o romance de Leon Uris ambientado no Gueto. Anos depois, ao visitar Varsóvia, emocionei-me diante do monumento aos combatentes do gueto, que fica no local onde se erguia o número 18 da rua Mila, hoje uma praça.[2] E sempre a mesma pergunta se apresentava diante dos meus olhos, na pequena sinagoga, ouvindo a voz pausada daque-

---

2   Varsóvia foi destruída durante a guerra, inclusive Stare Miesto, a cidade antiga. Seguindo planos e desenhos que puderam ser preservados, os poloneses reconstruíram as fachadas e a aparência urbana do centro histórico exatamente como eram em 31 de agosto de 1939. Mas das ruas onde ficava o gueto nada foi reconstruído: o espaço tornou-se uma praça.

la senhora que nos falava em hebraico, em pé recitando um *Kadish* em memória daqueles milhões de mortos, ou ainda ao percorrer as alamedas silenciosas do que foi o campo de Auschwitz,[3] naquela mesma visita à Polônia: por que não resistiram? Por que marcharam tão passivamente para a morte? Por que somente anos depois de se iniciarem as atrocidades contra os judeus é que ocorreram episódios de resistência, entre os quais o levante? É a responder estas perguntas, ou ao menos encaminhar um esboço de resposta, que visa o presente artigo.

1. Submissão

E antes de mais nada, uma observação. A maneira como costumamos formular a pergunta inclui implicitamente uma nota de desdém, pois o "tão passivamente" nada mais é do que um eufemismo para "marcharam para a morte como carneiros para o matadouro". Esta conotação é um insulto aos que morreram, acrescentando à sua tragédia um matiz vergonhoso que em nada nos honra, a nós, nascidos depois que tudo terminou, e que teríamos preferido que nossa história contivesse mais episódios como Metzadá (o suicídio coletivo dos combatentes contra Roma em 70 d. C.) ou como o levante do Gueto, e menos cenas como as que nos mostram os filmes sobre o Holocausto, longas filas de pessoas caminhando ordenadamente para as câmaras de gás.

Para compreender como tal coisa pôde acontecer, é preciso entrar no âmago da história, compreender o que era o regime nazista

---

3   Auschwitz é hoje um monumento nacional polonês, dedicado à memória dos patriotas ali assassinados. Milhares de retratos cobrem as paredes do que foram os dormitórios, tendo em baixo de cada um o nome da pessoa. Em 1978, quando estive lá, não havia uma única referência ao martírio dos judeus, nem nomes judaicos entre os retratos.

e o que fez com todos os que com ele tiveram contato, alemães e não alemães, soldados e civis, carrascos e vítimas. Somente assim se pode vislumbrar também o significado da revolta do Gueto, e por que só após três longos anos de sofrimento é que ela pôde eclodir. Dados históricos são assim indispensáveis, mas igualmente a análise destes dados do ponto de vista psicológico, pois estamos lidando com um fenômeno de obediência coletiva a diretrizes tão absurdas, tão bárbaras e desumanas, que desafia a imaginação o simples fato de terem sido formuladas. Acusar de covardia as vítimas – pois é disso que se trata, quando vem à tona a metáfora dos carneiros – é, além de uma ofensa à sua memória, um erro grave, que provém da desinformação tanto quanto do nosso desejo de não nos identificar com elas.

É no livro de Hannah Arendt que encontro as informações necessárias para o que se segue. Enviada em 1961 a Jerusalém pelo *New Yorker*, com a missão de cobrir o julgamento de Adolf Eichmann, ela escreveu um texto sóbrio, porém que ainda hoje se lê com emoção. O que comove o leitor é a lucidez da pensadora, as questões que ela levanta – e como as levanta – à medida que as páginas vão se cobrindo de dados precisos, cortantes, aterradores. Hannah Arendt não se furta a examinar o papel dos próprios judeus na implementação da Solução Final, sem o qual ela não teria atingido aquele grau macabro de sucesso. E do que nos conta emerge a possibilidade de compreender, como disse, o que se passava nas mentes dos que não resistiram, assim como, talvez, nas daqueles que finalmente pegaram em armas e resgataram a honra do povo condenado.

A Solução Final, ou *Endlösung*, não foi a primeira política dos nazistas em relação aos judeus. Desde a eleição de Hitler para o posto de chanceler, as medidas antijudaicas foram postas em prática com uma determinação fanática e com uma meticulosidade toda germânica. Elas atingiram primeiro os judeus da própria Alemanha, excluídos do serviço público logo nos primeiros meses do regime – o que significava abandonar cargos nas escolas e Universidades, no rádio, em entidades culturais como museus e orquestras, nos serviços médicos, etc. As Leis de Nuremberg de 1935 codificaram a exclusão da "raça inferior" e criaram a figura jurídica da *Rassenschande*, o crime de contato sexual entre arianos e judeus. Estas medidas não encontraram oposição dos alemães, antes pelo contrário: obtiveram um apoio mais do que formal, a ponto de Arendt poder falar em "cumplicidade ubíqua" da população e do Estado.

Duas observações cabem aqui. A primeira é que, no contexto dos anos 1930, as medidas discriminatórias eram ainda um assunto interno da Alemanha, e, por mais que chocassem o mundo civilizado, foram ativamente elogiadas pelos antissemitas de outros países, especialmente na Europa do Leste, que sempre viu na cultura alemã um modelo prestigioso. Em segundo lugar, os próprios judeus alemães as aceitaram, pois reconheciam no regime nazista a legalidade e a legitimidade do Estado constituído. Aceitar, é óbvio, não significa *aprovar*: é claro que esperavam que um dia os nazistas fossem alijados do poder e que fossem abolidas as leis vergonhosas. Alguns perceberam as proporções do horror e emigraram, mas a maioria se adaptou ao que parecia um mal menor e, em todo caso, passageiro.

"As Leis de Nuremberg privavam os judeus dos seus direitos políticos", frisa Hannah Arendt, "mas não de seus direitos civis; eles não eram mais cidadãos (*Reichsbürger*), mas continuavam membros do Estado alemão (*Staatsangehörige*). Os judeus sentiam que agora haviam recebido leis próprias e que não seriam mais postos fora da lei [...]. Eles acreditaram que haveria um *modus vivendi* possível, e chegaram a se oferecer para cooperar com a "solução da questão judaica".[4]

---

4 Hannah Arendt, *Eichmann em Jerusalém: um relato sobre a banalidade do mal* (1964), São Paulo, Companhia das Letras, 2001, p. 50 ss.

Este engano nos parece hoje incompreensível, mas na época não o era. A imensa maioria dos judeus alemães, apesar do antissemitismo difuso do último século, havia se integrado à sociedade e à cultura do país em que haviam nascido, e no qual também haviam nascido muitas gerações de seus antepassados. Orgulhavam-se das contribuições dos seus às artes, às ciências e ao progresso da Alemanha; haviam lutado lealmente por seu país na Grande Guerra, e muitos haviam sido condecorados por bravura. Consideravam-se superiores aos *Ostjuden*, ou judeus do Leste europeu, que falavam ídiche, usavam longas barbas, cachos laterais no cabelo (*peies*) e casacos de cor negra, e viviam num universo religioso que lhes parecia antiquado e cheio de superstições. Seu próprio ambiente religioso era na maior parte dos casos o da Reforma judaica do século XIX, isso quando não eram completamente seculares: a religião era um assunto privado ou comunitário, mas de forma alguma os impedia de levar uma vida civil em nada diferente da dos outros oitenta milhões de alemães. Até os sionistas se acomodaram com as Leis de Nuremberg, embora por outra razão: viam na segregação imposta aos judeus um elemento a favor de *suas* ideias, um primeiro passo para a recusa da assimilação e no sentido de um despertar da consciência nacional entre os refratários à sua mensagem política.

O primeiro grande abalo nesta visão otimista veio com a Noite dos Cristais, em 9 de novembro de 1938, quando todas as sinagogas do país foram incendiadas e se quebraram milhares de vitrinas de lojas judaicas, cujos cacos no chão "brilhavam como cristais" (daí a alcunha com que ficou conhecida esta barbaridade).[5] Ainda

---

5   A *Kristallnacht* foi desencadeada como represália ao assassinato, por um jovem judeu, de um diplomata alemão na Embaixada em Paris. O pai deste jovem depôs no processo Eichmann (cf. Arendt, op. cit., p. 248).

assim, a política oficial do Reich – que agora englobava a Áustria – era a de que os judeus deveriam sair do país, a fim de que este se tornasse *judenrein* (limpo de judeus). Sabemos que, apesar das extorsões financeiras e do labirinto burocrático, 150.000 judeus austríacos puderam emigrar relativamente em paz entre o *Anschluss* de março de 1938 e os primeiros meses de 1940 – Freud e sua família entres eles. Incidentalmente, era Eichmann o encarregado de negociar com os líderes da comunidade as questões de emigração; fez isso com notável eficácia, com o que veio a adquirir a fama de "perito em questões judaicas" que mais tarde o levaria chefiar o departamento encarregado da enorme tarefa de deportar milhões de pessoas para a morte no Leste.

2. Terror

"Foi com o início da guerra que o regime nazista se tornou abertamente totalitário e abertamente criminoso", escreve Hannah Arendt (p. 82). A invasão da Polônia colocou sob a bota alemã três milhões de judeus, cujo destino estava selado antes mesmo que as bombas acabassem de cair sobre Varsóvia. No filme *O Pianista*, de Roman Polanski, vemos a reação de uma família judia de classe média aos primeiros decretos dos ocupantes: medo, estupefação, tentativas de esconder algum dinheiro, indignação – mas principalmente *inércia*. Quando é formado o gueto, em outubro de 1940, os judeus vão disciplinadamente para as novas casas; assistem paralisados ao levantamento dos muros, e continuam a viver como podem. Logo se instalam as doenças e a fome, mas cada um tenta prover a si e aos seus, buscando sobreviver, na esperança de que um dia aquele pesadelo chegaria ao fim.

Na Europa inteira, enquanto isso, a Wehrmacht conquistava um êxito atrás do outro. Com exceção da Inglaterra e da União Soviética, todos os países estavam sob o domínio alemão ou eram governados por regimes pró-Berlim, mesmo os neutros como Portugal, Espanha e Suíça. Nos países ocupados, colocou-se imediatamente em prática a segunda política nazista para os judeus, agora que a emigração em massa se tornara impossível: o que Arendt chama de *concentração*. Os judeus deviam se registrar e passavam a usar a estrela amarela; em seguida vinha a ordem para se mudarem para o gueto, que era murado e patrulhado pelas SS. Neste processo, as lideranças judaicas colaboravam através dos "Conselhos Judaicos", encarregados de obter os dados cadastrais e de cuidar de detalhes práticos como confisco de bens, distribuição de cartões para racionamento, etc. A estes homens, sem dúvida atormentados pelas tarefas que deviam executar, parecia que estavam escolhendo o caminho da prudência, ao não confrontarem um invasor cuja crueldade e cujo total desprezo pela vida humana se manifestava diariamente, com uma ferocidade da qual ninguém julgaria capazes homens do século vinte. A doutrina da superioridade racial certamente oferecia aos alemães uma boa justificativa para seus atos, e o reino do terror era implantado com uma rapidez de tirar o fôlego. Qualquer tentativa de oposição era punida com massacres e com requintes de crueldade; informantes e colaboradores abasteciam a Gestapo com o que ela precisava saber, e os judeus aceitavam, como todos os outros, a realidade pavorosa que tinha se abatido sobre eles quase do dia para a noite.

Arendt narra um fato que deixa isto absolutamente claro: em Amsterdã, em 1941, alguns judeus ousaram atacar um destacamento da Gestapo. A represália foi fulminante: quatrocentos e trinta judeus foram presos e torturados, depois deportados para Buchenwald e Mauthausen. O mesmo aconteceu em outros lugares, com judeus e não judeus que ousavam se rebelar ou sabotar instalações alemãs; a retaliação vinha logo, sobre centenas de inocentes, e com uma brutalidade aterradora. Não era viável resistir individualmente: esta é a verdade. A Resistência francesa e os guerrilheiros que na Iugoslávia infernizavam a vida dos ocupantes foram constituídos a partir de bases preexistentes, especificamente o Partido Comunista, organizado já para a vida clandestina segundo as diretrizes de Lênin no famoso opúsculo *Que Fazer?*. Ora, os judeus como grupo eram bem organizados – as coletividades dispunham de escolas, orfanatos, órgãos assistenciais, e, obviamente, sinagogas – mas não se tratava de estruturas que pudessem ser convertidas do dia para a noite em entidades combatentes, sem falar no fato de que a maioria dos judeus não teria aderido a elas se por milagre pudessem escolher. Foi nas fileiras dos movimentos juvenis sionistas que finalmente se recrutaram os que podiam lutar, mas isto ainda estava longe, no horizonte distante, quando no verão de 1940 a Europa inteira se cobria de suásticas e o Terceiro Reich parecia mesmo poder durar mil anos.

Este poder se abate sobre os judeus com uma velocidade e com uma eficácia que os deixou completamente sem opção. No que se refere à Polônia, o processo Eichmann revelou que já em 21 de setembro de 1939, quando as ruínas de Varsóvia ainda fumegavam, Reinhard Heydrich – o "engenheiro da Solução Final" – convocou uma reunião em Berlim para tratar do destino dos três milhões de judeus que ali viviam. Os nazistas jamais esconderam seu antissemitismo, mas agora ele não se limitava à discriminação legal ou a ocasionais episódios de brutalidade. Tratava-se de passar, como diz Heine na frase que tomei como epígrafe, das palavras aos atos. As diretivas do Führer eram: concentração imediata dos judeus poloneses em guetos, estabelecimento de Conselhos Judaicos (*Judenräte*), e deportação de todos os que viviam na parte ocidental do país para a área do Governo Geral da Polônia. Isto porque os territórios que faziam fronteira com a Alemanha haviam sido pura e simplesmente anexados ao Reich, com o nome de Warthegau (continham importantes reservas de minérios e petróleo); a parte oriental, até a fronteira do território anexado pela União Soviética, era conhecida como "Governo Geral", e seria o palco do extermínio nos anos seguintes.

As ordens foram seguidas escrupulosamente, e a máquina pôs-se em marcha. O território do Reich deveria ser tomado *judenrein* o quanto antes: e isto significava deportar 400.000 judeus da Alemanha, da Áustria e dos Sudetos checos, além de 600.000 da nova província formada com a anexação da Polônia ocidental. Ainda não se falava em extermínio físico, mas é evidente que movimentar estas centenas de milhares de pessoas rumo a guetos na Polônia central, em trens de carga hermeticamente fechados, só podia acarretar consequências pavorosas. A concentração em guetos era uma etapa essencial neste esquema, e havia a diretriz bastante lógica de que eles fossem estabelecidos perto das estações ferroviárias, a fim de facilitar o transporte. Desta forma, em poucos meses se conduziram à Polônia e se trancaram em bairros superpovoados todos os judeus que tinham permanecido nos territórios do Reich.

Uma operação desta envergadura colocava problemas logísticos de extrema complexidade, e diversos departamentos do governo e das SS tiveram de trabalhar em conjunto – o Ministério dos Transportes, por exemplo, devia cuidar para que os horários dos trens de deportados não colidissem com o funcionamento dos trens normais, a polícia precisava garantir que os embarques se dessem em ordem, etc. Mas tudo dependia, antes ainda, da boa vontade dos judeus em "cooperar", como disse com convicção Eichmann em seus depoimentos. Ora, além dos motivos que já mencionei – a inércia natural a quem vive num país e obedece às suas leis, a dificuldade de opor resistência ativa à força inacreditável e à aparente invencibilidade dos alemães, mito que só foi abalado quando os russos impediram a conquista de Stalingrado e a maré da guerra começou a virar – há ainda outro fator a ser considerado.

Trata-se do seguinte: a concentração – não em campos de prisioneiros, mas em guetos onde a vida prosseguia tão normalmente quanto possível – era ainda uma situação tolerável. Havia recursos para a iniciativa individual, desde a astúcia para conseguir alimentos ou remédios até a possibilidade de fugir, esconder-se com amigos ou no campo, etc. A maioria dos judeus era de homens e mulheres com família, e julgavam, não sem razão, que seria melhor obedecer aos éditos do ocupante até que aquele pesadelo terminasse: não podiam suspeitar que a cúpula nazista já havia decidido seu extermínio.

Um outro elemento de enorme importância é o que chamei atrás de inércia. Não uso este termo num sentido moral: penso no fato de que as pessoas tendem naturalmente a se acomodar às circunstâncias da vida quando lhes parece que não há alternativa viável a elas. Em termos sociais, é preciso levar em conta que existiam governos nestes lugares, mesmo que títeres dos nazistas; havia leis a serem obedecidas, ainda que iníquas, uma polícia que vigiava as pessoas – infelizmente, uma polícia judaica que se somava às SS – e, sobretudo, o conhecimento de que na maior parte dos países a população apoiava, passiva ou ativamente, as medidas antissemitas.[6] Fugir em massa? Impossível. Resistir individualmente, só através da fuga ou do ocultamento por cristãos – foi o que aconteceu com a família de Anne Frank, e com tantos

---

6   Nos países em que o governo ou a população boicotaram as medidas exigidas pelos nazistas, como a Dinamarca e a Bulgária, os judeus sofreram muitíssimo menos. Da Dinamarca, quase todos foram evacuados para a Suécia numa única noite, com a ajuda de barcos pesqueiros e muita audácia por parte da população local; da Bulgária, quase todos puderam emigrar para Israel depois de acabada a guerra. A própria França, onde o vergonhoso regime de Vichy endossava a política antissemita, recusou-se a entregar os que eram cidadãos franceses para serem deportados, em virtude do que 250.000 dos 300.000 que ali viviam no início de 1940 puderam sobreviver.

outros. Indefesos, desarmados, tendo a perder o pouco que haviam conseguido salvar, e ordeiros por séculos de obediência à Lei, os judeus, nos primeiros dois anos da guerra, simplesmente não tinham outra opção exceto a de seguir vivendo.

A invasão da Rússia, em 22 de junho de 1941, marcou outro ponto de virada nessa história sinistra. Hitler, agora inteiramente tomado por sua megalomania, ordenou o extermínio físico de todos os judeus da Europa, como Heydrich contou a Eichmann numa reunião em novembro daquele ano. E, no Terceiro Reich, *Führerworte haben Gesetzkraft*, as palavras do Führer tinham força de lei. Por extraordinário que pareça, este era um dos princípios fundamentais da legalidade nazista – *l'Etat c'est moi*, literalmente e num sentido que nem mesmo Luís XIV podia suspeitar. Diversos textos jurídicos da época, citados por Hannah Arendt, não deixam qualquer dúvida a respeito.

Até então, havia na verdade dois métodos para lidar com a *Judenfrage*. A política de concentração atingia os judeus trazidos do Reich e os poloneses, assim como, nos diversos países ocidentais, as respectivas comunidades. Com a ocupação dos territórios da União Soviética, que incluíam os países bálticos com sua grande população judaica, entraram em cena os *Einsatzgruppen*, ou unidades de assalto, encarregadas de realizar fuzilamentos em massa. Havia quatro destes batalhões de assassinos, e seus alvos eram todos os funcionários soviéticos, além dos profissionais liberais, jornalistas, intelectuais e de modo geral a *intelligentsia* destas regiões, que, no radioso futuro traçado pelos nazistas, teriam a missão de fornecer trabalhadores escravos para a raça dominante. A estas categorias logo se somaram os judeus, os ciganos, os "rebeldes" de todo tipo, que pudessem representar alguma "ameaça" à "segurança do Reich". Cerca de trezentas mil pessoas foram assim fuziladas, não sem antes cavarem seus próprios túmulos coletivos, que em seguida eram cobertos de terra, às vezes com os corpos ainda se retorcendo nos últimos estertores da agonia.

Mas um método tão lento de matança não permitiria liquidar com rapidez toda a população judaica do continente. A Solução Final veio para resolver este problema, e começou a ser delineada no outono de 1941, quando se decidiu ampliar o programa de eutanásia até então aplicado somente aos doentes mentais da própria Alemanha. Um decreto de Hitler datado de 1 de setembro de 1939 – o primeiro dia da guerra – ordenava dar a estes infelizes "uma morte misericordiosa". O envenenamento por gás foi a fórmula encontrada, e até meados de 1941 foram mortos cinquenta mil internos em asilos alemães, austríacos e dos Sudetos.

Este foi o ensaio geral da *Endlösung*. Em janeiro de 1942, no subúrbio berlinense de Wannsee, Heydrich convocou uma reunião com os principais executivos do serviço público alemão e com os encarregados de todos os departamentos da SS. O objetivo era avaliar até que ponto a burocracia estatal de carreira estaria disposta a cooperar com o projeto de genocídio, a manter o segredo necessário para que as medidas fossem eficazes, e de modo geral a considerar a ordem de extermínio como mais uma tarefa a ser executada. Não houve qualquer oposição da parte destes honrados funcionários, de quem dependia, na verdade, o bom funcionamento da máquina estatal; quanto às SS, era sua tarefa cumprir as ordens de Hitler. Eichmann assistiu a esta reunião, assim como Oswald Pohl, encarregado do *Wirtschafts- und Verwaltungshauptamt* – o WVHA, ou Escritório Central para a Economia e Administração da SS, do qual passaria a depender a operação concreta dos campos. Matar pessoas em escala industrial tornava-se assim um assunto "econômico" e "administrativo", pois havia problemas a serem resolvidos racionalmente – a capacidade de absorção dos campos, por exemplo, tinha de ser calculada em conjunto com as possibilidades de transporte de gente de toda a Europa, as "cargas" deviam lotar os trens para não desperdiçar combustível, havia questões de logística, produção do gás, etc. O departamento de Eichmann foi encarregado de organizar o transporte, e durante os anos seguintes ele cumpriu essa tarefa com horrenda eficácia e infinita escrupulosidade.

Hannah Arendt reconstitui os procedimentos que conduziram à instalação dos campos de extermínio na região do Governo Geral da Polônia – Auschwitz, Treblinka, Sobibor, Maidanek, Belzek e outros. Todos conhecemos, depois de tantos livros e filmes, a sequência macabra deste processo: como os deportados eram conduzidos no meio da noite em trens lacrados, como eram selecionados os mais aptos para os trabalhos necessários ao bom funcionamento dos campos, da cozinha dos oficiais às mulheres que deveriam servir de prostitutas e aos *Sonderkommandos*, encarregados de retirar os cadáveres dos galpões e de cuidar dos fornos crematórios; como os outros prisioneiros eram levados a crer que iriam tomar um banho, despindo-se e arrumando caprichosamente seus pertences; como eram trancadas as portas, ligado o gás e asfixiados os condenados; como eram em seguida queimados os seus corpos, produzindo colunas de fumaça que se podiam ver a quilômetros de distância; e por fim, como eram arrancados os dentes de ouro, que, fundidos depois, viriam acabar nos cofres do Reichsbank. Estes horrores são por demais conhecidos para que nos demoremos neles, mas é preciso lembrá-los – o dever da memória – para que se tenha a medida da frieza e da naturalidade com que operava a indústria da morte.

3. Ilusão

Agora podemos tentar responder à pergunta que não cala: por que os judeus aceitaram morrer assim? Por que não se revoltaram nos trens, ou antes, ou depois, ao desembarcar no destino final?

A resposta é complexa. Em primeiro lugar, porque não sabiam o que ia lhes acontecer, ao menos nos primeiros tempos. Não havia informação precisa sobre nada na época da guerra, pois o rádio era censurado, a imprensa idem, e quem fosse apanhado ouvindo a BBC podia ter certeza de uma morte rápida como traidor. Para nós, que vivemos no tempo da Internet e do mundo que cabe na palma da mão, é difícil imaginar o que anos de ocupação brutal, de propaganda mentirosa e de pavor constante podem provocar em matéria de ilusões ou de simples desconhecimento da realidade. Mesmo quando começaram a surgir os primeiros boatos do que se passava no Leste, poucos acreditaram que aquilo fosse mesmo possível – e o tamanho do seu engano só lhes era revelado quando o galpão se trancava e o Zyklon B começava a fazer efeito.

Uma segunda e poderosa razão é que os judeus não estavam preparados para compreender a natureza absolutamente inédita do genocídio. Parecia-lhes que o nazismo era apenas outra figura do imemorial antissemitismo, e foi este o quadro mental em que situaram o que lhes era dado ver e viver. A longa história de perseguições das Cruzadas em diante, com alguns ensaios amadores na época dos helenistas e dos romanos, os havia familiarizado com a ideia de que alguns de seu povo poderiam morrer, que a hostilidade latente dos povos cristãos poderia se manifestar de tempos em tempos através de violência, barbárie e destruição (Inquisição, pogroms na Polônia e na Rússia, etc.). Mas *Am Israel chai*, o povo enquanto tal sobreviveria, como sempre havia sido o caso desde gerações sem conta, ainda que partes dele pudessem ser aniquiladas. Sempre houvera a possibilidade de fugir, até mesmo de se converter diante de perseguições religiosas, como as da Espanha no século XIV e posteriormente nos domínios ibéricos. Sempre houvera um alhures, um futuro, a crença na vinda do Messias e no retorno à Terra Prometida. Agora, porém, nada disso existia: a Europa havia se convertido numa imensa ratoeira, e todos eram parte de uma monstruosa engrenagem, cujo alcance lhes escapava por completo. Os judeus franceses não sabiam o que se passava na Holanda, nem estes o que acontecia a seus correligionários na Letônia ou na Hungria. Imaginavam que estavam sendo transferidos para "assentamentos" no Leste, e tomavam isso como mais uma calamidade que lhes incumbia suportar, à espera do fim da guerra e da vitória dos Aliados.

É contra este pano de fundo que devemos considerar o levante do Gueto de Varsóvia. Outros capítulos do livro *O dever da memória* contam os detalhes da revolta; gostaria aqui de refletir sobre o que a tornou possível. Para dizer as coisas sucintamente, parece-me que foi a percepção de que havia algo além da simples concentração, a saber que daquelas viagens misteriosas ninguém voltava.

O Gueto começou a ser evacuado em outubro de 1942, à razão de cinco mil pessoas por dia. A fome e as doenças já haviam dizimado a maior parte dos habitantes, assim como em outros guetos poloneses. Aos poucos, a verdade foi se revelando: não havia "reassentamento" algum, o destino dos passageiros daqueles trens que voltavam vazios era a morte, pura e simples. Tornou-se impossível manter a ilusão de que obedecer significava vida e rebelar-se significava morte: a cuidadosa fachada de "normalidade" construída pelos nazistas, e que havia obtido êxito notável até aquele momento, começou a ruir.[7]

Quem se rebelou, como sabemos, foram os jovens que nada tinham a perder, que não tinham responsabilidades familiares, e isto é importante. A liderança veio dos movimentos sionistas organizados, que tinham alguma noção do que era preciso fazer

---

7   Podemos dizer que, também aqui, as palavras (neste caso, uma convicção que demorou muito a se formar) precedem os atos (a ação concreta de se revoltar).

para coordenar os esforços de todos para um fim militar. Foi a certeza de que morreriam de qualquer modo que, ao se impor com a evidência ofuscante do meio-dia, tornou possível a reação, cujas condições materiais eram de uma dificuldade inimaginável, mas que acabou por eclodir na manhã de 19 de abril de 1943, o primeiro dia de Pessach de 5703.

Quando falo em "fachada de normalidade", refiro-me tanto às medidas que puderam manter em disciplinada letargia as massas (judaicas ou não) quanto ao apagamento de qualquer possível resistência por parte dos que deviam implementar a Solução Final. Um dos métodos mais eficazes para este objetivo específico era o uso de uma linguagem cifrada, a que se chamava nos documentos nazistas de *Sprachregelungen* (regras de fala), e que o linguista Victor Klemperer, que passou a guerra na cidade de Dresden, chamou de LTI – *lingua tertii imperii*, ou idioma do terceiro império (*Dritter Reich*).[8] Neste código sinistro, assassinato era "morte misericordiosa", genocídio era "solução final do problema judaico", deportação era "reassentamento", etc. Hannah Arendt observa com razão que este sistema foi incrivelmente útil para

> *assegurar ordem e equilíbrio entre os serviços imensamente diversificados cuja cooperação era indispensável nesta questão. [...] O efeito direto deste sistema de linguagem não era deixar as pessoas ignorantes do que estavam fazendo, mas impedi-las de equacionar isso com*

---

8   A este respeito, ver a tese de mestrado de Miriam Bettina Oelsner, *A linguagem como instrumento de dominação: Victor Klemperer e sua LTI – língua tertii imperii*, apresentada ao Departamento de Línguas Modernas da Universidade de São Paulo em agosto de 2002. (Nota de 2015: em 2008, a obra de Klemperer, em primorosa tradução de M. Oelsner, foi publicada pela Editora Contraponto (Rio de Janeiro), sob o título *LTI – a linguagem do Terceiro Reich*.)

> *seu antigo e "normal" conhecimento do que era assassinato e mentira (p. 101).*

Outro termo típico da LTI era "a batalha pelo destino do povo alemão" (*der Schicksalskampf des deutschen Volkes*), que, comenta a filósofa, "tornava mais fácil o autoengano sob três aspectos: sugeria em primeiro lugar que a guerra não era guerra; em segundo, que fora iniciada pelo destino e não pela Alemanha; e, em terceiro, que era questão de vida ou morte para os alemães, que tinham de aniquilar seus inimigos ou serem aniquilados" (p. 65).

A LTI funcionou também como poderoso auxiliar na manutenção da disciplina entre os judeus, na medida em que o verdadeiro objetivo de todas as medidas de repressão não era jamais mencionado. (Algo semelhante, embora em escala muito menor, ocorreu com o discurso da segurança nacional durante as ditaduras latino-americanas). Desde o estabelecimento dos Conselhos Judaicos até o preenchimento de questionários detalhados sobre suas propriedades, apresentados como simples dados de cadastro necessários à nova administração, desde a tarefa de selecionar os que deveriam ser "reassentados" (realizada pelos Conselhos Judaicos, que entregavam à SS listas com nomes segundo as diretivas recebidas – tantos de tal idade, tantos de tal sexo ou profissão) até a organização de uma polícia judaica (desarmada) nos guetos, o uso de termos como "reeducação para o trabalho", "prestação de serviços ao Reich" e outros do mesmo calibre era essencial para manter a ilusão de que quem se curvasse seria salvo, para preservar a ficção de que tudo aquilo era perfeitamente natural e normal. No portão principal de Auschwitz, lia-se a cínica inscrição *Arbeit macht frei*, o trabalho liberta.[9]

---

[9] Em certo sentido, não era uma completa mentira. Além de exterminar dois milhões de seres humanos, o campo fornecia trabalhadores escravos para

Até a aparência das estações a que chegavam os trens da morte era cuidadosamente estudada: havia placas, escritórios onde trabalhavam pessoas, mapas, horários afixados, etc., reproduzindo à perfeição uma estação comum das ferrovias locais. Os galpões de extermínio eram sinalizados como banheiros, e as torneiras por onde saía a substância letal tinham o aspecto de inofensivas e bem-vindas duchas. Tudo era, em suma, planejado para sugerir não a morte iminente, mas uma nova vida – de escravos, mas vida. O mais impressionante disso tudo é que o genocídio foi organizado com maestria e meticulosidade, e que as pessoas, em suas dúvidas ou em seu desespero, se agarraram àquilo que poderia manter, ao menos, sua sanidade: a ideia de que, afinal, tinham alguma chance de sobreviver.

4. Alienação

Para dar conta do regime mental em que isso podia ser plausível, é preciso entrar agora brevemente no terreno da psicanálise. Estamos falando de crenças, de algo intangível mas extremamente poderoso na vida psíquica, capaz de orientar o comportamento de cada um de nós. Há aqui uma mescla de elementos conscientes e inconscientes: os conscientes são aqueles que já evoquei, ao falar das decisões que as pessoas tomavam com base no que lhes parecia mais prudente ou mais seguro. Resta abordar alguns aspectos inconscientes, que, por terem sido instrumentalizados com eficácia diabólica pelos nazistas, tiveram um papel nada desprezível neste trágico capítulo da história judaica.

---

indústrias alemãs como a I. G. Farben, a Siemens, a Krupp e outras, como vemos no filme de Steven Spielberg "A Lista de Schindler". Quem fosse selecionado para estes postos podia garantir algumas semanas ou meses a mais de vida, mas quase todos os assim "privilegiados" morreram de inanição ou pela sobrecarga desumana de trabalho.

Uma das hipóteses comumente levantadas para dar conta da "passividade" dos judeus é a da identificação com o agressor. Este termo designa um mecanismo de defesa estudado por Sándor Ferenczi e por Anna Freud, e que é acionado em certos casos de traumatismo, por exemplo em mulheres estupradas, em crianças que sofreram violências sexuais, ou ainda, na forma conhecida como "síndrome de Estocolmo", quando um sequestrado passa a ver seus algozes não como inimigos cruéis, mas sim como pessoas que estão do seu lado e que no fundo desejam o seu bem. Na identificação com o agressor, a vítima não alimenta ódio contra quem lhe fez mal, mas contra si mesma, como se fosse culpa sua o que lhe aconteceu. Assume como seus os desejos do agressor, como no caso em que uma menina violada pelo padrasto sente culpa por tê-lo "seduzido" e passa a odiar seus próprios impulsos sexuais, ou a considerar que tudo aquilo no fundo não é tão ruim. O mecanismo em causa implica uma grave dissociação na psique da vítima, pois uma parte dela sente culpa e horror, enquanto a outra nega o que aconteceu ou lhe retira importância. O resultado prático pode ser que ela venha a se portar exatamente como o agressor exige.[10]

---

10 Um fenômeno de identificação ao agressor em escala coletiva parece ter se dado no caso da escravidão dos negros na época colonial. Apesar de episódios isolados de resistência como fugas, revoltas e quilombos, entre os quais o glorioso Palmares, a imensa maioria dos capturados acabou por aceitar sua condição e, dentro dela, procurou meios de sobreviver psiquicamente. Obras como *Ser escravo no Brasil* (Brasiliense, 1982), de Kátia Mattoso, ou *Campos da violência* (Paz e Terra, 1989), de Silvia Hunold Lara, estudam este processo, pelo qual os próprios cativos vieram a considerar natural a existência da escravidão e o direito de seus senhores de os possuir e comandar – fato que é comprovado pela rapidez com que muitos deles, ao serem alforriados, procuravam por sua vez adquirir escravos. Não se trata, evidentemente, de justificar o instituto da escravidão, mas simplesmente de observar que, em condições em que não existe alternativa, a identificação com o agressor pode vir a ser acionada

Aplicado como instrumento para compreender o que se passou no Holocausto, porém, este conceito induz a concepções errôneas, como a de que os judeus seriam no fundo masoquistas, aceitando passivamente o papel de "carneiros" e vendo-se como os nazistas os viam. A versão mais politizada desta concepção se coaduna com a visão da história judaica na perspectiva sionista: séculos de opressão teriam transformado os judeus num povo inapto a se defender, e somente a redenção nacional por meio do retorno à Terra de Israel os poderia livrar dos vícios de caráter acumulados pela humilhação constante na Diáspora. Este tema, em todas as suas variantes, foi e em parte é um dos pilares sobre os quais se assenta a ideologia sionista, e é óbvia a força mobilizadora de que se reveste: não está aqui em pauta se corresponde à verdade, e sim sua utilidade para compreender o fenômeno da submissão a um sistema assassino. Dito de outro modo: o judeu assimilado, ou o judeu religioso não sionista, não teriam recursos morais para se opor à perseguição, porque só o espírito judaico autêntico, imbuído do ideal nacional, é que poderia tê-los preservado, permitindo sua mobilização para salvar o povo do genocídio.

Esta perspectiva implica, porém, que os judeus europeus se vissem a si próprios pela ótica dos nazistas, o que em hipótese alguma é verdadeiro. Penso que a ideia de *alienação*, no sentido definido por Piera Aulagnier, é mais fértil para compreender o que se pensou naquelas mentes e levou os judeus a participarem – não

---

como mecanismo essencial para manter o equilíbrio narcísico em um nível suficientemente elevado e estável. Ele se somou a outros mecanismos – coletivos, como o sincretismo religioso, a preservação de cantos, danças e tradições, ou conscientes, como a astúcia e a própria obediência – para tornar tolerável a vida na servidão. Mas discutir esse problema, que em outros contextos poderia esclarecer uma parte da submissão em situações-limite (prisões, ditaduras, tortura, etc.), ultrapassa os propósitos do presente artigo.

passivamente, mas *disciplinadamente,* e por vezes *ativamente* – da sua própria destruição física.

Escreve a psicanalista francesa:

> *a particularidade e a força de um sistema (alienante) repousam sobre sua capacidade de difração e de infiltração no conjunto das relações entre os sujeitos. Entre o chefe e os súditos, entre os epígonos, entre os sujeitos singulares, vai circular um poder de morte e um risco de ser morto que todos correm e detêm sobre o outro. O seu irmão, o seu vizinho, um desconhecido que você cruza, podem ser o delator potencial ou real, aquele a quem você vai dever sua morte, ou inversamente [...] Estamos diante de uma realidade social que se tornou conforme, embora não idêntica, a uma representação que está presente na fantasia de todo mundo.*[11]

Piera Aulagnier tem em vista aqui um sistema totalitário como o stalinista, mas suas indicações servem também para o que foi a vida na Europa sob o nazismo. Continua ela:

> *ora, o discurso do poder sobre [...] esta realidade social, na qual e graças à qual ele se exerce, proíbe aos sujeitos reconhecerem o que, nesta realidade, é a colocação em atos (mise en actes) de um objetivo pulsional, a realização parcial de uma interpretação fantasmática da realidade.*[12]

---

11 Piera Aulagnier, *Les Destins du Plaisir*, Paris, PUF, 1977, p. 41-42.
12 Aulagnier, op. cit., p. 42-43.

Isto significa que nossas fantasias inconscientes de perseguição, com as quais lidamos de hábito por meio de mecanismos eficazes de defesa, parecem agora ter-se realizado na cena da realidade, através dos meios de coerção que o regime totalitário impõe a todos.

A consequência é que não se pode falar de delírio – a realidade é que se tornou por assim dizer "delirante" – e portanto o sujeito deve, para poder sobreviver psiquicamente nestas condições, acionar mecanismos de *negação* da realidade: "não, isto não está acontecendo, não é possível!" Ou melhor, "está acontecendo, mas não é (tão ruim, entenda-se) como parece". "Eles não vão fazer o que estão dizendo". "É melhor não provocar o opressor; quem sabe ele se satisfaça com o que conseguiu até aqui". E assim continua o sujeito, cedendo um pouco de cada vez – é o que os nazistas chamavam, cinicamente, de "tática do salame": fatiar o salame um pouquinho a cada vez, determinando alguma medida absurda e esperando que a rotina a tornasse "natural", depois impondo outra, e repetindo o mesmo processo, até o desenlace nos fornos crematórios.

Continua Piera Aulagnier:

> *O terror é antes de tudo uma ameaça que concerne ao pensamento [...] O sonho do poder, como mostra Orwell, seria privar o sujeito de todas as possibilidades de pensar, de conhecer o termo terror, tornar-lhe impossível dar um conteúdo a este conceito. A força alienante, no tipo de situação aqui descrito, visa a excluir qualquer representação pensante (mise en pensées) da realidade tal como ela (força) a conforma. [...] Poder-se-ia dizer que esta colusão e essa cumplicidade entre a realidade e a fantasia devem permanecer ocultas, negadas. [...] Por motivos de sobrevivência, o sujeito tem todo interesse em*

> *não pensar as "circunstâncias reais" nas quais está colocado, a não pensar o poder como perseguidor, [...] Esta realidade, o sujeito a substitui pelo discurso do outro acerca dela: a realidade é como este outro a define. [...] A alienação, em sua forma mais radical e mais trágica, culmina nesta desrealização do percebido (que se cristaliza) numa representação discursiva. Esta, apresentando-se sob a forma de um discurso em si mesmo lógico, pode efetivamente trazer ao sujeito a ilusão de que contém uma verdade partilhada e partilhável com todos os demais, a ilusão de que, ao repeti-lo por sua conta [...], o sujeito faz parte destes "eleitos" que detêm uma verdade a impor aos outros, "para o seu próprio bem".[13]*

Este último trecho nos é útil para compreender o outro lado da questão: por que os alemães, e tantos outros, consentiram em participar do assassinato em massa de uma população indefesa. Hannah Arendt deixa claro que os SS não eram necessariamente sádicos, que viam o que estavam fazendo como o cumprimento do seu dever e como realização do solene juramento de fidelidade ao Führer. Eichmann, em sua cabina de vidro no tribunal de Jerusalém, não era um monstro: era apenas a encarnação da "banalidade do mal". E os demais, os alemães que acreditavam cegamente no Führer, os milhares de não alemães que participaram ativamente dos massacres ou simplesmente olharam para o outro lado, esta-

---

13 Aulagnier, op. cit., p. 43-44. Este é um terceiro sentido em que se pode interpretar a nossa epígrafe: a representação discursiva (palavras) precede logicamente, como condição de possibilidade, o comportamento (atos) que a realiza e por isso mesmo a sanciona.

vam efetivamente sob o domínio desta condição que ela descreve de modo tão eloquente e preciso.

Aquilo que Aulagnier designa como *alienação* é chamado por Hannah Arendt de *autoengano*, e para ela este mecanismo tornou-se um pré-requisito moral para a sobrevivência sob o nazismo.

> *A hipocrisia passou a ser parte do caráter nacional alemão [...]. A sociedade alemã de oitenta milhões de pessoas se protegeu contra a realidade e os fatos exatamente da mesma maneira, com os mesmos autoengano, mentira e estupidez que agora se viam impregnados na mentalidade de Eichmann. Estas mentiras mudavam de ano para ano, e frequentemente se contradiziam; além disso, não eram necessariamente as mesmas para todos os diversos níveis da hierarquia do Partido e para as pessoas em geral (p. 65).*

Quanto aos judeus, o que se disse antes sobre a ignorância e o terror em que foram mantidos vale até o momento em que se começou a pressentir, na forma de boatos ainda incertos, o que ocorria nos campos. Numa fase intermediária, prevaleceu a condição de alienação e de negação da realidade, porque esta era pavorosa demais para ser admitida, e porque a "força alienante" continuava a atuar, sob a forma da "normalidade" nos guetos e nos países ocupados. Quando finalmente a realidade impôs a ruptura deste frágil equilíbrio psíquico, porque negá-la equivaleria agora a delirar em escala coletiva, a rebelião se tornou psicologicamente possível, e sua eclosão passou a depender apenas de meios materiais, como o armazenamento de armas e munições, a organização das pessoas em unidades e tarefas, etc. Ela se tornou, em suma, viável.

O levante do Gueto de Varsóvia deixou atônitos os alemães, mas na verdade não foi o primeiro: episódios isolados de resistência ocorreram aqui e ali, sendo, como se pode imaginar, dominados em horas. O que caracterizou a revolta de Varsóvia foi sua duração excepcional – três semanas – e o grau extraordinário de organização dos judeus. Já em janeiro de 1943, a ZOB (sigla em polonês da Organização Judaica de Luta) havia protagonizado escaramuças com as tropas alemãs nas ruas do gueto. Mas foi a capitulação da Wehrmacht em Stalingrado, a 2 de fevereiro de 1943, que provou a possibilidade de derrotar a até então invencível máquina de guerra nazista. E os dias gloriosos do levante não foram em vão: assim que se espalhou a notícia, outras revoltas ocorreram, em escala menor, porém não menos heroicas – no gueto de Byalistok, nos campos de Treblinka e Sobibor, e em outros lugares também.

Para concluir: volto à sinagoga da CIP e aos nomes inscritos na parede lateral. Não foram covardes, estas pessoas que como minha avó se viram no meio de uma tormenta cujas dimensões e cujos efeitos não podiam imaginar. A razão enlouquecida pelo extremo de sua potência, como escreveram Adorno e Horkheimer na *Dialética do Iluminismo*, transformou o poder de criar e de organizar em poder de organizar para matar: e a mentira, a dissimulação, a força bruta, a crueldade além dos limites mais inimagináveis, engendraram uma situação na qual apenas o mecanismo da alienação pareceu garantir algum alívio e alguma esperança. Os que se agarraram a ele até o fim viveram no terror e morreram de modo pavoroso, mas não indigno: não tinham outra alternativa, porque acreditavam que o mundo não poderia ter sido virado pelo avesso, como de fato tinha. Os que perceberam isso a tempo, ainda que já no final de suas forças, puderam sair da apatia e escolher uma morte honrosa, embora não menos certa do que a que os aguardava nos campos: dos quinhentos mil judeus que passaram pelo gueto de Varsóvia, menos de cem saíram vivos. Faço minhas as palavras de Hannah Arendt:

> *Há muitas coisas consideravelmente piores do que a morte, e a SS cuidava que nenhuma delas jamais ficasse muito distante da mente e da imaginação de suas vítimas [...] A glória do levante do gueto de Varsóvia e o heroísmo dos poucos que reagiram estava precisamente no fato de terem recusado a morte comparativamente fácil que os nazistas lhes ofereciam – à frente do pelotão de fuzilamento ou na câmara de gás.*[14]

Mas esta recusa, por alto que seja o seu valor moral, não estava ao alcance da imensa maioria dos judeus. Não acrescentemos ao seu triste destino, ao silêncio em que foram assassinados, à injúria de os acusar de "terem ido para o sacrifício como carneiros".

---

14 Hannah Arendt, op. cit., p. 23.

Nasrah e seus irmãos: sobre os limites da tolerância

Boa noite a todos. Em primeiro lugar, quero agradecer aos organizadores do ciclo "Fronteiras do Pensamento" a oportunidade de estar hoje com vocês, ao lado de uma figura humana da estatura de Ayaan Hirsi Ali. A trajetória dela é um exemplo de integridade e de coragem que só pode nos inspirar admiração. As perseguições que vem sofrendo, e que colocam em risco a sua vida, devem ser condenadas com o máximo vigor, pois não representam apenas ameaças a uma pessoa isolada: atingem a maior contribuição que a civilização ocidental fez à Humanidade – as liberdades básicas de pensar e de agir como sujeito político.

A história que Ayaan acaba de nos contar sem dúvida comoveu a todos aqui presentes, mas é preciso ir além da emoção e refletir sobre o que nela está envolvido. A meu ver, o que aconteceu com Nasrah e seus irmãos apresenta duas dimensões: uma é político--social, a outra de ordem propriamente psicológica.

A primeira nos faz questionar pontos como os limites do processo de integração dos imigrantes ao seu novo ambiente, o choque inevitável entre este e os costumes e crenças tradicionais, e os papéis respectivos do Estado e da comunidade nas políticas de absorção. As questões psicológicas dizem respeito à manutenção da identidade pessoal e ao trabalho psíquico imposto aos imigrantes para conseguir conciliar aspirações legítimas, porém por vezes contraditórias, como se integrar à sociedade hospedeira e usufruir de seus benefícios, e ao mesmo tempo preservar as tradições que valorizam.

Um terceiro problema deriva de que essas situações são vividas de modo diferente pelos adultos que decidiram emigrar e por seus filhos, quer estes tenham nascido na antiga pátria, quer na nova: para esta geração, eles se inscrevem na conflitiva edipiana, e nas maneiras pelas quais ela é (ou não) superada no curso do desenvolvimento do indivíduo.

Para compreender o que está em jogo nas dificuldades vividas pelos mulçumanos na Holanda, convém abrir o leque e olhar para o passado, pois elas estão longe de constituir o único caso de confronto entre culturas. Convido-os então a um excurso histórico, que, espero, nos ajudará a situar de modo mais preciso a forma que tal choque assume nos dias de hoje. Em seguida, examinaremos o caso das jovens somalis, para o qual, segundo penso, haveria soluções menos equivocadas que a adotada pelo comitê holandês.

1. Um pouco de história

Para o Ocidente, a experiência do multiculturalismo começa com a expansão da civilização grega pelo Oriente Médio, consequência das campanhas de Alexandre Magno (século IV a.C.). Dá-se então um processo de helenização nas terras submetidas, e por este motivo os séculos seguintes são conhecidos como Época Helenística.

Embora egípcios, babilônios, persas e hebreus nada tivessem de "bárbaros", pois tinham construído culturas bastante ricas e complexas, os conquistadores consideravam sua civilização superior à deles. Não é preciso dar-lhes razão neste ponto, mas por outro lado é verdade que naquelas regiões inexistiam certos elementos essenciais ao modo de viver e de pensar dos gregos: a filosofia e as ciências nascentes, os esportes, a valorização da vida pública. Era de certo modo natural que eles atraíssem o interesse das camadas superiores das sociedades dominadas, e foi o que aconteceu: estas começaram a assimilá-los, servindo-se do idioma dos vencedores, vestindo-se como eles, e de modo geral adotando muitos dos novos costumes e ideias.

Na Bíblia temos um exemplo de reação a estes processos: a história dos Macabeus. Quando o rei Antíoco quis instalar no Templo de Jerusalém uma estátua de Zeus, ofendendo a sensibilidade religiosa da população local, viu-se a braços com uma revolta de grandes proporções, que resultou na derrota da sua pretensão e na preservação do culto tal como era.

O ato arrogante de Antíoco constitui uma exceção no mundo antigo, que se caracterizava pelo que hoje chamamos "tolerância". Não que esta fosse um valor político e ético, como veio a ser na era moderna: tratava-se antes de uma medida de prudência por parte dos governantes,[1] baseada no respeito (ou talvez na indiferença)

---

1 Isso vale para todos os impérios antigos – egípcio, assírio, babilônio, persa, grego, romano – e também para os que se constituíram em outras partes do mundo, como o chinês e o dos incas. Também se aplica à dominação de certas tribos africanas sobre outras, e, como veremos mais adiante, ao mundo muçulmano.

pelos deuses dos povos subjugados. O Pantheon, que ainda hoje pode ser visto em Roma, destinava-se precisamente a honrar todas as divindades conhecidas, latinas ou não, e até as desconhecidas: assim como hoje há monumentos ao Soldado Desconhecido, nele havia um nicho vazio consagrado ao *deus ignotus*.

Foi o cristianismo que deu início ao movimento de homogeneização em matéria de crenças religiosas, primeiro convertendo os habitantes do Império Romano e depois os bárbaros que o destruíram. Durante a Alta Idade Média, a Igreja se empenhou em trazê-los para a religião dominante, que aos poucos se espalhou por toda a Europa. Somente os judeus se mostraram refratários à conversão, e, como sabemos, isso deu origem a inúmeras perseguições contra eles, que se intensificaram após as Cruzadas e culminaram com os horrores da Inquisição espanhola e portuguesa.

Em contraste com esta política de uniformidade, que na época dos Descobrimentos conduziu à catequese dos índios da América, no mundo muçulmano prevaleceu um clima relativamente tolerante em relação às minorias cristã e judaica. O caso da Espanha é aqui exemplar: enquanto os maometanos a governaram, ela foi palco de uma convivência razoavelmente tranquila entre as três religiões, o que sem dúvida contribuiu para os avanços nas ciências, nas artes e na sua filosofia que ali se deram. Não se falava ainda em multiculturalismo, mas na prática ele vigorava nos califados e sultanatos que se estendiam do Iraque ao Marrocos, permanecendo em vigor durante todo o período da dominação otomana, ou seja, até o fim da Primeira Guerra Mundial.

No século XVI, a unidade religiosa da Europa foi rompida pela Reforma, à qual se seguiram as guerras de religião que por mais de cem anos ensanguentaram o continente. Ao final delas, nos meados do século XVII, estabeleceu-se nos países protestantes a liberdade de crença e de culto – não sem idas e vindas, diga-se a bem da verdade: muitas foram as tentativas de impor restrições aos que praticavam o cristianismo de modo diferente do da maioria.

A colonização da América do Norte, como se sabe, está ligada às perseguições movidas na Inglaterra contra os puritanos, e mesmo na Holanda, que se constituiu como país independente lutando contra os católicos espanhóis, as lideranças calvinistas se empenharam inúmeras vezes em romper o pacto de tolerância e limitar os direitos das outras denominações reformistas. O *Tratado Teológico--Político* de Espinosa foi escrito em meio a estes confrontos, e um dos objetivos do filósofo ao publicá-lo era precisamente provar que a liberdade de crença, longe de ameaçar a República, constituía na verdade o seu esteio mais sólido.

Como vemos, a ideia de que existe somente uma verdade em matéria de doutrina, e portanto de cultura, impregna a tradição europeia desde os tempos do Imperador Constantino, que tornou o cristianismo a religião oficial do Império Romano. A razão pela qual a tolerância acabou por triunfar é simples: nenhuma das seitas combatentes conseguiu impor-se às demais, e, exaurida pelas lutas, a Europa do Norte teve de aceitar este fato. Contudo, o direito de acreditar no que se quisesse, e – desde que se respeitasse a ordem pública – de praticar as cerimônias correspondentes, acabou por constituir o primeiro passo para a consolidação das liberdades civis e políticas, que ao longo dos séculos XVII e XVIII foram paulatinamente se implantando naquelas regiões.

Isso se deu primeiro na Inglaterra e na Holanda, e mais uma vez não sem impasses e retrocessos. A Revolução Gloriosa de 1688 instalou na Grã-Bretanha um regime que limitava severamente o poder da realeza; as instituições inglesas suscitaram a admiração dos filósofos iluministas, que delas se serviram para criticar o despotismo vigente na França e em outros países. A independência dos Estados Unidos e a Revolução Francesa levaram a novos avanços na direção da democracia; a princípio de modo apenas formal, depois mais e mais na realidade concreta, os direitos fundamentais acabaram por ser estendidos a toda a população: trabalhadores, mulheres, minorias étnicas, foram obtendo-os ao longo do tempo, às vezes por manifestações pacíficas (o voto para as mulheres), às vezes como consequência de combates sangrentos (direitos dos trabalhadores e das minorias étnicas, por exemplo no Império Austro-Húngaro).

Este movimento culminou, após a Segunda Guerra Mundial, na Declaração Universal dos Direitos do Homem; embora muito ainda reste por fazer, reconheceu-se que sem eles não há vida política civilizada, e países que não os respeitam são por vezes alvo de sanções internacionais, como ocorreu com a África do Sul por causa do *apartheid*.

Mais uma vez, convém insistir que isso não se deve a que o ser humano seja por natureza generoso para com seus semelhantes. A segunda metade do século XIX presenciou o surgimento dos impérios coloniais inglês, francês, belga, holandês e de outras potências europeias, que visavam assenhorear-se de fontes de matérias-primas e de rotas estratégicas para o comércio, bem como de mercados cativos para seus produtos industriais. Foi assim que os europeus vieram a dominar vastas porções da África, do Oriente Médio, da Ásia e da Oceania, levando para estas regiões – assim como na Antiguidade ocorrera com os gregos – o que parecia ser o estágio mais avançado da civilização.

Naturalmente, o poderio destas nações impressionou certos setores das sociedades a que ele se impôs. O exemplo do Japão o mostra com clareza: obrigado pelos canhões do Comodoro Perry a se abrir para o comércio com o Ocidente, sua elite percebeu que se não aderisse à modernidade teria o mesmo destino que a vizinha China, então pouco mais que um protetorado britânico. A vitória nipônica na guerra contra a Rússia (1905) mostrou que seus líderes estavam certos: pela primeira vez desde a tomada de Constantinopla pelos turcos, uma nação não europeia levava a melhor contra um adversário do Velho Continente.

Surgem então movimentos nacionalistas, que, começando com o de Sun Yat-Sen (China) e Kemal Atatürk (Turquia), expandem-se durante a primeira metade do século XX, e a partir de 1945 conduzem à independência dos povos colonizados (Índia, Argélia e os demais países árabes, Indochina, nações africanas). Tais movimentos visavam mais que a autonomia política: tinham por objetivo modernizar as respectivas sociedades, o que na prática significava a sua ocidentalização. Os ideais laicos, e por vezes socialistas, esbarraram no entanto na força dos costumes e das estruturas de poder tradicionais; a oposição a eles – e às mazelas dos regimes nacionalistas, muitas vezes ditatoriais e corruptos – acabou por tomar a forma dos fundamentalismos religiosos, particularmente entre as nações islâmicas.

Embora pareçamos ter nos afastado do nosso tema, vocês veem que na verdade o estamos circundando, pois é precisamente em nome do integrismo muçulmano que Ayaan Hirsi está sendo perseguida, e foi a ele que as assistentes sociais holandesas entregaram as jovens cuja história ela nos contou. É evidente que os radicais religiosos não valorizam a herança liberal, que a seus olhos corresponde a uma degradação dos valores locais da qual são responsáveis os que se deixaram iludir pelas instituições ocidentais. Não é de admirar, portanto, que quando a presença dos muçulmanos toma as proporções que tomou na Europa Ocidental surjam os problemas dos quais Ayaan nos falou – e isso tanto devido às atitudes dos hospedeiros quanto às convicções dos imigrantes.

Não é inútil, aqui, recorrer a mais dados históricos, e é o que farei antes de me voltar para o relato da nossa convidada. O que diferencia o século XIX e a primeira metade do XX dos tempos atuais é que naquela época a Europa não se sentia culpada por considerar sua cultura superior às demais. Não existia o politicamente correto, do qual faz parte a postura dita multiculturalista. Ao contrário, os europeus estavam convencidos do seu direito de dominar o mundo, convicção que chegou a ser justificada por teorias racistas de vários tipos. Por exemplo, os antropólogos estudavam a "mentalidade primitiva", o evolucionismo de Darwin serviu como pretexto para se falar de "raças inferiores", e mesmo no Brasil tivemos a ideologia do branqueamento, segundo a qual o país só progrediria se se livrasse da herança africana (e alguns achavam conveniente devolver à África os descendentes dos escravos!).

Entre os próprios europeus, prevaleciam atitudes xenófobas, e uma das mais arraigadas atingia a minoria judaica: os nazistas a levaram ao paroxismo, organizando durante a Segunda Guerra Mundial o extermínio de populações inteiras (principalmente judeus e ciganos, que consideravam como *Untermenschen*, ou sub--homens), e projetando a escravização dos povos eslavos no Reich de Mil Anos.

O antissemitismo é antigo na Europa: tem raízes na doutrina da Igreja, e por muitos séculos foi o fator religioso que o alimentou. O século XIX presenciou o surgimento de uma forma laica dele, mais condizente com o espírito da época, e suscitado em parte pela Emancipação dos judeus, ou seja, pela concessão a eles de direitos civis e políticos na esteira da Revolução Francesa, graças ao que se iniciou o processo conhecido como "assimilação".

Na Inglaterra, onde as instituições liberais se enraizavam mais profundamente nas ideias e nos costumes, não houve manifestações sensíveis de antissemitismo; podia haver preconceitos, mas eles não impediram Benjamin Disraeli de ser primeiro-ministro, nem cientistas judeus de ocupar cargos importantes nas universidades. Na França, o catolicismo e os partidários da monarquia tinham mais força, como ficou patente com o Caso Dreyfus. Mas foi na Alemanha e no Império Austro-Húngaro que ocorreu com mais intensidade um fenômeno cujo estudo pode nos ajudar a compreender o que está em jogo na absorção dos imigrantes islâmicos, tanto no plano das identidades quanto no dos fatos sociais.

Refiro-me à ampla assimilação dos costumes e das ideias germânicas pelos judeus locais, que os levou a tomar parte na construção da cultura alemã de um modo que não tem paralelo nos demais países do continente. Talvez isso se deva ao fato de que na mesma época a Alemanha estava se constituindo como Estado, enquanto na França e na Inglaterra a unificação se dera séculos antes; também deve ter influído neste processo o fato de a emancipação dos judeus ter ocorrido simultaneamente à industrialização e às importantes mudanças sociais por ela acarretadas: eles puderam aproveitar as oportunidades educacionais e econômicas que assim se abriam para toda a população alemã.

O fato é que a contribuição judaica à cultura germânica ultrapassa em muito a dos judeus franceses e ingleses para as respectivas sociedades. Em seu belo prefácio à coletânea *Entre Dois Mundos*,[2] Anatol Rosenfeld escreve: "é preciso mencionar só nomes como os de Heine, Schnitzler, Hoffmannsthal, Kraus, Kafka, Wasserman,

---

[2] São Paulo, Perspectiva, 1975. Trata-se de uma coleção de contos que tematizam de vários modos a experiência da assimilação às sociedades europeias e norte-americana. A leitura destas histórias é muito esclarecedora para o nosso tema, pois a situação dos judeus naqueles tempos tem muito em comum com a dos imigrantes muçulmanos na Europa atual.

Feuchtwanger, Broch, Döblin, Stefan e Arnold Zweig para ter uma ideia dessa contribuição, que não inclui a filosófica, científica e artística.³" Sem nos alongarmos neste tópico, basta lembrar – nessas outras áreas – o papel de Husserl, Cassirer e Hannah Arendt na filosofia, de Einstein e Freud nas ciências, de Mahler, Klemperer e tantos outros músicos, cineastas, e diretores de teatro, para nos darmos conta do vulto que atingiu a participação dos judeus na vida cultural alemã e austríaca.

É claro que nem todos os cidadãos israelitas desses países eram criadores tão originais; a grande maioria era formada por comerciantes, profissionais liberais, empregados em companhias de todo tipo ou no serviço público, que atuavam nos respectivos setores de modo mais ou menos rotineiro. O que importa destacar é que a integração deles na sociedade mais ampla não se fez sem conflitos, e não apenas por causa das barreiras do preconceito. A assimilação, ou seja, a adoção dos comportamentos e atitudes próprios à maioria não judaica, implicou no abandono dos seus equivalentes tradicionais – e este movimento produziu consequências complicadas para os indivíduos nele envolvidos.

Ocorrendo como ocorreu na segunda metade do século XIX e na primeira do século XX – portanto na época em que vigorava a convicção da superioridade da civilização europeia – a assimilação dos judeus alemães implicava necessariamente na valorização positiva da cultura ambiente, e na desvalorização concomitante das suas próprias tradições. O judaísmo não é apenas um sistema de crenças, mas também de práticas, e são estas as primeiras a ser sacrificadas no altar da integração: os cachos rituais, a alimentação *kasher*, a observância do sábado e das festividades

---

3   Rosenfeld, op. cit., p. 10.

religiosas, a frequência aos cultos – tudo aquilo que tornava o judeu *diferente* – vem a ser considerado como obstáculo no caminho da germanização.

Vemos que este processo nada teve de "multicultural": tratava-se de algo na linha do "ou-ou". Ainda que a grande maioria dos israelitas não se convertesse às denominações cristãs, o próprio fato de a religião se tornar um assunto privado é prova de que seus praticantes já não a viviam como seus antepassados, nem como os judeus da Europa Oriental, que não haviam passado pela emancipação política nem pela assimilação cultural.

As sinagogas continuaram a existir, mas pouco difeririam dos templos protestantes: eram locais em que se reuniam cidadãos para celebrar seu culto. Os "alemães de fé mosaica" não se viam mais como membros de um povo coeso, e sim como fiéis de uma religião análoga às dos seus vizinhos luteranos, calvinistas ou católicos.

É difícil exagerar a importância deste fato, que marca a entrada dos judeus na modernidade. Do ponto de vista que aqui nos interessa, o que a caracteriza é a promoção do indivíduo à categoria de sujeito político, fruto das condições que resultaram das revoluções burguesas. Enquanto no *ancien régime* cada pessoa pertencia antes de tudo a um grupo – nobreza, campesinato, burguesia, facção religiosa ou étnica – que determinava de modo quase absoluto o seu lugar na sociedade, com o advento do capitalismo e do Estado constitucional o indivíduo se vê livre das amarras determinadas por seu nascimento. É ele, e não o grupo, que goza de direitos civis, da liberdade de crença e de opinião, e de modo geral das prerrogativas da cidadania.

Se por um lado isso ampliou em muito as possibilidades de avanço econômico, social e cultural abertas ao indivíduo – judeu ou não – por outro o privou do lastro representado pela pertinência a um conjunto claramente definido, tanto para si mesmo quanto para os demais. As dificuldades decorrentes deste processo afetaram a todos os estratos da sociedade, mas é verdade que para os membros das minorias que assimilavam à cultura dominante ele foi mais agudo e doloroso.

Não é difícil entender por que: a mobilidade social não exilava do terreno seguro da sua origem quem pertencia à maioria. Fritz e Hans podiam se mudar do campo para a cidade, enriquecer, mandar seus filhos para boas escolas, e ainda assim não se envergonhar do seu sotaque ou de suas maneiras talvez rudes, mas o judeu que desejasse se integrar plenamente à sociedade circundante precisava se desenraizar da sua cultura de origem. A obra de Franz Kafka tem neste fato uma das suas determinações: os que leram *O Castelo* hão de lembrar-se da perplexidade do personagem central frente aos mais insignificantes hábitos e expressões dos habitantes da aldeia a que chega.

2. Situação emocional do imigrante

Com estas observações, podemos adentrar a dimensão propriamente psicológica dos problemas com que se defronta quem se vê obrigado a deixar seu país. O que acabo de descrever ocorreu com todos os que mudaram de pátria, e aqui mesmo no Brasil sabemos bem como isso pôde ser difícil. O fato de os judeus do século XIX não terem precisado se deslocar fisicamente para experienciar as agruras da assimilação é aqui irrelevante: a viagem do gueto para a sociedade capitalista revelou-se tão traumática quanto a de um continente para outro, porque abalava os alicerces da identidade. Não é à toa que então surge o termo *déraciné* (desenraizado) para designar a pessoa que, tendo repudiado sua origem, se vê à deriva por não poder se assentar em outro chão.

É mais uma vez a Anatol Rosenfeld que recorro para descrever alguns aspectos dessa experiência:

> Esta coletânea de contos e novelas [...] documenta de modo impressionante aspectos centrais da existência de um grupo disperso entre as nações. Entre esses aspectos ressaltam tantos os problemas daqueles que procuram manter plenamente a sua identidade judaica num ambiente mais ou menos adverso, como os daqueles que, em sociedades mais acolhedoras, vivem em várias fases e graus de adaptação. As dificuldades da geração dos imigrantes talvez sejam mais drásticas e dramáticas, mas elas continuam de um modo diverso, mais sutil e mais sub-reptício, na geração dos filhos e netos [...]. Os choques da primeira geração transmitem-se, atenuados embora, através de uma espécie de acústica familiar, aos jovens, que por sua vez, já muito mais adaptados ao novo ambiente, facilmente se distanciam dos pais. Todos estes fenômenos decorrem, de um ou outro modo, das relações mais ou menos normais, mais ou menos precárias ou tensas entre o grupo marginal e o mundo ambiente. [...] O sociólogo e o psicólogo podem extrair dessa coletânea dados de grande interesse sobre as múltiplas facetas de semelhante situação [...], de que forma ela repercute nas relações entre os membros do próprio grupo [...] e na vida das pessoas que vivem sob vários graus de pressão.[4]

---

4   Rosenfeld, op. cit., p. 7. Para maior clareza, tomei a liberdade de reordenar ligeiramente a sequência das frases do último parágrafo.

O psicanalista pode aqui se sentir à vontade, pois o que nosso autor descreve é algo que ele conhece bem: o conflito identitário. Nossa identidade – aquilo por meio do que nos reconhecemos como "nós mesmos" – resulta de um amálgama de identificações, ou seja, da incorporação de modelos oferecidos pelo ambiente em que vivemos. Tais modelos veiculam valores, comportamentos e atitudes, que precisam ser investidos pelos membros daquela sociedade para que ela possa funcionar adequadamente. Também se referem a pertinências: para sentir-se parte de um grupo social, é preciso não apenas adotar seu nome ("sou corintiano", "sou advogado"), mas ainda os emblemas que o caracterizam, tanto concretamente (ir ao jogo com a camisa do time, ou usar terno e gravata) quanto metaforicamente (agir e pensar como os demais integrantes do grupo, vibrar com as mesmas coisas que eles, detestar o mesmo que os aborrece).

"Ser judeu", "ser alemão", "ser somali" ou holandês é consequência de identificações cujo conteúdo não é o mesmo, mas que em nada diferem quanto à forma. E aqui vemos, por assim dizer, o retorno do reprimido, ou a revanche da tribo sobre os mecanismos que visavam a neutralizar as particularidades, deixando frente a frente o indivíduo isolado e a instância do Estado. Este pode não reconhecer existência legal aos grupos tradicionais, reservando-a para os indivíduos e para as associações voluntárias por eles formadas (empresas, clubes, sindicatos e demais "pessoas jurídicas"), mas nem por isso desaparecem as lealdades e os afetos que por séculos os haviam cimentado. Refiro-me a coisas como nacionalidade, religião, crenças políticas, modos de vida que consideramos desejáveis, e a outros fatores do mesmo gênero, cuja influência sobre as pessoas se enraíza em setores do psiquismo muito mais profundos que o ego consciente e racional.

É por este motivo que a experiência da imigração costuma ser desestabilizadora, como ilustra de modo exemplar a história que nos contou Ayaan. Para adaptar-se ao "mundo ambiente", o recém--chegado precisa identificar-se com determinados aspectos dele, e, por menos que deseje abandonar os equivalentes desses aspectos na cultura da qual provém, em alguma medida terá de renunciar a eles para não permanecer um marginal no país hospedeiro. Precisa aprender a expressar-se um novo idioma, habituar-se a outras formas de convivência e de polidez, enfrentar situações que podem chocar sua sensibilidade – numa palavra, a lidar com o inusitado – e isso tem um custo psíquico nada desprezível.

Para proteger tanto quanto possível sua identidade de origem, os imigrantes recorreram desde sempre ao convívio com os compatriotas e à criação de espaços nos quais pudessem sentir-se à vontade. Aqui convém distinguir os refugiados de quem pretende fixar-se definitivamente no lugar a que aportam: enquanto para aqueles a imigração tem o sentido de um exílio temporário, estes logo percebem a necessidade de criar instituições que possam ajudá-los a preservar o essencial da sua cultura e a transmiti-lo às gerações futuras. Surgem assim escolas, locais de culto, jornais, clubes recreativos, restaurantes típicos, cuja função é atrair os membros da comunidade minoritária, e assim contribuir para manter a sua coesão.

A manutenção de costumes e tradições visa igualmente a criar um ambiente propício para que os jovens se interessem por elas, sem o que o grupo desapareceria junto com a geração dos expatriados. Celebram-se as festividades do calendário, contam-se lendas e histórias, ensinam-se canções, danças, técnicas de artesanato ou de culinária; o cultivo destas tradições na forma do folclore atrai também o interesse de pessoas não pertencentes à comunidade, o que reforça a valorização delas por parte dos seus integrantes: é o caso do Ano Novo chinês e das festas italianas em São Paulo, da parada de São Patrício em Nova York, dos desfiles das escolas de samba no Rio de Janeiro, da *Oktoberfest* de Blumenau, e de outros exemplos que seria ocioso evocar.

Tendo como pano de fundo as observações precedentes, que esboçam de modo muito sumário as condições históricas e psicológicas do contato entre culturas diversas, podemos agora nos voltar para a situação dos muçulmanos na Europa, e em particular para o caso de Nasrah e de suas irmãs.

A esta altura do nosso percurso, espero que esteja claro o motivo pelo qual – no que se refere ao tema que nos ocupa – considero que nossa época se distingue bastante das anteriores. Vimos como foi longo e penoso o caminho que conduziu da intolerância frente à diferença a uma atitude de mais respeito – e mesmo de interesse – pela diversidade cultural: de início restrita à dimensão religiosa, ela veio a se inscrever no quadro mais amplo dos direitos do cidadão, e aos poucos passou a incluir o direito das comunidades minoritárias a preservar parte significativa da sua herança, e portanto da sua identidade.

É esta a postura que subjaz à política holandesa para com os imigrantes dos países subdesenvolvidos, mas ela tampouco está isenta de contradições. A meu ver, a principal delas provém da dificuldade para conciliar dois ideais opostos: a integração tão completa quanto possível do *indivíduo* à sociedade circundante, e a convicção de que a *comunidade minoritária* tem o direito de estimular este mesmo indivíduo a manter-se dentro dos padrões dela. Longe de estigmatizar como bárbaros as crenças e costumes dos imigrantes, a tendência – condizente com os princípios de uma sociedade liberal avançada – é permitir que sejam vivenciados e transmitidos à nova geração.

Mas isso só funciona enquanto tais costumes e crenças não entram em conflito com os valores essenciais da sociedade hospedeira.

Suponhamos por um momento que dez mil charagundianos aportem ao Brasil, e que na Charagúndia esteja em vigor a escravidão. Os recém-chegados trazem consigo seus escravos, e não têm intenção de abdicar deste traço essencial da sua cultura. Devem por isso as autoridades brasileiras tolerar a compra e venda de seres humanos, o registro dos filhos das escravas em nome dos donos delas, e outras práticas que aos charagundianos parecem perfeitamente naturais e legítimas? É óbvio que não. Da mesma forma, se eles fossem canibais, ou se sua religião exigisse sacrifícios humanos, com toda a certeza lhes seria proibido manter tais costumes, por violarem preceitos fundamentais da Constituição brasileira.

Ou seja: a tolerância para com o diferente não é nem pode ser absoluta. Quem imigra para uma nova terra tem que se dispor a respeitar seus usos e leis, pela simples razão de que sem isso não poderá usufruir das vantagens de viver nela. Se tal não for a convicção de quem quer ou precisa sair do seu país, é melhor que fique por lá, ou escolha um lugar mais parecido com ele.

Sem pretender comparar os costumes muçulmanos aos dos nossos imaginários charagundianos, é preciso reconhecer que algumas de suas instituições estão em completo desacordo com as liberdades individuais tão duramente conquistadas no Ocidente, em particular no que se refere ao estatuto da mulher. É de se esperar, portanto, que surjam situações nas quais é impossível evitar o conflito – e toda a obra de Ayaan Hirsi o testemunha com eloquência.

A louvável postura de aceitar o outro não pode levar a fechar os olhos diante das violências relatadas em seus livros e artigos. Aqui o problema é de natureza política, e toca o cerne do modo de vida ocidental. A história das jovens somalis evidencia os limites além dos quais a tolerância se transforma em cumplicidade com a opressão e com o obscurantismo, negando liberdades básicas a pessoas que têm tanto direito quanto qualquer outro habitante da Holanda a viver sua vida como melhor lhes parecer.

3. Angústias e defesas

Recapitulemos brevemente os fatos que nossa convidada narrou. Por motivos políticos, um militante tem de deixar a Somália e fugir para o Quênia, mas sua esposa morre antes de conseguir alcançar a família. Após alguns meses, recebem um visto de asilo e vão viver em Haia; embora melhores que na África, as condições materiais permanecem precárias, pois moram numa zona da cidade pobre e deteriorada.

Confrontado com a tarefa de cuidar de oito filhos, o pai "não sabe o que fazer" – não procura trabalho, não aprende a língua do lugar, não os manda para a escola. A comunidade somali local tampouco oferece às crianças um ambiente favorável. Ao que parece, os primeiros a chegar não haviam logrado construir mesmo um esboço das instituições das quais falei há pouco, o que garantiria aos seus compatriotas um mínimo de ajuda para se adaptar ao novo meio. Deixadas à deriva, as crianças reagem como se poderia esperar: procurando chamar a atenção dos adultos para a angústia que as invade, tornam-se agressivas e baguceiras.

Um golpe de sorte as faz ser transferidas para um centro de absorção na cidadezinha de Ter Har, onde encontram uma assistente social que se empenha em ajudá-las. O primeiro movimento dela é fazê-las entender que, se quiserem ser aceitas no novo ambiente, precisam acatar as regras que o organizam: dos horários às maneiras à mesa, do asseio pessoal ao incentivo para que resolvam os incidentes da vida cotidiana por meio de conversas e não de socos, Margrit as persuade de que na Holanda é necessário comportar-se como os holandeses.

Os efeitos dessa postura não tardam a se fazer sentir. As meninas se inscrevem no coro local, os garotos começam a jogar futebol com os colegas, e, como as outras crianças da aldeia, os pequenos somalis passam a ajudar os vizinhos em tarefas simples. Nada de extraordinário – mas, pela primeira vez desde que deixaram seu país, Nasrah e seus irmãos adquirem um marco definido e estável, que lhes oferece *segurança interna* para se desenvolverem normalmente.

"O destino, porém, mostrou sua face cruel". O pai se casa de novo, e a segunda esposa, fundamentalista até a raiz dos cabelos, condena a "frouxidão" dele no que se refere à educação das filhas: elas precisariam ser "resgatadas" do convívio com os infiéis e devolvidas à reclusão em que devem viver as boas muçulmanas. Hadío mobiliza as autoridades encarregadas do bem-estar das meninas, e, apesar dos protestos delas e de Margrit, o comitê competente decide que devem regressar a Haia. Resultado: perdem tudo o que haviam conquistado, e voltam a viver num meio que as priva de qualquer estímulo intelectual e afetivo.

As razões do comitê se apoiam no respeito aos usos das comunidades imigrantes, o que condiz com a postura liberal da sociedade holandesa. É evidente que tal diretriz é preferível a impor-lhes uma "nederlandização" forçada, mas será que entre o porrete e a atitude de Pilatos não existiriam soluções intermediárias? Não devia ter sido levada em conta a vontade das meninas, e o parecer das assistentes sociais que as conheciam bem? Devolvê-las ao gueto era mesmo a única saída?

Emprego deliberadamente o termo *gueto*, pois é atrás de uma muralha (invisível, voluntária, mas ainda assim uma muralha) que, a julgar pelo que acabamos de ouvir, vivem os integristas muçulmanos. É compreensível que imigrantes queiram preservar sua identidade, e mesmo que para isso exacerbem certos reflexos defensivos: ao desembarcar no aeroporto de Amsterdam, o pai de Nasrah disse às filhas que "devemos mostrar aos infiéis como somos nobres". O narcisismo do refugiado é de fato submetido a duras provas: ele se sente humilhado e ameaçado, e é natural que procure na idealização um modo de combater esses sentimentos penosos.

Mas aqui a "nobreza" consiste apenas na recusa em admitir qualquer concessão. Um detalhe revelador é que este homem considera – na Holanda! – que aprender a usar uma bicicleta está "abaixo da sua dignidade". O psicanalista não pode deixar de ver aqui um gesto de rejeição à realidade, que só pode ter consequências graves para a mente de quem recorre a um mecanismo de defesa tão maciço.

Detenhamo-nos um momento neste ponto, pois talvez pareça a alguns de vocês que estou exagerando. Não estou: com toda a evidência, o receio de "perder a dignidade" recobre aqui o pavor de perder a *identidade*. Ora, acaso alguém deixa de ser o que é por usar o meio de transporte mais popular no país que o acolheu? Não se está pedindo ao pai de Nasrah que abjure suas convicções religiosas ou políticas, nem que abandone seus gostos e costumes: trata-se apenas de reconhecer aqui as coisas se fazem de modo diverso que na Somália. Recusando-se a guiar uma bicicleta, o que ele está fazendo é negar que tenha precisado emigrar, como se tudo não passasse de um sonho horrível do qual o despertar o salvará.

O fato de ser um líder político – portanto, provavelmente um homem inteligente – não o impede de recorrer a uma defesa deste vulto, e pelo que sabemos não é a primeira vez que isso acontece. Nasrah conta a Ayaan que o pai não expressou a dor que com certeza sentiu pela morte da mulher, e, acrescentaria eu, não parece ter entendido a necessidade de ajudar os filhos a superar o fato mais importante de suas jovens vidas – a perda da mãe. Tampouco parece ter pensado em conversar com eles acerca do que seria viver num país estrangeiro, a respeito das dificuldades que enfrentariam, e como poderiam vencê-las. O silêncio sobre questões tão importantes não só não as ajudou, mas ainda *agravou* a sensação de desamparo das crianças, como se nota pelo comportamento que tiveram no cortiço de Haia e nos primeiros tempos no abrigo de Ter Har.

Seria este recurso sistemático ao repúdio uma característica da personalidade deste senhor, ou algo mais amplo? É difícil não ligá--lo a certas peculiaridades da cultura islâmica, sobre as quais, para concluir, gostaria de dizer algumas palavras. Para isso, baseio-me numa obra cuja leitura recomendo vivamente: *La Psychanalyse à l'épreuve de l'Islam*,[5] de Fathi Benslama. Este analista tunisino, que vive e leciona na França, debruça-se sobre a civilização muçulmana com o olhar de um *insider*, e sugere algumas hipóteses sobre os motivos que subjazem à opressão das mulheres no Islã. Como este é o tema dos escritos de Ayaan, parece-me interessante ouvir o que ele tem a dizer.

Falando do *hijâb* – o véu que oculta o rosto da fiel – Benslama observa que sua função manifesta é defender a modéstia da mulher, mas na verdade serve para proteger os homens do poder de encantamento e fascínio atribuído ao corpo feminino: ele é "um filtro que evita seus poderes de perturbação". É portanto um instrumento de controle, assim como o harém, o "véu de pedra que prolonga o de tecido". A mulher é inconscientemente temida, pois sua sen-

---

5 Paris, Flammarion, 2005. O livro aborda o papel das mulheres na teologia islâmica e na legislação do Alcorão, bem como os processos mentais e sociais que conduziram às violências denunciadas por Ayaan Hirsi Ali.

sualidade seria de tal ordem que, se se mostrasse como é, levaria os fiéis a agir de modo pecaminoso. "Os olhares sobre os atrativos femininos são as flechas de Satã", diz Ali, o genro do Profeta.[6]

Não é preciso ser um especialista em psicanálise para perceber a enorme angústia implicada nesta ideia. É ela que conduz ao repúdio do feminino e às medidas de opressão das mulheres que, correndo os riscos que conhecemos, Ayaan tem a coragem de denunciar – e, mais do que isso, de analisar:

> No que se refere à sexualidade, a cultura islâmica vê os homens como feras temíveis, irresponsáveis e imprevisíveis, que perdem de imediato todo autocontrole ao ver uma mulher [...]. Um homem muçulmano não tem por que aprender a se controlar. Não precisa e não é ensinado a fazê-lo [...]. Desde muito cedo, as meninas estão envoltas numa atmosfera de desconfiança. Logo aprendem que são seres indignos de confiança, e que constituem um perigo para o clã [...]
> A jaula das virgens tem consequências para as mulheres, mas também para os homens e crianças. [...] Na verdade, as mulheres enjauladas exercem sobre as crianças uma influência nociva, especialmente sobre os meninos. Excluídas da educação e mantidas na ignorância, ao dar à luz e ao criar seus filhos a maioria das muçulmanas só pode transmitir seus limitados conhecimentos.[7]

---

6 Benslama, op. cit., p. 195.
7 "A virgem na jaula", no livro do mesmo nome (São Paulo, Companhia das Letras, 2007), p. 43 e 49.

Ou seja: o repúdio do feminino não é bom para ninguém – nem para as vítimas, nem para os algozes. Em outra parte do mesmo livro, Ayaan faz observações muito pertinentes sobre a miséria afetiva dos rapazes e homens educados por essas mulheres, que não respeitam e com quem não podem aprender a lidar com suas emoções. O resultado é que ficam limitados a um único modo de se defender da insegurança que isso provoca: a agressividade, frequentemente colorida por uma culpa esmagadora, da qual ela também fala em outras passagens do livro.

Não será por ter sido criado em tal atmosfera que o pai de Nasrah não consegue elaborar os traumas pelos quais passa? Não será pela mesma razão que não consegue ter com seus filhos mais que um contato superficial, e, apesar dos discursos sobre a nobreza da cultura da qual provêm, mostra-se incapaz de transmitir-lhes as belezas que ela encerra? Não terá isso algo a ver com a insegurança que o faz considerar o simples ato de pedalar uma *bike* como ameaça intolerável à sua "dignidade"?

A dificuldade para inventar um modo de ser muçulmano na Holanda não é, evidentemente, exclusiva deste homem: ele a compartilha com muitos outros seguidores dessa religião (felizmente, como também vemos nos escritos de Ayaan Hirsi, não com todos). Tal dificuldade aponta para o *repúdio ao diferente* enraizado na ideologia fundamentalista, e que na verdade contradiz a abertura ao novo que em tempos passados tanto enriqueceu a civilização islâmica. A atitude defensiva frente ao suposto poder de perversão encarnado no corpo feminino é apenas mais uma manifestação dessa postura, responsável igualmente pela hipersensibilidade que faz se eriçarem os turbantes diante de qualquer crítica ao modo de vida tradicional.

O que lhes contei no início desta conferência sobre como foi difícil ao Ocidente livrar-se do obscurantismo religioso faz pensar que o Islã não o superará se não passar por processos análogos ao Renascimento e ao Iluminismo, ao cabo dos quais a tolerância se impôs na Europa como primeiro passo na conquista dos direitos individuais. Para avaliar as chances de isso ocorrer, seriam necessários mais conhecimentos do que aqueles dos quais disponho; mas creio que já dispomos de elementos para refletir sobre o tema que nos reúne hoje à noite.

Muito obrigado pela sua atenção, e vamos ao debate.

Intolerância: um olhar psicanalítico

Boa tarde a todos. Quero iniciar agradecendo aos colegas do Laboratório de Estudos sobre Intolerância a oportunidade de participar deste debate. A tolerância é uma das grandes conquistas da civilização ocidental, mas, em nossos dias, a vemos posta em xeque por práticas e atitudes que demonstram quão precária é sua aceitação por parte de amplos segmentos da humanidade. As comunicações de Betty Fuks e José Moura Gonçalves iluminaram vários aspectos do tema; gostaria de complementá-las refletindo sobre as condições necessárias para a constituição da tolerância como disposição psíquica, e sobre os obstáculos que se antepõem a este processo.

Como se trata de um *valor*, que só se converte em base de atitudes e comportamentos se for firmemente assimilado pelos agentes sociais, parece-me necessário relembrar alguns dados sobre o surgimento do conceito de tolerância, e sobre as transformações pelas quais foi passando. Isso porque valores não brotam espontaneamente na vida psíquica: são criados no plano coletivo, em função de eventos e de movimentos que transcendem em muito a existência física das pessoas que irão (ou não) adotá-los na sua conduta. Do ponto de vista metodológico, portanto, convém ter presente que estamos lidando com um fenômeno complexo, e procurar apreender as suas diversas determinações, entre as quais têm especial destaque as históricas e políticas.

1. Um pouco de história

A ideia de tolerância tem data e lugar de nascimento: o período posterior aos conflitos religiosos que ensanguentaram a Europa do Norte entre a Reforma (1519) e o fim da Guerra dos Trinta Anos (1648). Por "Europa do Norte" entendo a França, a Inglaterra, a Alemanha, os Países Baixos e as monarquias escandinavas, países nos quais nenhuma das denominações em confronto conseguiu eliminar a ou as minoritárias. Em contraste com o que ocorria em Portugal, Espanha e na península itálica, onde o catolicismo se tornou um dos esteios do poder secular, e onde a Inquisição perseguia cruelmente as "heresias", naquelas regiões tornou-se necessário admitir a presença de várias versões do cristianismo, e encontrar meios de fazê-las conviver de forma tanto quanto possível pacífica.

Um grande obstáculo para isso era a ideia de que em cada Estado deveria haver uma só religião, e que cabia ao príncipe zelar pela uniformidade das crenças dos seus súditos.[1] O *factum* da diversidade precisava portanto ser justificado com argumentos mais convincentes que os que sustentavam a posição tradicional: tal foi a função do conceito de tolerância, o que explica por que de início ele se referiu a questões de índole essencialmente religiosa.

---

1 *Cujus regio, ejus religio* (do seu rei será a sua religião), princípio adotado na Paz de Augsburg (1555), o tratado que encerrou os conflitos religiosos nos territórios de língua alemã.

Coube aos filósofos burilar a nova ideia, e defendê-la contra os que a condenavam como ímpia. É importante assinalar que a noção de tolerância então forjada difere bastante de algo com que seríamos tentados a confundi-la, a saber o respeito dos gregos e romanos pelos deuses dos povos "bárbaros".

No mundo antigo, cada nação tinha suas próprias divindades, e, quando as vitórias de Alexandre expandiram a civilização helênica para além das fronteiras da Grécia (século IV a.C.), não se verificaram tentativas de converter os habitantes daqueles territórios ao culto de Zeus ou de Afrodite. O mesmo ocorreu com os absorvidos pelo Império Romano: tanto por habilidade política quanto porque a noção de "verdadeira religião" não fazia parte do seu equipamento mental, os dominadores jamais procuraram impor aos vencidos crenças diversas das que já professavam. No centro de Roma, pode-se visitar ainda hoje o Panteão, templo dedicado a *todas* as divindades do Império, inclusive a alguma porventura ainda não conhecida (o *deus ignotus*).

Não creio ser correto falar aqui de "tolerância" no sentido moderno, porque falta o pano de fundo contra o qual o conceito se recorta: o monoteísmo militante, essa invenção cristã em nome da qual se cometeram tantas violências. A crença num Deus único, é claro, surge com os hebreus; no entanto, em virtude da ideia de um vínculo especial entre eles e o Criador do Universo, estava excluído que buscassem impô-la aos não-judeus. Mesmo que o quisessem, dificilmente teriam tido êxito, pois eram pouco numerosos, e - com exceção do breve período sob a liderança de David - militarmente frágeis, tanto que só por dois ou três séculos tiveram um Estado independente.

Na verdade, a postura do Velho Testamento quanto aos não--judeus é complexa. Por um lado, não admite que seus deuses sejam deuses: não passam de ídolos, e o hebreu que os adorar estará cometendo uma "abominação". Por outro, recomenda respeitar o *ger* (estrangeiro) "que estiver dentro das tuas portas" (Ex. 20:11), por exemplo eximindo-o de trabalhar no Shabat. A prescrição é repetida diversas vezes, algumas delas enfaticamente: "se um estrangeiro viver convosco, não o oprimireis. Como um natural dentre vós[2] será para vós o estrangeiro, o estrangeiro convosco, e o amarás como a ti mesmo, pois estrangeiros fostes na terra do Egito" (Lev. 19:33-35). Ou seja, o não-judeu que habita entre os fiéis deve respeitar as normas que regulam o cotidiano (entre as quais guardar o sábado), mas dele não se espera que cultue o Deus de Israel. Quanto aos que vivem em seus países, em momento algum se exige que abandonem suas divindades e as substituam por Jeová.

Bem diferente é a missão que o cristianismo se atribui em relação aos "gentios": a Salvação é para *todos* os homens, porque todos são filhos do mesmo Deus, que enviou seu Filho para redimir a todos do pecado original. De início uma pequena seita judaica, a partir do apostolado de São Paulo ele se difunde pelo mundo romano, até se tornar, no século IV d.C., a religião oficial do Império. Neste movimento, a variedade dos cultos com as quais se defrontou, e a existência de uma sólida tradição filosófica entre os "pagãos", se combinaram para produzir algo desconhecido pelos judeus, mas que terá imensa influência sobre o espírito europeu: o surgimento da teologia.

Ao contrário dos rabinos, que pouco se ocuparam da natureza de Deus, dedicando-se antes a construir o sistema ético e legal do

---

2   *Ke ezrách mikêm ihié lachêm* (Lev. 19:34). Em hebraico moderno, o termo *ezrách* significa "cidadão". A dupla referência ao *ger* está no texto bíblico.

judaísmo talmúdico, os pensadores cristãos utilizaram o instrumental teórico, lógico e retórico elaborado pelos gregos para elucidar os problemas doutrinais da sua religião: se Jesus era só homem ou também Deus, se o Espírito Santo era ou não incriado, se na Eucaristia o corpo e o sangue de Cristo estavam realmente presentes, ou apenas de modo simbólico, e assim por diante.

Essas sutis discussões poderiam ter resultado simplesmente em opiniões divergentes, mas não foi o que aconteceu. Por meio dos Concílios (que se iniciam com o de Nicéia, em 325 d.C.), a Igreja decidiu que tal ou qual convicção sobre dado assunto era a mais conforme às Escrituras, e proscreveu como heresias todas as demais. Os que as sustentavam passaram a ser perseguidos não só como inimigos da fé, mas ainda como ameaça à segurança do Estado, pois no período final do Império o poder secular veio a depender cada vez mais do Papado, até quase se confundir com ele.[3]

A autoridade da Igreja permaneceu inquestionada durante os primeiros séculos da Idade Média, mas a partir de 1200 alguns dos seus dogmas (e as práticas iníquas de muitos padres) se viram contestados por vários movimentos no interior do próprio catolicismo. Para combatê-los, foi criada a Inquisição, que antes de se voltar para os cristãos-novos ibéricos cometeu inúmeras atrocidades contra os albigenses e outros heréticos na França e na Itália.

Como disse atrás, com a Reforma rompeu-se a unidade religiosa da Europa Ocidental, e durante os séculos XVI e XVII protestantes e católicos se massacraram uns aos outros em nome da

---

3 Por não ser relevante para nosso tema, não abordarei nesta comunicação o que se passou no Império Bizantino; lembro apenas que ali os debates teológicos foram tão ou mais intensos que no Ocidente, e acarretaram violências idênticas entre os partidários das diversas posições.

"verdadeira fé". Mais: os próprios "reformados" se demonstraram intransigentes com os adeptos de denominações que não a sua, por exemplo na Inglaterra (o que ocasionou a emigração dos puritanos para a América do Norte) e na Holanda (onde as autoridades calvinistas perseguiram os adeptos de Lutero).

É contra este pano de fundo que devemos situar o surgimento da noção de tolerância, a qual, para se afirmar, precisou incluir uma dimensão combativa que a torna completamente diferente do que denominei há pouco "respeito pelos deuses alheios". A princípio ela é invocada entre os protestantes, e num contexto muito preciso: o da inutilidade da razão para dirimir conflitos de ordem teológica. É nesta qualidade que forma o horizonte do *Dictionnaire Historique et Critique* de Pierre Bayle, cuja primeira edição, em 1696, marca o início da história que resumirei a seguir.

O século XVII é o de Galileu, Francis Bacon, Descartes, Espinosa e Newton, ou seja, o que Merleau-Ponty chamou "o grande racionalismo". Nele surgiram tanto a filosofia quanto a ciência modernas; a separação entre fé e conhecimento, sem a qual nem uma nem outra seriam possíveis, é nessa época ainda tênue, mas no decorrer do século seguinte se tornará uma das bandeiras do ideário iluminista.

Bayle era um calvinista fervoroso; contudo, isso não o impediu de perceber que as tentativas de seus correligionários para justificar racionalmente os dogmas religiosos conduziam a disputas estéreis, e na verdade enfraqueciam o poder da religião sobre corações e mentes. O objetivo de seu livro – que consiste numa série de artigos sobre personagens bíblicos, fundadores de seitas, heréticos etc. – era demonstrar "a fraqueza da razão humana" – fraqueza, entende-se, para demonstrar (e portanto apoiar) as verdades da religião. Para isso, demora-se na pintura das contradições inerentes à nossa natureza, ilustrando-as com as paixões e atos vis a que sucumbiram os grandes homens dos quais se ocupa. "É à tolerância que ele pretende conduzir seus leitores: quanto mais se conhecem as contradições humanas, mais somos convidados a aceitá-las com indulgência", comenta o prefaciador de uma edição atual do *Dictionnaire*.[4]

A postura de Bayle estava longe de ser majoritária entre os calvinistas, e a prova é que despertou virulentas reações no seu próprio meio. Sem nos determos nos detalhes da obra, importa ressaltar que, embora o termo "psicologia" não faça parte do vocabulário da época, seu argumento central é de ordem psicológica, ou, mais exatamente, deduz de um fato "moral", como se dizia então,[5] consequências de grande alcance político. O tema da "fragilidade da razão" será abandonado pelos seus sucessores iluministas, que ao contrário acreditam no poder dela, mas a ideia de que é *porque* somos fracos que devemos aceitar as fraquezas dos outros permanecerá como um traço constante na apologia da tolerância.

Isso fica patente se lermos os verbetes que dela tratam no *Dictionnaire Philosophique* de Voltaire, este arquiinimigo da "superstição" a quem se atribui a frase "o mundo só será feliz no dia em que o último rei for enforcado nas tripas do último padre".[6] Diferentemente

---

4 Cf. *Dictionnaire Historique et Critique*, Paris, Éditions Sociales, 1974, introdução e notas de André Niderst, p. 11.
5 La Bruyère, La Rochefoucauld, o fabulista La Fontaine e outros autores que se dedicavam a estudar a alma humana eram conhecidos como "moralistes"; convém evitar o contrassenso de tomar esta designação como se significasse o mesmo que o nosso termo "moralista".
6 Segundo o historiador francês Raoul Vaneigem, Voltaire a teria encontrado nas *Memórias* do abade Jean Meslier, como "o último e mais ardente dos meus desejos - que o último rei seja estrangulado nas tripas do último padre." O tradutor inglês do livro de Vaneigem, porém, adverte que ela não se encontra

de Bayle, o filósofo francês defende a tolerância a partir de uma concepção universalista do homem: "para além das diferenças de raça, religião e civilização, a "lei natural" constitui o fundo comum da humanidade", diz com propriedade René Pomeau ao apresentar o *Dictionnaire* ao leitor contemporâneo.[7]

Apesar de suas divergências com o erudito calvinista, Voltaire também recorre à psicologia para fundamentar um argumento que vai muito além dela. Com efeito, lemos no verbete *Tolérance* do *Dictionnaire* que "a discórdia é o maior mal do gênero humano, e a tolerância é o remédio para ele" (p. 366). O motivo da intolerância, continua o filósofo, é o interesse dos tiranos, que se servem da credulidade e da ignorância dos homens para os manter "de joelhos, presos ao chão por cadeias de ferro" (p. 366).

"Interesse", "credulidade", "discórdia", são obviamente categorias psicológicas; por isso, não nos surpreenderemos ao encontrar duas páginas depois uma versão laica do argumento de Bayle – "devemos nos tolerar reciprocamente porque somos todos fracos, inconsequentes, sujeitos à mutabilidade e ao erro" (p. 368). Disso Voltaire tira uma conclusão de natureza política: "se houver duas religiões, elas se cortarão a garganta uma à outra, mas se houver trinta, viverão em paz" (p. 365). Ou seja: se existirem muitas crenças, nenhuma terá força suficiente para se impor às demais; os habitantes daquele país serão *forçados* a se tolerar reciprocamente,

---

    no texto de Meslier, mas em algum dos muitos resumos dele que circularam na época da Revolução Francesa. Cf. o capítulo 48 de *La Résistance au Christianisme*, que pode ser consultado no Google teclando a frase "*the last king hanged with the guts of the last priest*".

7   Cf. Voltaire, *Dictionnaire Philosophique*, Paris, Garnier-Flammarion, 1964, p. 12. Uma versão em português deste livro notável pode ser encontrada na coleção Pensadores da Editora Abril.

não pela violência do Estado, mas pela incapacidade de todas e de cada uma para eliminar os que pensam de forma diferente.

Voltaire é um marco importante na trajetória que conduz a filosofia política a considerar a religião um assunto privado, isto é, da alçada do indivíduo e não do coletivo. Desde que respeite as leis civis, que visam à paz pública e à segurança de todos, cada qual pode e deve ser livre para acreditar no que quiser, e para cultuar a divindade do modo que achar mais adequado. A mesma liberdade deve ser estendida às opiniões sobre qualquer assunto, seja ele político, ético, científico ou artístico. De onde um famoso epigrama atribuído ao filósofo francês: "não concordo com uma só palavra do que dizeis, mas defenderei até a morte vosso direito de o dizer".[8]

A ideia de tolerância se converte assim num aríete contra o absolutismo, e é sob essa roupagem que comparece na *Encyclopédie*, publicada contra ventos e marés de 1751 a 1765, e com razão considerada uma das obras mais influentes jamais escritas. Embora ao tratar de certos temas delicados os autores tenham recorrido a estratagemas para despistar a censura real, colocando a discussão deles em verbetes anódinos como *"bas"* (roupa de baixo), no tangente à tolerância e ao seu contrário, que chamam de "fanatismo", eles são claros e diretos.

Já Voltaire mostrara que o fanatismo nada mais é do que a superstição posta em atos,[9] ou seja, motivando perseguições contra

---

8 No site *Answers.com*, lemos que a frase não figura na carta de Voltaire ao abade Le Riche (6.2.1770) que seria a sua fonte; ela se deve ao autor de um livro de 1906, *The Friends of Voltaire*, que a apresenta como resumindo a postura do filósofo em relação à liberdade de expressão. Quem faz a fama, deita na cama...
9 Ver o verbete "*Fanatisme*" no *Dictionnaire Philosophique*, p. 183 ss: "o fanatismo está para a superstição como a fúria para a cólera".

os que têm de Deus concepções diferentes da dos perseguidores. O verbete correspondente da Enciclopédia ecoa esta noção: "o fanatismo é a superstição atuada (*mise en actes*). É um zelo cego e apaixonado, que nasce de opiniões supersticiosas e faz cometer ações ridículas, injustas e cruéis, não apenas sem vergonha e sem remorso, mas ainda com uma espécie de alegria e consolação".[10]

O contrário do fanatismo é, como se pode prever, a tolerância, definida como "a virtude de todo ser fraco destinado a viver com outros que se lhe assemelham".[11] A repetição do tema de Bayle, porém, é acompanhada por uma observação nova e arguta sobre o prazer com que o fanático comete suas barbaridades ("espécie de alegria e consolação"). Voltaremos a este ponto ao tratar da dimensão narcísica da intolerância; contudo, vale assinalar desde já o vínculo entre crueldade, racionalização ("opiniões supersticiosas", isto é, falsas, mas que servem a um propósito) e o que os analistas chamam de "elação narcísica".

Este breve retrospecto da evolução do conceito de tolerância – mesmo se deixarmos de lado autores importantes, como Espinosa e Locke – sugere algumas reflexões, agora de ordem mais psicanalítica, que gostaria de lhes apresentar a seguir.

2. Aspectos psicanalíticos

Podemos partir de uma constatação: os autores mencionados reconhecem que a tolerância não é uma atitude espontânea. Pelo menos na nossa cultura, apresenta-se como algo cujo estabeleci-

---

10 Verbete "*Fanatisme*", *L'Encyclopédie – Textes Choisis*, Paris, Éditions Sociales, 1976, p. 94.
11 Verbete "*Tolérance*", idem, p. 299 ss.

mento encontrou inúmeros obstáculos, e cuja preservação está sujeita a constantes riscos. Se do ponto de vista ético é um *valor*, se do ponto de vista político precisa se materializar em leis que coíbam e punam comportamentos contrários aos por ela prescritos, do ponto de vista psicológico se trata de um *ideal*, ou seja, de um elemento psíquico situado no polo oposto ao das tendências que nos incitam a buscar o prazer.

A vida em sociedade exige que o ser humano renuncie à ilusão de que é possível realizar de imediato todos os seus desejos, e se conforme com a proibição de determinados atos pela coletividade a que pertence (ou, se decidir praticá-los, com a possibilidade de ser descoberto e castigado).

A Psicanálise postula na psique humana duas forças básicas, ou pulsões – a sexualidade e a agressividade – que constituem o combustível com o qual e pelo qual somos movidos. A elas opõe-se um conjunto de obstáculos, as *defesas*, que visam a moderar o ímpeto das pulsões e a canalizá-las tanto quanto possível para direções socialmente aceitáveis. Cada ato nosso, cada pensamento ou fantasia, resulta de um embate entre pulsões e defesas, contendo portanto um pouco destas e um pouco daquelas.[12]

É importante assinalar que o processo pelo qual uma criança se torna membro de um grupo humano – a socialização, em suma – repousa sobre uma série de identificações com os modelos que ele oferece, materializados primeiro nas figuras parentais, e em

---

12 Na verdade, as coisas são um pouco mais complicadas, mas para os propósitos da presente comunicação é suficiente essa apresentação esquemática. Convém apenas lembrar que os sentimentos amorosos fazem parte dos derivados da pulsão sexual – por outra pessoa, o "amor objetal", e por si mesmo, o setor da psique a que chamamos "narcisismo".

seguida em personagens socialmente valorizados (que variam segundo a época e a cultura consideradas). O investimento psíquico dos ideais de qualquer grupo pelas pessoas que o integram é indispensável ao funcionamento dele, e, se vier a falhar em grande escala, sua continuidade correrá sérios riscos. É por este motivo que em todas as sociedades a educação das novas gerações ocupa lugar de destaque: "educá-las" significa também fazer com que os indivíduos que as compõem interiorizem valores, normas e preceitos, de modo a que se tornem parte do seu equipamento mental e emocional, e em certa medida governem as suas ações.[13]

Os ideais podem ser contados entre as forças recalcantes, na medida em que no esforço para os atingir somos levados a abrir mão de desejos e impulsos incompatíveis com eles. Contudo, para que possam exercer sobre nós o seu poder, é preciso que sejam *investidos*, isto é, se tornem eles mesmos objeto de amor ou de admiração, de modo que ao nos curvarmos ao que exigem não nos sintamos *perdendo* algo, e sim *ganhando* algo. O que seria este "algo"? Resumidamente, a satisfação de nos sabermos capazes de tal renúncia, ou seja, de coincidir com o ideal, o que nos engrandece a nossos próprios olhos (dimensão narcísica); além disso, o reconhecimento e a admiração de outros, em particular daqueles outros significativos cujo amor e cuja aprovação só podem ser obtidos se aceitarmos nos comportar segundo os valores que lhes são caros (dimensão objetal).

No caso da tolerância, o custo psíquico desta "troca" é elevado: precisamos renunciar a posições libidinais que outrora nos pro-

---

13 Sobre este tópico, cf. Renato Mezan, "Violinistas no Telhado: Clínica da Identidade Judaica", in *A Sombra de Don Juan e outros ensaios*, São Paulo, Casa do Psicólogo, 2005.

porcionaram intenso prazer, controlar nossos impulsos agressivos e de autoafirmação a qualquer custo, passar a ver no outro não apenas um meio de satisfazer umas e outros, mas alguém cujos sentimentos e cuja dignidade devem ser respeitados. A formulação mais radical desta norma é o mandamento bíblico de amar ao próximo como a si mesmo; no capítulo V de *O Mal-Estar na Cultura*, Freud assinala o aspecto antinatural dessa prescrição:

> *"O fragmento de realidade atrás disso tudo (que preferimos negar) é que o ser humano não é uma criatura terna e necessitada de amor, que quando muito se limitaria a defender-se caso atacado, mas que entre suas disposições pulsionais deve-se contar uma poderosa dose de agressividade.*[14] *Por conseguinte, o próximo não é para ele somente um possível auxiliar e objeto sexual, mas também uma tentação para satisfazer sobre ele a sua agressividade, explorar sua força de trabalho sem retribuição, usá-lo sexualmente sem seu consentimento, apropriar-se dos seus bens, humilhá-lo, causar-lhe sofrimento, martirizá-lo e matá-lo. Homo homini lupus".*[15]

---

14 *Aggressionsneigung* – literalmente, inclinação à agressão, que traduzo como "agressividade".
15 O homem é o lobo do homem (frase de Thomas Hobbes, o primeiro a formular a ideia de que a sociedade se fundamenta num contrato entre todos os seus membros). Cf. *Das Unbehagen in der Kultur*, capítulo V, *Studienausgabe*, Frankfurt am Main, 1975, vol. IX, p. 240; *O Mal Estar na Cultura*, Porto Alegre, LPM, 2010, p. 123. Tradução pessoal. (Um comentário mais detalhado desta passagem de Freud pode ser encontrado em Renato Mezan, *Freud, Pensador da Cultura*, Companhia das Letras 2005, capítulo IV, p. 561 e seguintes).

Essas frases contundentes nos permitem compreender por que a tolerância não é, como disse, uma atitude espontânea entre os homens: ela vai contra tendências profundamente enraizadas em nossa constituição psíquica. Num primeiro momento, é somente a percepção de que não conseguiremos impor nossa vontade sempre e a todos que nos faz refrear o impulso de fazer isso: agimos então em nosso próprio interesse, evitando nos colocar em situações nas quais poderíamos nos dar mal. Mas a interiorização (ou o investimento) da tolerância requer mais: que reconheçamos ao outro o *direito* de não se curvar às nossas imposições, de ter suas próprias ideias e opiniões, seus próprios desejos, fantasias e visão do mundo. Exige, em suma, que respeitemos a diferença, e naquilo mesmo que para nós é importante, pois para aceitar diferenças às quais não imputamos relevância não é preciso esforço algum.[16]

Este aspecto me parece central: não é em relação ao "extremamente diferente", mas sim em relação ao "ligeiramente diferente", ou, em outras palavras, ao "diferente que também é semelhante", que se encontram as maiores dificuldades para exercer a tolerância. Não é por acaso que a fúria dos fanáticos se volta para aqueles que cultuam o *mesmo* Deus de modo diverso do deles; pelos que veneram outros, não há intolerância, mas desprezo ou desdém: estão no erro, são bárbaros, ignorantes, não conhecem a verdadeira fé, porém não representam ameaça ao meu modo de ser ou de pensar.

---

16 Meu amigo Jorge Guerrero me coloca uma questão interessante: a diferença entre tolerância e respeito. Penso que ela pode ser esclarecida da seguinte maneira: ao *tolerar* algo, submeto-me a uma situação de fato (não tenho força suficiente para impor minha vontade aos demais), enquanto *respeitar* algo implica submissão a um valor ou ideal (por exemplo a igualdade de todos os homens). É então como consequência dessa atitude que me abstenho de tentar impor aos demais minhas crenças ou opiniões, o que é bastante diferente de o fazer simplesmente porque realizar tal objetivo está além do meu poder.

Nas *Viagens de Gulliver*, Swift satiriza a inclinação humana a sentir-se superior ao próximo, e a tentar "provar" tal superioridade pelos meios mais diversos, incluindo a força. O rei de Liliput considera um acinte que os blefuscutianos rejeitem sua maneira de quebrar ovos, e ousem fazê-lo pela ponta mais grossa em vez de pela mais fina; este é o motivo da guerra entre as duas ilhas, na qual o "gigante" se vê envolvido. (Ao sugerir que sejam partidos ao meio, aliás, ele atrai sobre si a ira dos dois lados). Freud denomina essa atitude "narcisismo das pequenas diferenças", e dá como exemplo a animosidade entre populações que habitam regiões próximas: alemães do norte e do sul, ingleses e escoceses, portugueses e espanhóis.[17] Para ele, o narcisismo das pequenas diferenças é uma "forma conveniente e relativamente inofensiva de satisfazer tendências agressivas, pela qual é reforçada a coesão entre os membros de um grupo".[18]

Tenho minhas dúvidas quanto a tal atitude ser "inofensiva", pois não é difícil ver nela o germe do preconceito. Ao contrário do humor, que frequentemente veicula ideias agressivas contra outros grupos humanos, porém de modo sutil (se não o for, a piada não é boa), o preconceito afirma abertamente que o diferente é *pior*, e portanto não merece respeito; em consequência, deve ser não apenas ridicularizado, mas ainda desprezado, e por vezes perseguido.

Ora, atrás do desprezo, o psicanalista discerne os contornos do *medo*: Jean Paul Sartre explorou magnificamente essa pista freudiana,

---

17   Poderia ter acrescentado a que existe entre franceses e belgas, e entre brasileiros e portugueses, da qual são prova inúmeras anedotas. Um exemplo: "Quantas histórias de português existem? Uma só: as outras são todas verdade." Ao que os lusitanos poderiam responder como os belgas: "por que os franceses gostam de piadas de belga? Porque são fáceis de entender."
18   Idem, *Studienausgabe* IX, p. 243; tradução LPM, p. 129.

mostrando em suas *Reflexões sobre a Questão Judaica* que o antissemitismo nasce da projeção sobre os judeus daquilo que o antissemita teme e odeia em si próprio. O mesmo vale para o preconceito contra os negros, frequentemente baseado em fantasias absurdas sobre o que o racista supõe ser a sensualidade "desbragada" deles – na verdade, uma expressão do pavor que a *sua* sexualidade lhe suscita.

É esta a constelação emocional que engendra o fanatismo. Nela, a angústia toma a forma do ódio ao diferente: este se transforma num objeto persecutório, cuja mera existência parece colocar em risco a estabilidade psíquica do fanático. Eis por que ele procurará encontrar motivos que pareçam justificar a eliminação daquilo que teme (a racionalização mencionada há pouco); se o uso da violência para alcançar seu objetivo tiver boas chances de ficar impune, não hesitará em empregá-la (a "crueldade" de que falavam os Enciclopedistas); e, ao ver a vítima humilhada, ensanguentada ou morta, experimentará os sentimentos descritos no vocabulário do século XVIII como "uma espécie de alegria e consolação".

De que natureza são estes últimos? A primeira provém do triunfo sobre o suposto perseguidor; a segunda nasce do engrandecimento de sua autoimagem, por ser capaz de vencer uma criatura tão "perigosa", e corresponde à sensação de euforia que denominamos "elação narcísica".

A disposição emocional que torna possíveis essas nefastas consequências é precisamente a intolerância, e seus alvos podem ser os mais variados: as sexualidades minoritárias ("desviantes", "doentias", "depravadas"), os costumes de outras culturas ou segmentos sociais ("atrasados", "imorais", "bárbaros"), as convicções políticas opostas às dos fanáticos ("perniciosas", "destruidoras da coesão social"), e assim por diante. Embora nascido no ambiente religioso, o fanatismo se espraiou por outras áreas, e hoje o vemos atuante em inúmeros setores da dita "civilização".[19]

A relativa facilidade para obter armas que caracteriza o mundo contemporâneo oferece à intolerância amplas possibilidades de se exercer pela violência, como o comprovam os atentados terroristas de que a imprensa dá notícia quase todos os dias. De modo mais discreto, porém muito eficaz, ela envenena as relações entre maiorias e minorias, e – fato relativamente novo – não só do lado das primeiras. A intolerância de segmentos minoritários, que se julgam detentores do monopólio quanto à moral e aos bons costumes, os faz difamar e combater os que pensam de modo diferente.

Os exemplos vêm de todo lado: em Israel, os judeus ortodoxos tentam impor à maioria laica a observância de normas religiosas; nos Estados Unidos, a direita pseudopuritana quer revogar as leis que permitem a interrupção da gravidez, e obrigar as escolas a ensinar, ao lado da teoria da evolução, alguma versão *aggiornata* do criacionismo bíblico; nacionalistas europeus expulsam imigrantes a quem atribuem as dificuldades econômicas pelas quais passam seus países. A patrulha ideológica, o zelo pelo "politicamente correto", a desqualificação dos adversários como "inimigos de classe", e das suas ideias como indignas de exame e discussão - a lista vai longe, e sempre na mesma direção: o *outro* deve ser neutralizado, quando não banido ou aniquilado.

---

[19] Prova de que o fanatismo não precisa se restringir ao âmbito da religião foi o Holocausto, "justificado" pelos nazistas pela periculosidade que atribuíam aos judeus: a única forma de o conter seria o extermínio. Uma análise de como tal absurdo pôde se enraizar na mente dos alemães está disponível em português, em excelente tradução de Miriam Oelsner: *LTI - A Linguagem do Terceiro Reich*, de Victor Klemperer (Rio de Janeiro, Ed. Contraponto, 2009).

Isso coloca um problema delicado, que tive ocasião de discutir em outro lugar: o dos limites da tolerância.[20] Até que ponto devemos aceitar que os inimigos da liberdade e da laicidade conquistadas com tanto esforço pela civilização ocidental manifestem seu inconformismo com as condições mesmas que lhes permitem se expressar? Até que ponto, se os reprimirmos, estaremos retribuindo na mesma moeda sua intolerância em relação aos nossos valores mais caros, e até que ponto estaremos simplesmente nos defendendo dela?

A meu ver, enquanto permanecerem *sem agir*, deve ser-lhes permitido expressar suas opiniões, mesmo que contrárias às da maioria. Nada – repito, *nada* - deve tolher a liberdade de opinião, de crença e de expressão; se houver calúnia a alguém ou ameaça a algum grupo, que estes tomem as medidas legais que julgarem cabíveis, e que os tribunais condenem os ofensores às penas da legislação – mas só *ex post facto*, depois que algo tiver ocorrido; jamais antes, ou preventivamente.

Mas este é um assunto que já excede os limites do nosso tema. Não quero abusar da tolerância de vocês (risos); por isso, encerro aqui minhas considerações, mais uma vez agradecendo aos organizadores do simpósio a oportunidade de refletir sobre um tema de tamanha importância para todos nós.

---

20 Cf., neste volume, "Nasrah e seus irmãos: sobre os limites da tolerância".

Existe um erotismo contemporâneo?

Boa noite a todos. Gostaria de começar agradecendo aos colegas do Departamento de Psicossomática do Instituto Sedes Sapientiae o convite para participar deste encontro, e assim submeter a vocês algumas ideias sobre o erotismo na atualidade. Embora um tanto excêntrica em relação às questões mais frequentemente tratadas nessa área, uma investigação sobre este tema permite vislumbrar certos modos de viver o corpo – e portanto certos aspectos da experiência subjetiva nos dias atuais – que me parecem do maior interesse teórico e clínico.

1. Erotismo e sexualidade

Basta abrir uma revista, ligar a televisão ou caminhar pelas ruas de uma cidade moderna para percebermos que hoje em dia o corpo belo é associado a praticamente qualquer produto, sugerindo que se o adquirirmos nos tornaremos tão desejáveis quanto o modelo que o anuncia. Como não se pode imaginar que sejamos ingênuos a ponto de imaginar que o uso daquele produto vá atrair os objetos do nosso desejo como se fossem moscas para o mel, cabe indagar: por que, apesar de por vezes chocar pelo mau gosto, este tipo de publicidade nos mobiliza?

O que chama a atenção nesses anúncios é um paradoxo: a pouca sutileza das imagens aponta para algo diverso, e infinitamente mais complexo – o erotismo. Eis algo que pode nos servir de ponto de partida, pois com o erotismo se passa algo semelhante ao que suscitava a perplexidade de Santo Agostinho quando tentava definir o tempo: "Se ninguém me pergunta, eu sei o que ele é: se quero explicá-lo, porém, já não o sei".[1]

Talvez a dificuldade provenha de que o erotismo tem duas vertentes. Por um lado, é a dimensão "estética" da sexualidade, a arte de dosar a excitação de modo a prolongá-la e extrair dela um prazer refinado, tanto para si quanto para o parceiro. Estamos aqui no plano físico: o toque suave, que faz a pele se eriçar na expectativa do clímax ao mesmo tempo entrevisto e diferido, a carícia hábil, a sensação vivida ou provocada no corpo do outro. "O erotismo manifesta simultaneamente a proximidade do frenesi e a capacidade de o reter. É a sexualidade tornada arte e ritmo, que faz durar o prazer e o desejo, enquanto a paixão sexual tende à descarga direta", diz Simone de Beauvoir.[2] Neste sentido, trata-se de algo que faz parte do ato amoroso propriamente dito, tornando-o ainda mais prazeroso pelo efeito cumulativo das variações na tensão sexual.

Mas o erotismo é também *cosa mentale*, como dizia Leonardo da arte. Pode ser vivenciado nas circunstâncias mais variadas: é então parte de um "jogo psicológico" que produz excitação, tanto

---

1 Santo Agostinho, *Confissões*, Livro XI, seção 17.
2 Cf. Wikipedia, artigo "*Érotisme*".

pela visão de algo ou alguém como por meio de representações na imaginação. Neste último caso, o desencadeador pode consistir em palavras – poemas e histórias, como se sabe desde o *Decamerão*, podem ser muito eróticos – ou em imagens – pinturas, fotografias, filmes, e até histórias em quadrinhos, como os famosos "catecismos" de Carlos Zéfiro.

Há uma diferença importante entre o erotismo assim concebido, que procede por alusão e deixa à fantasia do leitor, do ouvinte ou do espectador uma boa parte da elaboração imaginária, e a pornografia, que exibe de modo cru e direto a cena sexual. Poucas imagens cinematográficas são tão sensuais quanto a de Gilda tirando aquela longa luva preta – e o efeito surge precisamente da maneira pela qual o gesto evoca a nudez, em vez de a representar de modo explícito.

Embora aqui as sensações voluptuosas brotem na ausência de um parceiro real, substituído *in effigie* por aquilo que excita, elas podem ser tão intensas quanto se ele estivesse fisicamente presente. Prova disso são as manifestações corporais, idênticas nos dois casos – aceleração da respiração e dos batimentos cardíacos, avermelhamento das faces, ereção, umidade vaginal, enrijecimento dos mamilos – sintomas idênticos aos que ocorrem na polução causada por imagens vistas em sonho.

O fato de o erotismo poder ser vivido tanto no corpo como na psique torna cabível indagar se ele evolui ao longo do tempo. Na dimensão física, a resposta se afigura negativa: sendo a fisiologia do sexo a mesma desde Adão e Eva, os humanos cedo atingiram o ápice na arte de intensificar o prazer. Depois dos antigos manuais eróticos chineses, da *Arte de Amar* e do *Kama Sutra*, pouco restou aos pósteros para inventar nessa matéria. Da mesma forma, os conselhos das revistas modernas sobre como atrair um parceiro nada mais são do que variações das técnicas de abordagem sugeridas por Ovídio dois mil anos atrás.

Por outro lado, na qualidade de *cosa mentale*, é bastante claro que o erotismo varia segundo as épocas e as culturas, porque está em estreita relação com as atitudes de cada uma quanto ao corpo e à sexualidade. Nas sociedades para as quais o sexo é uma parte natural e saudável da vida humana, são frequentes as representações literárias ou visuais da nudez, do falo ereto ou do ato amoroso: é o que vemos em templos hindus, em iluminuras persas, na escultura africana, em estampas chinesas e japonesas. Já na cultura ocidental, o erotismo é tributário da condenação do sexo pela doutrina cristã, que nele via (e em parte continua vendo) a marca do pecado original e o caminho para a perdição das almas.

Observa Denis de Rougemont que apesar do lugar eminente ocupado no cristianismo pela ideia de amor, a cisão entre este e o sexo transformou o segundo num problema ético e psicológico de primeira grandeza.[3] Na arte religiosa, muito engenho se despendeu para pintar em detalhes os horrores que no inferno esperam pelos que cederem à tentação da luxúria. Estigmatizada como pertencendo ao domínio da "carne", a sexualidade tornou-se fonte de angústia e de preocupação: no limite, o banimento das sensações naturais conduziu à *acedia*, a paralisação da vontade pela renúncia completa a todos os prazeres, frequentemente figurada na pintura medieval por um monge às voltas com suas alucinações.[4] Em consequência, continua o autor francês, o erotismo que vai surgir na Europa a partir do século XII trará a marca da doutrina e da moral

---

3   Denis de Rougemont, *Les mythes de l'amour*, Paris, Idées Gallimard, 1978, p. 17ss.
4   Maria Rita Kehl, "Corpos estreitamente vigiados", *O Estado de São Paulo*, Caderno Aliás, 01.01.2007.

cristãs, ou seja, será enquadrado pela ideia de *transgressão*. E como esta pode se dar por pensamentos, palavras e atos, o temor de cair em tentação acompanhará o fiel da crisma à extrema-unção: um instante de descuido, e estará perdido por toda a eternidade.

O laço interno entre sensualidade e transgressão se expressa com clareza naquilo que para Rougemont é a matriz do erotismo ocidental: o amor proibido de Tristão e Isolda. Justamente porque o sexo se torna culposo, na nossa cultura a relação entre imaginação e erotismo será diferente do que era para os gregos, para os romanos e para os orientais: expectativa e prolongamento da excitação não estão *a serviço* de uma catarse mais intensa na proximidade dos corpos, mas a *substituem* – e assim vêm a constituir uma das fontes mais constantes da arte europeia. Dos trovadores ao nu artístico, passando pelas cenas mitológicas, históricas e de flagelação que cobrem as paredes das catedrais e dos palácios, a arte será um *locus* privilegiado do erotismo ocidental. A fotografia dará impulso extraordinário a esta tendência, até chegar aos cartões postais lascivos do século XIX, antecessores das revistas masculinas, dos *outdoors*, da internet e de outras invenções do nosso tempo.

Por outro lado, graças a essa sublimação peculiar, o erotismo ganha foros de legitimidade: torna-se

> *ultrapassamento lírico ou reflexivo do sexual biológico. A sexualidade, enfim reconhecida como algo diferente dos "baixos instintos", passa a ser qualificada pelo espírito, solicitada pela alma, colocada em relação dialética com os seus fins espirituais*", conclui Rougemont.[5]

---

5 Rougemont, op. cit., p. 22.

Coube ao Romantismo trazer essas questões para o centro do palco. Na filosofia, a propósito da ópera *Don Giovanni*, Kierkegaard trata do "erotismo musical"; Wagner recupera o mito de Tristão e Isolda, fazendo a personagem atingir a "alegria suprema" pela via da paixão amorosa; para o Baudelaire das *Flores do Mal*, é pela experiência do amor sexual que a alma insatisfeita tem uma ideia do que seja o sabor da eternidade (*"l'âme inassouvie conçoit le goût de l'éternel"*). Mas apesar de tratarem com tanta frequência da sensualidade, as obras românticas ainda o fazem sob o signo do interdito: quer pela intensidade, quer por fugir ao padrão, unindo seres que deveriam permanecer em esferas separadas – senhora/escravo, nobre/plebeu, pessoas de raças ou religiões diferentes, filhos de famílias inimigas – a ligação dos amantes se opõe à moral vigente.[6]

A moral vitoriana teme o sexo, tanto por razões religiosas – é uma época de triunfo do puritanismo – quanto por motivos "científicos". Michel Foucault mostrou em *A Vontade de Saber* de que modo isso deu origem a um "dispositivo de sexualidade", no qual, a pretexto de a controlar, dela se fala incessantemente, assim contribuindo para suscitar aquilo mesmo cujos perigos se almejava reduzir. A higiene corporal, a preocupação com a saúde, o horror à masturbação, tornam-se ocasiões para perscrutar o comportamento e as disposições de crianças, adolescentes e adultos, numa campanha que reformula em linguagem "científica" as preocupações dos confessores com o que se passava na alma de suas ovelhas. Surge a ideia de *degeneração*, estreitamente associada à incontinência sexual – e as doenças sexualmente transmissíveis, em particular a sífilis, parecem comprovar que quem se entrega sem cuidados aos prazeres do sexo está comprando um bilhete para o cemitério.

---

6   Cf. o capítulo "Amor romântico no século XXI", neste volume.

O que o século XX trouxe como modificação fundamental a este cenário sombrio foi a liberalização dos costumes, na qual a psicanálise desempenhou um papel de primeira ordem, mas que não teria tido o impacto que teve se outros fatores não a houvessem alavancado.

Transformações sociais de várias ordens devem aqui ser mencionadas, ainda que brevemente, e sem as hierarquizar: a emancipação das mulheres e sua entrada em massa no mercado de trabalho, a moda posterior à Primeira Guerra Mundial, quando Coco Chanel libertou o corpo feminino da tirania do espartilho, a revolução sexual dos anos 1960, o questionamento radical do princípio de autoridade após a derrota dos fascismos na Segunda Grande Guerra, o declínio da influência religiosa entre muitos formadores de opinião, o surgimento da adolescência como categoria cultural, social e econômica... As consequências destes processos, no que nos interessa aqui, são descritas de modo eloquente por Rougemont, com quem é difícil não concordar:

> *no século XX, ocorre uma invasão do erotismo sem precedentes. Os cartazes nas ruas e no metrô [...], as revistas ilustradas e os filmes, os romances noirs e os álbuns de nus, os jornais populares e os quadrinhos, as canções da moda, as danças, os strip-teases: basta olhar o cenário dos dias e das noites urbanas para verificar a onipresença do apelo ao desejo sexual.*[7]

---

7   Rougemont, op. cit, p. 26. O autor compara o efeito dessas mudanças ao da invenção simultânea do lirismo, do erotismo e da mística na Europa do século XIII, mas ressalta que a escala em que isso ocorreu no XX as fez ter impacto muito maior.

2. A cultura do corpo

Esses fenômenos, que se iniciam no primeiro terço do século XX, dão origem ao que os sociólogos vieram a denominar "cultura do corpo". Os primórdios desta última se encontram a meu ver na valorização da Natureza pelos Românticos, do contato com a qual se esperava a elevação ou a regeneração da alma. De início restrito às caminhadas pelo campo, aos passeios a cavalo e ao mergulho ocasional num regato convidativo, o exercício físico ganha prestígio com a invenção dos esportes modernos, obra dos ingleses do século XIX. Assistimos desde então à laicização progressiva do cultivo do corpo: seu objetivo não é mais elevar os espíritos, mas conservar a saúde. Contudo, aqui e ali persistem resquícios do ideário romântico, por exemplo nas aulas de Educação Física das nossas escolas, nas quais não se visa à formação de campeões nas diversas modalidades, e sim ao desenvolvimento de valores como solidariedade, perseverança, respeito ao adversário e às regras, saber ganhar e perder – em suma, o *fair play*.

No século XX, a popularização dos banhos de mar e de piscina trouxe consigo o maiô, o biquíni, a sunga e o fio dental, que vieram substituir o nu artístico e os postais lascivos como ocasião favorável para a contemplação do corpo alheio, e portanto como incitador do erotismo em larga escala. No plano do imaginário, os meios de comunicação de massa – em particular o cinema – também contribuíram com sua quota para tornar corriqueira a exposição do corpo desvestido, ou quase, como ressalta Rougemont no trecho anterior.

Essa invasão do erótico não pôde deixar de ter efeitos sobre a estruturação da subjetividade, e é o que nos dizem os inúmeros autores que se debruçaram sobre o fenômeno. Entre eles, destaco Jurandir Freire Costa, cujas perspicazes observações nos ajudam a compreender por quais caminhos o corpo se tornou um "referente privilegiado para a construção das identidades pessoais". É nas suas "Notas sobre a cultura somática"[8] que me apoiarei para as considerações a seguir.

Assinala Jurandir que os atributos físicos passaram a definir não apenas o que somos, mas ainda o que devemos ser: o que chama de "desempenhos corporais ideais" passa a pautar as aspirações morais dos indivíduos. Para melhor caracterizar essa modalidade inédita de construção da identidade, ele a compara com duas outras: a helênica e a burguesa.

Entre os gregos, a base para as identificações de uma pessoa era dada por sua posição na hierarquia social: era ela que lhe fornecia os modelos desejáveis de comportamento, distinguindo o aristocrata do plebeu, e ambos do estrangeiro ou do escravo. Na verdade, isso vale para todas as sociedades estamentais, ou seja, até o final do século XVIII: o que se é depende do nascimento, e os raros casos de mobilidade social não apagam as marcas da origem. O corpo é aqui suporte de insígnias – roupa, adereços, armas, adornos – e transmite uma mensagem sobre quem é seu proprietário, mensagem percebida pelos demais e que determina o comportamento destes quanto ao indivíduo em questão, por exemplo dando-lhe a precedência ou os cumprimentos devidos.

O modelo burguês de identidade é diferente: baseia-se na ideia de que o *locus* desta última é a vida íntima. Esboçada na tradição estoico-cristã e cristalizada no século XIX, esta forma de construção da subjetividade toma por base a noção de que o verdadeiro "eu" é o "eu interior", com seus desejos, impulsos, crenças e valores.

---

8 In *O Vestígio e a Aura*, Rio de Janeiro, Ed. Garamond, 2005.

Aqui o corpo não é mais – como no tempo em que prevalecia a visão religiosa – um empecilho para a salvação, mas "uma ameaça à delicadeza da interioridade: um reservatório de instintos agressivos e sexuais a serem domados e sublimados".[9] Daí a necessidade de uma "educação dos sentidos": controlar os impulsos sempre a ponto de se sublevarem torna-se o objetivo de rigorosas disciplinas sexuais, intelectuais, de higiene, de etiqueta, etc. As "sensações", tidas como "rudes", devem ceder lugar à "sutileza dos sentimentos".

As consequências destes ideais são bem conhecidas: recalque impiedoso da sexualidade, e concomitantemente transgressões incessantes da moral vigente, geradora tanto de culpa quanto da pornografia *sous le manteau* e das mais variadas perversões – e voltamos ao Foucault de *A Vontade de Saber*: o discurso repressor engendra aquilo mesmo que busca eliminar. Nada mais distante da visão de Jurandir, porém, que a idealização dos "bons velhos tempos": ele está interessado em descrever modalidades de construção da subjetividade, não em lamentar a decadência dos costumes nos dias que correm. Tanto é assim que escreve páginas admiráveis sobre as consequências positivas da liberalização a que nossa geração assistiu – inclusive no que se refere ao melhor conhecimento do corpo, à intensa divulgação de dados sobre saúde, ou ao quesito alimentação.

Mas a contraface desse interesse pelo funcionamento do corpo é a concentração quase exclusiva nele como suporte para a identidade. Acompanhando autores como Christopher Lasch, Gilles Lipovetsky e Guy Debord, Jurandir chama a atenção para o que denomina a "cultura somática do nosso tempo". Esta se inscreve num complexo civilizacional do qual fazem parte igualmente

---

[9] Freire Costa, op. cit., p. 206.

costumes e valores: a moral da renúncia e do adiamento, quer em sua versão religiosa quer na burguesa, foi substituída pela moral do espetáculo e do entretenimento. Isso afeta decisivamente o estatuto do corpo, e a percepção que dele têm os sujeitos.

Embora critique certas teses de Debord, Jurandir aceita a ideia de uma "sociedade do espetáculo", na qual a aparência se descola da essência e passa a valer por si mesma, criando uma neorrealidade na qual o mundo se torna desfile de imagens sem substância. Tal desfile "determina o que merece admiração ou atenção", "faz da aparência inerência", e "prescreve como forma de viver a imitação do que aparece na mídia": é real o que está no noticiário, enquanto nele permanece. É nos meios de comunicação se vão buscar modelos de como amar, como educar os filhos, como ter saúde, como ser belo e desejável.[10]

Mas como é impossível à imensa maioria das pessoas seguir o estilo de vida das celebridades, resta-lhes procurar imitar a aparência corporal delas: imaginando que assim o *singularizam*, transformam seu corpo em espetáculo oferecido ao olhar do Outro. Isso exige um esforço considerável: regimes, tratamentos de beleza, "malhação", atenção incessante aos menores signos da moda, etc. Trava-se assim uma "guerra encarniçada" contra o próprio corpo, porque os modelos propostos estão muito além do alcance dos sujeitos comuns: "como Sísifos modernos, circulam atordoados em torno de academias de ginástica, salões de estética ou consultórios médico-psiquiátricos, em busca de uma perfeição física eternamente adiada."[11] E não raro tal esforço resulta em graves danos: anorexias, bulimias, depressões, infartos, cirurgias desnecessárias

---

10 Freire Costa, op. cit., p. 228 ss.
11 Freire Costa, op. cit., p. 231.

e por vezes desfiguradoras, tudo para tornar os atributos físicos conformes ao padrão imposto.

Neste ponto, intervém como complemento da moral do espetáculo a moral do entretenimento. Este não é mais buscado como diversão ou como momento necessário à reconstituição das forças: torna-se um *imperativo*, levando o indivíduo a considerar como seu direito natural o desfrute imediato e sem responsabilidades do que lhe der na gana, e a reagir com ódio, às vezes com violência, à impossibilidade de o exercer. Contudo, inserindo-se na realidade-espetáculo, tal desfrute revela-se ilusório, induzindo vivências de impotência e de passividade; para combatê-las, o sujeito acaba por recorrer a experiências que o façam sentir-se *vivo* – prazeres de tipo extático, intensos porém efêmeros, que o expõem a riscos consideráveis (drogas, esportes radicais acima das suas possibilidades físicas, "rachas", festas intermináveis regadas a estimulantes, etc.) Em síntese:

> *impotentes para mudar a fachada ilusória do espetáculo, os sujeitos tentam compensar a impotência convencendo-se de que são autores da vida fantasiosa, na qual são, de fato, apenas personagens passivos.*[12]

3. Alienação e dessublimação repressiva

O que nosso autor evoca com palavras tão enfáticas pode ser chamado por um nome talvez antiquado, mas que a meu ver conserva todo o seu interesse: *alienação*. Proponho considerar a corpolatria como uma das formas contemporâneas da alienação,

---

12 Freire Costa, op. cit., p. 235.

porque este conceito permite compreender como o sentido e as determinações reais das suas ações escapam aos atores sociais, envoltas como estão numa espessa camada de ideologia cuja função é precisamente ocultar os vetores efetivos da dominação. Nada há de livre escolha nos fenômenos mencionados por Jurandir: há muito sabemos que a forma contemporânea do capitalismo – a sociedade de consumo – controla os sujeitos com métodos mais sutis – e por isso mesmo mais eficazes – do que foi o caso no passado.

A necessidade de escoar uma quantidade cada vez maior de produtos, sem o que o ciclo do capital não se completa, obriga a tornar possível às grandes massas o acesso a eles. Isto é feito por diversos meios, entre os quais o barateamento, a difusão em grande escala e a publicidade, esta muitas vezes disfarçada de "comunicação". A mídia repisa sem cessar a mesma mensagem: "você pode ter isso, possuir aquilo, desfrutar daquilo outro". Mais do que uma autorização, contudo, o que é veiculado é a *imposição* do "direito" de gozar, obviamente mascarada com as vestes da livre escolha.

No que se refere ao nosso tema, esse imperativo resulta no que Maria Rita Kehl chama de "corpos estreitamente vigiados". Sua análise chega a conclusões semelhantes às de Jurandir:

> *o prazer, em nossa era, está estreitamente vinculado ao movimento e à atividade. Os corpos pós-modernos têm de dar provas contínuas de que estão vivos, saudáveis, gozantes. [...] Estamos liberados para usufruir de todas as sensações corporais, mas para isso o corpo deve trabalhar como um escravo, como um remador fenício [...].*
>
> *Anorexias, bulimias, sequelas causadas pelo abuso de anabolizantes e de moderadores do apetite sinalizam a permanente briga contra as tendências do corpo a que se*

entregam, sobretudo, os jovens, numa sanha disciplinar de fazer inveja a Santo Antônio.[13]

Tanto Maria Rita quanto Jurandir acentuam nessas práticas o aspecto "disciplina", na verdade uma flagelação autoimposta que prescinde da figura do carrasco. Utilizando de modo um tanto livre uma observação de Gérard Lebrun a propósito de *O Mal-Estar na Cultura*, poderíamos dizer que "finalmente se cumpriu o voto de Platão: que cada qual se torne o guardião de si mesmo."[14] Esta característica da "sociedade administrada", para usar a expressão clássica dos frankfurtianos, parece-me apontar para uma importante modificação na estrutura da subjetividade, que sob o ângulo do culto ao corpo ganha particular nitidez. E como o erotismo depende estreitamente das modalidades da experiência subjetiva, vale a pena nos determos por um momento nessa questão.

Historiadores como Norbert Elias (*O Processo Civilizatório*) e Peter Gay (*A Educação dos Sentidos*) mostraram de que modo a interiorização das normas pelas camadas dominadas da sociedade europeia foi essencial para a instauração da sociabilidade moderna. Indispensável para a nova organização do trabalho trazida pelo capitalismo, ela foi obtida por meios variados, estudados por Foucault em *Vigiar e Punir*. Aos enumerados por estes autores,

---

13 "Corpos"..., loc. cit. A referência é à novela de Flaubert *A Tentação de Santo Antônio*.
14 "Quem é Eros?", in *Passeios*..., p. 93. Digo "de modo um tanto livre" porque o texto de Lebrun se refere ao sentimento de culpa, no qual, seguindo Freud e Marcuse, ele discerne um poderoso meio de controle da agressividade. Cf. as passagens hilariantes sobre o "pecadilho dos dois nudistas" e as sombrias consequências da substituição da finitude (Hegel) pela culpa (Freud): "se o Espírito não fosse finito, mas culpabilizado, podem ter certeza de que suas feridas se curariam com muito mais dificuldade".

gostaria de acrescentar que a escola pública foi um dos mais importantes, tanto por veicular os valores da classe dominante quanto por ensinar às crianças a permanecer imóveis e atentas por longas horas, preparando-as para seu futuro como operários nas fábricas. O mesmo se pode dizer da difusão dos relógios mecânicos, primeiro de ponto e depois de bolso, que criou a cultura da pontualidade – uma das disciplinas modernas mais difíceis de adquirir, como bem sabemos em nosso país.

A escola, a fábrica e o relógio promoveram de modo indireto a autodisciplina, mas esta precisava ser complementada por meios mais persuasivos – da polícia à ameaça de demissão ou de expulsão. Tais modalidades de controle, que requerem a presença de encarregados de fazê-las valer, eram coerentes com uma sociedade hierarquizada, na qual a maioria não podia usufruir de quase nenhum dos muitos dos bens que produzia, acessíveis somente aos mais endinheirados. Tanto Marx – com a lei dos lucros decrescentes – quanto Freud – em *O Mal-Estar na Civilização* – mostraram que tal sistema continha as sementes da sua própria ruína: as crises econômicas, ou a revolta contra o recalque excessivo das pulsões, acabariam por tornar inviável o modo de vida "moderno".

A Grande Depressão, os fascismos europeus e a hecatombe da Segunda Guerra Mundial demonstraram quão acertadas eram essas análises. Para sobreviver, o capitalismo precisava levar em conta o que elas apontavam – e foi o que sucedeu na segunda metade do século XX, com o advento da regulação keynesiana na economia, das Nações Unidas no plano da política mundial, e de estratégias mais sutis de controle social: sempre que possível, em lugar do cassetete, a administração dos desejos. "Cativar para melhor dominar", diz Gérard Lebrun comentando a obra de

Marcuse, *Eros e Civilização*.[15] O princípio do prazer torna-se o instrumento privilegiado para essa finalidade, como se vê entre tantos exemplos pelo "relaxamento equívoco dos tabus sexuais" – a forma que os anos 1960 deram ao Denis de Rougemont chamava "invasão do erótico".

Eis o diagnóstico de Marcuse a respeito da sociedade do seu tempo:

> *a ideologia moderna reside em que a produção e o consumo reproduzem e justificam a dominação. Mas o seu caráter ideológico não altera o fato de que seus benefícios são reais. A repressividade do todo reside em alto grau na sua eficácia: amplia as perspectivas da vida material, facilita a satisfação das necessidades da vida, torna mais baratos o conforto e o luxo [...] enquanto encoraja a labuta e a destruição. O indivíduo paga com o sacrifício do seu tempo, da sua consciência, dos seus sonhos; a civilização paga com o sacrifício das suas próprias promessas de liberdade, paz e justiça para todos.*[16]

A mudança na estruturação da subjetividade a que me referi deriva dessas novas condições: o superego passa a impor o ideal de gozar, isto é, desfrutar daquilo que a sociedade de consumo oferece. Ao lado da consigna "renuncie àquilo a que você não tem direito", que perde cada vez mais a sua força, temos a que ordena "usufrua de tudo o que puder usufruir sem causar problemas às engrenagens da sociedade". A economia narcísica se reordena em torno de identificações com os modelos já mencionados, gerando as consequências

---

15 "Os dois Marcuse", in *Passeios ao Léu*, São Paulo, Brasiliense, 1982, p. 135.
16 Herbert Marcuse, *Eros e Civilização*, Rio de Janeiro, Zahar, 1975, p. 99.

que diariamente encontramos na clínica: intolerância alérgica à frustração, exigências infantis de satisfação imediata para todos os desejos, adesividade nas relações amorosas, fragilização dos egos, busca de padrões de desempenho – inclusive sexual – totalmente inacessíveis, ansiedade, stress – e doenças psicossomáticas.

O que ficou dito anteriormente mostra com clareza como a autodisciplina cria condições rigorosíssimas para a vivência do corpo. O interesse maior da análise de Marcuse, porém, me parece residir em que, graças ao conceito de *dessublimação repressiva*, ela permite compreender o que se oculta atrás do imperativo de gozar – e com isso começar a responder à pergunta com que iniciamos este trajeto: existe um erotismo contemporâneo?

A dessublimação é o processo oposto ao que Freud chamou de sublimação, isto é, a inibição da satisfação direta da pulsão sexual e sua canalização para fins não sexuais – basicamente, trabalho e cultura. O que o filósofo alemão lê no convite à liberação sexual e na onipresença do apelo erótico na sociedade do pós-guerra é a substituição da satisfação indireta e diferida pela direta e imediata – mas isso está longe de significar que os indivíduos se tenham apropriado da sua própria sexualidade, e agora a utilizem de modo mais livre e prazeroso. Ao contrário, mordendo a isca que o sistema lhes oferece, eles se enredam ainda mais nas malhas da ordem existente.

É por isso, explica Sergio Paulo Rouanet, que a dessublimação – ou seja, a reconversão da libido sublimada em libido disponível para a gratificação direta – pode estar, paradoxalmente, a serviço da repressão: "o sexo se transforma em mercadoria, a mercadoria se sexualiza, a propaganda é invadida pela sexualidade".[17]

---

[17] Sergio Paulo Rouanet, *Teoria Crítica e Psicanálise*, Rio de Janeiro, 1983, p. 232 ss.

Mas, perguntará o leitor, ao consumir o que o mercado oferece a pessoa não está sublimando? Afinal, não somos todos fetichistas... A questão, porém, não está aqui: está na ilusão de que, ao consumir o que desejo, me individualizo e me destaco, como se aquilo tivesse sido produzido para meu deleite exclusivo, e não em milhares de exemplares idênticos. Está também na ilusão de que o consumo é prova da minha liberdade, quando apenas demonstra o quanto sou manipulado pela mídia e pela publicidade.

Em suma: a estratégia pulsional do capitalismo tardio deixou de recorrer à tríade frustração / adiamento / sublimação, em proveito de uma outra, muito mais eficaz: dessublimação / gratificação / espetacularização. Eis as raízes do que os sociólogos denominam "sociedade do espetáculo" e "moral do entretenimento", que aliciam a libido para melhor neutralizar seu potencial disruptivo.

Conclui Rouanet: "A sociedade unidimensional radicaliza a tendência, já presente em outras fases históricas, de domesticação de Eros [...] e com isso pode dar-se ao luxo de liberalizar o sexo – a parte de Eros compatível com o princípio de desempenho."[18] O mesmo se aplica à outra pulsão fundamental, a agressividade: a fúria com que nos entregamos à "bioascese"[19] demonstra como a ideologia do corpo instrumentaliza as energias destrutivas no próprio ato que parece realizar os ideais de autonomia e de singularização. Como diz Maria Rita Kehl: "fazer do corpo uma imagem oferecida ao olhar do outro exige muita repressão."[20]

---

18 Rouanet, op. cit., p. 233.
19 Faço meu este termo felicíssimo de Jurandir Freire Costa.
20 Kehl, "Corpos...". Um interessante assinalamento desta autora diz respeito ao *body-building*, no qual, com Jean-Jacques Courtine, ela vê não um triunfo do hedonismo, mas um novo tipo de submissão ao ideal puritano. O texto de

4. Poderes da imagem

Como se manifestam essas condições no plano do erotismo propriamente dito? Maria Rita se pergunta se "o sexo entre bombados e siliconadas é mais interessante, mais inventivo, mais sacana do que entre as pessoas fisicamente comuns. Conseguiremos ser, ao mesmo tempo, escravos da imagem e mestres da libertinagem"? Sua resposta é negativa: "não creio. (Tudo isso não conduz) ao acesso aos mistérios do sexo e do desejo sexual. O desejo não se dirige à perfeição, mas ao enigma."

Ela tem em mente o que se passa entre duas pessoas no calor do ato sexual; assim sendo, embora mencione o desejo – que é da ordem do psíquico – sua observação se refere ao que denominei "plano físico" do erotismo. É provável que a qualidade do prazer experimentado pelos amantes seja inversamente proporcional à sua crença na validade do discurso dominante sobre o corpo: quanto menos estiverem preocupados em provar que são atletas do sexo, quanto menos desejarem impressionar o parceiro pela "qualidade" do seu desempenho, mais livres estarão de exigências superegoicas, e portanto da angústia de saber que é impossível satisfazê-las.

Mas há muito o erotismo deixou de ser apenas assunto privado: como vimos, além de elemento da economia psíquica, é como fator objetivo na economia *tout court* que ele faz parte da cena contemporânea. Em primeiro lugar – não é demais repetir – na publicidade, que utiliza a sua formidável capacidade de mobilizar a psique para induzir ao consumo de toda sorte de produtos e serviços; em segundo, na indústria do entretenimento, seja na esfera

---

Courtine por ela mencionado é "Os stakhanovistas do narcisismo", in Denise Sant'Anna (Org.), *Políticas do Corpo*, São Paulo, Estação Liberdade, 1995.

dos espetáculos propriamente ditos, seja no que se pode chamar de "mercado do sexo".

É no cinema que vamos encontrar as raízes deste processo: desde os anos 1930, o *star system* e o *glamour* fizeram das divas da tela objetos do desejo masculino e modelos do que deve ser uma mulher – a princípio de modo velado (pelos rigores do Código Hayes), depois mais abertamente, até chegar à nudez completa e à exibição explícita do ato sexual: *Emmanuelle*, *O Último Tango em Paris* e *O Império dos Sentidos* marcam nos anos 1970 o início dessa tendência, desde então explorada tantas vezes que se tornou por assim dizer banal.

Em *A Mínima Diferença*, Maria Rita Kehl se debruça sobre alguns filmes recentes, nos quais o que significa hoje "ser homem" e "ser mulher" aparece com todas as suas contradições. Em *9 ½ Semanas de Amor*, por exemplo, a plástica perfeita de Kim Bassinger serve de suporte a uma

> *colagem maneirista de sinais de pura feminilidade: um excesso de boquinhas, de mãozinhas no rosto, de pezinhos espevitados [...] – um conjunto de clichês que consegue criar uma mulher idealizada ali onde não há mulher alguma. [...] Tudo em Lizz é inofensivo, infantil, delicioso. Tudo nela é desejável.*[21]

Em contrapartida, a personagem de Glenn Close em *Atração Fatal* afasta o homem que quer seduzir, assustando-o com a "expo-

---

[21] Maria Rita Kehl, "Nunca fomos tão fetichistas", in *A Mínima Diferença*, Rio de Janeiro, Imago, 1996, p. 165.

sição a nu da ferida do seu desejo."[22] Essas duas figuras, diz ela na página seguinte, representam "os dois polos do impasse da sexualidade feminina: é preciso não se entregar para ser sempre desejada". Quanto aos homens, duramente atingidos em sua autoimagem pelas mudanças nos papéis de gênero ocorridas nas últimas décadas,

> continuam a querer o que sempre quiseram: encontrar numa mulher toda a disposição amorosa, quase sacrificial, passiva, que se convencionou chamar de feminilidade, aliada a uma capacidade de afirmar o próprio desejo e de lutar por ele, a uma coragem "viril". Virilidade é uma invenção das mulheres, a que os homens se esforçam por corresponder; feminilidade é uma projeção do desejo masculino, que as mulheres aprenderam a encarnar – como farsa, como bem sabemos.[23]

Nesse baile de máscaras, qual é o papel do espectador? Como em qualquer bom filme, ele é mobilizado pelo que vê, quer se identifique com os personagens, quer reprove a conduta deles. Nisso, o cinema não se distingue de outras formas de ficção nas quais um autor ou narrador conta uma história a quem se dispuser a ouvi-la: para usar um esquema familiar, este alguém é o receptor de

---

22 "Nunca fomos...", p. 174.
23 "O que quer um homem?", op. cit., p. 185. O embaralhamento dessas significações também fica evidente ao considerar certos filmes dos anos 1990 nos quais a personagem principal é um travesti, como Traídos pelo Desejo e Mr. Butterfly. Neste último, Maria Rita seleciona uma réplica que sintetiza à perfeição o que quer demonstrar: questionada por um espectador sobre por que na ópera de Pequim os papéis femininos são representados por homens, a "atriz" pela qual ele se apaixonou responde – "porque apenas um homem sabe perfeitamente o que uma mulher dever ser."

uma mensagem enviada pelo emissor. Há apenas uma diferença, mas ela é de monta: o cinema conta suas histórias por meio de imagens – e parece haver um laço interno entre imagem e erotismo. Ao ler ou ouvir qualquer narrativa, acabamos por formar uma representação visual das paisagens, da aparência dos personagens, das cenas nas quais tomam parte. No caso dos contos eróticos, é à descrição vívida e detalhada que incumbe a função de facilitar esse processo: aqui, Boccaccio e Sade mostraram o caminho das pedras, e seus sucessores aprenderam bem a lição.

O cinema, como as demais artes visuais, nos economiza esta tarefa, e por isso seu potencial erótico é incomparavelmente maior que o da mera narrativa. Talvez isso se deva a que o espectador não precisa transformar palavras em imagens, e portanto dispõe de mais energia psíquica para se entregar às fantasias que estas suscitam. Também é provável que a natureza da fantasia – que sempre representa uma cena – seja em parte responsável pelo efeito erótico da imagem, em particular quando esta se engancha na cena primitiva: é pelos olhos que a criança descobre o sexo adulto, com toda a ansiedade que ele jamais deixa de despertar.[24]

Mas a argúcia de Maria Rita nos permite avançar em outro ponto do nosso argumento. Ao afirmar que virilidade e feminilidade não são atributos naturais, mas resultam de projeções dos

---

24 Na 38ª Mostra Internacional de Cinema de São Paulo (2007), o poder mobilizador do erotismo na tela foi amplamente demonstrado por dois filmes que deram bastante o que falar: *Irina Palm* – no qual uma mulher de meia-idade se emprega como masturbadora de *glory-hole* num clube londrino –, e *Savage Grace* – que mostra de que modo a permissividade dos pais conduz o herdeiro de uma fortuna enorme ao incesto e ao matricídio. O voyeurismo inerente à posição de espectador é aqui solicitado de modo explícito: o que sugere que a gratificação sem culpa da curiosidade sexual infantil deve ser um dos motivos pelos quais o cinema nos fascina tanto.

desejos e fantasias de homens e mulheres uns sobre os outros, ela aponta para a função de *autor* dos indivíduos envolvidos na trama erótica. Ora, a invenção que desencadeou a terceira revolução industrial – o computador – abriu novos horizontes nesse terreno, e é refletindo sobre o que ele trouxe de inédito para a vivência erótica que gostaria de concluir essas considerações.

Nos primeiros tempos da informática, a reprodução de imagens sensuais na tela do PC apenas acrescentou mais um veículo à gama dos já existentes: tratava-se de uma versão eletrônica da mesma coisa oferecida pela fotografia (*Playboy* e seus congêneres) e pelos vídeos encontráveis em qualquer locadora. O surgimento das interfaces interativas, porém, permitiu ao usuário não ser apenas receptor, mas ainda ocupar o lugar do autor – e com isso abriu para o erotismo um meio de expressão que se difundiu com rapidez extraordinária, e pelo qual os psicanalistas apenas agora começam a se interessar.

O fenômeno teve início com as salas de bate-papo, entre cujos temas logo se impôs o da conversa erótica, também chamada de *cybersex*. O anonimato e a segurança proporcionados pelo meio tornaram possível expressar sem inibições as mais variadas e secretas fantasias, e, mais do que isso, *agi-las* em imaginação, tomando como parceiro quem estivesse do outro lado do servidor. Isso não tem precedentes na história do erotismo: estando a privacidade garantida pelo uso de nomes fictícios, o *chatter* pode assumir a identidade que bem entender – até mesmo a sua! Gênero, idade, aparência, preferências sexuais – tudo pode ser inventado e acentuado até o paroxismo, num *crescendo* de excitação que por vezes conduz ao orgasmo diante da tela. Enquanto dura o jogo, o *roleplayer* pode viver uma situação homossexual, ter o dobro ou a metade da sua idade, ser um sádico, um masoquista, um animal, um fetichista – mesmo e principalmente se na vida real não for nada disso.

A novidade dessa prática não está na possibilidade da masturbação – o fato de ela ocorrer graças ao que se lê no computador não a torna diferente do que se fosse causada pelo conteúdo de uma revista como *Playboy* ou de um DVD pornográfico. Está a meu ver no tipo de diálogo que se estabelece: um aceita as fantasias do outro, e o papel que nelas lhe é designado – ou seja, evidenciando aquilo que Maria Rita descortina nas noções de virilidade e de feminilidade ("projeções do desejo do outro"). Pouco importa que pelo *cyberespaço* circulem todos os estereótipos do imaginário sexual – o macho estilo "venha para a terra de Marlboro", a mulher insaciável, a mulata sensual, o negro cujo pênis avantajado proporciona satisfações memoráveis, a lolita sedutora, e outros do mesmo gênero: o decisivo é que a interação possibilita vivências cuja intensidade nada fica a dever à provocada pela contemplação solitária de qualquer coisa excitante.

Os avanços da tecnologia deram ensejo a algo ainda mais fantástico: o *Second Life*. Aqui é possível criar um personagem "físico", que se movimenta por um ambiente de extremo realismo, vai a restaurantes, faz compras, viaja, paquera – "*your world, your imagination*". Observa Céline Masson que não se trata de um jogo virtual clássico – nada de missões ou de batalhas nas quais o Bem vence: apenas "o encontro dos participantes sob a máscara dos seus avatares". Rémy Potier, que recentemente defendeu na Universidade de Paris VII uma tese sobre o *Second Life*, sublinha que o fato de o avatar e suas peripécias serem virtuais nada retira da sua realidade: o que ocorre, diz ele, é uma imersão completa e efetiva no ambiente do jogo.[25]

---

25 Cf. C. Masson & R. Potier,"*Second Life: créer un corps et refaire sa vie sur internet*", comunicação no I Encontro Internacional "Psicanálise, Corpo e Criação", Rio de Janeiro, Universidade Santa Úrsula – PUC/RJ, novembro de 2007.

Na verdade, a pergunta se o relacionamento via computador é "real" ou "irreal" está mal colocada. É evidente que entre os jogadores do *roleplay* erótico existe uma relação, que pode inclusive durar bastante tempo (enquanto ambos estiverem interessados nela); mas não estamos falando de amor, e sim de erotismo. O amor – tanto como sentimento como no sentido sexual – é impensável sem a presença física e sem a constante retificação da imagem do outro exigida pelo convívio; já o erotismo, por sua particular relação com o imaginário, pode perfeitamente prescindir da existência e da participação de um outro real – e até mesmo do seu consentimento: não é nada raro que uma pessoa seja personagem das fantasias sexuais de outrem sem sequer saber disso.[26]

Em todo caso, a condição da experiência erótica da qual estamos falando é nitidamente a aceitação pelos parceiros das fantasias um do outro. Por um momento, suspendem-se os controles sociais e se silenciam os ditames do superego: "hoje eu sou como você me quer", e vice-versa. De ambos os lados da linha existe um corpo que sente e goza, mas, devido às peculiaridades do meio, o que importa é o corpo que cada qual diz ter – e que, como sabem os dois, é provavelmente fictício.

A "imersão total" é também uma característica do jogo infantil. Tenho observado que as crianças, ao começarem um faz-de-conta, invariavelmente utilizam o imperfeito: modo, creio, de distinguir o mundo da fantasia do real. ("Agora eu era o rei/ e meu cavalo só falava inglês/ a noiva do cowboy/ era você, além das outras três..."). O equivalente disso, na brincadeira das crianças grandes, parece-me ser o gesto de entrar no site e escolher um "nick".

26 Uma segunda pergunta que tem surgido a respeito do sexo eletrônico é se se trata de uma relação *sexual*. A meu ver, é preciso responder que sim: supor que por não se tocarem nem estarem fisicamente presentes os participantes não estão no âmbito sexual seria restringir o território deste último a proporções pré-freudianas.

Outra modalidade do sexo eletrônico – a que utiliza a *webcam* – também se tornou popular, mas a meu ver está mais próxima da pornografia que do erotismo, e por isso apresenta menos interesse para o nosso estudo. O que parece ocorrer é que, protegidos como estão pelo anonimato, os participantes podem se permitir uma regressão mais desimpedida, com o que vêm frequentemente à tona aspectos da sexualidade pré-genital – mesmo, e talvez principalmente, quando o que se descreve são atos genitais.

Pode-se estabelecer alguma relação entre a popularidade do sexo eletrônico e as exigências impostas ao corpo pelas disciplinas da beleza das quais falamos há pouco? Talvez se possa ver na floração de fantasias que o caracteriza uma tentativa de escapar aos rigores do desempenho atlético alardeado como norma pela "cultura somática". O corpo real, insatisfatório porque quase sempre aquém dos rendimentos impostos pelo padrão ideológico, dá lugar a um corpo virtual eminentemente desejável, criado sem esforço e possuidor de todos os atributos com que o indivíduo o quiser dotar. O prazer obtido pela atuação imaginária das fantasias, por sua vez, está livre das exigências draconianas a que se submetem os "bombados" e as "siliconadas": o aval do parceiro equivale aos signos que, no sexo real, nos mostram que de fato o outro sente prazer em estar conosco.

A propósito da "invasão do erótico", Denis de Rougemont falava de uma "sublevação das almas contra a tirania do horário, do rendimento mensurável, das disciplinas sociais".[27] Vimos, com Marcuse, que isso é insuficiente para dar conta do regime da sexualidade na sociedade administrada – porém podemos aproveitar a ideia para compreender de onde se origina a popularidade do sexo

---

27 Denis de Rougemont, *Les mythes de l'amour*, Paris, Idées Gallimard, 1978, p. 36.

via internet. Mas se seria ingênuo lamentar nesse *soulèvement des âmes* apenas a extensão que a imoralidade teria alcançado nos dias que correm, também o é supor que ele não faça parte da indústria do entretenimento: o fato de ser prazeroso não elimina sua pertinência ao campo da dessublimação repressiva. Não esqueçamos que, ao se entregar às delícias da fantasia teclada, os *roleplayers* estão proporcionando polpudos lucros às companhias que exploram a internet, e contribuindo com sua cota para a reprodução ampliada do capital.

* * *

Então: existe um erotismo contemporâneo? Depois deste tortuoso trajeto, a resposta mais prudente seria que existem *manifestações contemporâneas do erotismo* – no cinema, na internet, e provavelmente em outras esferas também – que se acrescentam àquelas herdadas de séculos anteriores. Recuperar a posse do próprio corpo e dele usufruir, porém, só é possível se pudermos dispor de uma liberdade interna que nos permita recusar os modelos impostos e encontrar nossa própria via para o prazer. Talvez não nos tornemos "mestres da libertinagem" – mas com certeza nos divertiremos mais.

Casamento sem sexo

Boa noite a todos. O tema de que vamos tratar, como parte da série do Café Filosófico sobre o casamento, deve ter soado a vocês tão estranho como quando me foi proposto. Até brinquei com a pessoa que me telefonou: "Vai ser a conferência mais curta da história do Café: casamento sem sexo? Não existe tal coisa, e, se existir, deve ser um desastre. Alguém tem perguntas?"

Essa impressão inicial, porém, seria equivocada: há situações conjugais em que o sexo é pouco frequente, ou mesmo, como sugere nosso título, inexiste em sua forma mais explícita. "Menos mal", disse a mim mesmo, enquanto fazia uma primeira lista delas. Durante algum tempo, a coisa ficou por aí – não via como, a partir daquele esboço, construir uma palestra interessante. Um dia, olhando mais uma vez para as anotações, ocorreu-me uma piada. Fiquei surpreso: por que teria pensado nela? Seria apenas indício de uma compreensível relutância a refletir sobre um tema ingrato? Talvez – mas essa interpretação tinha um ar um tanto simplório. Voltei a considerar a anedota – e percebi que tinha em mãos, afinal, um ponto de partida para a conferência.

A história é a seguinte: um cidadão já entrado em anos, e sofrendo de várias dificuldades sexuais, vai ao médico em busca de alívio. Após examiná-lo, o doutor balança a cabeça: "sua situação é complicada. O senhor vai ter de abandonar metade da sua vida sexual." E o homem: "metade? Qual metade – olhar ou pensar?" (risos).

Por que a resposta do senhor oferece uma base para a nossa conversa? Porque ressalta o aspecto mais importante da sexualidade humana: o de ser, como dizia Leonardo da pintura, *cosa mentale*. É claro que ela tem um substrato corporal – o aparelho reprodutor e aquilo que o faz funcionar, a saber hormônios, sêmen, óvulos, etc. Mas o que distingue nossa espécie de outras é que a isso se soma uma dimensão psíquica, feita de desejos, fantasias e outras coisas, a tal ponto que já se pôde afirmar que o principal órgão sexual do ser humano é o cérebro.

A quem objetasse que esta não passa de uma frase de efeito, caberia lembrar que a sexualidade não é nossa única função a comportar tal dupla face: pense-se, por exemplo, na alimentação. Já a partir de um nível mínimo de complexidade, os seres vivos possuem um aparelho digestivo, encarregado de absorver os nutrientes, processá-los e eliminar os resíduos inúteis. Somente o *homo sapiens*, porém, tem tabus alimentares (que pertencem à cultura) e preferências (que são de ordem individual). Obviamente, nem uns nem outras podem ser considerados entidades biológicas.

Dito de outro modo: partilhamos com o restante do reino animal instintos de sobrevivência – que entre outras coisas nos levam a buscar comida – e de reprodução – que nos levam a buscar parceiros para copular. Apenas em nossa espécie, contudo, tais instintos são complementados (ou, como diz o psicanalista francês Jean Laplanche, "pervertidos") por essa dimensão psíquica, que os converte no que a psicanálise denomina *pulsões*.

Ora, uma das características das pulsões é que necessitam de objetos, ou seja, algo que elas investem, e que lhes permite encontrar uma satisfação. No caso da pulsão oral, esse objeto é de início o seio materno – e ele nos fornece um bom exemplo de como se intrincam um no outro "necessidade" e "desejo". Em seus *Três Ensaios para uma Teoria da Sexualidade* (1905), Freud mostrou que, embora se apoie na mama existente no tórax da mãe, o objeto psíquico "seio" é algo bem diverso. A primeira é um órgão físico, cujas glândulas secretam o leite indispensável à sobrevivência do bebê; já o segundo é uma construção mental bastante complexa, cujo traço essencial é ser algo que propicia conforto, segurança e prazer.

Sendo uma representação mental, ela pode deslocar-se do seio físico para outros suportes, por exemplo o dedo. No mesmo texto, Freud demonstra como o ato de chupar este último equivale a uma tentativa de obter sensações análogas às proporcionadas pela teta da mãe durante a mamada. Daí sua afirmação de que o dedo é o primeiro de uma longa série de substitutos do seio (agora nos dois sentidos, orgânico e psíquico), que o indivíduo encontrará – ou criará – ao longo da vida.

Se nosso tema fosse a sexualidade segundo a psicanálise, esse paralelo com o seio nos levaria a apontar como ela amplia consideravelmente a noção usual dessa função, incluindo nela atos e situações muito distantes da penetração com fins reprodutivos. Não é este, porém, nosso objetivo hoje à noite; por isso, o que vou reter da analogia que lhes assinalei é outro aspecto – a saber, que a sexualidade humana envolve necessariamente uma relação com outra(s) pessoa(s). E isso ainda que ocasionalmente a satisfação seja de tipo autoerótico: quem se masturba no banheiro se excita com imagens e palavras – tanto faz se impressas numa revista ou meramente imaginadas – cuja presença na mente é indispensável para atingir o orgasmo.

Assim, para entrarmos mais diretamente no nosso assunto, diremos que o título "casamento sem sexo" pressupõe uma relação – no caso, conjugal – da qual faz parte a satisfação sexual. Pouco importa se o par tem a forma clássica homem/mulher, ou se os parceiros são do mesmo sexo; pouco importam as modalidades em que se manifesta o desejo de um pelo outro; pouco importa se vivem na mesma casa, ou até na mesma cidade. O fato central é que, se se trata de um casal, a sexualidade é *um* entre vários fatores a compor o relacionamento. Outros são a ternura recíproca, uma história específica, projetos compartilhados acerca do futuro, a convivência, as brigas e reconciliações, e assim por diante.

1. Um jogo de espelhos

É preciso reconhecer, no entanto, que a atração sexual tem papel preponderante na formação do par. Na situação popularmente chamada de *paquera*, é ela que dá a partida, fazendo com que um dos dois tome a iniciativa dos olhares, gestos e expressões que significam "achei você atraente: posso me aproximar"? Se a corrente "passa", ou seja, se o "paquerado" achar interessante o paquerador, responderá com olhares, gestos e expressões de igual sentido – e o que vem a seguir pode ir de um simples "selinho" até um casamento de décadas.

A descrição que acabo de fazer se distingue bastante do que acontecia entre os gregos: os termos com que eles designavam os participantes da situação ressaltavam a diferença entre o "mais ativo" (o *erastês*) e o "mais passivo" (o *erómenos*). Atividade e passividade, neste caso, não indicam somente quem penetrava e quem era penetrado; referem-se antes a uma assimetria fundamental – no amor entre um homem mais velho e um efebo, era aquele que de certo modo determinava as modalidades do relacionamento.

Não vem ao caso entrar em detalhes acerca disso: menciono o fato apenas para o contrastar com a situação de convite sexual típica da nossa época e da nossa cultura.

De fato, sabemos que desde os momentos iniciais do galanteio cada um dos dois ocupa simultaneamente o lugar de "agente" e de "objeto". O rapaz olha para a moça e se sente atraído; o mesmo pode se verificar do lado dela – talvez até antes de ser alvo do primeiro movimento, isso se não for ela a tomar a iniciativa. Esta duplicidade atravessará todos os momentos da relação que vier a se estabelecer – e na verdade, como veremos, é seu traço essencial.

Antes de abordar este aspecto, entretanto, convém nos interrogarmos sobre o que significa "ser atraído". À primeira vista, se poderia pensar que consiste em ser fisgado pelos encantos físicos do outro, que suscitam em cada um a vontade de se aproximar, e, de algum modo, vir a poder desfrutar deles. Já aqui começam as complicações, pois tal desejo comporta vários aspectos. Um deles é a expectativa de chegar à cama. Outro, mais sutil, está ligado à autoestima, ou, como dizemos em psicanálise, é de natureza narcísica: se quem eu acho bonito também me acha bonito, isso torna mais elevada a opinião que tenho de mim mesmo. Ainda nessa ordem de sentimentos, caso a paquera resulte numa relação (mesmo breve, do tipo "ficar"), vou poder exibir aos demais o fato de estar acompanhado por alguém atraente, o que, supõe-se, despertará a admiração (e talvez a inveja) deles.

Problema resolvido? De modo algum. O que talvez surpreenda vocês é uma das descobertas mais interessantes de Freud: os encantos do objeto residem menos na sua aparência física que na imaginação de quem o contempla. Numa de suas canções, Dorival Caymmi se pergunta "o que é que a baiana tem" – e responde com uma série de qualidades dela. O mestre de Viena discordaria: é claro que os requebros, as roupas típicas e os enfeites estão no corpo da jovem, mas o que importa é o que ela tem *segundo o seu admirador* – ou seja, aquilo que este "vê" nela (a "graça"). Em outras palavras, a atração depende de o objeto corresponder a um tipo ideal preexistente ao encontro de ambos. Se, como pretendia o título de uma antiga novela americana, "*gentlemen prefer blondes*", as morenas, ruivas e mulatas não têm chance com eles, porque os tais cavalheiros sequer as notarão em meio às pessoas presentes no lugar. Ou, se as notarem, desviarão o olhar para a loura de plantão – por mais que, aos olhos dos que gostam de outro tipo de mulher, esta seja o cúmulo da sem-gracice.

Deixando de lado os estereótipos, o que quero deixar claro é que a atração está vinculada a fantasias em parte conscientes e em parte inconscientes, e isso para ambos os futuros namorados ou cônjuges. Se é assim, fará parte das expectativas recíprocas a de que o outro seja capaz de preencher os requisitos dessas fantasias – e aí reside uma das principais fontes de frustração na relação conjugal, seja no que se refere à sexualidade, seja em outros aspectos dela. A situação se torna ainda mais complexa se refletirmos que, por outro lado, a *mesma situação* é uma das principais fontes de prazer e satisfação na relação conjugal – de novo, seja no que se refere à sexualidade, seja em outros aspectos dela.

Não creio estar enunciando nenhuma novidade, mas é importante prestarmos atenção a este emaranhado de aspectos. Em síntese, cada um dos dois é para o outro fonte de prazer e de frustração,[1] e isso tanto na dimensão narcísica quanto na objetal. Narcísica: do

---

1 Cf. Piera Aulagnier, *Les destins du plaisir*, Paris, PUF, 1981, e a resenha desta obra em R. Mezan, "Rumo à Epistemologia da Psicanálise", in *A Vingança da Esfinge*, São Paulo, Casa do Psicólogo, 1987.

fato de ser amado por quem amo derivam sentimentos que vão do contentamento à euforia, quer porque sou correspondido em meu amor, quer porque este ser tão especial é "meu", me escolheu como eu o escolhi. Por isso, quando não age como espero, quando me critica, quando de algum modo invalida minha convicção de ser "bom", a decepção é grande. Entre este momento e o anterior, entra em cena a dúvida: até agora, o que me vem dele conforta meu narcisismo – mas será que isso vai continuar para sempre? Ele ou ela pode deixar de me amar, posso perdê-lo(a) para outro(a), mais capaz de atraí-lo(a) e de o(a) conservar ao seu lado... Assim nasce o ciúme, esta praga dos relacionamentos, que por vezes os faz ir por água abaixo.

O mesmo vale para a dimensão que estou chamando "objetal", ou seja, ligada ao prazer que derivo do estar com aquela pessoa. Ela pode falhar em sua função de me satisfazer, e não só no plano sexual: podemos deixar de ter gostos compartilhados, passar a ter objetivos de vida conflitantes... O fato é que toda relação envolve certa renúncia em relação à nossa autonomia, e concomitantemente gera certa dependência da ou de outra(s) pessoa(s). Isso vale para uma sociedade comercial, para a forçosa proximidade entre vizinhos, para o grupo envolvido numa tarefa, etc. O que singulariza o casamento, em meio a todos os vínculos possíveis, é a esperança de ser feliz por meio do outro e junto com ele – e depositar tal esperança nas mãos de outrem não é pouca coisa! Por exemplo, se faz parte da minha ideia de felicidade o ter filhos, a possibilidade de a realizar depende da concordância do parceiro: é impossível alguém se tornar pai ou mãe sozinho.

Convém assinalar, mais uma vez, que não estamos lidando apenas com conteúdos conscientes e racionais. Boa parte das expectativas de cada cônjuge quanto ao outro mergulha suas raízes em conteúdos infantis: esperamos dele um encaixe perfeito com tais expectativas, e isso é obviamente impossível. Se restasse alguma dúvida quanto a isso, qualquer sessão de terapia de casal comprovaria que é assim: as queixas e ressentimentos invariavelmente têm a ver com a "incapacidade" – na verdade, com a impossibilidade – de cada parceiro corresponder integralmente aos anseios do outro. "Você não me entende", "você não faz o que eu quero", "você me ignora"...

No que se refere à sexualidade, essa fantasia toma a forma de que o ser amado seria capaz de satisfazer integralmente – e sem que se tenha necessidade de mencionar o assunto – cada um e todos os desejos e anseios de quem o ama. Ela gosta de ser beijada na nuca, ele de ser acariciado em tal ou qual parte do corpo – se o outro não fizer isso, surge a decepção. E de nada adianta o gesto após um pedido explícito: *como* ele, ou ela, não foi capaz de se lembrar do que eu gosto, ou, mais ainda, de *adivinhar* o que eu gosto? Como cada um é suposto capaz de dançar conforme a música do parceiro, é grande a chance de um passo em falso, pela simples e boa razão de que essas músicas não são – nem podem ser – idênticas.

É claro que, com algum grau de maturidade, tais situações constrangedoras podem ser contornadas, e eventualmente resolvidas. Também é verdade que, apesar delas, muitas vezes o sexo é considerado pelos dois como satisfatório, e a atração permanece ao longo dos anos. O que estou querendo frisar é que a sexualidade no casamento pode ser motivo de preocupações e angústias – e talvez não seja no campo objetal, mas no narcísico, que elas se mostram mais intensas. Tomo como exemplo a ideia, frequentemente ouvida do divã, de que o prazer do outro depende do desempenho do paciente – mais frequentemente, é verdade, na análise de pacientes masculinos: será que sou potente o suficiente? Será que sou capaz de a fazer gozar como ela quer, ou precisa? Será que ela não finge estar gozando, ou estar satisfeita comigo como parceiro?

Neste jogo de espelhos no qual cada um é para o parceiro tantas coisas, o prazer está ligado tanto ao que o ele pode me proporcionar quanto àquilo que posso proporcionar a ele – neste caso, vê-lo satisfeito após o coito me garante que continuo hábil, potente, "gostosa", ou o que for. Mas, como cada pessoa possui uma intimidade secreta, que não desvelamos a ninguém – e também zonas obscuras, inacessíveis para o próprio sujeito (seu inconsciente) – jamais podemos ter certeza de que as aparências não enganam, ou, se neste dia tudo leva a crer que dei conta do recado, que amanhã serei capaz de repetir o feito.

Por essa razão, a sexualidade não é apenas meio de contato, de vínculo e de prazer com o outro: é também depositária de intensas angústias e temores. Daí que por vezes receba a função de restaurar o amor próprio após um dissabor ou humilhação: seja com o parceiro habitual, seja numa aventura sem consequências, a "conquista" – termo emprestado das atividades bélicas – pode servir como prova de que continuo capaz de atrair quem me atrai. Nestes casos, é mais comum que o homem procure uma satisfação física real; já para a mulher, ser alvo de um galanteio pode cumprir o mesmo papel. Quantas vezes, para "ganhar o dia", não basta notar que outro motorista a admira enquanto esperam o farol verde, ou, passando pela rua, ouvir atrás de si um discreto assobio? Apesar da voga do politicamente correto, tais reações estão muito entranhadas na nossa cultura – o homem deve ser capaz de "conquistar", a mulher de se manter como desejável, mesmo sem a intenção de se comprometer numa relação.

Quero deixar claro que não confundo o galanteio com uma agressão sexual, como receber toques indesejados por parte de um idiota. Penso na "cantada" cortês – e lembro que o adjetivo provém do amor cortês, ou de corte, base de todo o erotismo ocidental. Faz parte desse tipo de vínculo que a distância entre o homem e a mulher não seja vencida: na Idade Média, *la belle dame sans merci* continuava no seu castelo, inacessível e indiferente à paixão do trovador; o desejo deste permanecia insatisfeito, e dele provinham os poemas com que a cortejava. O galanteio educado reproduz, com as devidas alterações, a mesma situação.

2. O sexo no casamento

Mas no casamento é diferente: ambos estão, em princípio, disponíveis para a relação sexual física, e isso por muito tempo. A passagem dos anos introduz outro motivo de preocupação: a intensidade do desejo, o vigor erótico, o interesse de cada qual, ou sua capacidade de satisfazer o outro, podem minguar. Não está escrito nas estrelas que assim deva ser, mas vocês concordarão que não é uma situação rara. Suponhamos que seja o caso: quais serão as consequências para a relação?

A resposta é simples: tudo vai depender da qualidade dela. Como disse atrás, o casamento não é feito apenas de sexo, e isso desde o início. A convivência pode ter reforçado os outros elementos que o compõem: a compreensão recíproca, a confiança, o respeito ou a admiração pelas qualidades do outro, a condescendência com seus inevitáveis defeitos, a alegria de ter realizado juntos tantas coisas boas, a esperança razoável de vir a realizar outras mais, a certeza de poder contar com o outro nos momentos de tristeza ou de dificuldade – tudo isso, que talvez seja o mais importante numa relação conjugal, pode compensar a perda de qualidade do sexo propriamente dito, ou até mesmo – o que, afinal, é nosso tema de hoje – a sua ausência.

Um dos motivos para isso é que a sexualidade humana é passível de ser sublimada. Creio que todos aqui sabem o que é a sublimação: ela consiste na propriedade que tem a energia libidinal de ser desviada para fins não diretamente sexuais, que podem propiciar uma satisfação tão ou mais intensa do que a derivada da sensualidade propriamente dita. Novamente, tal satisfação provém de fontes variadas: uma delas é a equivalência que se estabelece no inconsciente entre, digamos, tocar violão ou fazer um esporte e determinadas fantasias sexuais. Outra – que nos interessa mais de perto, porque só se concretiza no interior de uma relação – é o prazer de ser amado e admirado pelas realizações nessas esferas não diretamente sexuais.

De quem desejamos amor e admiração? A rigor, dos pais da infância; mas, como frequentemente o cônjuge é herdeiro destes objetos, posto que (não só, mas também) o conformamos de acordo com o modelo edipiano, acabamos por esperar dele os mesmos sentimentos. E qual é o melhor indício de que eles existem? São as demonstrações de que o outro me ama como sou (e *porque* sou como sou) – convicção que costuma resultar da convivência prolongada, que portanto sobreviveu às circunstâncias por vezes difíceis nas quais foi posta à prova.

A ternura entre os esposos é evidentemente fruto da sublimação de parte da sexualidade, e não por acaso se mostra geralmente mais intensa e visível num casal unido há vários anos do que num par de namorados recentes. Em uma palavra, o amor maduro *é* sexualidade sublimada – e por isso pode coexistir com a diminuição eventual do impulso físico, que leva à rarefação das relações, e com a eventual perda de intensidade das que restarem, se comparadas à incandescência dos primeiros tempos.

Esse processo, repito, não é inexorável: há muitos casos em que, mesmo décadas depois de terem decidido viver juntos, ambos continuam a sentir-se satisfeitos com a quantidade e com a qualidade dos seus momentos na cama. O que nos interessa hoje, porém, é o caso extremo em que eles simplesmente desapareceram – é isso, em resumo, que significa "casamento sem sexo".

Como disse no início, há várias situações em que isso pode acontecer. Uma delas é a que acabamos de mencionar: o interesse erótico dos esposos um no outro declina, as relações vão se espaçando, e um belo dia ambos se dão conta de que a última foi meses atrás. Se não for apenas o interesse erótico, mas o interesse *tout court* que tiver se esvaído, é provável que o relacionamento esteja caminhando para o seu término – que pode chegar envolto em amargura, acusações recíprocas, ressentimentos intensos, etc.

Mas, assim como existem finais de casamento não tão tempestuosos, também é possível que os outros aspectos da relação – que enumerei sob a rubrica da sexualidade sublimada – pesem mais que a necessidade libidinal direta, e o casal decida permanecer unido. Novamente, diversas possibilidades se apresentam: por exemplo, os esposos podem liberar-se reciprocamente para procurar satisfação erótica com outras pessoas. Seria uma variante do "casamento aberto", com as consequências que tal configuração não deixaria de acarretar – da aceitação tranquila da existência destas outras pessoas até o fracasso do arranjo, por ciúmes, por incompatibilidade entre a fachada "evoluída" e ideias mais tradicionais sobre o que deve ser um casamento, à luz das quais o novo pacto pode parecer humilhante ("virei corno manso", "ele está me traindo com outra"), ou por outro motivo qualquer.

Vocês concordarão comigo que é impossível detalhar todas as reações imagináveis frente a esse novo desenho, porque dependem de inúmeros fatores individuais – e da multiplicação destes uns pelos outros, pois estamos falando de duas pessoas. E às vezes de mais: para simplificar, não estou considerando o caso de haver filhos que possam ou queiram opinar sobre a nova constelação, que agora não seria só matrimonial, mas também familiar.

Uma segunda possibilidade é que o sexo se torne impossível devido a uma condição de saúde, física ou emocional, de um dos membros do casal. Aqui não há declínio simultâneo do interesse libidinal; ao contrário, em um, em outro ou em ambos preserva-se a vontade de ter relações, mas ela não pode se concretizar. Os exemplos mais comuns dessa situação são as disfunções eréteis no homem e a frigidez adquirida na mulher, porém estão longe de ser os únicos: um dos esposos pode entrar em depressão, ou contrair AIDS – o que obviamente não impede por si só a relação, mas pode gerar no parceiro angústias ou ressentimentos que o desestimulam a buscar o outro.

Para não multiplicar indefinidamente as possibilidades, fiquemos na mais frequente: o sexo vinha sendo praticado de modo regular, porém certo dia o homem fica impotente, ou a mulher frígida. A maneira pela qual o casal vai enfrentar essa situação penosa depende, mais uma vez, da qualidade do vínculo. Se prevalecerem os elementos infantis, a impossibilidade de satisfação se tornará fonte de azedume e de retaliações para quem se vir privado dela. No que está impossibilitado de corresponder às iniciativas do outro, podem surgir sentimentos de culpa, assim como neste último, se, apesar de eventuais escrúpulos, for procurar alhures o prazer que já não consegue com o cônjuge.

Mas, se o vínculo for sólido, se houver o que chamei atrás de "amor maduro", o problema poderá ser enfrentado de maneira mais carinhosa – e mais inteligente. Recorro aqui ao livro de Cassandra Pereira França, *Ejaculação Precoce e Disfunções Eréteis: uma Abordagem Psicanalítica*,[2] originalmente uma tese de doutorado que tive

---

2 São Paulo, Casa do Psicólogo, 2002.

oportunidade de orientar no Programa de Estudos Pós-Graduados em Psicologia Clínica da PUC/SP.

Esta psicanalista participou de uma equipe interdisciplinar formada no Hospital das Clínicas da UFMG para atender pacientes masculinos portadores das chamadas "disfunções sexuais". Em cerca de 40% dos casos, após os exames adequados verificava-se a inexistência de motivos orgânicos para o problema; estes pacientes eram então encaminhados para a avaliação psicológica, e aproximadamente metade deles concordava em iniciar uma terapia. Assim, Cassandra teve oportunidade de atender várias dezenas de adultos com sintomas tanto de impotência quanto de ejaculação precoce, e seu estudo se apoia nessa extensa base clínica.

As observações que a psicanalista pôde fazer são extremamente interessantes, assim como a construção teórica que montou a partir delas. Para nossos propósitos, interessa ressaltar que, por razões fáceis de imaginar, muitos dos tratamentos eram interrompidos assim que a conversa chegava aos pontos mais dolorosos. Buscando contornar essa dificuldade, Cassandra teve a ideia de fazer entrevistas com as mulheres dos pacientes: seu objetivo era abrir um espaço para ouvir as queixas delas, e, se possível, incluí-las no trabalho terapêutico com o marido – às vezes com algumas sessões conjuntas, às vezes apenas avaliando a disponibilidade delas para ajudá-lo a superar a ansiedade que o invadia durante a relação sexual propriamente dita.

Vejamos o que ela diz a este respeito:

> *elas [...] afirmavam que o problema não tinha solução, que estavam cansadas de tentar ajudar. Algumas compareciam à entrevista apenas para dizer que não queriam*

mais saber de sexo, e que haviam inclusive liberado os companheiros para procurar outras mulheres, desobrigando-os de vez de um compromisso sexual vivido como suplício. [...] Nos atendimentos, a questão sexual não era inicialmente o foco central: os outros problemas que haviam se desencadeado na vida sexual é que ocupavam este lugar. [...] À medida que a agressividade circulante entre o casal ia perdendo força [...], os parceiros iam tomando consciência da força disruptiva do seu sintoma, e dos efeitos do seu modo "egoísta" (sic) sobre a relação.[3]

Como se vê, as observações da autora confirmam que o sexo é um elemento importante, mas não exclusivo, de um todo mais complexo, e que as dificuldades nesse plano só podem ser compreendidas à luz do conjunto do qual fazem parte. Da mesma forma, validam outro ponto que ressaltamos atrás: o de que cada um enxerga o outro, e é percebido por ele, pelas lentes das suas próprias fantasias: "enquanto os ejaculadores precoces são vistos como 'vilões' que devem ser castigados, os impotentes são uns 'coitados' que precisam de ajuda" (p. 24). Parafraseando o título de uma peça de Luigi Pirandello, poderíamos dizer: assim é, se *me* parece...

Contudo, este não é o único fator em jogo: o que se passa na cama depende também da atitude do homem quanto à insatisfação que provoca na mulher. Os achados da psicanalista convergem com os de outros pesquisadores: frequentemente, aquele que sofre de impotência procura proporcionar prazer à esposa por meio de carícias orais ou manuais, ou seja, leva em conta a necessidade dela de obter satisfação. Já o ejaculador precoce tende a insistir na penetração, que

---

3 *Op. cit*, p. 22.

obviamente termina antes que ela possa atingir o clímax: daí a raiva e o ressentimento perfeitamente audíveis no qualificativo "vilões".

A proposta de carícias substitutivas, porém, pode esbarrar num obstáculo sério: o grau de repressão sexual da mulher. Também neste aspecto a terapia pode ser útil, pois, apesar das mudanças das últimas décadas, ainda é grande a "taxa de repressão" vigente na nossa sociedade. Que mudanças são essas? Elas ocorreram no plano social e cultural: a disseminação da prática de esportes e do hábito de ir à praia, a exibição do corpo seminu no cinema, na televisão e na publicidade, a quantidade de informações médicas disponível na mídia e na internet, ampliaram consideravelmente a possibilidade de ter consciência do próprio corpo e das suas necessidades, inclusive sexuais. Mas ela não se distribui igualmente por todos os segmentos da sociedade: em regiões e em camadas mais tradicionais, continuam a prevalecer preconceitos e tabus, no mais das vezes "justificados" em nome da moral e/ou da religião.

Mesmo nos setores mais permeáveis ao discurso da modernidade, o medo de tentar coisas novas é ainda causa de grandes atritos e decepções no plano sexual. E, paradoxalmente, essa própria permeabilidade pode engendrar ilusões perniciosas, por exemplo a de que "todo mundo, menos nós" tem uma vida erótica altamente satisfatória, que "todo mundo, menos nós" tem relações tantas vezes por semana, que "todo mundo, menos eu", é o tempo todo capaz de proezas dignas do *Kama Sutra*. A idealização do desempenho, e a consequente decepção quando este fica aquém do suposto padrão "geral", talvez seja atualmente a causa mais comum de ansiedade na cama, tanto para o homem quanto para a mulher.[4]

---

4   Caso deseje uma análise mais aprofundada desta questão, o leitor pode se reportar ao artigo "Adão e sua costela: busca da felicidade e crise atual no

A última possibilidade de "casamento sem sexo" que quero examinar com vocês pode parecer paradoxal; no entanto, é muito menos rara do que se poderia imaginar: o casal continua a manter relações, mas sem qualquer vestígio da sensualidade dos começos. Há carícias preliminares e penetração, porém rotineiras, mecânicas, como se estivessem se livrando de um dever insípido, ou, como se diz no futebol, "cumprindo tabela".

Ouvinte: "Lembro dos filmes *Cenas de um Casamento*, de Ingmar Bergman, e *Chuvas de Verão*, de Carlos Diegues, no qual há uma relação sexual que é um grande evento na vida de dois idosos que se olhavam já há bastante tempo. E também da palestra de um psicanalista, na qual ele mencionava como o sexo dá trabalho. Então, para manter viva a vida sexual, há que ter trabalho com ela."

Renato: Só posso concordar com você, e com o psicanalista: para conservar aceso o interesse pelo sexo, é necessário cuidar dele, criar novas formas de prazer, manter e também variar as antigas, etc. E também valorizar a atividade erótica, procurando fazer dela não uma manifestação de agressividade, mas sim de gratidão pelo outro.

Esse termo pode parecer incongruente quando falamos de sexo, mas, se pensarmos um pouco, veremos que não é. A capacidade de sentir gratidão, como notou Melanie Klein, é uma das maiores provas de maturidade pessoal, porque implica reconhecer aquilo que o outro tem de bom, e do que, por eu estar junto com ele, me é dado usufruir.

A natureza da gratidão fica mais clara se a confrontarmos com o seu oposto, a inveja. Esta nasce da percepção de que outra

---

casamento", que incluí na coletânea *Intervenções* (São Paulo, Casa do Psicólogo, 2011).

pessoa tem algo que eu não tenho, mas, em vez de desejar obter algo semelhante para poder desfrutá-lo, o invejoso quer privar aquela pessoa da tal coisa ou atributo. "Se eu não tenho x, é porque não posso ter – e se não posso, ele também não deve poder" – esse parece ser o raciocínio determinado pela inveja. Um conto como *Branca de Neve* ilustra essa situação: a madrasta não suporta que a princesa seja mais bonita do que ela, e não hesita em mandar matá-la; nos tempos antigos, sinhás invejosas da beleza de alguma escrava ordenavam que lhe arrancassem os dentes, ou desfigurassem o seu rosto. Mesmo que o invejoso não chegue a tais extremos, a crueldade desses atos mostra como esse sentimento pode ser daninho para o invejado: muitas vezes, basta um comentário maldoso para estragar o prazer dele com a posse daquilo que o suscita.

A gratidão é o inverso disso. Ela se funda uma dupla capacidade: a de reconhecer o que o outro tem de bom, e a de poder admirá-lo por isso, em vez de ver no fato uma razão para o detestar e me sentir inferior a ele. São essas capacidades que tornam possível aceitar que não disponho eu mesmo daquela coisa ou qualidade, e portanto é *porque* ele as oferece a mim que posso vir a usufruir delas.

No casamento, que por definição envolve algum grau de complementaridade, a gratidão pode estar associada a diversos aspectos. É como se um dos esposos dissesse ao outro: "é somente graças a você que pude e posso viver muitas situações, e te agradeço por isso". No plano sexual, isso significa admitir que o prazer maior me vem do outro – e nada há de humilhante nessa atitude. Ao contrário, é condição para a satisfação recíproca, e por isso mesmo há que se ter atenção para com os gostos e desejos do parceiro, imaginação para inventar modos de os realizar, e tolerância quando ele ou ela falha em atender aos meus.

Em suma: com sexo ou sem sexo, o casamento é como dizia um amigo bem-humorado: "os primeiros trinta anos são muito difíceis. Depois, a gente acostuma".

Muito obrigado, e vamos ao debate.

PARTE II
CULTURA

Um psicanalista no bosque de Clio

"Teria a adolescência existido em outras épocas da civilização?"

Inúmeros problemas formigam sob a aparente simplicidade da pergunta com a qual David Levisky inicia seu livro *Um monge no divã: a trajetória de um adolescer na Idade Média Central*. A posição comumente aceita na atualidade – como a subjetividade é codeterminada por fatores históricos e sociais, deve apresentar características diversas em ambientes diversos – levaria a uma resposta negativa: a adolescência seria um fenômeno contemporâneo, no máximo moderno (digamos do século XX), e projetá-la para tempos remotos constituiria um anacronismo ingênuo. Segundo os que concordam com tal posição, se entendemos por *adolescência* mais do que a simples transição biológica da infância para a idade adulta, os aspectos psicossociais a ela associados requerem condições que não encontramos exceto nas sociedades industriais – escolaridade prolongada, organização familiar que outorga relativa liberdade a esta faixa etária, costumes, ideais e valores peculiares a ela e fortemente influenciados pela publicidade e pelo consumo, modalidades de identificação que conduzem ao surgimento de "tribos" e de subculturas, e outros mais.

Contudo, as coisas são mais complicadas, e Levisky está bem situado para nos fazer compreender isso. Psiquiatra e psicanalista de larga experiência com crianças e adolescentes, autor de importantes artigos e organizador de vários colóquios sobre o tema,[1] sensível aos dramas que as condições sociais e em particular a violência impõem aos jovens marginalizados, ele quis ir além das *idées reçues* e investigar a fundo a relação entre processos psíquicos e seus determinantes socioculturais. Contou para isso com a ajuda e o entusiasmo de Hilário Franco Jr., professor de História Medieval na Universidade de São Paulo, que lhe sugeriu estudar a autobiografia do monge francês Guibert de Nogent, e aceitou orientar a investigação. O resultado foi uma tese de história social, da qual nasceu o livro que vamos comentar.

O documento proposto para exame intitula-se *Monodiae* (como no canto gregoriano, uma voz entoando sua melodia *solo*) e foi redigido entre 1114 e 1117. É uma longa *confessio*, gênero que tem em Santo Agostinho seu inspirador, e que no século XII volta a ser cultivado – pouco depois, Pedro Abelardo escreverá a *História das Minhas Calamidades*. Parcialmente publicado em 1631, o texto foi traduzido para o francês por Guizot (1823), e incluído por Alfred Migne na sua *Patrologia Latina* (1853). No início do século XX, teve uma edição crítica (por Georges Burin) e se tornou uma das mais importantes fontes para o estudo da Idade Média Central. Levisky trabalhou com a edição bilíngue latim-francês preparada

---

1 Entre outros, David L. Levisky (Org.), *Adolescência e Violência: Consequências da Realidade Brasileira*, Porto Alegre, Artes Médicas, 1997; idem, *Adolescência: Pelos Caminhos da Violência*, São Paulo, Casa do Psicólogo, 1998.

por E. R. Labande para a coleção *Les Belles Lettres* (1981), e sua bibliografia elenca comentadores ainda mais recentes. Sem dúvida, o *De Vita Sua* (título atribuído pelos editores modernos) continua despertando interesse, inclusive de psicanalistas.[2]

E com razão! O livro do monge, do qual Levisky apresenta largos extratos para apoiar sua interpretação, é uma verdadeira mina de ouro. O gênero "confissão" exige um mergulho na vida interior, ditado pela aguda consciência da pequenez do autor diante de Deus, que tudo conhece e para quem seria inútil mentir. Para além das convenções literárias, exige igualmente sinceridade e uma boa dose de introspecção; quem se confessa olha sem complacência para si mesmo e para a maneira pela qual viveu, fala dos seus pecados, dos seus medos, das suas esperanças, mostra como concebe o ser humano, a divindade, a vida presente e futura – que mais poderia desejar um analista? E Guibert se dedica a esta tarefa com uma sensibilidade que não deixa de surpreender o leitor: fino observador de si e dos outros, em sua prosa afloram comentários sobre os mais variados aspectos da vida emocional, dos quais Levisky tira ótimo partido.

Contudo, para que possamos acompanhar sua interpretação, é preciso refletir sobre os problemas a que aludi atrás. Eles são de várias ordens, e em primeiro lugar epistemológicos. Concedamos que a subjetividade é em geral codeterminada pela cultura – seria impossível negá-lo após duzentos anos de hegelianismo, marxismo, sociologia e etnologia. Mas o que significa, precisamente, a expressão *codeterminada*? Existem, ou não, processos psíquicos que o transcurso do tempo não altera? E caso existam, quais são, como se relacionam

---

[2] Por exemplo, J. Benton, "The personality of Guibert de Nogent", *Psychoanalytic Review*, vol. LVII, 1970/71, p. 563-586.

com aqueles influenciados pelo ambiente, e por que são infensos a ele? Pois a posição consensual não pode ser levada ao extremo: se a subjetividade fosse completamente determinada por fatores culturais, seria impossível dizer algo geral sobre o ser humano – ideia com a qual, obviamente, psicanalista algum estaria de acordo.

Além disso, é possível fazer a análise de alguém "ausente", para não dizer de um defunto? Todos os problemas da psicanálise dita "aplicada" se insinuam aqui: como trabalhar analiticamente sem o *feedback* do paciente, sem poder observar a constituição e a evolução de um campo transferencial? Mais: supondo que as deduções do autor sobre a vida psíquica do monge sejam plausíveis, que interesse tem isso? Seria possível extrapolar do estudo de um caso singular para outros, e destes para os adolescentes de hoje em dia? A psicanálise afirma que sim, mas como sabemos há fortes críticas à validade do seu método, porque não faz uso de estatísticas, grupos de controle e outros procedimentos que gozam entre os filósofos da ciência de melhor reputação do que os nossos "*single case studies*". Em suma: como garantir que tudo aquilo não será simples projeção das teorias do analista sobre um indefeso prelado, que se retorceria no túmulo caso tomasse conhecimento das impiedades desvendadas nas entrelinhas da sua confissão?

Como se vê, não eram pequenas as dificuldades que Levisky tinha pela frente. Vejamos como ele as resolveu; e, para isso, comecemos por apresentar ao leitor o "paciente" que o professor Franco Jr. lhe enviou.

1. O paciente

Guibert é o caçula de oito irmãos. Nasce no sábado de Aleluia de 1055, filho de um cavaleiro menor, e, como é frequente na época, de uma mãe pertencente a um estrato social ligeiramente superior.

Ao longo do texto, o leitor encontrará abundantes dados biográficos sobre o monge; aqui mencionarei apenas os mais relevantes.

A mãe passa muito mal nos últimos meses da gestação, e logo após dar à luz sucumbe ao que parece ser uma psicose puerperal. O pai vem a falecer quando o bebê tem apenas oito meses; recuperando-se, a castelã decide permanecer viúva, e pelos anos seguintes recusa diversas propostas de casamento. Ao nascer, Guibert é oferecido à Virgem, como agradecimento pelo bom termo da gravidez e pela sobrevivência tanto dele quanto da parturiente. Este fato será determinante para o seu destino, e, sustenta o analista, para os rumos que tomará sua vida psíquica.

Nos meados do século XI, logo após o cisma que separou a Igreja Bizantina da de Roma, grandes mudanças estão em curso no mundo eclesiástico ocidental. As reformas introduzidas pelo Concílio de 1059 visam a moralizar os costumes dos clérigos, impondo com mais rigor a regra do celibato; também se acentuam as tentativas de controle sobre a existência dos leigos, por exemplo instituindo o casamento religioso e novas modalidades de confissão. Pouco depois, em 1096, terá início a Primeira Cruzada. Tornar-se padre nestas circunstâncias envolve compromissos maiores do que até então, e um combate mais acirrado contra as "tentações da carne"; o Mal, personificado na figura hedionda de Satanás, ronda as almas cristãs, e na imaginação dos europeus a luta contra ele adquire proporções épicas.

Guibert descreve com riqueza de detalhes a sua *pueritia* (dos sete aos doze anos, segundo os critérios da época). É confiado a um preceptor, que lhe ensina latim e o prepara para sua futura carreira. Logo após seu décimo-segundo aniversário, idade em que se inicia a *adolescentia*, sua mãe se retira para um convento próximo; abandonado a si mesmo, o ainda garoto se entrega a toda sorte de comportamentos inadequados, vistos como consequência tanto de suas "más inclinações" – pecador que é, como todos os filhos de Adão – como da influência do Demônio. Acaba, porém, por entrar para o mosteiro de Saint-Germer-en-Fly, e após alguns anos é ordenado. Torna-se teólogo, escreve obras eruditas, e aos sessenta anos, sentindo próxima a hora de apresentar-se diante do Criador, decide colocar por escrito as suas confissões. O trabalho leva três anos, concluindo-se em 1117. Guibert morre por volta de 1125; não longe do seu mosteiro, e pela mesma época, Heloísa está escrevendo a Abelardo as cartas que se tornaram famosas.

Levisky se concentra no Primeiro Livro do *De Vita Sua*, que cobre a infância e a adolescência do autor, bem como a juventude e os anos seguintes. Seu interesse é o do psicanalista: presta atenção ao que Guibert narra sobre seus conflitos e angústias – muitas delas ligadas à sexualidade – e sobre as relações que o unem à mãe, aos mestres, à comunidade cristã e a Deus. Segundo o que ele mesmo diz, um persistente estado depressivo (*acedia*) acompanha por toda a vida o bom monge. Aparecem a cada página do seu relato a culpa pelos "pecados" cometidos em pensamento, a inadequação frente aos ideais narcísicos de perfeição (entendida, à moda da época, como santidade) que absorve do discurso eclesiástico, a indignação pela cupidez e maldade de outros prelados, o pavor frente às punições que o esperam no Além, a esperança na misericórdia de um Deus clemente, as dúvidas sobre se a merecerá...

Munido dos conceitos psicanalíticos, Levisky interpreta tais sentimentos como reações a conflitos inconscientes opondo pulsões a defesas (cisão, projeção, recalque), como fantasias envolvendo bons e maus objetos internos, como tentativas de reparação pelos ataques provindos de uma agressividade mal resolvida. Surge assim um mosaico de paixões e de atos que conduzem Guibert ora ao desespero, ora a estados mais integrados e de relativo contentamento; mas há sempre a sombra da letargia, por vezes quase melancólica, que o analista compreende como principal sintoma e traço dominante daquela personalidade.

Em particular, a idealização da figura materna é acompanhada por uma contínua cavilação acerca das tentações que ela teria tido que combater para se manter casta; Guibert, presa da própria *concupiscentia*, identifica-se com ela e utiliza essa imago benigna como suporte para construir sua identidade de religioso.[3] A submissão aos valores da Igreja custa muito, muito caro: Levisky chega a falar num "falso *self*" como defesa contra os impulsos libidinais que durante boa parte de sua vida acossam este homem, causando-lhe sofrimentos dos quais dá notícia detalhada no *De Vita Sua*. Ao longo do estudo, o analista vai compondo o seu afresco, detendo-se sucessivamente nos aspectos egoicos e superegoicos, na dinâmica pulsional, no manejo dos objetos internos, nas defesas, nos ideais, e desenhando com mão de mestre a delicada relojoaria que subjaz aos eventos psíquicos narrados no texto.

Seu propósito é demonstrar que houve, sim, uma crise de adolescência, e que ela foi no essencial similar à que observamos nos jovens de hoje, porque se trata de processos transculturais. Já

---

3   A esse fino analista não escapa o caráter reativo desta idealização: o adolescente, e o homem maduro, e o ancião que escreve em sua cela, estão literalmente fascinados pela sexualidade da mãe, pelos "tormentos" que, tão bela e tão jovem, a fraqueza da carne lhe impunha. Mais uma vez a vida imita a arte: em *Hamlet*, o príncipe se escandaliza com o *furor uterinus* da rainha Gertrudes, e a execra por, recém-iniciada a viuvez, ceder ao "*compulsive ardour*" e a entregar-se a Claudius "num leito emporcalhado, encharcado de suor" (ato III, cena 4, versos 85 ss.). Quer-me parecer que ele apenas diz em voz alta o que o monge talvez não tenha ousado pensar, mas com certeza não deixou de fantasiar... Cf. R. Mezan, "Um Espelho para a Natureza: Notas a partir de *Hamlet*", in *Tempo de Muda*, São Paulo, Companhia das Letras, 1998, p. 86-88.

Aristóteles, na *Retórica*, descreve as paixões da juventude em termos que qualquer psicólogo contemporâneo subscreveria ("especialmente submissos às paixões de Vênus... instáveis... seus caprichos são veementes, mas não duradouros... capazes de obedecer aos seus impulsos... enfurecem-se caso se considerem vítimas da injustiça...").[4] Nas *Confissões*, Santo Agostinho dedica os livros II e III a um relato detalhado de suas experiências entre os dezesseis e os dezenove anos: "corrupção carnal", "dissipação", "lamacenta concupiscência da carne", "preguiça", "orgulho", "desejos impuros".[5]

A transição da infância para a idade adulta é obviamente descrita em termos diferentes segundo as épocas e os sistemas de pensamento dominantes, mas os processos psíquicos subjacentes são semelhantes, para não dizer idênticos. Os hormônios em ebulição desencadeiam moções psíquicas, liberando fantasias libidinais e agressivas que muitas vezes levam a atos e atuações. Reorganiza-se o sistema de identificações, faz-se o luto do corpo e dos objetos amorosos da infância, e as intensas angústias que acompanham estes processos inconscientes acarretam consequências no plano do humor. Despreza-se a autoridade, buscam-se novos modelos, testam-se as próprias forças em embates físicos ou intelectuais com os pares. Em suma, constrói-se um adulto. Variam, é claro, as circunstâncias, que não dependem do indivíduo, mas da sociedade em que vive e do lugar que nela ocupa. São elas que lhe oferecem modelos identificatórios e objetos de desejo, normas e tabus, valores e ideais. Mas o processo pelo qual estes aportes externos são interiorizados é determinado pelo jogo das pulsões e das defesas, produzindo efeitos que vão da construção das instâncias fundamentais

---

4   Aristóteles, *Retórica* II, 2, apud Levisky, *Um Monge...*, p. 57-58.
5   Santo Agostinho, *The Confessions*, Chicago, Encyclopaedia Britannica: The Great Books of the Western World, vol. 8, p. 9 ss.

do psiquismo até os comportamentos e atitudes dos quais o indivíduo tem consciência.

"Não há dúvida", conclui Levisky, depois de discutir em detalhe a descrição que faz o monge daquela época de sua vida. "Guibert está em plena crise da adolescência." *Adolescentia*, aliás, é um termo corrente na época: os medievais a reconheciam como uma das épocas da vida, precedendo a *juventus*, a *senectus* (velhice) e o *sentium* (os últimos anos, antes da morte). Os autores diferem quanto ao momento em que começa e termina essa etapa, mas o conceito é claro. Trata-se do período que começa com a puberdade e dura até o ingresso na vida adulta, este assinalado por ritos de passagem que variam segundo a posição social do indivíduo: casamento para as meninas, tonsura para os clérigos, *adoubement* (investidura) para os cavaleiros, logo mais execução do *opus primum*[6] para os artesãos. Os anos iniciais da vida são comumente divididos em *infantia* (até os dois anos), *dentium plantativa* (2-7 anos), *pueritia* (7-12/13 anos), e *adolescentia* (até os vinte e poucos, em geral). E a etimologia da palavra não deixa dúvida de que os medievais reconheciam a natureza básica das transformações daquele momento: *adolescere* significa "começar a queimar como lenha", numa clara alusão ao fogo dos desejos sexuais.

2. Subjetividade e cultura

"Mas então", dirá um leitor cético, "onde foi parar a ideia de que a subjetividade varia com os tempos e os lugares? Se na mente

---

6 Primeira obra, que demonstrava suficiente habilidade no ofício para que o autor fosse admitido na corporação respectiva. Posteriormente, o termo ganhou o sentido de obra excelente, primorosa, mesmo que não mais a primeira – "obra prima".

de um monge da Idade Média o psicanalista discerne as mesmas configurações que na de um indivíduo de hoje, falando de Édipo, castração, cisão, idealizações, objetos internos e por aí vai – não será apenas da boca para fora que ele afirma concordar com a determinação social dos processos subjetivos?"

"Determinação, não. *Codeterminação*."
"Dá na mesma, não? A ênfase é no que permanece, não no que muda. A velha crença a-histórica numa natureza humana sempre igual a si mesma – só *aggiornata*, para não criar polêmica com os sociólogos, historiadores e antropólogos."
"Engano seu. A questão é muito mais complexa."
"Então me explique. Quero ver!"

O psicanalista se recosta em sua poltrona e reflete. Por onde começar? O problema vai muito além da questão de saber se existia ou não adolescência na Idade Média. Ele concerne de modo geral ao vínculo mente-cultura, e a postura de inspiração marxista que se tornou prevalente (diluindo, é verdade, a sutileza da visão da qual partiu – mas isso é outro e vasto problema, que não discutiremos aqui) conduz à dissolução pura e simples do elemento "mente", considerando-o *derivado* e no fundo *homogêneo* ao elemento "cultura".

Por outro lado, a maneira pela qual Freud concebe o vínculo acaba por dissolver o elemento social, reduzindo-o a um agregado de mônadas ligadas por impulsos e fantasias de índole sexual.[7] Não

---

7   Cf. Renato Mezan, *Freud, Pensador da Cultura*, São Paulo, Companhia das Letras, 7ª edição (2006), parte IV, "Às Voltas com a História".

há para ele história no sentido forte. Quando em "Uma Neurose Demoníaca do Século XVII" estuda as visões do pintor Christoph Haitzmann, tem por certo que – assim como nos estados de êxtase retratados em certas pinturas antigas se pode adivinhar a presença de uma muito prosaica histeria – sob as roupagens demonológicas se abriga uma neurose exatamente igual às modernas, que apenas falam uma língua mais obscura, "a das doenças orgânicas".[8] Freud discorre com a maior tranquilidade sobre o luto encalacrado do pintor pela morte do seu pai, que o conduz (via ambivalência e projeção) a ver no Diabo um substituto dele, e até sobre o simbolismo do número 9, "que onde quer que apareça orienta nossa atenção para fantasias de gravidez".[9] O único aspecto em que o transcurso do tempo lhe parece relevante é valorizado de modo exatamente oposto ao que se nos afigura hoje evidente: quanto mais antigo um conteúdo, menos reprimido é, portanto *mais* – e não *menos* – inteligível. Antigo quer no sentido de infantil, quer de passado – e assim como as neuroses das crianças nos permitem discernir mais claramente os processos inconscientes, é mais fácil desvendá-los sob o disfarce demonológico que sob o engodo "orgânico", justamente porque já não acreditamos mais em demônios.[10]

Será a psicanálise obrigada a seguir aqui os passos do fundador, e considerar como secundárias a espessura do tempo e a diversidade das culturas? Não penso assim, e nem pensa assim David Levisky,

---

8   S. Freud, *"Eine Teufelsneurose im siebzehnten Jahrhundert"* (1923), *Studienausgabe*, Frankfurt, Fischer Verlag, vol. VII, p. 287; *Obras Completas*, Madri, 1977, Biblioteca Nueva, vol. III, p. 2677. (Estas edições são comumente designadas pelas siglas SA e BN).
9   Freud, *"Eine Teufelsneurose...."*, SA VII, p. 303; BN II, p. 2686.
10 Idem, SA VII, p. 287; BN III, p. 2677. Cf. o excelente comentário de Michel de Certeau a este artigo: "Ce que Freud fait de l'histoire", in Alain de Besançon (Org.), *L'histoire psychanalytique*, Paris, Mouton, 1974, p. 220-240.

ou não teria apresentado sua tese num departamento de história.

É justamente porque reconhece que a dinâmica psíquica *poderia* ser diferente em outro tempo e em outra estrutura social que empreende sua investigação, e é porque leva na devida conta as diferenças que as semelhanças que encontra têm forte valor probatório. Mas como conciliar a evidência de que certos processos mentais se revelam idênticos através das culturas com a evidência igualmente nítida de que já não pensamos nem sentimos como os medievais?

Levisky recorre a um conceito essencial para os historiadores contemporâneos, o de ritmos diversos nos grandes processos históricos: rápidos, lentos e lentíssimos, ou de "longa duração". A moral sexual nos países ocidentais evoluiu muito rapidamente nos últimos decênios, assim como as configurações familiares e relacionais: é possível questionar se o complexo de Édipo estudado por Freud há apenas cem anos permanece tal e qual quando o poder patriarcal sofreu mudanças tão radicais. As transformações de uma língua obedecem a outro padrão: podemos facilmente ler Machado de Assis, ou mesmo Camões, mas até para um francês letrado é difícil compreender a versão original das canções dos *troubadours*, para não falar na perplexidade de um dentista de Iowa frente aos *Contos de Canterbury*. Dos processos mentais próprios à espécie humana como tal pode-se dizer que variam em ritmo lentíssimo, quase imperceptível, a ponto de parecer eternos. A aquisição da linguagem deu-se há alguns milênios, e desde então vem sendo realizada de modo idêntico a cada geração; a crença em entidades sobrenaturais e as práticas a ela ligadas (sepultamento, religiões) estão presentes em todas as culturas, assim como o apego das crianças às suas mães, a necessidade de separar-se do ambiente infantil, reprimir a agressividade inata para poder viver em grupo, respeitar tabus sexuais, e assim por diante.

Os fenômenos dos quais se ocupa a psicanálise pertencem a esta categoria, e a descrição metapsicológica lhes pode em princípio ser aplicada, independentemente de que ocorram aqui ou ali, hoje ou na Antiguidade. O que varia não é a presença de um superego e de ideais narcísicos, mas o *conteúdo* sobre o qual se exerce a censura ou a atração: ser bom caçador e não irritar Manitu, ser herói e não atiçar a cólera de Zeus, ser monge e repelir as tentações do Demônio, ser psicanalista e não desprezar as sutilezas do psiquismo, são elementos que dependem da cultura à qual pertence cada um. Mas não depende dela que haja investimento libidinal numa sublimação, ou coesão das identificações num ego consistente. Recorrendo a uma analogia: é função do contexto sociocultural se os bíceps de um rapaz se desenvolvem *porque* ele atira flechas em antílopes ou treina numa academia, mas não *que* existam em seus braços fibras musculares capazes de se fortificar.

Isto explica por que são os aspectos egoicos e superegoicos os mais permeáveis à determinação social, enquanto a dinâmica pulsional e o espectro das angústias pouco ou nada têm a ver com ela. Normas, proibições, valores, são criações do coletivo, e faz parte do processo de socialização de toda criança que sejam interiorizados, configurando a partir de uma matéria prima essencialmente virtual indivíduos que reconhecemos e que se reconhecerão a si mesmos como membros de dada cultura. Quanto mais complexa for a sociedade, maior será o número de subculturas nela existentes: mesmo na Idade Média, um cavaleiro não tem os mesmos comportamentos que um servo da gleba ou que um frade. Já a dinâmica emocional será bastante parecida entre eles, assim como com a de qualquer outro ser humano. "As grandes reações observáveis no curso da história, no que diz respeito às motivações fundamentais da psicologia humana, permanecem absolutamente constantes", diz Hélio Jaguaribe, num texto citado por Levisky.[11]

---

11 Hélio Jaguaribe, *Um Estudo Crítico da História*, São Paulo, Paz e Terra, 2001, vol. I, p. 29-62, apud Levisky, p. 37. Uma ideia semelhante é desenvolvida em

A questão que estamos examinando pertence ao registro epistemológico, e mesmo ao ontológico, pois diz respeito a modalidades do Ser – psíquico, social – e às possibilidades de as conhecermos em sua intimidade. Mas há outras igualmente importantes, de cunho metodológico, pois o trabalho de David Levisky se situa numa aresta interdisciplinar, a interface história/psicanálise. E embora não pretenda fazer obra de historiador e sim de psicanalista, o documento que examina o leva a aventurar-se pelos lados da fonte Castália, junto à qual, nos diz Ovídio, moram a musa da história, Clio, e suas irmãs. História e psicanálise são, é claro, disciplinas diferentes, cada uma com seus métodos e regras de investigação; mas, como intuitivamente percebemos, em certos aspectos elas se aproximam: interesse pelo passado, necessidade de interpretar vestígios e fragmentos, visão do presente como determinado pelo que ocorreu antes, etc. Para além destas semelhanças superficiais, porém, pode ser interessante observar mais de perto onde se aproximam e onde se distanciam.

3. História e psicanálise: diferenças

Cem anos após Guibert de Nogent concluir as *Monodiae*, morre em seu castelo de Caversham o cavaleiro Guillaume le Maréchal. Os últimos meses de sua vida são presenciados por um séquito de vassalos e familiares, que acorrem para assistir ao espetáculo de uma morte principesca. Seu filho primogênito faz redigir, por um certo Jean "*qui de trouver entend gagner sa vie*"[12] uma biografia do pai, que foi tutor de Henrique II e regente da Inglaterra, além de herói militar e na juventude grande campeão de torneios. Não se

---

R. Mezan, "Subjetividades Contemporâneas", in *Interfaces da Psicanálise*, São Paulo, Companhia das Letras, 2002, p. 257-272.

12 "Que trovando (encontrando, literalmente) pretende ganhar sua vida."

trata de uma confissão, mas de um panegírico, gênero que obedece a outras convenções retóricas.

Georges Duby, que estudou este relato – cerca de 20.000 versos! – e dele tirou um livro esplêndido,[13] considera no entanto que se trata de um testemunho quase em primeira mão: de quem mais o escudeiro do Marechal, principal informante do cronista, teria ouvido o relato das aventuras de seu senhor, se não dele mesmo?

Assim, temos um documento equivalente ao *De Vita Sua*, escrito pouco tempo depois e numa área cultural próxima, já que naqueles tempos franceses, normandos e ingleses se combatiam constantemente em virtude das complicações dinásticas e de vassalagem. Com efeito, desde a conquista normanda (1066) o rei da Inglaterra era formalmente vassalo do da França, porém mais poderoso que seu suserano, e com interesses conflitantes em todo o vasto território entre o Canal da Mancha e o rio Loire.

Duby, aliás, menciona de passagem nosso monge ao falar do documento que examina:

> *o que nos é oferecido é a memória cavalheiresca em estado quase puro [...]. A canção é o equivalente dessas vidas de si mesmo que [...] intelectuais como Guibert de Nogent e Abelardo haviam começado a escrever um século antes [...]. Tiremos proveito desta sorte.*[14]

Da mesma forma que o texto de Guibert, também a canção de Guillaume conheceu uma edição crítica na virada do século XX

---

13 Georges Duby, *Guillaume le Maréchal, ou le meilleur chevalier du monde*, Paris, Fayard (Folio-Histoire), 1984.
14 Duby, op. cit., p. 42 e 46.

(por Paul Meyer, em três volumes datados de 1891, 1894 e 1901), e tornou-se fonte para os estudos medievais.

Ora, Duby não se abala com a memória vacilante do escudeiro para os fatos mais remotos (a versão dele é contradita em inúmeros detalhes por documentos de arquivo, conservados em virtude da importância do Marechal para a história do seu país). Não quer escrever a história dos fatos, o que outros já fizeram e, segundo seu juízo, bastante bem:

> *meu objetivo é elucidar o que ainda é mal conhecido, tirando deste testemunho [...] o que ele ensina sobre a cultura dos cavaleiros. Quero simplesmente tentar ver o mundo como o viam estes homens.*[15]

Aqui tocamos o nervo da diferença entre as perspectivas do psicanalista e do historiador. Compare-se o que diz Duby com estas linhas de Levisky: "algo mobiliza uma certa irritação contraidentificatória não esclarecida frente a esse Guibert supersticioso e submisso. [...] Que resquícios existem nas profundezas do meu eu interior, inalcançável racionalmente e em confronto com o mais íntimo de Guibert?".[16]

Apesar de todo o interesse pela vida psíquica do monge, que o leva a dedicar anos de considerável esforço para redigir seu estudo, o psicanalista não quer "ver o mundo como o viam esses homens". A ineliminável distância entre a transferência e a contratransferência, da qual procede a "irritação contraidentificatória", é o que

---

15 Duby, op. cit., p. 49.
16 Cf. *Um monge no divã*, p. 142.

permite construir uma interpretação: os demônios é que correspondem à projeção de desejos inconscientes temidos e rechaçados, e não estes que nos são impostos para que pequemos e afastemos nossos corações das veredas do Senhor. Levisky é severo com a ideologia religiosa da época, aceita por seu "paciente" (que outra coisa poderia ele fazer?), mas que o analista considera fonte de graves mutilações psíquicas, como a perda da espontaneidade infantil ou os tormentos da culpa que Guibert arrasta durante toda a vida, porque sente desejos que sua cultura toma por pecaminosos – e que a psicanálise considera naturais.

Um exemplo desta postura – que alguns considerarão etnocêntrica, quiçá ingênua – aparece quando Levisky comenta o interesse de Guibert pela poesia latina. O adolescente descobre a *Ars Amandi* de Ovídio, que lhe fornece elementos para simbolizar o que brada em suas fantasias; tenta ele mesmo compor poemas licenciosos, numa tentativa de sublimar seus impulsos sexuais. O analista vê neste fato um alívio da pressão superegoica, um sinal alvissareiro de maior integração e de tolerância – sob uma forma socialmente aceita – para com aspectos até então recalcados ou cindidos na vida psíquica do rapaz. Seu preceptor, ao contrário, se escandaliza e proíbe o pupilo de continuar nessa via. Ao refletir sobre esta passagem de sua vida, o velho Guibert escreve que "a mão (que compôs tais poesias) era de fato a minha, mas não é mais [...]. Logo que se aplicou à busca da virtude, perdeu toda a eficácia dessa indigna dependência."[17] Vitória do falso *self*, lamenta o analista; perda significativa de um canal sublimatório, bloqueio de uma via de catarse para os impulsos libidinais muitíssimo preferível à das atuações desgovernadas que a precedem e à repressão impiedosa que se lhe segue.

---

17 *De Vita Sua*, trecho citado por Levisky à p. 329.

Pode-se criticar aqui a falta de neutralidade por parte do psicanalista? Alguns não hesitarão em fazê-lo; não me conto entre eles, embora para expressar minha posição talvez não empregasse as mesmas palavras que Levisky. A questão é de outra ordem: é *ética*. A psicanálise tem critérios valorativos que a orientam em seus diagnósticos, embora o psicanalista não deva tentar impô-los a seus pacientes. Um destes critérios é o ceticismo quanto ao valor intrínseco do sofrimento, e a crença complementar na validade de soluções para os conflitos da alma que tenham menor custo psíquico. A sublimação de partes da libido, nessa perspectiva, é vista como preferível à repressão delas, pelo prazer que proporciona (também na vertente narcísica: "ser capaz de..." alimenta a autoestima, e propicia que sejamos amados e admirados por outros significativos, a quem por nossa vez amamos e admiramos). Mas uma certa dose de satisfação direta para as urgências libidinais é igualmente indispensável para a saúde mental. "A mão que segura a pena é a mesma que segura o pênis", escreve Levisky no passo que estamos comentando.

Por que ele se autoriza tal entorse ao sagrado princípio da neutralidade "benevolente"? Porque Guibert não é seu paciente "de verdade", e, assim como aos poetas se permitem licenças poéticas, a quem faz psicanálise aplicada é lícito usar de uma "licença analítica". Um historiador também poderia, falando dos campos de concentração, expressar seu horror ante os fatos que lhe toca analisar. Não há aqui oposição entre as duas disciplinas: ambas exigem que o estudioso controle seus entusiasmos e antipatias, e em ambas cabe uma infração ocasional a esta norma. A meu ver, a diferença essencial entre as duas perspectivas consiste em que a história quer simplesmente compreender seu objeto, enquanto a psicanálise acrescenta a esta finalidade uma outra – ela o quer *transformar*. Não é apenas um "conhecimento de", mas um "instrumento para", como disse certa vez Piera Aulagnier. E para tanto são-lhe indispensáveis critérios para avaliar se o estado "x" é preferível ao estado "y", e por quê.

Há entretanto um tipo de trabalho analítico em que não tem lugar o projeto de mudar: a psicanálise aplicada, ou, como se costuma dizer hoje, *extramuros*, em *clínica extensa*.[18] O que Levisky faz em sua tese pertence a este campo, ao qual alguns – dos quais discordo – atribuem a mesma trivialidade que a um *hobby*. Discordo porque, seja qual for o objeto não clínico a que se aplica a psicanálise – relato, obra de ficção ou de arte, fenômeno social – ele é sempre produto da atividade psíquica de quem o criou ou de quem dele participa. O que faz o analista nesses casos é refletir a partir de dados que, embora não originados diretamente da clínica, são no essencial homólogos aos que dela provêm: neles fala sempre um sujeito. Freud não se dedicou a interpretar as *Memórias* do Presidente Schreber, as lembranças infantis de Leonardo e de Goethe, a *Gradiva* de Jensen? A única diferença entre psicanálise clínica e aplicada é que esta não visa – *et pour cause* – a produzir mudança alguma no objeto da investigação. No restante, que é essencial, são uma só e mesma coisa, porque seus pressupostos são os mesmos, seu método é o mesmo, e os conhecimentos obtidos em qualquer das duas vertentes valem para a outra.

4. História e psicanálise: convergências

A psicanálise, como Janos, tem duas faces, a prática e a teórica, que mantêm entre si relações que não é o caso agora de investigar mais a fundo. Basta dizer que, se na prática estamos sempre no domínio do singular – *este* paciente, *esta* dupla, irredutíveis e

---

18 Expressões que devemos respectivamente a Jean Laplanche e a Fabio Herrmann, de saudosa memória.

insubstituíveis – no plano da teoria visamos a construir um discurso que tenha validade para outros casos, e isso numa escala crescente, segundo o nível em que nos situarmos. O Homem dos Ratos é aquele advogado, com sua biografia única e sua específica economia psíquica; mas é também um obsessivo, e o que com ele Freud aprende pode ser empregado para tratar outros obsessivos. Além disso, elementos psíquicos descobertos naquele trabalho podem ser encontrados em indivíduos não obsessivos – por exemplo a onipotência do pensamento, que caracteriza o modo infantil de conceber o mundo, e está na raiz de coisas que já não têm a ver diretamente com a neurose obsessiva, como a magia e a superstição.

Esta relação entre o singular e as classes cada vez mais abrangentes nas quais, sem prejuízo da sua individualidade, ele pode ser incluído, caracteriza os objetos de todas as ciências humanas, e os distingue dos das ciências da Natureza e dos da Matemática. Pouco importa se é por meio deste ou daquele triângulo retângulo que demonstro o Teorema de Pitágoras, se é neste ou aquele exemplar de rocha que descubro tal característica: demonstração e descrição serão válidas para todos os triângulos e rochas daquele tipo. Já nas ciências humanas a singularidade do singular tem enorme importância: Guibert não é Guillaume le Maréchal, o Homem dos Ratos não é o Homem dos Lobos, e o que afirmamos sobre um deles não necessariamente vale para o outro.

Contudo, diz-nos Paul Veyne, "a individualização dos fatos históricos ou geográficos [...] não contradiz sua eventual inclusão numa espécie, modelo ou conceito."[19] E continua:

---

19 Paul Veyne, *Cómo se escribe la historia* (1971), Madrid, Alianza Editorial, 1984, p. 18.

um acontecimento histórico só tem sentido dentro de uma série; mas estas séries são em número indefinido, não se ordenam hierarquicamente entre si nem convergem para um geometral que acolheria todas as perspectivas.[20]

Não há, assim, olhar total sobre a história. Daí que um mesmo acontecimento possa ser incluído em diversas séries, e que, de modo complementar, várias delas se cruzem num mesmo acontecimento. E como a noção de acontecimento inclui não apenas fatos que ocorreram, mas eventos no plano da sensibilidade, do pensamento, da cultura (neste caso, os chamamos obras), o acontecimento *De Vita Sua* pode testemunhar sobre aspectos muito diversos da civilização medieval: o que podia sentir um monge daquele tempo, como se educavam as crianças destinadas ao sacerdócio, as crenças vigentes sobre os demônios, os efeitos das reformas gregorianas sobre a vida diária, as convenções do gênero confissão, o uso dos sonhos para tomar decisões cruciais, e assim por diante. Um acontecimento, diz Paul Veyne, é um "conglomerado de processos", um "nó de relações",[21] e atribuir-lhe sentido é descrever e compreender as tramas das quais faz parte.

Georges Duby é da mesma opinião:

quando interrogo este documento tão rico a fim de seguir a trajetória de uma ascensão pessoal, com a intenção de, partindo deste exemplo, construir hipóteses mais fundamentadas sobre [...] os movimentos de promoção na aristocracia do Ocidente no meio século que enquadra o ano

---

20 Veyne, *Cómo se escribe...*, p. 29.
21 Idem, p. 38.

> de 1200 [...], um fato aparece com grande clareza: a roda da fortuna [...] girava cada vez mais rápido naquele tempo, mesmo neste meio social aparentemente estável.[22]

Não se pode ser mais claro: a canção de Guillaume narra uma trajetória *pessoal*, mas ela só interessa ao historiador porque permite *partir deste exemplo* para construir hipóteses sobre algo muito mais amplo – os *movimentos de promoção* entre os membros da aristocracia – porém bem circunscrito – no *Ocidente, entre 1175 e 1225*. Singular e particular (ou, nos termos de Veyne, "individual" e "específico", que aqui significa "próprio à espécie" ou ao tipo) se encontram imbricados um no outro; a trajetória *deste* cavaleiro ilumina a *dos* cavaleiros, e o que se sabe *dos* cavaleiros permite interpretar tal ou qual momento *desta* trajetória. E disso se pode concluir que, mesmo naquela sociedade *aparentemente* estável, processos de mudança estavam ganhando intensidade e velocidade (a roda da fortuna girava *cada vez mais rápido*) – processos no âmbito econômico ou ideológico, distantes da cavalaria *stricto sensu*, mas para os quais apontam os fatos da "trajetória" de Guillaume.

Ora, nesse aspecto o historiador e o psicanalista trabalham da mesma maneira. O documento que Levisky estuda contém elementos pertencentes a várias séries, entre as quais ele escolhe a "série psíquica". Mas o que descobre sobre Guibert de Nogent pode ser em princípio atribuído *também* a outros que viveram em condições semelhantes; apenas, de suas "trajetórias" não se conservou registro, o que não impede propor "hipóteses bem fundamentadas" sobre o que pode ter significado atravessar a adolescência naquele

---

22 Duby, op. cit., p. 94-95. E já no fim do livro: "entre seus raros méritos, o texto do qual me sirvo oferece o de colocar sob viva luz o jogo dos poderes nesse andar superior da sociedade dita feudal" (p. 161).

tempo. E, se havia adolescência naquele tempo, fica demonstrado que ela não é apenas um fenômeno contemporâneo (nem restrito às sociedades ocidentais, como comprova o clássico de Margaret Mead *Coming of Age in Samoa*).

Estas considerações são da máxima importância para justificar estudos interdisciplinares como o de Levisky: o trançado singular/ particular /universal permite transitar não somente entre os vários planos ou níveis de um mesmo objeto, mas igualmente entre campos diversos, que no caso são história e psicanálise, mas poderiam ser psicanálise e educação, ou psicanálise e música. O singular é aqui, adivinha-se, o indivíduo Guibert; o universal é a adolescência; o particular, a adolescência nas camadas sociais mais elevadas da França na segunda metade do século XII.

É sobre este último aspecto que, para concluir, gostaria de fazer algumas observações. Há no relato de Guibert elementos que permitem particularizar o *modus adolescendi* (a forma de adolescer) da época, de maneira a distingui-lo daquele que nos é mais familiar. A título de exemplo, escolho a questão do vínculo com o pai, que obviamente diz respeito às modalidades de resolução do conflito edipiano.

Levisky dedica várias páginas a essa questão, interrogando-se sobre a estrutura da imago paterna no inconsciente do monge. O pai biológico tem pouca importância na constituição dela – morreu quando o bebê tinha oito meses – a não ser pela intenção que lhe é atribuída de romper o pacto com a Virgem e impedir seu caçula de se tornar sacerdote, impondo-lhe uma carreira de cavaleiro. Levisky vê nesta ideia de Guibert (e talvez da sua mãe) a marca da ambivalência, no que me parece ter razão. Bem mais relevante para a organização do mundo interno do menino foi, neste caso, a figura de Deus, tanto em seus aspectos misericordiosos (pai protetor) quanto severos e punitivos (pai castrador). E isso de modo muito mais direto do que apenas por causa da religião em geral: para dar um exemplo (mas se poderiam citar outros), no discurso e na vida cotidiana da mãe a divindade ocupa o primeiro plano, juntamente com a figura do marido morto.[23]

Conclui Levisky que o Édipo medieval se resolve elaborando imagos que possuem uma face terrena (os pais propriamente ditos) e uma face celestial (Deus, Cristo, a Virgem Maria). As fontes a partir das quais se forma a imago paterna parecem ter sido, no caso de Guibert, a lembrança do esposo conservada na memória da mãe, a figura do avô materno, e o imaginário religioso, que situa em Deus o poder de criar, de condenar e de perdoar. Essa própria série mostra como o "cultural" se transforma em *cosa mentale*, agindo no interior da psique a partir da sua introjeção e inclusão em constelações inconscientes.

Se a hipótese leviskyana sobre o Édipo medieval é ou não correta, cabe a novos estudos determinar. Caso seja, poderá iluminar outras facetas do "ser homem" naqueles tempos, mas – assim como para qualquer hipótese psicanalítica, e, tanto quanto sei, também histórica – sua validade só pode ser confirmada se o teste for realizado sobre fatos diferentes daquele que lhe deu origem.

---

23 Quanto dessa valorização do falecido cavaleiro é sincera, e quanto devida à necessidade de, como Penélope, afastar pretendentes incômodos, é impossível saber. Pesam em favor da leitura menos ingênua os sentimentos de raiva e rancor que esta jovem mulher não pode ter deixado de abrigar em relação a um marido que a faz esperar sete anos para consumar o casamento, e tem de provar sua virilidade engravidando outra mulher, com quem teve um filho bastardo, que para sorte da esposa legítima morreu ainda muito pequeno.

Podemos tomá-la por um ângulo ligeiramente diverso, e considerar o que ela subentende: que a imago contém mais do que uma representação única do pai (seja o biológico, seja o do indivíduo que desempenhou junto ao menino a função paterna). Esse "mais" pode tomar a forma de Deus (como foi o caso com Guibert, a crer na interpretação que estamos examinando), mas pode igualmente provir de outra área da vida, por exemplo dos costumes ou dos valores. Em qualquer dos casos, é de esperar que os sentimentos dos meninos para com seus pais – em outras palavras, a maneira pela qual vivenciam seu complexo de Édipo – portem a marca dessa outra "fonte".

Ora, o livro de Georges Duby nos faz ver como eram tênues os laços afetivos entre Guillaume le Maréchal e seu progenitor, a cujo enterro ele sequer compareceu. Não há calor, nem mesmo emoções do espectro agressivo, como rancor ou ódio. Filho desnaturado? Não: isso é típico da constelação familiar na Idade Média. Os varões que não herdam – ou seja, todos menos os primogênitos – não manifestam apego particular ao pai. É no âmbito das leis feudais de sucessão que devemos procurar a raiz desta particular constelação afetiva: o "amor" (significando aqui respeito, carinho, admiração) se dirige com frequência para um tio materno, o qual, devido ao costume de casar um degrau acima na escala social, está o mais das vezes em melhores condições que o pai de acolher o jovem e auxiliá-lo em sua carreira, quer ele se destine a fazer parte dos *oratores* (prelados) ou dos *bellatores* (guerreiros).

É o que acontece com Guillaume: terminada sua aprendizagem na França natal, que se deu junto a um primo do pai, atravessa o Canal da Mancha e vai ao encontro do seu tio *materno*, o conde de Salisbury, a cujo serviço se engaja. E é o que *não* acontece com Guibert: ao menos nos trechos citados por Levisky, não há sombra de uma figura semelhante em sua vida. Há, sim, um primo pelo lado do pai que lhe oferece uma sinecura, porém em condições moralmente inaceitáveis (p. 231), o que motiva uma recusa escandalizada.

Pergunta: não terá a ausência de um parente masculino tão importante, ou pelo menos o seu silêncio, contribuído para determinar a forma que toma a imago paterna na mente de Guibert, abrindo espaço para que Deus venha substituir o "tio ausente"? Não terá essa carência influído no seu modo de se ver como desvalido e sem proteção, e por esta via na baixa autoestima, na sua certeza de ser um "nada", na sua apatia? Com efeito, pode-se imaginar que sem o anteparo de um "bom tio materno" a figura de Deus se tenha agigantado, tornando-se ainda mais ameaçadora e aumentando a sensação de fragilidade frente a poderes contra os quais é impossível combater (sejam divinos ou diabólicos).

Estas observações sugerem que, se existe um Édipo medieval, ele está necessariamente *estruturado* como conhecemos – o sujeito, o objeto do seu desejo, a potência interditora – mas as *figuras empíricas* que ocupam uma das pontas do triângulo não precisam se reduzir à do pai biológico. É aliás assim nas sociedades matrilineares, como sabemos desde Malinowski. E, como mostra Georges Duby, a linhagem materna ainda tem peso decisivo na vida dos "aristocratas" do tempo de Guibert. Para o que nos interessa aqui, tal modalidade de organização do complexo atenderia simultaneamente ao requisito da universalidade – Édipo é Édipo, com tais e quais características – e ao da particularidade – em tal época e lugar, por tais razões ligadas à sociedade e à cultura, ele tipicamente se incarna em tais e tais membros da geração anterior ou em tais e tais entes da esfera sobrenatural.

5. Para concluir

O fato é que nosso jovem aos poucos supera a crise da adolescência e se transforma num adulto. As páginas finais do estudo de Levisky o mostram começando a pregar, escrevendo sermões originais, encontrando outros mestres, que toma como modelos (entre os quais Anselmo, o autor da célebre "prova ontológica" da existência de Deus). Sai da *adolescentia* e entra na *juventus*, mas carrega consigo as marcas dos movimentos pelos quais se constituiu sua subjetividade. Nisso Guibert não se diferencia de Guillaume le Maréchal, nem de qualquer outro ser humano.

> *"Sobre a mentalidade", resume David Levisky, "organizam-se os imaginários e as subjetividades em seus diferentes níveis. Este processo complexo, dinâmico e parcialmente consciente é mobilizado pela vida pulsional, que a mentalidade e a cultura reprimem, recalcam, estimulam, valorizam construtiva, destrutiva e criativamente. [...] São aspectos constantes e variáveis, intensamente vivenciados durante a adolescência em função das necessidades provenientes do processo de identificação e de estruturação da personalidade adulta. Daí a sugestão de que existe uma mentalidade adolescente, própria desta fase evolutiva do desenvolvimento humano, que abrange aspectos biológicos, psicológicos e sociais".*[24]

Esta é a tese da tese, a ideia de cuja verdade Levisky irá procurar persuadir os leitores nas páginas do seu livro. Apresentei anterior-

---

24 *Um monge...*, p. 353.

mente o essencial do seu argumento e alguns dos problemas que ele implica; é tempo de passar a palavra do autor. Que seu texto desperte em você o mesmo interesse que suscitou entre os membros da banca que o avaliou (entre os quais tive a honra de ser incluído), e o faça refletir sobre aspectos da condição humana que talvez não lhe tivessem ainda chamado a atenção. Afinal, como disse um dos poetas latinos que tanto fascinaram o jovem Guibert, *"homo sum: humani nihil a me alienum puto".*[25]

---

25   Terêncio, *Heautontimoroúmenos* (*O Carrasco de Si Mesmo*), I, 1, 25: "sou homem, e nada do que é humano me é estranho"

O amor romântico no século XXI

Bom dia a todos. Gostaria de iniciar agradecendo o convite para participar do XX Fórum Nacional, que me permite ter o privilégio de debater com os demais integrantes dessa mesa-redonda.

A proposta de discussão que nos foi enviada sugere que, como "elemento de comunhão e convivência, desde o plano individual até o universal", o amor poderia constituir uma resposta para as perplexidades que nos suscitam diversos fenômenos da atualidade, caracterizada como "tempos de cólera". Começarei fazendo duas observações sobre este aspecto.

A primeira é que "tempos de cólera" sempre existiram – não é de hoje que há guerra, epidemias, violência, corrupção. O que é novo na atualidade são duas coisas: uma maior consciência de que tudo isso é errado e precisa mudar, e a divulgação instantânea dos fatos em escala mundial, o que aumenta a impressão de "avalanche" a nos ameaçar a cada instante.

A segunda concerne ao amor como "elemento de comunhão e convivência" entre pessoas e entre grupos, podendo até vir a abranger toda a humanidade. Aqui convém estabelecer algumas distinções, para circunscrever o tema do amor romântico e poder assim refletir com propriedade sobre seus destinos no século que se inicia.

Em seu livro *Les Mythes de l'Amour*,[1] Denis de Rougemont observa que o que os gregos denominavam *philia* – o sentimento de afeição e apego entre duas pessoas – comporta diversas categorias. Há a *philia physiké* (natural ou parental, entre pessoas do mesmo sangue), a *philia xeniké* (em relação ao estrangeiro que nos visita, portanto a hospitalidade), a *philia hetairiké* (a amizade, que por se fundar sobre a reciprocidade só pode existir entre iguais), a *philia erotiké* (o sentimento que une o amante ao amado, feito de desejo e ternura), etc.

Nesta última acepção, que acabou por constituir o núcleo do que desde então se chama amor, encontramos igualmente diversas espécies:

- *ennoia* = a devoção ou devotamento, por exemplo do servo ao senhor;
- *ágape* = o amor desinteressado;
- *storgé* = a ternura;
- *pathos* = o sofrimento provocado pelo desejo;
- *charis* = o reconhecimento do outro como meu semelhante, origem do nosso termo "caridade";[2]
- *mania* = a paixão desenfreada.

---

1   Paris, Gallimard, Coll. Idées, 1978 (o livro original é de 1961). A citação se refere à página 5.
2   *Charis* é também a graça, o encanto (por exemplo de um efebo ou de uma bailarina). Posteriormente, o cristianismo dará a este termo o sentido de dom com o qual Deus distingue seus eleitos: "*Ave Maria, gratia plena [...] benedicta inter mulieribus...*"

A percepção de que se trata um fenômeno psíquico complexo se traduz na crença segundo a qual o amor é regido não por um, mas por dois deuses: Afrodite governa o desejo físico, enquanto Eros preside à dimensão afetiva que o envolve. Portanto, é digno de nota que na tradição helênica o domínio de Eros *não* recobre o que posteriormente veio a se chamar "erotismo" – o aspecto carnal ou sexual, oposto a outras dimensões do amor: espiritual, desinteressado, caridoso, ou simplesmente sublimado.

Os filósofos, dramaturgos e poetas líricos gregos descreveram muitas nuances do sentimento amoroso – inclusive o que se dá entre pessoas do mesmo sexo, como fazem Safo de Lesbos e o Alcibíades de *O Banquete* – e pode-se dizer que a fenomenologia do amor já era perfeitamente conhecida na Antiguidade. Basta lembrar a *Ars Amandi* de Ovídio, contemporâneo do imperador Augusto, e, para sairmos do mundo ocidental, o *Kama Sutra* (século V d.C.) ou os manuais eróticos chineses, nos quais aparece o primeiro fetiche sexual – o pé feminino comprimido por faixas, sobre o qual se derramaram rios de nanquim. E não se admire a inclusão nesta lista do clássico hindu: a minuciosa descrição das maneiras de realizar o ato sexual só faz sentido numa situação em que a atração dos parceiros envolve ternura e cuidado, portanto num contexto amoroso.

Então, qual é a especificidade do amor que chamamos de romântico? Existiria ele desde sempre, ou se trata de uma modalidade afetiva desconhecida pelos que viveram antes que se iniciasse o movimento artístico e literário do Romantismo, com R maiúsculo? E no interior da experiência romântica, tal como os artistas a conceberam e as pessoas comuns a vivenciaram e vivenciam desde então, haveria algo de novo trazido pelas condições contemporâneas?

1. Romântico, Romantismo, romantismo

Para responder a estas perguntas, comecemos por nos entender quanto aos termos. Quando se fala em amor romântico, pensamos de imediato no final das histórias cujos protagonistas "viveram felizes para sempre". Felizes, isto é, juntos e sem conflito, na harmonia dos casais que se compreendem, se estimam, se respeitam – e se desejam. Tal estereótipo reaparece na queixa – habitualmente feminina – de que o parceiro não é suficientemente "romântico", ou seja, não corteja a mulher com a frequência e o cuidado a que ela aspira: cuidado que se traduz no trazer flores, em dizer que a ama, em dedicar tempo à sua companhia, em demonstrar de mil maneiras que a valoriza – e que a deseja. Aqui *romântico* opõe-se a rotineiro ou banal: os "momentos românticos", a "atmosfera romântica", evocam uma meia-luz suave, preenchida com carícias e olhares, com um enlevo que leva os parceiros a se retrair do mundo, pois "são tudo um para o outro".

Mas *romântico* também significa alguém absorvido em seus sonhos, que não leva em conta a realidade, "com a cabeça nas nuvens". Embora o objeto dessas meditações possa ser algum projeto mirabolante, ou a "morte da bezerra", o mais comum é que se trate de alguém por quem o distraído se apaixonou "perdidamente". E por que o romântico não liga para o mundo? Duas possibilidades se apresentam: ou a felicidade de se saber também amado o impregna tão completamente que o faz esquecer tudo o mais, ou ele vive no desassossego e na insegurança, para não dizer no desespero: aquele ou aquela a quem ama não lhe retribui o sentimento.

Neste segundo caso, o estado de alma romântico se caracteriza pelo desejo necessariamente insatisfeito de possuir um objeto inalcançável, ao mesmo tempo em que não se pode deixar de perseguir tal objetivo: o romântico sofre porque tropeça no obstáculo maciço representado pela indiferença daquele ou daquela a quem entregou seu coração. O obstáculo também pode assumir a forma de um *terceiro*: aqui o ser amado retribui o sentimento que lhe é dedicado, mas este não pode se consumar na união porque algo exterior ao par o impede – o ódio entre as famílias (Romeu e Julieta), a condição de casado de um dos amantes (Tristão e Isolda), a diferença de origem, raça ou condição social (Peri e Ceci), etc.

A noção popular de "romântico" recobre, como vemos, coisas bastante diferentes, e até opostas: "viver feliz para sempre" e "não poder ser feliz porque o que amamos está além do nosso alcance". E é assim porque ela surge da diluição e da banalização de algo bem mais complexo, a que o filósofo Benedito Nunes chama "a categoria psicológica do romantismo", distinguindo-a do movimento artístico do Romantismo, que se desenvolveu grosso modo entre 1760 e 1860. Para ele, o romantismo com "r" minúsculo é um *modo de sensibilidade*, que no final do século XVIII ganha seus contornos com os poetas alemães – os irmãos Schlegel, Schleiermacher, Novalis, Schiller, Herder, Hölderlin – e permanece como uma figura cultural mesmo depois de esgotado o contexto que lhe deu origem.[3]

Diz Nunes, comentando o texto de Baudelaire *"Qu'est-ce que le Romantisme?"*, no qual o poeta o define como "um predomínio do sentimento que excede a condição de simples estado afetivo, busca a intimidade e a espiritualidade, e aspira ao infinito":

> *a sensibilidade romântica é dirigida pelo amor da irresolução e da ambivalência, pela passagem rápida do entusiasmo à melancolia, da exaltação confiante ao*

---

3   Benedito Nunes, "A visão romântica", in Jacó Guinsburg (Org.), *Romantismo*, São Paulo, Perspectiva, 1978.

desespero. Ela contém o elemento reflexivo da ilimitação, da inquietude, da insatisfação permanente de toda experiência conflitiva aguda, que tende a se reproduzir indefinidamente à custa dos antagonismos que a produziram.[4]

A "sensibilidade romântica", portanto, nada tem da placidez que a concepção popular lhe atribui, associando-a à sensação de plenitude vivida pelo casal que se abraça diante de um pôr do sol "romântico". Não que tal plenitude não possa ocorrer: ela existe, mas é rara e frágil, a superfície enganadoramente serena de um relacionamento atravessado por emoções situadas no polo oposto ao da serenidade – "inquietude", "insatisfação permanente", "exaltação confiante", "desespero". Ou seja, na experiência de sentimentos extremos e vividos com enorme intensidade, na oscilação entre picos de euforia e abismos de desesperança, na incerteza de se somos amados com a mesma intensidade com que amamos, e, caso o sejamos, se essa disposição do ser amado para conosco resistirá às intempéries da vida e permanecerá "para sempre".

A bem dizer, a sensibilidade romântica extrapola em muito o domínio do amor entre duas pessoas. Manifesta-se também na vivência de proximidade com a Natureza, no agudo sentido do tempo e das raízes culturais que conferem a cada povo ou nação uma identidade distinta da de todos os demais, no valor concedido à imaginação e à criação artística – que conduz à ideia de gênio, destinada a uma brilhante carreira no imaginário ocidental –, na oposição a tudo o que é mesquinho e pacato, encarnado exemplarmente na figura do burguês filisteu. Tais crenças e valores, que acentuam de modo inédito o que é mais próprio de cada

---

4   Nunes, op, cit., p. 52.

indivíduo, disseminam-se a partir do final do século XVIII graças a obras como *Os sofrimentos do jovem Werther* (Goethe) e *La Nouvelle Héloïse* (Rousseau), cujo sucesso marca o surgimento da "atitude romântica".

As raízes sociais e ideológicas dessas atitudes devem ser procuradas nas transformações econômicas, sociais e culturais que se iniciam com a revolução industrial e ganham impulso durante toda a primeira metade do século XIX. O Romantismo como movimento artístico é uma reação contra essas novas condições, e contra suas consequências mais visíveis – entre elas, a separação da arte do artesanato e do mecenato, por um lado, e da indústria nascente, por outro; o surgimento das grandes cidades, com todas as suas mazelas; a mecanização e a racionalização da vida; e assim por diante.[5] É também uma reação contra o universalismo e o racionalismo do século XVIII, contra o ideal iluminista do predomínio da Razão, que, embora tenha conduzido a ideias tão importantes e grandiosas como as de humanidade, liberdade e cidadania, deixa de lado o particular (quer este seja localizado na nação, quer no indivíduo). Aos olhos dos românticos, o maior erro do Iluminismo foi ter desprezado o valor das paixões, nelas vendo apenas obstáculos no caminho da verdade e da felicidade.

Sendo também – e insisto nesse *também* – uma reação ao mecanicismo racionalista, o Romantismo apelará à religiosidade como veículo para a elevação espiritual e como forma de contato do homem educado com seus semelhantes não educados, o que dará origem a algumas vertentes conservadoras e mesmo francamente

---

5 Cf. Nunes, op. cit, p. 53 ss.

reacionárias.[6] Mas por importantes que sejam estas dimensões para compreendemos o contexto de ideias e atitudes no qual nasce o amor romântico, elas não constituem nosso assunto, e por isso delas nos despedimos com essa rápida menção.

Seja-nos apenas permitido acrescentar que o lugar eminente que o amor ocupa nesta visão de mundo se deve ao papel nela desempenhado pela noção de *energia*, e, portanto por aquilo que no indivíduo é da ordem da vontade e das emoções. Como contraponto, lembre-se que no pensamento iluminista o mesmo lugar é ocupado pela ideia de *ordem*, entendida como ajuste perfeito das partes umas às outras, de onde a metáfora onipresente do Deus relojoeiro. Essa ideia determina, por exemplo, a concepção da Natureza como um imenso aparelho governado pelas leis da mecânica, iguais em toda parte; determina também a visão do espírito humano como máquina de pensar, cujas engrenagens funcionariam muito bem se não fossem atrapalhadas por resquícios infrarracionais, como a adesão à religião e a derrota da razão pelas paixões – quer isso aconteça no domínio do conhecimento (conduzindo à formação de ideias falsas), quer no da ética (conduzindo a decisões funestas para si e para os outros).

Nada mais estranho à sensibilidade romântica do que esse ideário: para ela, a Natureza é uma totalidade orgânica e não mais mecânica (Schelling); para atingir a verdade profunda, o *sentimento* é tido como via mais segura que as rasas elucubrações da razão. Daí uma nova concepção do que é o sujeito, e, portanto o indivíduo: um *foco irradiador de energia*, recebida da Natureza

---

6   Para uma análise muito esclarecedora destas questões, ver Nunes, op. cit., e de modo geral os excelentes artigos enfeixados no mesmo volume em que figura o seu trabalho. Quanto ao lado reacionário do movimento, cf. Roberto Romano, *Conservadorismo Romântico*, São Paulo, Brasiliense, 1982.

como dom e constituinte do mundo do espírito, tanto na vertente individual (de onde o valor conferido às artes, sobretudo à música) como na vertente coletiva (de onde a ideia de uma "alma nacional" da qual os artistas românticos se farão porta-vozes, inventando o romance histórico, valorizando os contos, mitos e lendas de seus países, e utilizando em suas criações elementos populares e folclóricos, transformados pela imaginação e pelo talento em elementos de valor universal).

2. Breve história do amor romântico

Mas se o privilégio do sentimento e de todas as formas de energia irradiante no plano humano[7] constitui uma das matrizes do amor romântico, uma outra consiste na longa tradição do amor apaixonado, que remonta à Antiguidade e foi transmitida à Europa pelos árabes. A terceira matriz está nas consequências da condenação do sexo por São Paulo, que marcou toda a cultura cristã e conduziu à separação entre amor espiritual e amor físico – que justamente o Romantismo quis superar. Como veremos, no Ocidente foi este movimento que deu início ao resgate da sexualidade como dimensão legítima (e não mais pecaminosa) do humano.

Vejamos primeiro o que a forma romântica de amar deve aos seus predecessores, pois, se ela apresenta características peculiares, os homens e mulheres não esperaram os meados do século XVIII para se apaixonar intensamente uns pelos outros. É o historiador

---

7   Aqui cabe assinalar que um fenômeno paralelo se verifica nas ciências: a física do século XVIII estuda o movimento (mecânica) e a luz (óptica), enquanto a do século XIX se interessará pelo calor, pelo magnetismo e pela eletricidade. Assim, não é apenas no plano humano que o conceito de energia ocupa o centro do palco. Cf. Michel Foucault, *As Palavras e as Coisas*, Lisboa, Livraria Bertrand, 1966.

Theodore Zeldin, autor de uma interessantíssima *História Íntima da Humanidade*,[8] que nos guiará neste percurso. "A história do amor não é um movimento em espiral no rumo da liberdade mais ampla, mas um fluxo e refluxo, um turbilhão e longos períodos de calma", diz ele à página 97 do livro.

Costuma-se pensar que foram os trovadores provençais os inventores da forma de amar que depois se chamará romântica, e mesmo o historiador e filósofo Denis de Rougemont, em seus clássicos *O Amor no Ocidente* (1940) e *Os Mitos do Amor* (1968), situa o nascimento dela na história de Tristão e Isolda, célula-mãe da qual se originaria todo o "erotismo ocidental". Contudo, Zeldin mostra que o autor dessa saga do século XII, assim como o do *Roman de la Rose* (Jean de Meung, no século seguinte), bebeu em fontes árabes, por sua vez influenciadas pelos poetas e músicos da Pérsia.

De fato, a concepção do amor como "anseio pelo inatingível" é elaborada por Al-Abbas ibn Al-Ahnef, poeta que viveu na corte do califa Harun al-Rachid (Bagdá, século IX). Ele se apoia em duas tradições independentes, a dos beduínos do deserto e a das mulheres de Meca e Medina na época do surgimento do Islã. Da primeira provém a ideia de que o amor possibilita a emancipação das lealdades grupais, particularmente quando é provocado por um estrangeiro por quem uma jovem local se apaixona. Da segunda, a importância da música, em especial da música não árabe – persa, mas também do Egito, da Grécia e de outros lugares conquistados pelas hostes de Alá – como veículo de ideias e sensações estranhas à cultura tribal, favorecendo a expressão de sentimentos pessoais e

---

8   Rio de Janeiro, BestBolso, 2008, especialmente o capítulo 5: "Como novas formas de amor foram inventadas".

de comportamentos independentes por parte das mulheres: o que suscita o espanto dos contemporâneos, e mesmo do leitor informado sobre a condição subalterna a que elas foram relegadas pela evolução posterior da civilização muçulmana.

Al-Abbas combina estas tradições, que falam do amor como algo ligado ao *estrangeiro* – isto é, àquilo que desestabiliza o instituído e atrai o indivíduo para caminhos nunca dantes palmilhados –, com uma idealização da mulher sem precedentes na literatura greco--romana, hindu ou chinesa. Diz Zeldin que ele "cantou o amor infeliz, casto, paradoxal", separando o sexo do aspecto mais espiritual (no que provavelmente é devedor do cristianismo paulino e agostiniano, e da campanha dos Padres da Igreja contra a *concupiscentia*, vista como tentação do Demônio e caminho para a perdição). "Quem ama com amor não correspondido, e permanece casto, morre como mártir", reza um verso de Al-Abbas citado por Zeldin à página 102 do seu livro.

A esta idealização de uma mulher inacessível, antecessora da *belle dame sans merci* dos trovadores, opõem-se já no mundo árabe duas tendências diferentes. Uma é a do "amor pacato", preferido por aqueles que não querem se entregar aos excessos da paixão e buscam "relacionamentos fáceis e superficiais", sem o *páthos* e a teatralidade próprios aos ensandecidos por Eros. A outra tem seu representante principal no cordovês Ibn Hazm (994-1064), que em *O Chamado do Desejo* analisa suas próprias experiências amorosas.

Para este filósofo, o amor transforma as pessoas, as engrandece e enobrece, as torna boas e generosas. Ele é ou deve ser a experiência central da vida, e, por nos revelar a nós mesmos como somos, com nossos defeitos e qualidades, em nosso esplendor e em nossa miséria, constitui a via régia para o autoconhecimento. E não se fala aqui apenas do amor espiritual: o ato sexual, afirma

Ibn Hazm, "completa o circuito e facilita a fluência livre da corrente do amor em direção à alma".[9] Seu seguidor Ibn Arabi (1165-1245) dirá, numa obra sugestivamente intitulada *A Interpretação dos Desejos Ardentes*, que "minha é a religião do amor, ela será minha fé [...]; meu coração estará aberto a todos os ventos, é uma pastagem para as gazelas".

Vê-se que todos os componentes do amor cortês já estão presentes na literatura árabe, como aliás se pode comprovar abrindo qualquer página das *Mil e Uma Noites*. A proximidade geográfica entre a Espanha muçulmana e o sul da França facilitou a transmissão destas ideias para além dos Pirineus: Zeldin sugere que a palavra *troubadour* proviria do árabe *tarab*, que significa música. De fato, a concepção ocidental do amor, plasmada pelos trovadores provençais, deve muito à tradição islâmica. Mas ela também finca raízes em correntes de pensamento que, embora condenadas pela ortodoxia religiosa, sempre encontraram adeptos – desde os gnósticos e maniqueus da época dos Padres da Igreja até as heresias que sacudiram a Cristandade no período central da Idade Média, em particular a dos cátaros e a dos albigenses: Albi, foco a partir do qual se irradiou esta última, se localiza precisamente no sul da França.

Todos estes pensamentos e práticas, em parte religiosos e em parte laicos, debatem-se com a separação radical entre sexualidade e espiritualidade imposta pela doutrina e pela moral católicas, na qual os especialistas veem a terceira matriz da concepção romântica do amor. Por outro lado, esta mesma separação inspira a sublimação do sexo nas canções e na poesia – pois se o menestrel

---

9   Cf. Zeldin, op. cit., p. 104.

pudesse casar-se com a dama dos seus sonhos, por que iria compor odes que falam de distância insuperável entre ambos?

Diz Denis de Rougemont que nos séculos XII e XIII ocorreu um fenômeno cuja intensidade e novidade podem ser comparadas às da liberação sexual no nosso tempo: a invenção do amor sublimado. Os trovadores representam a face laica deste fenômeno; São Bernardo de Clairvaux, o reformador da ordem beneditina, a sua face mística; Abelardo e Heloísa protagonizam a primeira história de paixão infeliz a incendiar as imaginações, evocada no episódio de Paolo e Francesca (*Divina Commedia*); Dante e Petrarca inventarão a figura da musa juvenil; "o culto da Dama e o culto da Virgem se propagam rapidamente pela Europa, nesta invenção simultânea do lirismo, da erótica e da mística".[10]

No que estes elementos nos ajudam a compreender o amor romântico do século XIX, a mais de setecentos anos de distância, e por meio deste a sua face contemporânea? Em primeiro lugar, os temas literários têm vida longa: uma vez inventados, permanecem no imaginário coletivo, e, embora cada época os recubra com roupagens diversas, uma mesma estrutura subsiste como base para todas as variações. Por exemplo, o tema da união impossível – que segundo Rougemont remonta a *Tristão e Isolda*, foco inicial do lirismo *e* do erotismo ocidentais: do teatro ao romance, dos filmes às novelas da televisão, essa célula temática permanece viva e fecunda, apenas adaptada ao gosto e às crenças de cada época. Assim, o filtro amoroso da saga original coaduna-se com as ideias medievais sobre feitiços e bruxas; em *Romeu e Julieta*, é o ódio

---

10 Denis de Rougemont, *Les Mythes*..., p. 40. Para uma introdução à maneira medieval de viver o amor e de falar dele, cf. Maurice de Gandillac, "O Amor na Idade Média", in Adauto Novaes (Org.), *O Desejo*, São Paulo, Companhia das Letras, 1988.

entre duas famílias poderosas que impede o enlace dos amantes; em *O Guarani, Ivanhoé, Orgulho e Preconceito, A Força do Destino* e tantas outras obras do século XIX, o obstáculo é representado pela diferença social (escravo/senhora, cristão/judia, plebeu/patrícia, mestiço/espanhola, etc.).

Em segundo lugar, a impossibilidade de consumar a união não é completa, pois se o fosse não haveria história: ou os personagens renunciariam à luta contra o que os impede de se juntar e iriam procurar outro parceiro, ou sucumbiriam juntos logo à primeira investida dos que se opõem à sua paixão. É porque existe *esperança* que o amor é possível – esperança de vencer os obstáculos, ou, se no final se revelarem insuperáveis, de se encontrar na morte: é o que ocorre em inúmeras óperas e romances oitocentistas – basta citar a *Norma* de Bellini, ou o *Antony* de Alexandre Dumas.[11] É esta oscilação entre a esperança e o desespero – entremeada pelos encontros furtivos entre os amantes – que produz a alternância de estados eufóricos e depressivos da qual fala Benedito Nunes no trecho citado atrás.

Em terceiro lugar, e passando da literatura para a vida, os exemplos literários são justamente *exemplares*, isto é, suscitam em quem com eles entra em contato o desejo de os imitar – e isso é particularmente evidente no que se refere ao amor. Como na ficção os elementos são mais acentuados e nítidos do que na vida real, eles fornecem símbolos e meios de expressão para os estados emocionais próprios ao enamoramento, por natureza perturbadores, e portanto necessitando ser processados. Daí a ânsia por modelos

---

11 A respeito dessa peça hoje pouco conhecida, mas que na sua época suscitou entre os bem-pensantes um escândalo semelhante aos produzidos por *Madame Bovary, O Amante de Lady Chatterley* e *Ulysses*, ver a conferência de Décio de Almeida Prado na coletânea *Romantismo* ("O Teatro Romântico").

que deem sentido ao tumulto dos afetos, e a permeabilidade a eles por parte dos leitores e espectadores: atitudes, comportamentos, autopercepções passam a ser moldados segundo esses parâmetros, que dão *nome* e *rumo* ao que se apresenta como um cataclisma capaz de desestabilizar as balizas do Eu.

E principalmente se o enamoramento ocorre no período particularmente turbulento da adolescência. Entre mil outros exemplos, ouçamos o Cherubino de *As Bodas de Fígaro*:

Non so piú cosa son, cosa faccio
Or di foco, ora sono di ghiaccio
Ogni donna cangiar di colore
Ogni donna mi fa palpitar [...]
Un desio ch'io non posso spiegar.
Voi che sapete cosa è amor,
Donne, vedete se io l'ho nel cor [...]
Non trovo pace notte né dí
Ma pur mi piace languir cosí.[12]

Quem de nós, assim como nossos pais ou nossos filhos, não poderia dizer palavras como essas?

Voltando aos modelos: a mesma função outrora delegada ao teatro e à ópera é hoje exercida pelo cinema e pelas novelas, e, para o público infantil, pelos desenhos animados, muitos deles tirados

---

12 "Não sei mais o que sou, o que faço / Sou ora de fogo, ora de gelo / Toda mulher me faz corar / Toda mulher me faz palpitar [...] / Um desejo que não posso explicar". E na sua outra ária: "Vós que sabeis o que é o amor/ Mulheres, vede se o tenho no coração [...] / Não encontro paz nem de noite nem de dia / Mas no entanto essa exaustão me agrada."

de histórias do século XIX. O mesmo vale para as revistas de "celebridades", que se concentram na vida amorosa das estrelas da cultura popular: é de se perguntar o que os milhões de leitores destas publicações buscam nelas – a prova de que os famosos também sofrem, ou a confirmação de que, embora somente para pouquíssimos eleitos, o amor feliz é possível? Provavelmente ambas as coisas – e o paradoxo de as querer ao mesmo tempo mostra que a ambivalência própria à "sensibilidade romântica" se encontra tão disseminada hoje quanto na era vitoriana.[13]

3. Aspectos psicológicos do amor-paixão

Se os personagens e episódios que povoam todas as formas de ficção sempre serviram de inspiração para os seus leitores e espectadores, o que se inicia no século XIX é a imensa ampliação do número de pessoas que passam a ter acesso a eles. Embora ainda não se possa falar de "cultura de massas" no sentido atual, a imprensa diária, a litografia e a fotografia expõem um público muito maior a ideias e imagens antes restritas aos círculos da nobreza e dos burgueses endinheirados. A consequência importantíssima deste fato é que os ideais encarnados nas histórias de amor passam a orientar o comportamento e as expectativas de pessoas que jamais teriam ou terão oportunidades de os realizar, o que cava uma distância intransponível entre a realidade e o ideal.

À inacessibilidade do ser amado cantada em verso e prosa pela literatura soma-se assim a inacessibilidade do ideal: verificando que não podemos corresponder àquilo que ele exige, tentamos de

---

13 A respeito desta última, e em conexão direta com o tema que nos ocupa, cf. Peter Gay, *A Educação dos Sentidos*, primeiro volume da trilogia *A Experiência Burguesa – da Rainha Vitória a Freud*, São Paulo, Companhia das Letras, 1998.

mil maneiras contornar essa impossibilidade, sempre sem sucesso: o resultado são vivências de fracasso e de angústia – e para nos proteger delas, entram em cena as defesas com que conta a nossa estrutura psíquica: negação, cisão, projeção, recalque...

Todas elas visam em primeiro lugar a evitar o confronto com uma dolorosa impossibilidade: a de se fundir por completo com o ser amado, numa totalidade perfeita que no limite faria ambos desaparecerem como indivíduos. Cabe aqui notar, como faz Sophie de Mijolla,[14] que o termo "fusão" significa tanto *união* como *combustão*: o "fogo do amor" acabaria por derreter os parceiros, como na história do Soldadinho de Chumbo. Ora, o ideal da fusão se choca com o fato de que o outro tem sempre um "lado de dentro", uma interioridade que permanece desconhecida para seu amante – e que *deve* permanecer desconhecida, para assegurar um espaço psíquico de privacidade e segredo sem cuja existência o indivíduo soçobra na loucura.

Do fato de que o outro jamais me é transparente nasce o grande tormento do amor – o *ciúme*. Se aquele é vivido como conquista e posse de um objeto que sempre corremos o risco de perder, é inevitável que o tentemos controlar – e inevitável que fracassemos nesta tentativa, porque não se pode dominar o futuro. Com efeito, o ciumento não apenas interpreta qualquer atitude do parceiro como o primeiro passo no rumo da traição, mas ainda inclui nessa categoria o que ele ou ela *pode* fazer: "você deve estar me traindo, e, se ainda não traiu, vai fazê-lo logo mais. Prova disso é que..." A incerteza sobre o amor do outro consome assim o ciumento, e nada do que aquele faça ou diga a acalma, já que "com certeza" está apenas dissimulando suas intenções. Como disse um poeta

---

14 "Le phénomène passionnel", conferência no Instituto Sedes Sapientiae, São Paulo, 2008.

alemão: "*Eifersucht ist eine Leidenschaft, die mit Eifer sucht, was Leiden schafft*" – o ciúme é uma paixão que persistentemente procura aquilo que produz sofrimento.

Essa ânsia de fusão deriva do fato de que todos nós perdemos para sempre nossos primeiros objetos de amor – a mãe e o pai da primeira infância – e buscamos incessantemente reencontrá-los nos nossos parceiros amorosos. Por isso, todo amor envolve uma parcela de infantilismo, e o que decide se ele será neurótico ou não é a dimensão desta parcela. As exigências impostas ao amado, a solicitação de que desempenhe para nós o papel de mãe ou de pai – e ainda melhor do que os pais que tivemos – estão na base de muitos relacionamentos fracassados, pois equivalem a desconhecer a individualidade do outro e a desprezar o que ele nos pode efetivamente oferecer em nome daquilo que por natureza está fora do seu alcance.

É do narcisismo infantil, onipotente e ao mesmo tempo frágil, que surgem essas demandas. Onipotente, porque quer controlar tudo e todos, e leva o sujeito a se imaginar como centro do universo; frágil, porque depende por completo da resposta do outro para produzir a almejada sensação de segurança – e não está no poder desse outro realizar sequer uma pequena parte daquilo que lhe é cobrado. A unidade fusional almejada escapa sempre por entre os dedos, o que suscita reações de ódio e angústia que podem desembocar na agressão física, e até no crime passional.

Esses riscos estão embutidos na estrutura psíquica de todos nós. O que dissemos do amor romântico permite compreender que esta formação da cultura dá forma e expressão a necessidades emocionais muito arcaicas, naturalmente revestindo-as de uma roupagem que as torna impossíveis de reconhecer como tais. O meio para concretizar o que visam tais necessidades é, como podemos imaginar, o ato sexual – e o orgasmo, este breve momento análogo à despersonalização, nos dá uma pálida ideia de em que consistiria, caso fosse possível, a tão desejada dissolução das individualidades uma na outra.

O que dissemos sobre o sujeito como foco irradiador de uma energia que lhe vem do que nele é mais íntimo e pessoal permite compreender que a sexualidade possa ser vista como expressão privilegiada de um ímpeto ao mesmo tempo potente e ameaçador. Por este motivo, e contrariamente ao que afirma a visão popular do amor romântico, o carnal é parte integrante e necessária deste último – e com isso, pela primeira vez desde os gregos e romanos, o pensamento ocidental se permite incluir como elemento legítimo e desejável da natureza humana a dimensão sexual.

Longe de ser apenas espiritual, o modo romântico de amar se caracteriza por um erotismo abrasador: os poetas e novelistas descrevem inúmeras cenas de êxtase voluptuoso entre os amantes – e não é raro que nelas a iniciativa parta da mulher. A figura da *femme fatale*, cuja sexualidade sem peias que a conduz a consumir machos em série – como se fosse uma abelha rainha ou uma aranha viúva-negra – é exemplificada pela Carmen de Prosper Mérimée: não por acaso, o libretista da ópera de Bizet a faz dizer na Habanera *"si tu ne m'aimes pas, je t'aime – et si je t'aime, prends garde à toi!"*[15]

Essas características arcaicas e violentas do amor-paixão terão desaparecido com o ocaso do Romantismo, aí pela década de 1860? De modo algum: a utilidade da categoria de "sensibilidade romântica" está precisamente em nos permitir perceber que, uma vez que os diversos elementos que vimos destacando se organizam num todo

---

15 Se tu não me amas, eu te amo – e se te amo, toma cuidado!

coerente, este passa a existir como figura psicológica e cultural *independentemente* do movimento artístico que lhe deu origem.

E nos dias de hoje, favorecida por condições certamente inexistentes no século XIX, tal figura permanece tão viva quanto no tempo dos folhetins que a popularizaram. O motivo disso é simples: as carências narcísicas em torno das quais se articula um ego frágil são acentuadas – às vezes até o paroxismo – por certas características da sociedade contemporânea, sobre as quais vale dizer uma palavra para encerrarmos estas considerações.

Primeiramente, se o declínio das instituições e do princípio de autoridade trouxe ganhos inegáveis no plano da liberdade pessoal, também fez empalidecer e se embaralharem as referências que davam estabilidade às identificações, ou seja, aos elementos externos que introjetamos, e em torno dos quais – assim como a pérola em volta do grão de areia – se estrutura o nosso Eu. A clínica psicanalítica revela cada vez mais frequentemente a desorientação e a angústia derivadas da falta ou do desprestígio dessas referências, como se o sujeito se visse sem balizas para a vida, à deriva em meio a solicitações das quais não consegue dar conta.

Em segundo lugar, a sociedade de consumo não apenas propõe, mas *impõe* um imperativo de desfrute imediato e permanente. O "você também pode" transforma-se assim num "você também *deve*" – deve gozar, ter um desempenho profissional, relacional e sexual da melhor qualidade, etc. Ocorre que tais padrões estão inteiramente fora do alcance da maioria das pessoas – e isso conduz a vivências de fracasso, pois jamais conseguiremos atingir o que nos é apresentado não apenas como desejável, mas ainda como simples de obter. Ora, se não conseguimos o que – nos dizem a publicidade, a mídia, as bazófias dos amigos – todos os demais atingem sem dificuldade, é natural pensarmos que o problema somos nós. O exemplo do corpo vem aqui a calhar: "malhação" exagerada, cirurgias desnecessárias, regimes de emagrecimento absurdos – nada é demais para nos tornar bonitos e atraentes, e o sofrimento envolvido nestas atividades pode ser imenso, levando por vezes a mutilações irreversíveis, e mesmo à morte, como o comprovam os casos fatais de anorexia que tanto deram o que falar ainda há pouco tempo.

Este é o preço que pagamos por uma liberdade sem precedentes na vida pessoal, consequência da revolução sexual e de processos sociais bem conhecidos, sobre os quais não cabe nos estender aqui. Assim, o século XXI se inicia sob o signo de um conflito entre o que a evolução da civilização possibilita a um número cada vez maior de pessoas, e o que essa mesma evolução acarreta no plano da experiência subjetiva, aí incluídas as relações amorosas.

Então: amor romântico *à la* século XXI? Tomemos cuidado com essa consigna: ela pode nos levar a uma idealização ingênua do amor-paixão como remédio para a dor de viver, e a chamar isso de "amor romântico", deixando de lado o que na verdade essa expressão recobre. Ingenuidade agravada pelo caráter cada vez mais opaco do mundo atual para os que nele vivemos: o peso da alienação, longe de diminuir com o progresso material e com as ideologias que proclamam o respeito às diferenças e o direito à felicidade para todos, é ao contrário agravado pelo bombardeio incessante de imperativos para gozar, e pela eficácia impressionante da propaganda que os veicula. Somos levados a crer que a satisfação plena e imediata de todos os nossos desejos é não apenas possível, mas *obrigatória* – e em vez de nos depararmos com a recuperação do Paraíso, acabamos submergindo na estafa, na ansiedade e na depressão.[16]

---

16 Gilles Lipovetsky, *A Era do Vazio*, São Paulo, Manole, 2005 (citado em Bianca Sanches Faverst et al., "Eros no século XXI: Édipo ou Narciso", *Tempo Psicanalítico* nº 39, Rio de Janeiro, Sociedade de Psicanálise Iracy Doyle, 2008, p. 42.)

Qual o remédio para essas mazelas? É o que deveremos descobrir por nós mesmos. Minha aposta pessoal é na *lucidez*: conhecer as peias que nos amarram é o primeiro passo para, na medida do possível, nos livrarmos de algumas delas. *Lucidez* significa maturidade, independência de julgamento, e autoconhecimento. Talvez isso soe um pouco antiquado, mas a meu ver um pouco mais de Iluminismo não nos faria mal – porque em última análise é a razão que nos permite distinguir, em meio às brumas da ideologia, os meios pelos quais esta nos captura.

Para que a razão possa se exercer, contudo, ela precisa ser alimentada com o conhecimento, no caso o conhecimento sobre o que se oculta sob a expressão aparentemente inofensiva "amor romântico". Há outras espécies de amor, nas quais o desequilíbrio entre os parceiros não é a regra – e por isso mesmo são mais duradouras e menos geradoras de sofrimento. Mas para as descobrir e viver, é preciso ter deixado para trás as exigências infantis de completude e de transparência integral do outro. É preciso renunciar à ilusão de que ele pode ser controlado pela nossa vontade, e reconhecer que ele também é um sujeito, com contradições e insuficiências semelhantes àquelas de que nós mesmos padecemos.

Difícil? Certamente, porém não impossível. Pois, como diz Espinosa ao concluir sua *Ética*: "certamente deve ser árduo o que tão raramente se encontra. Mas tudo o que é precioso é tão difícil quanto raro."[17]

---

17 "Sane arduum debet esse, quod adeo raro reperitur. Sed omnia praeclara tam difficilia, quam rara sunt." *Ética*, V, proposição 42.

Por que lemos romances policiais?

O contraste não poderia ser mais agudo: confortavelmente instalado na sua poltrona preferida, entre as cobertas da cama, ou na rede da varanda, talvez com uma barra de chocolate ao alcance da mão, o leitor abre o volume que reservou para este momento de lazer – e mergulha numa história cujo centro é um *crime*. Alguém teve sua vida ceifada por um assassino; o cadáver jaz ali, às vezes horrivelmente mutilado, ou com um esgar de pavor a deformar-lhe o rosto. A morte foi inesperada, violenta; o Mal irrompeu e voltou a se ocultar, mas continua à espreita, pronto a se abater sobre outro ser humano.

Se em vez de tomar conhecimento deste fato num livro policial ficássemos sabendo dele pelo jornal ou pela televisão, certamente nos horrorizaríamos, condenaríamos o malfeitor, desejaríamos de todo coração que ele fosse apanhado o quanto antes e recebesse a justa punição pelo seu ato. Mas como estamos no domínio da ficção, nossa reação é outra: pouco nos importamos com a vítima! O que queremos é saber como e por quem o crime foi cometido. Se o autor for habilidoso, não despregaremos os olhos daquelas páginas até que o mistério seja esclarecido – e então, colocando o livro de lado, adormeceremos satisfeitos, ou voltaremos a cuidar dos nossos assuntos cotidianos.

O fato é que o gênero policial é dos mais populares em todo o mundo. Centenas de autores dedicam-se a cultivá-lo, e o público que o aprecia se conta na casa dos milhões. Muitos críticos torcem o nariz para ele: não é literatura, ou pelo menos não "grande" literatura, afirmam; os personagens são rasos, os enredos repetitivos, os detetives mais ou menos inverossímeis, o estilo frequentemente pobre. Pregam no deserto, porém: indiferente a tais reparos, mal acaba de devorar uma novela o aficionado já pensa na que o aguarda ao pé da poltrona ou na mesinha de cabeceira.

Seremos todos os que gostamos de romances policiais psicopatas enrustidos? Nossa sensibilidade estará a tal ponto embotada, que tiramos prazer da desgraça alheia sem uma única gota de culpa, ou ao menos de solidariedade com o pobre infeliz que morreu para que a história pudesse existir? Mesmo sem ir tão longe, é certo que este tipo de narrativa produz prazer, ou não teria o sucesso que tem. Ora, que prazer é esse? De onde provém? Por que é intenso a ponto de silenciar nossas convicções morais? Para responder a estas questões, é preciso compreender no que consiste a história policial, e sobre quais aspectos da nossa mente ela atua.

Dado o volume de informações com que iremos trabalhar, optei por dividir nosso percurso em três etapas: primeiramente, apresentarei alguns dados sobre a evolução da *mystery story*; em seguida, estudaremos como ela engendra os seus efeitos; por fim, tentarei situar estes últimos no contexto mais amplo da nossa vida psíquica.

1. Breve história do romance policial

O gênero tem pai e data de nascimento: Edgard Allan Poe, abril de 1841. Nas páginas do *Graham's Magazine*, "Os Assassinatos da Rua Morgue" apresenta o Chevalier Auguste Dupin, o primeiro da longa série de detetives que desde então nos fazem vibrar com suas aventuras. O que o caracteriza é a capacidade de raciocinar a partir de indícios que passam despercebidos ao comum dos mortais, e, embora só apareça em três contos curtos,[1] deixa uma profunda impressão nos leitores: que sagacidade! Com que brilho ele reconstrói os passos do criminoso, como se o tivesse acompanhado desde que concebe seu plano até o instante em que o realiza!

Por que as histórias de Poe tiveram esta repercussão? Em seu livro *O que é romance policial*, Sandra Lúcia Reimão oferece uma dupla resposta: porque a época estava madura para aquela espécie de conteúdo, e porque davam forma a um novo tipo de narrativa, baseada numa concepção original da literatura que, justamente, o autor americano queria ilustrar por meio delas.[2] Vejamos mais de perto no que consistem estes dois fatores.

O século XIX é o da revolução industrial, que criou as metrópoles modernas. Nessas grandes aglomerações humanas, a criminalidade aumenta; surge a polícia como instituição do Estado, e a imprensa diária – outra novidade considerável – divulga os delitos para um público cada vez maior. Pelo hábito de acompanhar folhetins (os antecessores das novelas e dos seriados do rádio, do

---

1   Além do conto mencionado, "O Mistério de Marie Roget" e "A Carta Roubada", este célebre entre os psicanalistas devido ao seminário que Lacan lhe dedicou (*Livro II*, capítulo XVI, posteriormente remanejado nos *Escritos*).
2   Sandra Reimão, *O que é romance policial*, São Paulo, Brasiliense, 1983, coleção Primeiros Passos, nº 109, p. 13-16.

cinema e da TV), esse público se encontrava de certo modo preparado para o que Poe tinha a narrar. As primeiras cidades a contar com uma força policial permanente são Paris e Londres; na primeira, os agentes são recrutados entre os ex-infratores, pois se acreditava que, conhecendo os *bas-fonds* da sociedade, eles estavam em condições de perseguir e intimidar seus antigos companheiros.[3]

Em oposição a este tipo incipiente e um tanto grosseiro de policial, Dupin é um *gentleman* para quem investigar é um passatempo ocasional. Seu método tem por base a crença num determinismo absoluto: tudo o que existe está submetido a leis inexoráveis, e o espírito humano não escapa à regra. No que se refere a este, o determinismo assume a forma da ligação necessária entre as ideias, que se associam umas às outras – por semelhança, contraste, contiguidade, etc. – para formar cadeias cuja parte visível são os pensamentos que ocupam nossa consciência. Assim, a partir de um dado elemento pode-se em princípio reconstruir o processo do qual ele faz parte, bastando para isso prestar atenção a certos indícios e utilizar as ferramentas da Lógica.

Sem a crença no caráter integralmente racional da realidade, e no poder da reflexão bem conduzida para desvendar os seus mais íntimos mecanismos, não seria possível surgir algo como o romance policial. Tais postulados, repito, não se limitam ao

---

3 Por vários anos, o ex-presidiário Vidocq (que serviu de modelo ao Vautrin da *Comédia Humana*) comandou a *Sûreté*. Reimão observa que isto não se dá sem ambiguidades: "para as novas classes médias [...], era tênue demais o limite entre um contraventor e um ex-contraventor" (p. 14). É curioso ver Dupin criticar os "métodos pouco científicos" de Vidocq (em "Marie Roget"), tanto mais que, no início de *Um Estudo em Vermelho*, Sherlock Holmes fará o mesmo com os do Chevalier (e com os de Lecoq, o detetive de Eugène Gaboriau, então muito popular).

domínio da Natureza – reino das causas e dos efeitos, que a ciência contemporânea vai elucidar e utilizar em invenções que transformarão a face do planeta (máquinas a vapor, trem, telégrafo, aparelhos elétricos, novas substâncias químicas para uso industrial e médico, e muitas outras): estendem-se à sociedade, então bem mais hierarquizada do que hoje em dia. A sociologia nascente terá por missão desvendar as entranhas da *pólis* (e também oferecer às camadas dominantes instrumentos para controlar aqueles que pudessem ameaçar seus privilégios – mas isso escapa ao nosso tema de hoje).

Uma das características daquilo que obedece a leis (naturais, sociais ou psicológicas) é a *regularidade*: é ela que faz o criminoso proceder sempre da mesma maneira, deixando por assim dizer sua assinatura nos atos que pratica. As marcadas diferenças entre as classes, assim como o fato de que na Europa do século XIX as pessoas dificilmente ascendiam na hierarquia social, tornavam plausíveis relatos nos quais o malfeitor não troca de roupa ou de sapatos, permitindo que suas pegadas o denunciem. É portanto na organização dos indícios num padrão inteligível que consistirá o trabalho mental do detetive, cuja consequência será o desmascaramento do culpado. O que faz daquele uma figura fascinante é seu poder de relacionar dados que aparentemente nada têm a ver entre si, de inferir deles quais fatos devem necessariamente ter ocorrido para que o conjunto forme uma sequência coerente, e no final apresentá-los tal como se deram, provando assim que X – e nenhum outro – é o autor do crime.

Edgar Allan Poe dá destas operações uma demonstração formidável: transpõe para Paris e faz Dupin elucidar um assassinato realmente ocorrido nas cercanias de Nova York, e que a polícia daquela cidade não conseguira resolver: o da jovem Mary Rogers.[4] Sandra Reimão mostra que seu objetivo com isso era

---

4   "O mistério de Marie Roget".

mais amplo do que o mero entretenimento: queria ilustrar uma concepção da criação artística que bania a "inspiração" e privilegiava o completo domínio do fazer literário, subordinando-o ao planejamento e ao raciocínio.

Em textos programáticos como "Método de Composição" e "A Gênese de um Poema", Poe defende a ideia de que o escritor e o poeta devem se guiar por um plano lógico, no qual cada detalhe tenha sua função e contribua a seu modo para o desfecho desejado. Falando de como escreveu *O Corvo*, afirma que quer "demonstrar que nenhum ponto da composição pode ser atribuído ao acaso ou à intuição, e que a obra marchou passo a passo rumo à solução com a precisão e o rigor lógico de um problema matemático".[5]

É por pensar desta forma que é levado a construir um tipo de narrativa no qual a Lógica comanda do início ao fim – e não só na forma: a ideia de que seu tema deve ser um *mistério*, e que esse mistério pode ser esclarecido por meio da reflexão rigorosa, impõe-se quase por si só. Entre as várias espécies de desafios à inteligência que poderiam ser abordados nessa perspectiva, o crime tem as vantagens de ser frequente, de ter-se alastrado devido às condições históricas mencionadas, e de apresentar um interesse humano indiscutível: quem matou? por quê? como? 1 + 2 + 3 – e nasce a história policial.

Contudo, se Poe inventou o gênero e o primeiro detetive, seus contos são apenas esboços do que ele virá a ser. Dupin não é mais que um vulto: nada se sabe dele, exceto que é uma máquina de raciocinar, capaz de – servindo-se apenas de recortes de jornais, como o próprio Poe fez com o caso da moça americana – esclarecer por completo a cadeia de fatos que culmina com a descoberta do cadáver. Também

---

5   A página, que vale a pena ler na íntegra, é citada e comentada por Thomas Narcejac: *Une machine à lire – le roman policier*, Paris, Denoël/Gonthier (Bibliothèque Médiations), 1975, p. 19.

aplica seu método a outras situações ("A Carta Roubada"), nas quais demonstra como é possível penetrar na mente das pessoas; tendo estabelecido seu modo de pensar e de sentir, Dupin torna-se capaz de prever – determinismo absoluto – como vão reagir a certas circunstâncias, e armar o laço no qual fatalmente cairá o seu adversário.

Reimão assinala que Poe institui dois outros elementos centrais na narrativa policial clássica: a presença de um companheiro para o detetive, que conta a história ao leitor, e a estrutura em "dupla hélice" – a sequência que leva ao crime, e o percurso da investigação. Da necessidade técnica de um narrador que não seja o próprio herói falaremos logo mais; quanto ao inquérito, ele forma o estofo da narrativa, que consiste em descrever os vários passos da caçada ao malfeitor. Estes são comandados pelas hipóteses que o detetive vai elaborando, e que tanto narrador quanto leitor ignoram, exceto pelas parcas indicações que, para dar algum alimento à curiosidade de ambos, ele lhes fornece a cada tantas páginas.

Daí a surpresa do desfecho: quando o criminoso é desmascarado, a princípio ficamos estupefatos com a segurança do detetive. Como pode ter tanta certeza de não está errado? Vem então o momento da reconstituição do raciocínio, que é ao mesmo tempo a do crime: uma vez expostas as suas etapas, o leitor bate na testa – *como* não pensou naquilo? Pois se dispunha dos mesmos elementos, o tempo todo!

As inferências de Dupin, a bem dizer, não são sempre convin--centes,[6] mas isso não tem grande relevância. O que importa é que

---

6   Narcejac reproduz uma delas, a célebre "dedução" da cadeia de pensamento do amigo com o qual passeia por Paris, e mostra como só é plausível (*et quand même*...) porque o Chevalier conhece bem a pessoa com quem conversa, esta faz gestos e caras enquanto caminha, etc. Cf. *Une machine*...., p. 24-26. Para uma versão mais plausível de uma proeza semelhante, ver o que Sherlock Holmes infere do exame de um relógio que Watson lhe mostra (páginas iniciais de *O Signo dos Quatro*).

ele se serve da Lógica como um "fio de Ariane" para se orientar no "labirinto das aparências" (Narcejac). A dedução, prossegue este autor, é o "instrumento lógico que permite ordenar as relações, e, passo a passo, reduzi-las ao princípio supremo que as contém todas."[7] Caberá a Sir Arthur Conan Doyle aperfeiçoar o modelo proposto por Poe, e, aparando algumas das suas arestas, criar o detetive mais famoso de todos: Sherlock Holmes.

Ao contrário do seu predecessor francês, Holmes é um investigador profissional. Não é somente uma máquina de pensar; é também um homem de ação. Preparou-se minuciosamente para o ofício que inventou: seus conhecimentos incluem tudo o que é necessário para o exercer com competência – estudou os tipos de pegada e de cinzas de tabaco, organizou um fichário com dados sobre crimes e criminosos, sabe se disfarçar a ponto de se tornar irreconhecível, é bom lutador e atirador, etc.

A esta "síntese completa da técnica policial" então disponível,[8] ele soma uma extraordinária capacidade de observar os mínimos detalhes, e de inferir deles as informações que necessita. Sabe-se que o modelo no qual Doyle se inspirou para o criar foi o de seu professor de clínica médica na Universidade de Edimburgo, o Dr. Alexander Bell, que ensinava seus alunos antes de tudo a "ver". Incidentalmente, o mestre de Freud, Jean-Martin

---

7   *Le roman...*, p. 27.
8   Edmond Locard, pioneiro dos métodos da polícia científica, em *Policiers de roman et policiers de laboratoire* (1924), citado por Narcejac à página 33 do seu livro. Entre eles se contavam a antropometria de Alphonse Bertillon, admirada por ninguém menos que Holmes ("O Tratado Naval"), e o sistema de identificação por impressões digitais inventado por Juan Vucetich, um imigrante croata que vivia na Argentina. Foi neste país que a "datiloscopia" serviu pela primeira vez como elemento de prova num julgamento de assassinato (1897).

Charcot, também se considerava um *"visuel"*, e não por acaso a psicanálise foi muitas vezes comparada a uma investigação de tipo policial.[9] Atualmente, o Dr. House ilustra na TV o partido que se pode da observação minuciosa apoiada por sólidos conhecimentos de medicina.[10]

Com Conan Doyle, a narrativa policial clássica ganha o molde que durante as décadas iniciais do século XX predominará na Inglaterra e na França. Entre os autores que o tomam como referência, podemos citar Dorothy Sayers (Lord Peter Wimsey), Margareth Allingham, Maurice Leblanc (Arsène Lupin), Austin Freeman (Dr. Thorndyke) e, em certa medida, Agatha Christie. Em que pese a grande variedade dos enredos, os ingredientes básicos da receita permanecem os mesmos:

> – *o herói é acompanhado por um segundo personagem*
> – *Watson, o capitão Hastings, o Dr. Jarvis (Freeman), Archie Goodwin (Rex Stout) – cuja função, além de narrar os fatos ao leitor, é evitar que este siga passo a passo os processos mentais do detetive, o que tiraria da história o seu maior trunfo – a surpresa final;*

---

9 Num capítulo de *Escrever a Clínica* (São Paulo, Casa do Psicólogo, 1998), desenvolvo um pouco mais esta comparação, feita entre outros por Carlo Guinsburg em *Mitos, Emblemas e Sinais* (observação que devo a Daniel Kupermann).
10 Agradeço a Yvoty Macambira por ter chamado minha atenção para este paralelo. Quando à relação entre Holmes e Freud, uma deliciosa novela de Nicholas Meyer (*The Seven per Cent Solution*, filmada em 1977 por Herbert Ross), faz aquele ir se tratar de sua toxicomania com o Dr. Sigmund, de cujos escritos a respeito da cocaína Watson tomara conhecimento em *The Lancet*. A crer em Meyer, foi com o detetive que Freud aprendeu a observar e valorizar o detalhe aparentemente insignificante. *Se non è vero...*

– *a história começa com a descoberta de um crime, e os fatos que conduzem à solução são colocados à disposição do leitor, de tal modo que em princípio este poderia solucioná-los antes de chegar ao fim do livro. Se não o faz, é porque a habilidade do escritor os mistura a outros, irrelevantes, e porque, interessado na trama, os deixa passar em branco: "o fundamento sobre o qual repousa o romance policial é a desatenção do leitor, que é levado a não reconhecer nos fatos o seu valor de prova".*[11]

– *o número de suspeitos é pequeno, e a ação transcorre dentro de limites espaciais estreitos – a casa da vítima e seus arredores, muitas vezes isolada (O Cão dos Baskerville), um week-end party, um trem (Assassinato no Orient Express), um barco (Morte no Nilo), uma ilha (O Caso dos Dez Negrinhos). O criminoso é alguém próximo do morto, e seus motivos nascem de suas relações com ele: interesse em herdar, vingança, necessidade de afastar um cônjuge incômodo, medo de ser denunciado por algum erro do passado, ser alvo de chantagem... Não é preciso que haja um cadáver (na maioria das aventuras de Sherlock Holmes, ele inexiste), mas de modo geral o ponto de partida da história é um crime de sangue (veremos mais adiante por quê).*

Por volta de 1925-1930, nos Estados Unidos, Dashiell Hammett, Raymond Chandler, Earl Biggers e outros dão início a um

---

11 Austin Freeman, *A Arte do Romance Policial* (1924), citado por Narcejac, p. 55.

novo tipo de história policial: a do *private eye*. Como Holmes e Arsène Lupin, Sam Spade, o Continental Op e Philip Marlowe são seres "de carne e osso", não máquinas pensantes à maneira de Dupin – porém suas aventuras escapam ao arcabouço do "romance de enigma". Sandra Reimão observa que a época é outra: mudanças sociais, crise econômica que levará à Grande Depressão, ameaças de guerra; além disso, o positivismo já não goza de tanto prestígio: a influência de Nietzsche, de Bergson e de Freud "engendra um clima cultural que se opõe ao otimismo racionalista" do período anterior.[12]

Os detetives já não são amadores ou profissionais liberais: trabalham em agências especializadas (como Dashiell Hammett fez na realidade), e frequentemente recorrem à ajuda de amigos policiais, que conhecem seu ofício bem melhor que o Inspetor Lestrade. Sandra Reimão os caracteriza como "ásperos", "rudes", "nem sempre virtuosos": bebem, têm casos com mulheres, cometem sem grandes escrúpulos pequenas (e não tão pequenas) infrações às normas. A narrativa é geralmente em primeira pessoa, o que permite ao leitor acompanhar tanto os movimentos do investigador quanto as incertezas e hesitações que o acometem *en cours de route*. Ele pode ser ameaçado, e mesmo agredido;[13] a ação tem lugar nas grandes cidades, o que oferece ao criminoso mais chances de se esconder, e às vezes até de não ser apanhado, porque sua

---

12 Reimão, op. cit., p. 55.
13 Não apenas fisicamente: o detetive chinês criado por Earl Biggers é frequentemente alvo de comentários e atitudes racistas. Na época, o militarismo japonês fazia os asiáticos serem percebidos como ameaçadores (o "perigo amarelo"); em tal contexto, as qualidades pessoais e intelectuais de Charlie Chan o tornam "um serviço para a humanidade e para as relações inter-raciais" (Ellery Queen). Cf. *Wikipedia*, artigo Charlie Chan.

culpa não pode ser definitivamente estabelecida – como acontece por exemplo em *Estranha Maldição*, de Hammett.

A finalidade do escritor já não é apenas entreter, mas também propor uma crítica da sociedade em que vive. Sandra Reimão cita a este respeito as palavras de Stephen Marcus: "invariavelmente, Hammett mostra o mundo do crime como uma reprodução, em estrutura e em detalhe, da moderna sociedade capitalista de que ele depende, que explora, e da qual faz parte".[14]

Por fim, dadas essas circunstâncias, o detetive não pode mais empregar apenas a Lógica para desincumbir-se da sua tarefa. Sua humanidade, assinalada de modo mais marcante que no romance dito clássico, o leva a apresentar algumas fraquezas, um pouco como na safra mais recente de super-heróis (entre outras, as últimas aventuras do Homem Aranha). Às vezes, vê-se forçado a recorrer a um palpite, como em *A Ingênua Perigosa*, de Chandler[15] – é verdade que depois justificado por razões não intuitivas. Em resumo, "suja as mãos", porque a vida é suja.

Paralelamente, o tipo britânico de *mystery story* continua a prosperar, mas também sofre alterações, porque as possibilidades contidas no modelo clássico começam a se esgotar. Thomas Narcejac mostra como o indispensável efeito de surpresa passa a exigir enredos cada vez mais complexos, armas cada vez mais

---

14 "Introdução a Dashiell Hammett", in *A Ferradura Dourada*. Cf. Reimão, p. 61-62. Esta é também a tese de Siegfried Kracauer – um dos fundadores da Escola de Frankfurt – em seu livro de 1925, *Der Detektiv-Roman* (tradução francesa: *Le roman policier*, Paris, Petite Bibliothèque Payot, 1981): "estes romances apresentam ao caráter civilizador um espelho deformante, do qual o contempla fixamente a caricatura de sua própria monstruosidade".
15 Cf. Reimão, op. cit., p. 70.

raras e improváveis, proezas físicas pouco críveis, conhecimentos de química, balística e farmacologia mais e mais especializados. Os crimes se tornam "*savants*" (p. 45). Tudo isso faz com que o número de páginas tenda a aumentar: se a solução engenhosa mas no fundo simples cabia num conto ou novela, agora são necessárias as dimensões de um romance. "O pensamento reconhece seus limites", diz ele, e os personagens vão se modificando: menos perfeição no detetive, mais inteligência nos criminosos, ou pelo menos mais esperteza.

Mas como – quer seja extensa ou curta – a narrativa policial precisa evitar as incertezas que cercam os crimes reais, o escritor continua a propor um jogo (cujos efeitos de prazer discutiremos mais adiante). Trata-se de um jogo de vida ou morte: "a vida do culpado contra a da vítima", no dizer de Austin Freeman. Para que o leitor se sinta motivado a participar dele, a inteligência – do autor, do detetive, do criminoso e dele mesmo – precisa fazer "acrobacias": surge a ideia do "crime perfeito", Dickson Carr se especializa nos assassinatos em quarto fechado, Ellery Queen recorrerá à psicanálise para construir seus personagens (o "ciclo de Wrightsville")...

Se, para finalizar este rápido passeio pela história, dermos um salto até a atualidade, veremos que as duas formas canônicas – a clássica e a do tipo *série noire* – continuam a ser cultivadas, naturalmente com as adaptações necessárias. Os autores situam suas ficções nos mais variados ambientes, da grande metrópole a espaços fechados, como o teatro La Fenice de Veneza (Donna Leon) ou o convento de *O Nome da Rosa*, e até na Roma antiga (*Gordonius the Finder*, de Steven Saylor) ou na Idade Média (a série da Irmã Fidelma, de Peter Tremayne, passa-se na Irlanda do século VII).

Quanto aos investigadores, o comandante Dalgleish (P. D. James), o comissário Montalbano (Andrea Camilleri), os delegados Espinosa (Luiz Alfredo Garcia-Roza), Kurt Wallander (Henning Mankell) e Adamsberg (Fred Vargas), policiais de carreira, seguem os passos do Maigret de Georges Simenon; também podem estar ligados à polícia de modo mais indireto, como a médica legista Kay Scarpetta, de Patrícia Cornwell, ou tê-la deixado (além de Poirot, é o caso do livreiro Cliff Janeway, de John Dunning).

Por outro lado, o *private eye* continua a existir – entre muitos exemplos, o ex-policial e ex-alcoólatra Matthew Scudder (Lawrence Block) – e aparecem algumas mulheres, entre as quais a simpática Kate Millhone (da série alfabética de Sue Grafton). Há diletantes como o rabino David Small, de Harry Kemelman, e histórias nas quais o personagem principal não é o investigador, como em *Sobre Meninos e Lobos*, de Dennis Lehane. A linhagem do "ladrão de casaca", que se inicia em 1905 com *Arsène Lupin, gentleman cambrioleur*, e tem em Raffles (E. W. Hornung) um continuador ilustre, continua vigorosa: Bernie Rhodenbarr, da série *O Ladrão que...* (Lawrence Block), é o mais conhecido deles.

A variedade não tem fim, e o número de aficionados só faz aumentar: o que comprova que o prazer suscitado pelo gênero continua tão intenso quanto sempre foi. Mas no que, precisamente, ele consiste?

2. O circuito do prazer

Num artigo publicado em 1928 no *American Magazine*, S. S. Van Dine enumera vinte regras às quais deve obedecer quem quiser escrever uma boa história de detetive. A de número 16 enuncia:

não deve haver longas passagens descritivas, análises sutis ou preocupação com a "atmosfera" [...]. O leitor não procura no gênero policial ornamentos literários, proezas de estilo ou análises demasiado profundas, mas um certo estímulo para o espírito, como o que encontra num problema de palavras cruzadas.[16]

Eis um ponto sobre o qual todos, na época, estão de acordo: Austin Freeman, para quem "a qualidade que caracteriza uma história policial [...] consiste em que oferece ao leitor uma satisfação essencialmente intelectual",[17] acrescenta que este costuma ser uma pessoa de "espírito sutil", por exemplo um jurista, um erudito ou um "clérigo estudioso"(!), pois tais profissionais estão habituados "a ler com atenção minuciosa e crítica". E o que o faz seguir a história até o fim? A estrutura lógica, que caminha do primeiro ao último elo com a precisão elegante de um teorema de Geometria.

Ora, como ela só se desvenda quando o mistério é solucionado, o que vem antes – ou seja, o miolo da narrativa – deve preparar o desfecho de modo tal que ele se encaixe sem dificuldade nos dados que foram surgindo ao longo da investigação. Disso decorre outra regra fundamental, que P. D. James formula assim: "O detetive deve descobrir o assassino por dedução lógica a partir de fatos honestamente colocados diante do leitor".[18]

---

16 As regras de Van Dine são reproduzidas e comentadas por T. Narcejac em *Une machine...* p. 97-100.
17 *A arte do romance policial*, citado por Narcejac (p. 48). Entre os muitos teóricos dos anos 1920 que subscreveriam esta visão está Régis Messac: "o romance policial é um relato dedicado à descoberta metódica e racional, por meios racionais, das circunstâncias exatas de um acontecimento misterioso [...]. É o romance da surpresa, e nada mais que da surpresa". Cf. Narcejac, op. cit., p. 32.
18 H. R. F. Keating, *Writing Crime Fiction*, Londres, A & C Black, 1994, p. 4.

Essa prescrição aponta para outro fator de prazer: o duelo de inteligência entre autor e leitor. Vimos atrás que este deve ter condições de, ao menos em princípio, resolver o enigma por si mesmo, o que supõe que se identifique com o detetive. Se o conseguir, terá vencido a parada, pois a tarefa do escritor era justamente ocultar as pistas úteis em meio a uma multidão de detalhes irrelevantes, ou seja, agir como o prestidigitador que, enquanto executa destramente o seu truque, distrai o público chamando a atenção dele para o que não tem importância.

Aqui aparece o aspecto da competição, sem dúvida presente neste gênero de literatura. E o curioso é que – contrariamente ao que costuma acontecer na vida real – o fato de quase sempre a perdermos não estraga o prazer. A meu ver, isso se deve a que o autor nos compensa da derrota oferecendo algo muito melhor: a surpresa, que obviamente só pode surgir se não atinarmos com a solução antes que o detetive a exponha. Sua arte consiste em a preparar com o máximo de cuidado, mas sempre lealmente (os fatos *"fairly put before the reader"* de P. D. James): está excluído que apareça no último minuto um culpado de quem nada se sabia até então, a morte da vítima não pode ter sido ocasionada por um acidente sem relação com o que nos foi contado, e assim por diante.

O encanto da leitura, como vemos, provém de várias fontes. Enquanto estamos absorvidos na história, partilhamos a posição do companheiro do detetive: observamo-lo fazendo isso ou aquilo, interrogando os suspeitos, obtendo indícios – mas sem que possamos compreender o que lhe dizem as informações que vai colhendo. Isso porque, seguindo as instruções de Poe, o autor constrói seu conto de trás para frente: primeiro estabelece quem cometeu o crime, como o fez, de que modo ocultou as pistas que poderiam levá-lo à forca ou à cadeia. Tendo em mãos o desfecho, digamos "L", determina os passos necessários para, a partir de uma situação "A" – com a qual começa a narrativa – conduzir inexoravelmente o enredo até "L", e os apresenta na ordem inversa: "K", "J", "I", "H", ou, o que dá na mesma, embaralha-os de modo a desnortear o leitor.

Ou seja: se a ordem da invenção é o "direito" da história, a maneira pela qual é contada constitui seu "avesso". Narcejac, a quem devo esta metáfora, utiliza uma outra, também excelente, para descrever a estrutura de um conto policial: o enigma se assemelha ao caroço de uma fruta, cuja polpa é o enredo e cuja casca são as palavras que constituem o texto. Por esta razão, continua ele, no tipo clássico de policial (o romance-problema)

> Watson é o personagem que vê a história pelo avesso, enquanto o detetive, desde seus primeiros movimentos, procura colocá-la do lado certo. E grande parte do encanto da leitura provém justamente de que o leitor é conduzido o tempo todo do ponto de vista de Watson (avesso) ao ponto de vista, ainda elíptico, de Sherlock Holmes (direito). [...] Observamos a ação com lentes das quais uma aproxima e a outra afasta, o que nos dá a impressão de um relevo doloroso, de um dépaysement estranho mas muito agradável.[19]

Todos estes aspectos dizem respeito à forma da narrativa, que em suma nos seduz por sua engenhosidade. Mas a referência ao "relevo doloroso" e ao *"dépaysement"* introduz um novo fator na equação do prazer: algo não mais ligado ao intelecto, e sim aos

---

19 *Une machine...*, p. 58.

sentimentos, ou mais propriamente às sensações. Uma delas é a da nossa superioridade frente a narradores mais ou menos obtusos, dos quais o Capitão Hastings e o Dr. Jarvis são os exemplos mais acabados;[20] segundo Sandra Reimão, tal sensação – ao gratificar nosso narcisismo – é uma das principais razões da popularidade do gênero.

Nos romances americanos, nos quais inexiste esta simpática e algo ridícula figura, a emoção é atiçada pelo envolvimento do leitor na ação, sempre movimentada e repleta de perigos para o detetive: "em vez de se apresentar como um quebra-cabeça que requer argúcia mental do leitor, o romance *série noire* [...] (lhe) propõe sua participação e seu posicionamento. [...] Não é seu cérebro, mas seus nervos, que este tipo de leitura vai requisitar".[21]

Ao apresentar ao público francês a coleção que criara, e cujo título (*Série Noire*) acabou por caracterizar todo um subgênero na literatura policial, Marcel Duhamel vai na mesma direção:

> o amante de enigmas à la Sherlock Holmes não encontrará aqui nada ao seu gosto. [...] Vemos policiais mais corruptos do que os malfeitores que perseguem. O detetive simpático não resolve sempre o mistério; algumas vezes, nem há mistério, e em outras sequer existe um detetive. E então? Então, restam a ação, a angústia, a

---

20 *O que é romance policial*, p. 77. Sobre o Dr. Jarvis, veja-se a opinião de Raymond Chandler: "Há um charme particular nestes longos passeios do Dr. Thorndyke [...], acompanhados por um Watson alegre e desmiolado, o Dr. Jarvis, um médico a quem ninguém de bom senso confiaria uma missão mais complicada do que contar os artelhos de um cadáver" (carta de 13. 12. 1949 a Hamish Hamilton, *apud* Narcejac, *op. cit.*, p. 89).
21 Reimão, op. cit., p. 81-82.

violência – sob todas as suas formas, especialmente as mais vis –, a pancadaria e o massacre. [...]. Há ainda o amor, de preferência bestial, a paixão desordenada, o ódio sem perdão [...], expressos numa linguagem bem pouco acadêmica, mas onde domina sempre, rosa ou negro, o humor.[22]

Estamos bem longe da satisfação intelectual! Pertenceriam então o romance-enigma e o do *private eye* a espécies tão diversas de literatura, que no limite seria um erro considerar ambas como variedades do mesmo gênero, o policial? A meu ver, a pergunta é descabida: as coisas são um pouco mais complexas, e escapam à classificação escolar nesta ou naquela rubrica.

Com efeito, o tema da narrativa clássica posterior a Conan Doyle é quase sempre um crime – e se esperaria que isso produzisse no leitor uma reação semelhante à angústia de que fala Duhamel. É precisamente a transformação de um ato de extrema violência num problema intelectual que caracteriza as histórias de detetive; o que fazem Hammett, Chandler e seus seguidores é apenas limar a parte cerebral e deixar à mostra os aspectos ressaltados pelo escritor francês. Se os examinarmos com atenção, veremos que todos dizem respeito ao que a psicanálise chama de pulsões: "amor bestial" e "paixões desordenadas" emanam da sexualidade, enquanto "violência vil", "pancadaria", "massacre" e "ódio sem perdão" são expressões das tendências agressivas.

Tocamos aqui o nervo do nosso tema. Van Dine o havia entrevisto, ele que na sua regra 19 afirmava que "o romance (policial)

---

[22] Texto de apresentação que figurava nos primeiros volumes da *Série Noire*, citado por Reimão, p. 52-53.

deve refletir as experiências e as preocupações quotidianas do leitor, e ao mesmo tempo oferecer uma válvula de escape para suas aspirações ou emoções recalcadas".[23]

Ao comentar esta recomendação, Narcejac não esconde seu espanto: "como um jogo puramente intelectual poderia servir de válvula de escape para emoções"? A resposta que oferece é interessante, mas se situa num conjunto de preocupações que não é o nosso. Menciono-a de passagem, para em seguida retomar sua pergunta numa outra perspectiva: para ele, o problema literário do romance policial é sua pretensão à cientificidade, da qual duvida por uma série de razões que constituem a tese central do seu livro. O privilégio da Lógica requerido pelas regras de Freeman e de Van Dine não pode, argumenta, ser mantido na íntegra, porque o gênero comporta um elemento "impuro" e "rebelde" – precisamente, a emoção:

> tem-se a impressão de que é para encurralar este "algo" obscuro, impenetrável ao pensamento, que o romance policial tomou a via do jogo intelectual. [...] O que há de mais chocante, de mais horrível para a sensibilidade, que este corpo que é necessário descobrir no primeiro capítulo? [...] Que eu saiba, nenhum autor policial justificou de modo satisfatório o crime inicial. E ninguém poderia fazê-lo, porque todos admitiam sem discussão que o romance policial era antes de tudo um jogo científico. [...] Não se via que, por razões profundas e obscuras, ele precisava começar com algo irracional e perturbador.[24]

---

23   Cf. *Une machine...*, p. 102.
24   Idem, p. 103.

O objetivo do autor é mostrar que o romance policial não é boa literatura: entretém, é engenhoso, mas não atinge o "concreto", a singularidade e a densidade que tornam um personagem propriamente literário. Talvez tenha razão, talvez se equivoque: certamente não sou eu a pessoa mais indicada para avaliar este ponto. O que posso afirmar com certeza é que sua pergunta – "como um jogo puramente intelectual poderia servir de válvula de escape para emoções"? – foi respondida em 1905 por um senhor chamado Sigmund Freud, num dos seus textos mais sagazes: *Der Witz und seine Beziehung zum Unbewusste*, para o qual voltaremos agora nossa atenção.

Perguntando-se como e por que a piada nos faz rir, Freud é levado a construir o que em outro trabalho chamei de "circuito do prazer".[25] O dito espirituoso, diz ele em substância, consiste em dar uma expressão engenhosa e socialmente aceitável a uma intenção ferina, que se fosse enunciada de modo cru suscitaria reprovação e não risadas. Neste processo estão envolvidos dois tipos de prazer: o primeiro está ligado à forma, o segundo ao conteúdo. A "forma" é o caráter conciso e surpreendente da piada; o "conteúdo" é o pensamento que por meio dela burla a censura (o superego, diríamos atualmente) e chega até a consciência. É o grau de violência, agressividade ou preconceito que distingue as piadas "inocentes", que apenas nos fazem sorrir, das "tendenciosas", estas sim verdadeiramente ofensivas – e que, como o demonstram as gargalhadas com que são acolhidas, produzem em nós o prazer mais intenso.

---

25 A "ilha dos tesouros": relendo *A Piada e sua Relação com o Inconsciente*, in Abrão Slavutzky e Daniel Kupermann (orgs.), *Seria trágico... se não fosse cômico*, São Paulo, Record, 2005 (republicado em *O Tronco e os Ramos*, São Paulo, Companhia das Letras, 2014).

Dois exemplos nos ajudarão a visualizar o que Freud tem em mente:

> No domingo, Joãozinho vai com seus pais almoçar na casa da vovó. O avô quer que, antes da refeição, todos rendam graças ao Senhor pelo alimento que Ele lhes dá.
> "Eu não vou rezar coisa nenhuma!", diz o garoto.
> "Mas por quê? Em casa, você não reza antes de comer?", questiona a mãe.
> "Rezo, sim. Mas a vovó sabe cozinhar."
> (risos)

> Um homem leva toda a família, inclusive a sogra, para uma a viagem a Jerusalém. Logo no primeiro dia, muito emocionada por estar num lugar tão sagrado, a senhora tem um ataque e passa desta para melhor. O agente funerário ao qual o turista se dirige lhe oferece duas opções: enterrá-la ali mesmo, o que lhe custaria dez mil dólares, ou enviar o corpo para ser sepultado em seu país, para o que precisaria despender trinta mil. O cidadão pensa um pouco, e escolhe a segunda alternativa.
> "Muito bem", diz o outro. "Mas aqui é Israel, e, sempre que alguém prefere a opção mais cara, queremos saber por quê."
> "É que aqui já houve um caso de ressurreição."
> (gargalhadas da plateia)

A reação de vocês comprova o que acontece sempre que conto esta anedota. Ela é bem melhor que a primeira, o que não deixa de ser curioso: afinal, ambas fazem troça de situações ligadas à religião, algo que costumamos respeitar. É exatamente esse respeito que elas recusam – mas de modos diferentes. Na de Joãozinho, percebemos que ele não reza por temor a Deus, mas porque, como sua mãe é péssima cozinheira, nunca sabe o que o espera nas travessas; a do enterro brinca com a figura de Jesus, e de quebra reforça o estereótipo do judeu como sempre interessado em assuntos financeiros. O desrespeito é obviamente mais grave na segunda – e por isso mesmo o prazer que ela nos proporciona é muito maior. Dito de outro modo, nossas tendências agressivas são mais gratificadas nela que na história do almoço, embora esta contenha igualmente um ataque a alguém que de hábito respeitamos (a mãe).

A forma das piadas, como Freud demonstra em seu livro, resulta do emprego de dois mecanismos que também encontramos no trabalho do sonho: a condensação e o deslocamento. A primeira comprime numa única imagem pensamentos muito díspares; o segundo transfere a ênfase para um campo distante daquele no qual nos situavam as primeiras frases da anedota – isto é, contribui para o efeito de surpresa sem o qual nenhuma piada "funciona". Na primeira que contei, ele transpõe o fato do campo da religião para o da culinária; na segunda, equipara desabusadamente uma pessoa comum à figura do Cristo. Quanto à condensação, é graças a ela que são omitidas partes importantes de algo comparável a um raciocínio, cuja íntegra o ouvinte por assim dizer restabelece na sua mente.

Raciocínio, dirão vocês? E acaso quem ri de uma piada efetua um raciocínio? Por estranho que possa parecer, é isso mesmo que acontece. Considerem os seguintes silogismos:

1 *Premissa maior*: o que mamãe nos serve não é gostoso, e quem sabe pode fazer mal. Por isso, é bom rezar antes de ingerir aquelas coisas.

Premissa menor: vovó sabe cozinhar, portanto com ela tal perigo inexiste.

Conclusão: não preciso rezar antes de comer a comida dela.

2 *Premissa maior*: Jerusalém foi palco da ressurreição de Jesus, portanto é um lugar propício a este tipo de fato.

Premissa menor: minha sogra acaba de morrer em Jerusalém.

Conclusão: ela pode ressuscitar – e Deus me livre de semelhante horror!

Peço-lhes que reparem em duas coisas. Em primeiro lugar, embora as mesmas ideias figurem nas piadas e nos silogismos, a graça desapareceu por completo, o que prova que o efeito humorístico não reside nos pensamentos, e sim na maneira como são formulados. Em segundo, os raciocínios "por extenso" apresentam um inesperado paralelo com as recomendações de Edgar Allan Poe: começam pelo fim e terminam na situação de partida, ou seja, contam a história "pelo avesso".

A analogia vai mais longe: Freud distingue os processos mentais de quem inventa a piada e de quem a escuta. Ao "emissor" ele chama "primeiro", ao "receptor", "terceiro", e ao objeto da piada, "segundo": ela consiste então em algo que o primeiro diz ao terceiro a respeito do segundo, às custas de quem ambos se divertem. No espírito do "primeiro" têm lugar as condensações e deslocamentos que resultam na formulação do *Witz*; o terceiro tem de desfazer estas operações, sem o que o sentido da história ou do dito lhe escaparia: em outras palavras, refaz ao contrário o percurso que deu origem a ele. Sua risada prova que a intenção do "primeiro" se realizou, o que por sua vez o deixa satisfeito, tanto consigo mesmo (por ser inteligente) quanto, empaticamente, com o prazer do ouvinte. É a esta série de movimentos induzidos um pelo outro que chamo "circuito do prazer".

Ora, não é algo semelhante que acontece no romance policial? Servindo-nos da metáfora de Narcejac, podemos dizer que o processo que tem lugar no espírito do "terceiro" é o avesso do que ocorre na mente do "primeiro". Este está no lugar do autor: propõe ao ouvinte uma espécie de enigma, obscuro o bastante para que ele não perceba aonde está sendo conduzido, mas que contém pistas suficientes para chegar à solução – ou o efeito buscado não se produziria. Ninguém ri do que não entende! O paralelo, porém, cessa aqui, pois o ouvinte da anedota ocupa duas posições simultâneas: a do leitor (a quem a história é contada) e a do detetive (que se orienta no labirinto de indícios e descobre o que há para ser descoberto).

Freud denomina "prazer preliminar" (*Vorlust*) o deleite que a forma engenhosa da piada nos proporciona, e considera que ele funciona como catalisador de uma sensação muito mais forte, que resulta do levantamento de uma repressão – a que pesava sobre pensamentos que ofendem nossa sensibilidade ou nossa consciência moral. E, para escândalo dos bem-pensantes, mostra nos *Três Ensaios* que o mesmo mecanismo opera na esfera da sexualidade: as carícias que antecedem a relação estimulam os parceiros, fazendo subir a tensão erótica até o ponto em que ela explode no orgasmo.

Notemos que nesta concepção o prazer consiste na sensação subjetiva que resulta da descarga de uma energia acumulada ao longo do tempo, e será tanto maior quanto maior for a tensão a que tal descarga dá vazão. A *Vorlust* funciona como um gatilho graças ao qual pode ocorrer o "prazer propriamente dito". No âmbito sexual, o prazer preliminar aparece como uma excitação relativamente leve (beijos, toques); na experiência estética, para cuja interpretação Freud se serve dessas mesmas ideias, ele deriva da forma com a qual o artista reveste suas fantasias, no fundo narcísicas, eróticas e/ou agressivas.

É deste modo que ele explica a criação de uma obra em qualquer domínio das artes e do pensamento; quanto ao leitor/ouvinte/espectador, o prazer com que a desfruta provém de que, graças à forma "inocente" mas habilidosa, o autor lhe possibilita gozar sem culpa de fantasias análogas às ali depositadas.[26] A piada é em suma uma obra de arte em miniatura; o riso que a acolhe corresponde à catarse da energia com a qual se mantinham sob recalque determinadas fantasias. É fácil compreender por que a defesa pode ser dispensada: o que precisava permanecer oculto foi enunciado em voz alta (ainda que sutilmente) pelo outro.

Se aplicarmos este esquema ao romance policial, a resposta à indagação de Narcejac se apresenta por si só: o "jogo intelectual" pode perfeitamente servir de válvula de escape a "emoções reprimidas", e aliás constitui uma excelente maneira de se livrar delas. É precisamente nessa combinação que reside o segredo do seu efeito: os recursos de que o autor lança mão criam a tensão (curiosidade, inquietação...) que a surpresa final elimina bruscamente, com o que (do ponto de vista metapsicológico) se produz um alívio semelhante ao que se manifesta na gargalhada e no orgasmo.

---

26 *Der Dichter und das Phantasieren* (*O poeta e a fantasia*), *Studienausgabe*, Frankfurt, Fischer Verlag, 1975, vol. X; tradução espanhola por Luis López Ballesteros y deTorres, *Sigmund Freud – Obras Completas*, Madri, Biblioteca Nueva, 1977, vol. II.

As evidentes diferenças entre uma história de duzentas páginas e uma piada cujo relato não dura mais que um minuto não devem nos confundir: a omissão de elementos fundamentais para chegar à solução – ou, mais exatamente, a apresentação deles de modo a não despertar as suspeitas do destinatário – procede em ambas da condensação e do deslocamento. Apenas, na narrativa os fatores da equação estão distribuídos de outro modo, congruente com as exigências do discurso ficcional.

Contudo, se estas observações esclarecem o aspecto "jogo", não nos fazem avançar muito quanto às "emoções reprimidas". Por que uma história de assassinato não provoca no leitor repulsa, e sim prazer? Talvez tenhamos ido rápido demais ao afirmar que tal é o caso; quem sabe, deveríamos prestar mais atenção às palavras de Marcel Duhamel, que nos alertava para os sentimentos suscitados pelas novelas da chamada *série noire*, e para o que nos diz Van Dine sobre o papel deles nos contos de tipo clássico.

3. A criança em nós

Recapitulemos o que pudemos descobrir sobre como o leitor é afetado por uma história policial. Primeiramente, há vários tipos de prazer, cada qual suscitado por um aspecto do texto. O mais evidente é o que se relaciona com a curiosidade: quem cometeu o crime? Manter o interesse por *who has done it* (abreviado como *whodunit*, que acabou se tornando sinônimo de romance-enigma), e satisfazê-la de modo a causar surpresa, é a tarefa primordial do escritor. Um segundo é de tipo narcísico: vencer a competição com o detetive e com o autor (tentar resolver o enigma antes do primeiro, e a despeito da cortina de fumaça lançada pelo segundo). Num artigo citado várias vezes por Thomas Narcejac, a crítica americana Marjorie Nicolson ressalta este aspecto:

> *temos o prazer suplementar de observar a técnica do escritor, de perscrutar as passagens nas quais ele procura nos dar o troco. Precisamente no momento em que ele se esforça por nos apanhar no laço, fazemos tudo o que podemos para o surpreender. Neste novo jogo, os dois lados observam escrupulosamente as regras, mas ambos as conhecem tão bem que cada um sente prazer em interpretar as manobras do outro.*[27]

Do ponto de vista metapsicológico, estes componentes – curiosidade, sentimento de superioridade, competição – situam-se no domínio da consciência: formam o gatilho que põe em marcha o circuito do prazer e mobiliza uma série de emoções e fantasias inconscientes. A ponte entre estes dois tipos de elementos psíquicos é constituída por uma emoção por assim dizer bifronte: o *medo*, cujo papel na história policial é de importância crucial. Medo, em primeiro lugar, dos personagens do conto: há entre eles um assassino – e quem garante que ele se contentará com apenas uma vítima? Ora, o leitor que acompanha o desenrolar do inquérito está na mesma posição que aqueles a quem o crime toca de perto: presencia a descoberta do morto, ignora como ele perdeu a vida e quem a tirou, observa os movimentos do detetive sem atinar com a lógica que os comanda.

Em seu livro sobre Agatha Christie, a psicanalista francesa Sophie de Mijolla-Mellor nos oferece pistas preciosas para compreendermos a poderosa mescla de fantasias, angústias e defesas ativada pelo gênero policial. A bem dizer, quem o aprecia não

---

27 Marjorie Nicolson, "The professor and the detective" (1929), citado por Narcejac, p. 105-106.

sente propriamente temor: sabe que se trata de uma ficção, e que, embora nela um psicopata esteja à solta, ele mesmo está a salvo das suas maquinações. E no entanto a angústia está presente – angústia de morte, "ligada à descoberta do assassinato e ao risco de que haja outros".[28]

O que neutraliza essa angústia, ou pelo menos a dilui consideravelmente, é a transformação do crime num *problema intelectual*. Na maioria das vezes, o ato em si mesmo não é descrito, ou se passa rapidamente por ele: quando sobe a cortina, o cadáver já está ali, como um objeto a ser estudado e não como algo que suscita comiseração. Resta que sua existência aponta para uma fratura "incompreensível e escandalosa" no ambiente bem ordenado em que vivem os personagens: o "cenário tranquilo" se revela subitamente como fachada de um outro mundo, no qual rondam a violência, o ódio e a crueldade. São estes aspectos que evocam a angústia de morte, e é para excluir o horror e a repulsa normalmente ligados a eles que o ato mais brutal que um ser humano pode cometer precisa ser transformado num *puzzle*.

Com isso, continua Sophie, "a angústia de morte se desloca para a angústia de não saber. É preciso saber [quem é o assassino, RM] para eliminar o risco", ou, nas palavras de Narcejac, "o monstruoso deve ser dominado pela inteligência". Porém esse monstruoso está ali, e permanece na história do início ao fim, inclusive ameaçando quem desconfiar da identidade do criminoso: "saber, e sobretudo deixar saber que se sabe, é correr um risco imenso".[29]

---

28 *Meurtre familier: approche psychanalytique d'Agatha Christie*, Paris, Dunod, 1995, p. VII. As expressões entre aspas no parágrafo a seguir são desta autora.
29 *Meurtre...*, p. VIII.

O interesse destas observações é mostrar que mesmo a forma clássica do romance policial – a do enigma – não se limita ao "jogo intelectual" de que falava Austin Freeman: tem razão S. S. Van Dine quando alude às "aspirações e emoções reprimidas" para as quais essas histórias oferecem uma válvula de escape. Para compreender como isso ocorre, é necessário lembrar que a cada aspecto consciente destacado atrás corresponde no inconsciente um conjunto de fatores pulsionais, que por sua vez alimentam fantasias de vários tipos. Boa parte delas se origina no que a psicanálise denomina "o infantil": é portanto a "criança em nós" que no fim das contas a história policial convoca, excita e apazigua. Esta é em resumo a tese de Sophie de Mijolla-Mellor, cujos pontos principais quero lhes apresentar para concluir nosso percurso.

Falando da temática de Agatha Christie, ela observa que um dos momentos traumáticos da infância é o da "revelação do desconhecido", o "colapso daquilo que era indubitável". É essa "fissura no solo da evidência" que o romance policial nos apresenta e nos faz reviver – mas agora estamos acompanhados por uma "inteligência tutelar", que saberá "reconstruir o mundo como era antes":

> *é a seguir a odisseia desta consciência superior [...] que Agatha Christie convida a criança em nós, sucessivamente seduzida pela lembrança do mundo de antigamente, angustiada por não saber de onde vem o mal, e ressegurada por esse recurso que não falha.*[30]

---

30 *Meurtre...*, p. VIII. Um dos recursos mais criativos do seu arsenal é "perverter" parlendas inglesas bem conhecidas, atribuindo-lhes significados sinistros e utilizando-as para construir certos enredos: entre outros, *O Caso dos Dez Negrinhos* ("And then there was none"), *Um Punhado de Centeio* ("Sing a song of sixpence"), *A Ratoeira* ("Three blind mice"), e *Uma Dose Mortal* ("One, two,

O caso da grande dama do crime é particularmente instrutivo para elucidar tanto o efeito desses contos sobre o leitor quanto os processos psíquicos que podem conduzir alguém a querer escrevê-los. Na *Autobiografia* que deixou para ser publicada após sua morte, ela relata um pesadelo recorrente, ao qual Sophie de Mijolla atribui um lugar central na determinação dos rumos que tomou sua criação literária. O sonho mostrava um homem armado (o *Gunman*); no lugar onde deveriam estar as mãos, o que saía das mangas do paletó eram dois tocos. Sem a ameaçar diretamente, este personagem suscitava na menina um pavor indescritível.

Mais que a alusão quase transparente a uma fantasia de castração, o que parece decisivo nesta cena é a "atmosfera de revelação angustiante na qual ela se produz", interpreta a psicanalista. Prova de que se trata de algo muito relevante para a garota é o fato de que o mesmo conteúdo aparece em outros pesadelos: numa situação corriqueira, como um chá ou um passeio, ela se dá subitamente conta de que uma das pessoas presentes é o Gunman. Os olhos deles se cruzavam, e ela acordava aos berros: "o homem armado! O homem armado!"[31]

O que tornava apavorante essa figura, segundo a própria Agatha Christie, era em primeiro lugar o seu olhar, "intenso", "duro" e "malvado". Mas ele não a perseguia somente em sonhos. A mesma passagem da *Autobiografia* alude a uma fantasia que de

---

buckle my shoe"). Talvez a inspiração para essa ideia genial lhe tenha vindo das paródias de Lewis Carroll sobre poemas destinados às crianças vitorianas, por exemplo a versão *unheimlich* da história da abelhinha industriosa que, entre baforadas de ópio, a lagarta recita para Alice: "Como o pequeno crocodilo [...] estica suas garras, e com fauces sorridentes dá boas vindas aos peixinhos"!
31 Agatha Christie, *An Autobiography*, Londres, Collins, 1977, p. 36. Cf. *Meurtre...*, p. 36.

vez em quando lhe fazia o sangue gelar nas veias: sentada à mesa do chá, volta-se para um amigo ou para alguém da família – e, sob a aparência amigável, percebe os olhos do *Gunman* postos nela.

Em suma: estamos diante do medo de ser atacado por alguém que, embora pareça inofensivo, é na verdade terrivelmente perigoso, porque – como nada sugere a existência de um risco – o alvo da sua maldade não tem como tomar as precauções adequadas. Vê-se o partido que um autor policial pode tirar de semelhante figura: o assassino pode ser qualquer um, ou, o que dá na mesma, qualquer um pode ser o assassino. Basta ampliar esta afirmação para "qualquer um pode ser *um* assassino" para reconhecermos uma das formulações paradigmáticas do que os psicanalistas denominam *fantasia paranoide*, cujo motor é a angústia do mesmo nome. Por que isso é importante para o nosso tema? Leiamos:

> *o próprio da angústia paranoide é não poupar ninguém, não deixar ao sujeito nenhuma zona de refúgio, nenhuma trégua [...]. O axioma dela, e o fundamento do romance christiano, é precisamente o caráter enigmático e impossível de localizar do risco, pois todo mundo* pode *ser um assassino.*[32]

Freud e Melanie Klein mostraram que a fantasia de perseguição nasce da projeção sobre outra pessoa da violência própria à mente infantil: ela nada mais é que a figuração do revide que, agredido pelos ataques imaginários do sujeito, o seio materno não deixará de assacar contra ele, e constitui uma defesa contra a ideia de abrigar em si impulsos de morder, despedaçar, explodir, envenenar

---

32 *Meurtre...*, p. 49. Grifo da autora.

e matar o objeto. "Não sou eu que quero isso, é ele – e ele se disfarça de inocente": assim poderíamos formular o resultado desse processo mental.[33]

O medo é o sentimento que experimentamos quando tal processo se dá em nossa mente. Sentimentos são obviamente conscientes, mas as fantasias que os originam não, nem as defesas que contra elas erigimos. Os correlatos inconscientes do medo, que como vimos é um ingrediente essencial no tipo de história que estamos analisando, são a angústia paranoide e as fantasias a ela associadas.

Mas, objetarão vocês, não existem medos de outra natureza? Não podemos temer que alguém nos atinja sem que o tenhamos atacado, ou que ocorra um acidente? Claro que sim. Contudo, parece-me que o medo específico que sustenta o interesse nos contos de crime é o que estou descrevendo. O que me faz pensar assim é que o criminoso cujo ato desencadeia a trama não é um gângster ou um matador de aluguel: estes matam porque matar faz parte do seu modo de vida, mas aqui estamos diante de algo bem diverso:

são pessoas comuns, como eu ou você [...]. Encontravam--se numa situação difícil, desejavam desesperadamente alguma coisa, dinheiro, ou uma mulher, e mataram para

---

[33] Sophie de Mijolla observa que, como os do *Gunman*, os olhos de Agatha Christie eram azuis, o que sugere a origem projetiva do personagem. Ele aparece com todas as letras num romance publicado sob o pseudônimo de Mary Westmacott (*Retrato Inacabado*), cujo teor autobiográfico permite à nossa autora mostrar como a fantasia é ulteriormente elaborada num motivo literário, e também interpretar o *Gunman* como uma figuração dos sentimentos de Agatha em relação à sua mãe. Cf. *Meurtre*, p. 36 ss.

a obter. O freio que existe na maioria de nós não funciona neles.[34]

O criminoso típico de Agatha Christie – mas também de inúmeros outros romances, inclusive os da *série noire* – não é um louco furioso, e sim alguém cuja personalidade podemos caracterizar como narcisista: pensa somente em si mesmo, é indiferente ao sofrimento dos outros, inclusive e especialmente ao que ele próprio pode provocar, considera-os meros instrumentos para conseguir seus objetivos – e, se achar que atrapalham seu caminho, suprime-os sem qualquer remorso. Nessas pessoas, tais atitudes reprováveis são recobertas por um envoltório enganadoramente ameno: são em geral divertidas e simpáticas, têm maneiras afáveis, e suscitam em quem com elas convive uma espécie de fascínio, que estica os limites da tolerância a ponto de lhes perdoarem transgressões que a outros custariam advertências, reprimendas e até castigos.

Seria possível que o leitor, ao afastar do seu horizonte emocional a pena pela vítima e concentrar o interesse/curiosidade na investigação, estivesse se identificando com o criminoso? Que admirasse, e até invejasse, a capacidade dele de não se importar com outrem, de não hesitar diante de nada para conseguir seus fins? Neste caso, o psicopata gentil (mas ainda psicopata!) corresponderia ao que gostaríamos de ser, ou, para falar como os psicanalistas, ao nosso ideal de ego. Não é a opinião de Sophie:

mais do que uma identificação narcísica ao psicopata criminoso [...], o leitor goza da pintura deste narcisismo

---

34 Agatha Christie, *La maison biscornue* (*The Crooked House*: *A Casa Torta*), p. 80. Citado por Sophie de Mijolla, p. 49.

[...]. Ele é colocado na situação de não ser nem escandalizado, nem verdadeiramente seduzido pelo criminoso [...]. É possível afirmar que, em relação aos afetos normalmente suscitados pelos personagens e acontecimentos que descreve, Agatha Christie realiza uma operação de sublimação, tal que a posição moral é ultrapassada em favor de um interesse estético e intelectual pela intriga e pela pintura que faz deles.[35]

Explica-se assim o que Van Dine entrevia ao falar de "emoções reprimidas". A violência presente na psique do leitor é excitada pela natureza da história, mas de tal modo que, em vez de o assustar, o faz gozar dela na forma da sublimação. Deste ponto de vista, o romance-enigma e o do tipo *série noire* se equivalem: se em um a brutalidade da vida é mais aparente, enquanto no outro vem acondicionada num envelope mais aveludado, ambos jogam com algo que todos abrigamos em nosso íntimo, porque faz parte da natureza humana.

De que fontes provém esta dimensão da nossa mente? A psicanálise sugere uma resposta: do fato de todos termos sido crianças. A violência não está presente apenas na intensidade dos impulsos infantis, que pode ser observada por quem quer que se disponha a prestar atenção na fúria e na amargura com que por vezes os pequenos reagem à frustração dos seus desejos. Ela se manifesta também numa característica aparentemente anódina: a curiosidade, cujos primeiros objetos (inconscientes) são a sexualidade e a morte.

---

35 *Meurtre...*, p. 51.

Sabemos desde os *Três Ensaios* que a criança se interessa pela origem dos bebês e pelas razões do falecimento de seres que lhe são próximos. Ora, a ideia de morte natural é incompreensível para ela: se alguém morreu, foi porque algo ou alguém o matou.[36] O interesse pela pesquisa, diz Freud em síntese, nasce do conflito entre o amor e o ódio por ocasião da morte de uma pessoa querida, ou mesmo de um animal de estimação.

Não resta dúvida que o romance policial joga com este fator, e que nele reside um dos seus principais atrativos. Porém não o faz à maneira do *thriller*, cuja característica é exibir de maneira mais ou menos crua o que dá medo. Estamos longe tanto do suspense refinado *à la* Hitchcock quanto dos enredos que nos apresentam seres abertamente malignos, quer sejam humanos, alienígenas ou mortos-vivos (vampiros, zumbis...).[37] O artifício que singulariza o gênero policial é outro, mais sutil e por isso mesmo mais potente: ele combina a angústia paranoide com a sua diluição na forma do enigma e com a resolução deste graças aos esforços do detetive.

---

36 "E a mãe da tua mãe?" "Morreu." "Ah! E quem a matou?" Diálogo entre uma menina de quatro anos e sua mãe, que Sophie coloca como epígrafe do capítulo "A teoria sexual infantil do assassinato". Cf. *Meurtre...*, p. 85.

37 Thomas Narcejac mostra como os autores clássicos procuraram cuidadosamente não dar motivos para serem comparados aos autores de *thrillers*, que na opinião deles eram o oposto do jogo intelectual que imaginavam estar propondo ao leitor. Uma das formas pelas quais tentavam evitar este risco, diz ele, era o humor, aliás lembrado por Marcel Duhamel no texto citado há pouco. Seria interessante explorar esta via, pois segundo Freud (*O Humor*, 1927) o conforto narcísico proporcionado pela atitude humorística representa uma das defesas mais eficazes contra a angústia. A quem quiser mais informações a respeito, recomendo o artigo de Abrão Slavutzky "O precioso dom do humor", in Abrão Slavutzky e Daniel Kupermann (orgs.), *Seria trágico... se não fosse cômico*, São Paulo, Record, 2005. (Nota de 2014: o autor desenvolveu essas ideias em seu livro *Humor é Coisa Séria*: Porto Alegre, Ed. Arquipélago, 2014).

Sophie de Mijolla vincula estes elementos à psicologia infantil de modo particularmente claro, razão pela qual a cito mais uma vez:

> *podemos pensar que a intriga criminal [...] prolonga em nós, sob uma forma adulta, o mesmo mecanismo projetivo paranoide – e permite o mesmo tipo de resposta que a criança encontrou: o responsável pela morte é um criminoso exterior, designado mas dissimulado [...]. A recriminação obsessiva derivada do desejo de morte [...] é redirecionada, por meio da projeção, para um personagem diferente de mim.*[38]

Se agora nos perguntarmos pela origem desse desejo de morte na mente infantil, encontraremos – além do ciúme dos irmãos – a fantasia da cena primitiva, ou seja, a representação da relação sexual entre os pais sob uma forma violenta e sádica. Não é o caso, a essa altura do nosso já longo trajeto, de entrar nas minúcias deste tópico: basta lembrar que, por não ser capaz de entender no que consiste um coito adulto, a criança é levada a concebê-lo como um ataque recíproco, capaz de impor dor e sofrimento a ambos os parceiros.

É evidente que tal fantasia se ancora na violência dos seus próprios impulsos e desejos agressivos, e a "confirmação" de que assim é pode lhe vir de fatos que, sem saber explicar, interpreta a partir dela: gemidos escutados à porta do quarto, movimentos entrevistos de relance, manchas de sangue menstrual no lençol da cama dos pais, e assim por diante.

---

38 *Meurtre...*, p. 88. A "recriminação obsessiva" alude à culpa, da qual a projeção protege o sujeito.

Sophie de Mijolla chama a atenção para um paralelo interessante entre a visão incompleta do coito e a visão incompleta do crime, esta uma necessidade técnica da novela policial. Ambas têm como efeito despertar a vontade e a necessidade de compreender, que são a face consciente do *Wisstrieb*, a pulsão de investigação. A curiosidade pelo que não é sexual corresponde à sublimação desta última – e assim se fecha o círculo, pois, como vimos, é exatamente da curiosidade quanto a um mistério que nasce o interesse pelo romance policial.

Há mais, porém: uma das hipóteses da analista francesa é a de que ele nos remete a um momento *anterior* à sublimação da pulsão de investigar, "quando esta se exerce sobre as interrogações primordiais: o sexo, a vida, a morte".[39] Talvez resida aí o apelo mais forte do gênero: por meio do que põe em cena, ele mobiliza elementos psíquicos há muito esquecidos, mas que nem por isso perderam sua eficácia dinâmica – e a arte do escritor nos permite desfrutar deles sem risco nem culpa.

Para voltar à imagem com que iniciei esta conferência: o leitor vibra com o que lhe é contado, e, uma vez terminado o livro, volta a arquivar os aspectos mais tenebrosos da sua mente em algum desvão bem distante da consciência. Afinal, era apenas uma história!

---

39 *Meurtre...*, p. 116.

O ponto de fuga: sedução e incesto em *Vaghe Stelle dell'Orsa*...

Na filmografia de Luchino Visconti, *Vaghe Stelle dell´Orsa*... (as reticências fazem parte do título) vem logo após *O Leopardo*. Filmada em preto e branco, a obra contrasta com a suntuosidade cromática do épico lampedusiano, e não apenas sob este aspecto: ao afresco histórico do filme anterior, centrado no personagem do Príncipe de Salina, esta opõe um drama escrito em grande parte para a figura feminina, intensa porém mais modesta, interpretada por Claudia Cardinale. Apresentado pela primeira vez no Festival de Veneza de 1965, *Vaghe Stelle dell´Orsa*... não obteve grande sucesso, e até hoje permanece como um dos filmes menos vistos do cineasta italiano.

Entretanto, um olhar mais atento nos revela uma obra-prima indiscutível, pela força das imagens, pelo brilho da direção e das interpretações individuais, e pelo delicado equilíbrio que Visconti consegue obter entre as partes e dimensões mais diversas, sem prejuízo da *ambiguidade* desejada por ele quanto a quase todos os aspectos da história. O preto e branco funciona (entre outras coisas) como uma metáfora do claro-escuro, da indefinição quanto ao que ocorreu no passado, e que pesa sobre o presente de maneira angustiante.

1. A trama

Comecemos por um rápido resumo do enredo: ele será útil para compreender as observações que farei a seguir. O filme se inicia com uma recepção em casa de Sandra (Claudia Cardinale) e seu marido Andrew (Michael Craig), alto funcionário americano, que conheceu a jovem quando esta fazia pesquisas em Auschwitz sobre o destino de seu pai: o cientista judeu Emmanuele Wald Luzzati fora deportado da cidade de Volterra em 1942, e tudo indica que veio a morrer naquele campo de concentração. No dia seguinte a esta recepção, Andrew e Sandra vão de carro até a antiga cidade, fundada pelos etruscos, na qual se situa o palacete em que ela vivera toda a sua infância e adolescência, em companhia da mãe – uma grande concertista de piano – e do irmão Gianni, alguns anos mais novo. No momento em que se passa a ação – vinte anos após a deportação do pai, ou seja, em 1962 – a mãe sofre há anos de uma doença mental; quem cuida dos interesses da família é o advogado Gilardini (Renzo Ricci), o qual, acabada a guerra, desposou a viúva e continua sendo seu marido.

O objetivo da viagem é participar de uma homenagem ao cientista, cujo busto deve ser descerrado nos jardins do palácio. Deste ato público, participarão a família e autoridades locais: haverá um serviço fúnebre reparatório, oficiado por um rabino (é a última cena do filme). Sandra e Gianni devem assinar também um termo de doação destes jardins à cidade de Volterra, com o que eles se tornarão um parque público.

Ao chegar ao palácio, a primeira surpresa: Gianni, que Sandra não vê há tempos e que acaba de atingir a maioridade, confessa que vem roubando da velha casa objetos e obras de arte para vender, pois a mesada que Gilardini lhe dá não é suficiente para suas despesas. Gianni aparece pela primeira vez no filme quando Sandra vai ao jardim em busca do busto de seu pai, ainda coberto por um pano. Fica imediatamente claro que ele tem pela irmã uma forte atração erótica: coloca a cabeça no colo da moça, aspira profundamente o perfume que ela exala... Ele conta a Sandra e a Andrew que escreveu um romance sobre seus anos de adolescência, intitulado justamente *Vaghe Stelle dell'Orsa* .., palavras que tirou de um verso do poeta romântico Giacomo Leopardi. Sandra se inquieta a respeito deste livro, e aos poucos compreendemos que o motivo de sua preocupação é o temor de que o romance contenha revelações escandalosas sobre o vínculo que a unia a Gianni durante aqueles anos.

Pouco a pouco, vai-se desvelando o conflito que opõe Sandra e seu irmão ao advogado e à mãe. Estes são acusados, principalmente por ela, de terem denunciado à Gestapo o paradeiro do pai, e portanto de terem sido causa direta da morte dele. Já Gilardini fala em tons apocalípticos da relação "monstruosa" entre os irmãos; na cena decisiva do jantar no palácio, ele dirá abertamente que entre eles houve "amores incestuosos". Mas nenhum dos acusadores mostra provas do que afirma, e nesta ambiguidade reside o essencial do filme: um passado nebuloso, objeto de fantasias e de acusações por terceiros, mas também causa distante das perturbações atuais, impossível de ser superado e esquecido.

Após a assinatura da doação dos jardins, que tem lugar na Prefeitura da cidade, Gilardini tem com Andrew uma longa conversa, ambientada no museu etrusco. Ali, entre vasos e urnas funerárias, ele conta que os irmãos tiveram uma adolescência difícil; ele,

Gilardini, tentou mandá-los para um colégio interno a fim de que obtivessem uma boa educação, mas o jovem Gianni simulou um suicídio; a mãe, aterrorizada por esta chantagem perigosa, acabou por deixá-los frequentar a escola local. É neste momento que Andrew entende, pelas meias-palavras do advogado, que sua mulher guarda um terrível segredo, do qual ele apenas agora toma um vago conhecimento.

Esta suspeita vem abalar Andrew, que até então estivera mais no papel de testemunha dos fatos presentes; como estrangeiro e recém-chegado à família, não havia tomado parte, a não ser como figurante atencioso, no drama que visivelmente ali se desenrolava. Diversos elementos sugerem a ele, e ao espectador, que de fato a intimidade entre os irmãos havia ultrapassado os limites do simples carinho fraterno. Primeiro, ele encontra num relógio que representa Psique e Eros, e que fica nos aposentos outrora habitados pela mãe, um bilhete no qual "o seu fiel escravo" convoca Sandra para um encontro "no local de sempre". Sandra pretende que o papel fora escrito por seu irmão muitos anos atrás, quando ambos se uniam contra Gilardini, e combinavam encontros através de mensagens deste tipo. Andrew não fica muito convencido; com a conversa que tem no dia seguinte com o advogado, junta dois com dois, e decide tentar esclarecer o que de fato aconteceu, ou pelo menos conseguir uma trégua nas hostilidades permanentes entre Gilardini e os filhos do finado cientista.

Antes do jantar em que todos se encontrarão, duas cenas entre Gianni e Sandra dão o tom da relação entre eles, tanto no passado quando no momento presente. Na primeira, ela – com os cabelos trançados à volta da cabeça, como as antigas damas etruscas – desce à cisterna abandonada do palácio, onde anos antes ocorriam os encontros com Gianni. Ao fazer isto, segue as instruções do bilhete encontrado no relógio, mostrando que foi nestes dias, e não no passado remoto, que seu irmão o escreveu. A conversa entre os irmãos culmina no pedido de Gianni para que Sandra lhe entregue sua aliança de casamento, por um dia pelo menos; contra a vontade, chamando-o de "louco" e de "irresponsável", ela acaba por ceder. Na segunda cena, que se passa nos aposentos da mãe, o assunto é o livro de Gianni: ela o leu, está horrorizada, e lhe pede que destrua o manuscrito, ao que ele responde que não fará isto: o editor está gostando da obra, e o escândalo o ajudará a tornar-se famoso, com o que virá a sonhada independência financeira.

O drama atinge seu clímax no jantar. Gilardini verbera as atitudes de Gianni, o qual não retruca, admitindo tacitamente a veracidade do que afirma o advogado: este, aos gritos, diz que encobriu muitas "encrencas" de Sandra, enquanto seu irmão, insolente e arrogante, "se vangloriava das suas taras hereditárias, dos seus amores incestuosos". Andrew, enfurecido, quer saber de Gianni se isso é verdade; o silêncio do rapaz o denuncia, e o americano o soca com toda a raiva de que é capaz. Em seguida, atônito com as evasivas de Sandra, que não confirma nem desmente o que se passou anos atrás, decide deixar o palácio e voltar para Nova York. Gianni pede à irmã que fique com ele, pois precisa dela e a ama; queimou seu livro porque assim ela o pediu. Ela, horripilada, diz que "*per me sei già morto*": para mim, você já morreu. O rapaz ameaça suicidar-se, mas Sandra permanece inflexível. Mais tarde, lendo a carta que Andrew lhe deixou, decide que irá encontrar-se com ele tão logo termine a cerimônia do dia seguinte.

Desesperado, Gianni se suicida tomando comprimidos; a cena em que agoniza, enquanto alvorece o novo dia, é das mais fortes do filme. Sandra, sem saber que o irmão morreu, vai aos jardins, onde a cerimônia está tendo lugar; quem encontra o corpo é a velha empregada, Fosca, e Pietro – um antigo namorado de Sandra, agora médico da senhora doente, que viera para a homenagem.

O filme termina com o canto fúnebre entoado em hebraico pelo rabino, tirado de Isaías 26:19: "Teus mortos viverão, os teus mortos ressuscitarão; despertai e exultai, ó vós que dormis no pó, porque o teu orvalho será como o orvalho das plantas, e a terra expelirá de si os mortos".

2. Imagens que falam

Os críticos e historiadores do cinema assinalam em *Vaghe Stelle dell'Orsa*... diversos aspectos que merecem reter nossa atenção, como preliminares ao comentário de cunho mais psicanalítico que se lerá na seção seguinte deste trabalho. Com efeito, se o interesse do psicanalista é despertado imediatamente pela questão do incesto e dos seus efeitos psíquicos sobre os dois irmãos, uma reflexão sobre este ponto só será proveitosa se levar em conta os meios expressivos pelos quais e com os quais Visconti conta a sua história. Caso contrário, estaríamos numa perspectiva exterior ao filme, simplesmente aplicando sobre ele alguns clichês psicanalíticos; o resultado, não é preciso dizer, teria o sabor e o interesse de uma lata de ervilhas vencida.

Um primeiro ponto: a escolha do cenário. Volterra ergue-se sobre um assentamento etrusco, e no filme menciona-se várias vezes que a erosão, tendo já destruído a cidade antiga, continua a atacar implacavelmente as fundações da atual, que por sua vez ainda ostenta parte dos muros originais. Três metáforas aqui se entrelaçam: a do *destino inapelável*, contra o qual se pode lutar com os poderes da razão (engenharia, etc.), mas sabendo que no final as forças da Natureza acabarão por triunfar; a do *mistério do passado* – como a escrita etrusca ainda não foi decifrada, sabe-se muito pouco sobre este povo, que tanto influiu sobre os primeiros tempos da civilização romana; e a da *inerência do passado no presente*, exercendo uma atração que de alguma forma contribui para modelar esse presente – a muralha já não é a que construíram os fundadores da cidade, mas contém pedras ali colocadas por eles, segue talvez o traçado que eles determinaram, etc.

Destino implacável e passado nebuloso, talvez criminoso, remetem à tragédia grega, em particular à de Electra, que se põe em campo para vingar o assassinato de seu pai Agamênon por Clitemnestra e pelo cúmplice desta, Egisto. Sandra está convencida de que a mãe e Gilardini entregaram o cientista aos alemães, e que o advogado, após um intervalo decente, conseguiu casar-se com a pianista e tornar-se senhor dos vultosos bens deixados pela vítima de sua traição. Ecos de *Hamlet* também podem ser ouvidos nesta trama, inclusive nas duas cenas amargas entre Sandra e a *Signora* Luzzati. Esta recrimina os filhos por serem "monstros" e por terem herdado as taras do pai, num discurso com ecos racistas: "Teu pai? Queres ouvir a verdade sobre teu ídolo? Tens sangue judaico como ele... És corrupta como ele! Pequenos vícios, sujos. Vícios secretos!" Numa conversa posterior com Andrew, Sandra fala em "nossa raça", referindo-se à sua condição de judia. (Aliás, tecnicamente, ela não o é, pois segundo o Talmud é judeu aquele cuja *mãe* é judia, independentemente de o pai sê-lo ou não.)

Mas a história não segue por este caminho: Gianni não é Orestes, e nada acontece que lembre a purificação final da *Orestíada*, com a instituição do Areópago e a transformação das Erínias vingadoras em Eumênides tutelares. O drama se desenrola em outra direção, com o mergulho no passado e com os acontecimentos que levarão ao suicídio de Gianni.

Num belo artigo intitulado "Retours", o crítico francês Olivier Dehors sugere que o filme pode ser comparado à "longa travessia de um túnel (como aqueles que o carro atravessa na viagem de

Genebra a Volterra)"; para ele, o retilíneo do túnel – entrada e saída – combina-se com a imagem de um tempo circular e fechado para constituir o meio no qual ganham sentido as ações e as emoções dos personagens.[1] O tempo presente (os três dias entre a chegada a Volterra e a cerimônia no jardim) concerne ao que se passa fora do palácio; Andrew é o personagem que melhor se situa neste tempo, ele que vem da América (um continente voltado para o futuro), que manipula aparelhos ultramodernos (automóvel esportivo, câmara super-8, rádio FM), que tenta convencer Sandra de que o passado deve ser esquecido ou perdoado, que não conhece Leopardi, para quem os etruscos são uma curiosidade, que declara ter-se perdido no palácio, entre outros signos da sua "modernidade".

Já os outros personagens, em especial Sandra e Gianni, vivem entre este tempo do presente e um passado espesso e opaco, representado pelos aposentos fechados, com obras de arte que remetem aos séculos anteriores, pela cisterna romana, etc. Os relógios desempenham aqui um curioso papel de signos: o adornado pelas figuras de Psique e Eros, no qual Andrew descobre o bilhete de Gianni, está parado, como que indicando que o tempo está suspenso, mas que seus traços guardam uma eficácia sinistra. (Talvez o leitor se recorde: Eros e Psique protagonizam um amor que, sem ser exatamente incestuoso, tem como condição jamais expor-se à luz do dia). Sandra mexe em papéis antigos; em conversas com Andrew, evoca a sua adolescência naquele lugar, dorme no quarto de sua mãe, e assim por diante.

---

1   Olivier Dehors, "Retours", revista *Théorème* nº 1, organizada por Michèle Lagny sob o título *Visconti: Classicisme & subversion*, Paris, Publications de la Sorbonne Nouvelle, 1990, p. 170 ss.

O tempo que assim se desenha é lento, demora a passar, e Dehors nota com argúcia que as cenas que nele se situam são mostradas desenvolvendo-se por completo, sem cortes e sem elipses, contrariamente às cenas que pertencem ao tempo presente; neste tempo alargado e opressivo se podem ver os efeitos da *repetição*, por exemplo quando Gianni reproduz os gestos de Sandra ao se vestir, ou quando ele a convida a ir, como antigamente, à velha cisterna agora em desuso.

É neste tempo que se situam, evidentemente, as memórias do que se passou entre os irmãos, e que para eles têm significados muito diversos. A intrusão do passado que retorna sobre a atualidade aparentemente inocente é marcada por um recurso do qual Visconti faz um uso genial: a música. O "comentário musical" do filme é constituído por uma única peça, o *Prelúdio, Coral e Fuga* para piano de César Franck. De uma beleza perturbadora, a composição é ouvida pela primeira vez na festa que abre o filme: Sandra a reconhece como algo que sua mãe tocava. Quando vai visitá-la, a velha senhora demente está ao piano, tentando mais uma vez executá-la. A cada momento em que o passado é evocado, alguma passagem da peça sublinha este fato (os comentadores enumeram doze ou treze ocorrências); as últimas notas da *Fuga* morrem juntamente com as últimas imagens do filme, como se este de algum modo se duplicasse num espelho sonoro, e, terminado um, o outro também devesse terminar.

Só podemos conjeturar por que Visconti escolheu esta música para acompanhar sua película, mas talvez não seja inútil lembrar que se trata de uma composição tardia (data de 1885, tendo Franck nascido em 1822), escrita por um compositor que demorou muito para amadurecer um estilo próprio e para ser reconhecido. Sabe-se que o pai de Franck, tentando imitar Leopold Mozart, monitorou seus estudos e o início da sua carreira como pianista e organista;

quando finalmente o jovem pôde ganhar alguma autonomia, deu a seus *Três Trios para Piano, Violino e Violoncelo* (1840) o número de opus 1, rejeitando assim implicitamente como não suas as mais de vinte peças que compusera, seguindo as instruções do pai, no estilo "brilhante" em voga na época.[2] O *Prelúdio, Coral e Fuga* é uma obra bastante original, com as ousadias harmônicas e cromáticas características da última fase do compositor, que por elas pagou caro: apesar de professor do Conservatório de Paris desde 1872, amado e admirado por seus alunos, ele não foi reconhecido pelo *establishment*, e até o fim da vida lutou contra a indiferença dos críticos e colegas.

Talvez esta escolha de Visconti tenha algo a ver com o "emancipar-se do pai", neste caso metaforizado pelo passado nebuloso que constrange e limita o presente. Henry Bacon, um crítico inglês, sugere que

> *a peça romântica de Franck reflete o combate trágico entre Deus e a humanidade, a busca espiritual, e a batalha entre a escuridão e a luz. Estes temas podem ser facilmente associados ao filme, mas as memórias que a peça parece evocar para Sandra são bem mais significativas.*[3]

Com efeito, a música acompanha sistematicamente o fluxo de consciência da jovem, desde o instante em que entra no vestíbulo vazio do palácio, no gesto repetido de acender luzes, quando penetra

---

2 Cf. as informações (sem autor designado) no fascículo 35, *César Franck*, da coleção Grandes Compositores da Música Universal, Abril Cultural, São Paulo, 1971.
3 Henry Bacon, *Visconti: Explorations of Beauty and Decay*, Cambridge, Cambridge University Press, 1998, p. 126.

nos aposentos vazios da mãe, com Gianni na cisterna, ou ainda durante a cena da briga violenta entre eles.

Se Sandra está associada à música, Gianni aparece sob a égide da literatura, em particular em conexão com o romantismo italiano. Seu livro retoma, como vimos, o verso de Leopardi tirado das *Ricordanze* (1829), que dá título ao filme, e também ao escrito autobiográfico do jovem. A um certo momento, opondo-se a Andrew – para quem o próprio nome do poeta é desconhecido – Gianni recita de memória o trecho iniciado pelo verso:

> *Vaghe stelle dell'Orsa, io non credea tornare ancor deluso*
> *a contemplarvi sul paterno giardino scintillanti,*
> *e ragionar con voi dalle finestre di questo albergo,*
> *ove abitai fanciullo*
> *e delle gioie mie vidi la fine.*[4]

A constelação da Ursa, da qual faz parte a Estrela Polar, jamais desaparece do céu no hemisfério norte, e por isto Heráclito dizia dela que era a "testemunha imortal dos assuntos humanos": referência clara ao passado e à infância/adolescência, à *permanência* deste tempo que comanda os fios do presente, e sobretudo à *circularidade*, portanto à repetição (os planetas e as estrelas retornam periodicamente às suas posições no céu, cumprindo desde sempre e para sempre as mesmas órbitas).

Ao espectador atento, por fim, não pode escapar o jogo das cores preta e branca, que retorna incessantemente nos mais variados

---

4 "Vagas estrelas da Ursa, não acreditava voltar ainda, desiludido/ a contemplar--vos sobre o jardim paterno cintilantes/ e conversar convosco das janelas deste hotel/ onde morei menino/ e onde vi o fim de minhas alegrias."

momentos e lugares – dos ladrilhos em forma de tabuleiro de xadrez no vestíbulo do palácio às roupas e chapéus dos personagens, da luz mais intensa à obscuridade que envolve certos ambientes e momentos, do pano que cobre a estátua do pai às faixas da estrada para Volterra e aos túneis nos quais entra e dos quais sai o carro, para só mencionar alguns. Da mesma forma, o uso do *zoom* para sugerir um mergulho no tempo: Bacon lembra em especial a entrada de Sandra nos aposentos da mãe, as duas tomadas da fatídica escultura de Eros e Psique sobre o relógio parado, e a cena extraordinária em que a moça apaga as luzes e tranca a porta do quarto em que vai dormir na primeira noite: cena perturbadora, em que ela parece querer se proteger da intrusão do presente no passado (está nos aposentos da mãe), e igualmente da intrusão do passado no presente (teme, aliás com razão, que Gianni venha visitá-la durante a noite).

Todos estes elementos acentuam a ambiguidade dos tempos, dos lugares e dos personagens centrais, ambiguidade que gira em torno da questão do incesto, presente do início ao fim do filme: verdadeiro ponto de fuga de todas estas linhas, que dá unidade ao quadro e ao mesmo tempo se furta ao olhar direto.

3. Incesto: fantasias e realidade

Pois este é o grande enigma que *Vaghe Stelle dell'Orsa...* coloca ao espectador, neste ponto identificado com Andrew. Assim como ele, nós não participamos daqueles anos do pós-guerra em que Gianni e Sandra se aliavam contra seu tutor, e também queremos saber se houve ou não algo mais reprovável entre eles. Para o advogado Gilardini, não cabem dúvidas que houve; mas ele bem poderia ter lançado o que Sandra afirma ao marido não passar de "calúnia" para livrar-se da suspeita, que pesa sobre ele e sobre a mãe, de terem denunciado o pai à Gestapo.

Os críticos se dividem quanto à probabilidade de que o incesto entre os dois adolescentes tenha realmente se produzido. Entre os que consultei, a posição mais radical é a de Olivier Dehors: para ele, Gianni e a mãe pertencem tanto ao passado de Sandra quanto à sua *imaginação*, e bem poderiam existir, enquanto se passa a ação do filme, *somente* na sua imaginação. A mãe, que antes da cerimônia final só aparece por *flashbacks*, poderia ser uma projeção das fantasias de vingança de Sandra; Gianni seria um fantasma conjurado por ela – aparece no momento em que, na primeira cena no jardim, ela abraça o busto do pai, e morre quando a estátua é descoberta, aliás como um vampiro, quando os primeiros raios de sol tocam sua face. Na cena da cisterna, é ela quem o faz surgir, chamando pelo seu nome (ele estava atrás de uma coluna); na briga após o jantar, quando ele tenta abraçá-la, diz-lhe que "para mim, já estás morto", com o que precipita seu suicídio, etc.[5]

A consequência desta hipótese só pode ser uma: o filme nada mais seria do que a descrição do fluxo de consciência de Sandra, apresentando tudo e todos exclusivamente pelo seu ângulo de visão. Outra implicação: houve incesto, mas ele não ocorreu com o irmão, e sim com o pai. "Gianni é precisamente um fantasma, ele é o espectro do pai; os dois personagens, pai e Gianni, fundem-se para tornar-se um só a trinta anos de distância, Gianni se encarregando dos atributos do pai."[6] Terceira consequência, que Dehors não hesita em extrair: "Mas se Gianni é uma imagem do pai (uma "materialização"), não podemos pensar que o mesmo vale para

---

5   Para maior comodidade da exposição, parafraseei neste parágrafo os argumentos do crítico, que conclui: *"selon moi, il s'agit d'un produit de l'imagination de Sandra".* Cf. Dehors, op. cit., p. 175-176.

6   Dehors, p. 176. O *lapsus calami* (a *trinta* anos de distância, e não vinte, como é dito explicitamente no filme) é do autor.

Sandra e a mãe"?[7] O crítico se baseia em alguns pontos para sustentar esta audaciosa hipótese: a música de Franck, associada às duas mulheres e apenas a elas; a importância dos aposentos da mãe para Sandra, que neles dorme durante os três dias da ação; o fato de os chapéus negros das duas serem quase idênticos; e um gesto comum, o de esconder o rosto com a mão enluvada de preto.

Nessa perspectiva, a cena central do filme – a visita à cisterna – ganha o sentido de um mergulho tanto no tempo do imaginário quanto no inconsciente da própria Sandra. Seria uma regressão, precedendo a libertação dela dos fantasmas do passado, e o início de uma nova fase em sua existência: morto Gianni, ou quando ela consegue se livrar dele (se a hipótese de Dehors for verdadeira, as duas soluções são de fato uma só), a moça retomará sua vida com Andrew, em outro lugar, em outro tipo de relação. A condição para que possa ocorrer esta mudança essencial é dupla: aceitar a morte do pai (a cerimônia) e reconciliar-se com a mãe, deixando de ver nela apenas a figura maléfica e louca que nasce do seu ressentimento infantil. Com efeito, na cena da cerimônia a mãe aparece como uma pessoa normal, vestida de negro, digna e reservada no seu papel de viúva, e não como a Fúria desesperada que vemos nos *flashbacks,* que dão, com grande eficácia, expressão visual às fantasias de Sandra.

Na cena da cisterna, segundo Dehors, Sandra

> *explora seu ego interior, seu ego primitivo [...]. Este retorno às origens, este retorno ao ventre materno – abóbadas, água, ausência de luz e identificação total com a mãe,*

---

[7] Idem.

quando surge o flashback na sequência seguinte – permite a Sandra um novo nascimento, ao mesmo tempo para si mesma e para o mundo exterior. Após ter sido confrontada ao seu reflexo, Sandra pode subir novamente e recuperar, num primeiro momento, o tempo do passado (o palácio) antes de deixá-lo pelo tempo do presente (do exterior).[8]

Que pensar dessa leitura? Ela é sem dúvida engenhosa, e, para o psicanalista, tem o mérito de abrir espaço para as fantasias de Sandra, para a expressão dos seus desejos e vivências. Isso é importante, tanto sob o aspecto estético – os mesmos acontecimentos, aliás misteriosos, são apresentados do ponto de vista de cada um dos personagens, pontos de vista obviamente não coincidentes, mas em princípio igualmente válidos – quanto para a verossimilhança psicológica. Como toda menina, Sandra abrigou fantasias de sedução em relação ao pai, talvez reforçadas pelo desaparecimento dele e pelo surgimento de um padrasto; também abrigou fantasias em relação à mãe, seja de rivalidade edipiana, seja outras, mais arcaicas, ligadas à relação dual da primeira infância (Melanie Klein, como se sabe, descreveu estas fantasias com riqueza de detalhes, insistindo sobre seu caráter angustiante e sobre o temor da retaliação pelos ataques "realizados com todos os meios do sadismo", como ela costuma se expressar).

Tais fantasias certamente impregnam as recordações que Sandra guarda da *Signora* Luzzati, e, se suspeita que ela de algum modo traiu o marido e levou à morte, a imagem da pianista na consciência de sua filha estará naturalmente marcada por ódio,

---

8   Dehors, p. 174-175.

desprezo e ressentimento. Também será de se esperar a presença de culpa e de ansiedade, porque apesar de tudo essa mulher também foi amada pela menininha que sobrevive na psique de Sandra. O filme proporciona numerosos indícios dessa ambivalência: ela toca, emocionada, um molde em gesso da mão da mãe, lembra-se de como esta trouxe presentes para Gianni e para ela ao voltar de um concerto em Viena, penteia-se ao espelho dela, dorme nos seus aposentos, etc.

Mas, do fato de que a moça tem e teve fantasias sobre seus pais, será lícito inferir – como o faz Dehors – que o irmão e a mãe nada mais são do que ficções da sua imaginação? Podemos entender esta hipótese de duas maneiras, e ambas me parecem equivocadas:

a) os próprios personagens não existem na realidade, e o filme mostra, mesclados aos "fatos" (viagem a Volterra, doação dos jardins, etc.), as alucinações que o ambiente de sua infância provoca no espírito perturbado da moça. Neste caso, porém, como explicar o comportamento de Gilardini, que insinua todo o tempo o incesto entre ela e Gianni, e sobretudo o de Andrew, que ao final do filme parte para Nova York e deixa para sua mulher uma carta amorosa, na qual diz que o que mais deseja é que ela se reúna a ele e enterre o passado de uma vez por todas? Esta alternativa peca pela base: não haveria como distinguir entre as cenas "na realidade" e as que existissem apenas pela alucinação de Sandra; ora, se tal fosse o intento de Visconti, ele teria usado recursos cinematográficos para obtê-lo, e para sugerir ao espectador que entendesse o filme por esta via. *Non sequitur*.

b) Gianni e a mãe existem de fato, e tomam parte na ação que se desenrola naqueles três dias; mas o filme mostra a *percepção* que Sandra tem deles, mais do que sua natureza verdadeira. Assim, a mãe não ficou louca, mas é Sandra quem a imagina assim, acabrunhada pela culpa e pela angústia; Gianni não é um jovem estouvado e amoral, mas apenas o suporte de projeções da sua irmã. Projeções do quê? De um misto de *fantasias* de sedução pelo pai, que seriam um elemento particularmente importante na vida psíquica desta moça, e de restos mal assimilados de um verdadeiro trauma, a sedução *real* pelo pai ("o incesto não ocorre entre o irmão e a irmã, mas sim entre o pai e a filha", escreve Dehors com todas as letras à página 176 do seu artigo).

Discordo desta interpretação, que me parece ignorar alguns aspectos fundamentais tanto do filme quanto da lógica das emoções. Disse atrás que a visão psicanalítica, para não ser apenas aplicação mecânica de clichês sobre uma obra de arte, deve respeitar a estrutura e o conteúdo manifesto desta obra; só então, a partir de indícios seguros – ou seja, bem evidentes na "superfície" – é que se podem tentar inferências, as quais guardarão sempre um caráter probabilístico, assim como na prática real da análise as construções a que chegamos.

O que se pode inferir, dos elementos da película, a respeito das relações de Sandra com seu pai? O cientista foi levado pelos alemães em 1942, e a ação se passa em 1962, ou perto disso (vinte anos após a deportação). Sandra tem, neste momento, uns vinte e três ou vinte e quatro anos, a julgar pela sua aparência, pelas roupas que veste, pela vivacidade de seus gestos. Se Luzzati a tivesse molestado eroticamente, o alvo de suas "atenções" teria sido uma menina de quatro, no máximo cinco anos. Ora – mesmo sem querer preservar a inocência do pai de Sandra, do qual nada sabemos, e que poderia perfeitamente ter sido um pedófilo – se algo do tipo tivesse de fato ocorrido, os efeitos psíquicos sobre a menina teriam sido devastadores – e nada, *absolutamente nada*, no comportamento de Sandra sugere que tais efeitos tenham se produzido.

A literatura psicanalítica vem se ocupando recentemente da violência sexual e de suas consequências. Entre os melhores livros sobre o tema, está o de Renata Udler Cromberg, *Cena Incestuosa*, ao qual remeto o leitor que nele quiser se aprofundar.[9] Sem deixar de reconhecer que toda menina tem em relação ao pai fantasias de seduzir e de ser seduzida, a autora distingue entre *fantasia* e *ato*, e, na resposta do pai, entre o contato físico que traduz carinho ou ternura (abraços, beijos, afagos, e outros gestos perfeitamente cabíveis entre um pai e sua filha), e o contato físico que veicula abuso da criança e descontrole erótico por parte do pai. A esse contato, que pode chegar até a penetração e o estupro, ou deter-se em atos preliminares como a felação ou o *cunnilingus*, Cromberg denomina "gesto de homem", por oposição ao "gesto de pai". Este último – genericamente, a expressão do amor pela filha – está certamente imbuído de erotismo, mas, à diferença do gesto que veicula a violência sexual, é realizado por um homem que *conhece* e *aceita* os limites impostos pela cultura à manifestação física do amor paterno:

> *por violência sexual, entendo uma situação complexa, desencadeada por um ato sexual, não necessariamente o coito, no qual uma pessoa estranha ou familiar utiliza-se*

---

9   Renata Udler Cromberg, *Cena Incestuosa*, São Paulo, Casa do Psicólogo, 2002. O livro resulta de uma ampla pesquisa sobre a violência sexual; traz diversos relatos de casos atendidos ou supervisionados, além de um estudo do que Freud, Ferenczi e outros autores escreveram sobre o tema. Cf., neste volume, um comentário de outra obra da mesma autora: *Paranoia* (capítulo "Um destino para o ódio").

> do corpo de outra pessoa, ou ameaça fazê-lo sem seu consentimento consciente. [...] Na maioria (dos casos da pesquisa, RM) os violentadores são pais ou padrastos [...]. Neste caso, falo em violência sexual incestuosa [...]. A primeira hipótese deste estudo é que o sofrimento psíquico da violência é causado por um trauma que se deve não só ao ato sexual violento, mas à imbricação complexa deste ato sexual violento com as fantasias sexuais inconscientes.[10]

Ou seja, o incesto é iniciado pelo homem adulto, e, mesmo que não seja manifestamente violento (estupro), é por natureza de uma violência extraordinária, pois representa a intrusão do real do corpo adulto no corpo (boca, vagina, pele ou ânus) infantil. Mais ainda, envolve a intrusão de significados sexuais incompreensíveis para a mente infantil, a sensação de ter feito algo errado e ter de manter segredo sobre o que fez (em especial ocultando-o da mãe), a colusão entre fantasias de sedução vagamente associadas a um contato físico com o pai e a realidade intolerável de carícias precisas, tanto ativas como passivas, em lugares sensíveis do corpo.

A violência desta dupla intrusão é devastadora para a psique infantil, como mostra o psicanalista húngaro Sandor Ferenczi no seu artigo "Confusão de Línguas entre os Adultos e as Crianças", de 1932. Cromberg comenta detalhadamente esse texto, no qual Ferenczi fala da *cisão* que tal tipo de trauma impõe à mente infantil, e da *identificação com o agressor* que dele costuma resultar. Com efeito, em virtude da cisão, a psique infantil passa a funcionar em dois registros: uma parte dela conserva a ternura e o amor pelo

---

10 Cromberg, p. 53-54.

adulto, como se nada tivesse acontecido entre eles, enquanto a outra introjeta a figura do agressor, identificando-se com ela, e em especial com a culpa que o adulto não pode deixar de sentir, por menos que dela tenha consciência. O resultado destes processos é um medo intenso do adulto, e a submissão absoluta à vontade deste, tentando mesmo, diz Ferenczi, adivinhar o desejo do agressor e realizá-lo antes mesmo que este o formule.[11]

Que sofrimentos podem resultar desta constelação? Escutemos a autora:

> *as representações psíquicas de hetero- e autodestruição, bem como representações angustiantes que aparecem em sonhos, devaneios, relatos de impressões e sensações do contato com outras pessoas e alucinações, evidenciam o intenso sofrimento e a desorganização psíquica de quem é submetido à violência sexual. Apresentamos algumas dessas representações [...]: tentativas de suicídio, pesadelos de estar sendo perseguida, lembrança contínua da cena do estupro, aumento da tristeza, sensação de ser um boneco, pensar no pai vinte e quatro horas por dia, acessos de fúria, sonhos cheios de imagens de destruição.*[12]

Este último ponto – o retorno da lembrança nos sonhos – é ilustrado entre outros pelo de Maria, uma das moças violentadas cujo caso Renata analisa: ela vê o pai rolando pela escada, com sangue

---

11 Cf. a paráfrase comentada de Cromberg sobre o artigo de Ferenczi, no capítulo IV de *Cena Incestuosa*, p. 169 ss.
12 Cf. Cromberg, p. 134-136.

saindo dos olhos; na barriga dela mesma, transparente, pode-se ver o fruto do incesto sendo gestado, etc.

4. Reconstruindo o passado

Ora, nada disso aparece nem nas lembranças nem no comportamento de Sandra, que, se abraça apaixonadamente o busto do pai na cena do jardim, dá mostras de ter passado relativamente bem pelas diversas etapas da sua evolução psíquica. Provas disso são que pôde, na realidade, ir em busca de informações em Auschwitz sobre o que sucedeu ao pai, pôde encontrar e amar um homem que a ama, pôde e pode criticar seu irmão: das mostras de carinho no início do filme, ela vai se tornando mais e mais contrária às atitudes e sobretudo à moral dele, a ponto de no final dizer-lhe as palavras fatídicas: *"per me, sei già morto"*.

Ou seja: Sandra *evolui* no decorrer da ação. Tomando consciência de que Gianni continua fixado no passado, de que não hesitou em expor o que viveram juntos num *roman à clef* que qualquer leitor decifrará sem dificuldade, do seu desejo de que ela se separasse de Andrew e vivesse para satisfazê-lo, Sandra sente crescer em si um ódio que só podemos considerar como saudável – todo o contrário da identificação com o agressor de que falam Ferenczi e Renata Cromberg. Não se dá bem com a mãe, suspeita – talvez injustamente – de uma terrível traição contra o pai, mas isto não basta para torná-la "doente", ao menos não mais que a maioria de nós. Ela diz a Andrew que não esquecerá e não perdoará, mas é sensível ao apelo deste para iniciar uma nova vida, na qual o passado seja de algum modo *integrado* e não apenas *repetido*.

Deste ponto de vista, a visita a Volterra e os três dias ali passados são de fato um momento de báscula, um *turning point* na existência de Sandra, que lhe permitem reorganizar seu mundo interno e prosseguir, de modo mais intenso e eficaz, uma *elaboração* que já se iniciara tempos atrás, como o sugerem a iniciativa de ir a Auschwitz, a decisão de doar os jardins ao povo da cidade, e a concordância com o projeto de erigir uma estátua ao pai e de realizar uma homenagem pública à sua memória.

E Gianni? Se acaba de atingir a maioridade quando se passa a ação (pois assina a doação dos jardins), teria em torno de um ano quando o pai foi deportado. A ausência de uma figura paterna estável e estruturada veio somar-se, potencializando-a, à parca densidade da presença da mãe – não tanto por ser artista, nem pelas constantes viagens, mas porque ela parece ter sido incapaz de unir trabalho, amores pessoais e maternidade de forma a atingir algum equilíbrio. Tal constelação deixou, sem dúvida, marcas profundas na alma desse menino. Ele rejeitou violentamente o padrasto, que tampouco parece ter sido habilidoso na conquista do respeito e do carinho dos dois irmãos: homem autoritário, explosivo, dado a gritos e a expressões duras, Gilardini com certeza contribuiu com sua cota de responsabilidade para o conflito que dilacerou a família por tantos anos.

Gianni aprendeu cedo o poder da chantagem: consegue não ir para o colégio interno fingindo um suicídio, que apavora sua mãe e a faz ceder. Como tantas crianças às quais faltam os limites essenciais, e que de vez em quando veem seus pais ou responsáveis passarem por surtos de autoritarismo tão inconsistentes quanto inócuos, Gianni desenvolveu uma personalidade na qual o narcisismo apresenta simultaneamente excessos e carências. Faltou-lhe o amor seguro de adultos capazes de aceitar suas imperfeições, de acolher suas angústias, e ao mesmo tempo de mostrar com clareza o que era e o que não era permitido: leniência e severidade alternavam-se, do seu ponto de vista infantil, sem qualquer critério, criando uma lacuna ali onde deveria ter se instalado o superego. Em termos simples, na falta de modelos confiáveis, que o amassem a ponto de que ele, menino, desejasse identificar-se com eles e com as normas que deles emanavam, o narcisismo infantil continuou a ser a viga mestra da personalidade de Gianni.

Com efeito, a *arrogância* é o traço que mais chama a atenção no comportamento do jovem durante os dias em que vive no palácio com Andrew e com Sandra. Sensível, culto, inteligente, ele não duvida um só instante de que poderá realizar qualquer desejo seu, desde que saiba persuadir e manipular os demais. E, como aqueles a quem os deuses querem perder primeiro enlouquecem com a *hybris*, o orgulho cego e fatal, Gianni vai ao encontro do desastre com uma autoconfiança que nada mais é do que o reverso do seu desespero e da sua solidão.

Desde o início, fica claro o seu interesse erótico por Sandra: na primeira cena no jardim, ele encosta longamente a cabeça no colo da irmã, roça os lábios pelo pescoço dela, os olhos fechados no gozo daquela pele. Depois, conta alegremente que vem pilhando os objetos da casa para conseguir dinheiro: "venho a este lugar sinistro como um falcão", diz ele, enquanto lava o rosto. O torso nu lhe vale uma primeira reprimenda da irmã, que asperamente lhe diz: "Não quero que te dispas na minha frente"! É o primeiro indício de que ela já não quer com ele a intimidade que ele quer com ela.

Na verdade, apesar de dizer a Sandra num certo momento que conseguiu se liberar do passado, tudo indica que Gianni ainda vive colado a ele. Mais: interiormente, está *trancado* nele. Assim, na cisterna, diz a Sandra "esta é nossa casa", ao que ela retruca: "não, esta *era* a nossa casa". Confiante em seu charme e nas lembranças do que viveram juntos, Gianni não percebe que Sandra já não o quer como amante, e permanece surdo às indicações claríssimas que ela dá neste sentido (entre outras, na cisterna, ela lhe diz: "és louco, és irresponsável"!). No manuscrito que ele pede para Sandra ler, figuram frases como esta: "meu desejo aumentava, em vez de diminuir... Eu me atirava sobre o corpo complacente de minha irmã como sobre um inimigo a ser dilacerado, sem nunca me satisfazer com um abraço". Quando ela se confessa horrorizada pelo que o livro contém, o comentário de Gianni é: "está bem escrito, não está"? E se lança numa explicação de como é importante que haja escândalo, o caminho mais curto para o sucesso e a riqueza. "Eu sou vaidoso", reconhece neste momento.

Gianni comete seu erro mais grave na conversa final com Sandra, após o jantar em que Gilardini, numa de suas explosões, deixou escapar a palavra fatal: "cansei-me de encobrir vocês [...] quando adolescente, ele se vangloriava de suas taras hereditárias, de seus *amores incestuosos*". Andrew, chocado, o desafia a negar a acusação; Gianni se acovarda, leva vários socos do americano, e, quando este decide ir embora daquele lugar maldito, vai ao encontro de Sandra. Mais uma vez, pede que ela "o ajude", ou seja, que fique ali com ele por alguns dias. Ela o afasta de si com ódio e repugnância; ele lhe diz então que é uma pequeno-burguesa, que não ousa assumir seu desejo por ele, Gianni, e que, como tantas outras, se sacrifica na alma e se mortifica no corpo em nome de uma moral ultrapassada. De si, afirma convicto: "Eu posso ser um ladrão, cínico, depravado, mas sou capaz de um gesto: queimei meu livro por você"! Sandra não se impressiona; o rapaz diz então que vai se matar, e ouve em resposta: "*per me, sei già morto*".

A *hybris*, que na tragédia grega designa a arrogância e o orgulho, e que em psicanálise se chama crença na própria onipotência, o conduz portanto à ruína; ele calculou mal o que ia no espírito de Sandra, não se deu conta de que para ela o que houvera entre ambos já não correspondia ao momento presente, e, encurralado pelas suas próprias palavras, tendo que corresponder ao elevado conceito que faz de si mesmo ("um herói romântico"), toma as pílulas fatais. Arrepende-se demasiado tarde, e morre sem qualquer dignidade, arrastando-se pelo tapete do quarto da mãe, implorando por um socorro que não virá.

O personagem de Gianni, em minha opinião, é o mais complexo e bem desenhado do filme. Ele tem o charme dos perversos, uma certa inocência nada inocente que lembra certos personagens de Sade, em especial o Dolmancé da *Filosofia na Alcova*, hábil em apresentar como naturais suas inclinações e como meramente convencionais as regras da cultura que as impedem de se exercer "naturalmente". Quando chama a si mesmo de falcão, no início do filme, a meu ver acerta em cheio: é a figura do *predador* que melhor define a natureza deste jovem.

Em seu livro sobre a cena incestuosa, Renata Cromberg faz referência ao conceito de "predador psíquico", introduzido pelo etólogo Boris Cyrulnik. Trata-se dos perversos que,

> *pouco constrangidos pela empatia, manipulam o espírito dos outros, que eles consideram bonecos desejáveis. São muito performáticos, porque não têm nenhuma inibição. Eles nos explicam, sem se comover, que se culpabiliza o incesto hoje como no passado se culpabilizou a masturbação ou a homossexualidade [...] A ausência de inibição do sentimento incestuoso [...] é possível por uma coisificação do objeto sexual, em que só contam os próprios impulsos, o próprio cenário interno.*[13]

---

13 Cromberg, op. cit., p. 222.

Ou seja, o discurso final de Gianni nada mais é do que a expressão das tendências narcisistas que predominam em sua constituição psíquica. Mas nem todo narcisista é um perverso; para que se organize este tipo de estrutura, é necessário um tipo específico de conflito e um tipo específico de solução global para esse conflito, solução da qual decorre *também* o modo de satisfação sexual. Em outras palavras, a perversão não é apenas um modo de gozar, mas sobretudo um modo de existir. As pesquisas do psicanalista americano Robert Stoller revelam alguns traços da organização perversa, que cabem como uma luva no que Visconti nos mostra de Gianni:

- o conflito fundamental é o de *identidade*: quem sou eu? As identificações estruturantes, que definem o travejamento da personalidade, são frágeis e se encontram permanentemente ameaçadas. É o que vemos em Gianni: filho de um judeu e de uma mulher um tanto antissemita, privado do pai e provavelmente ouvindo sobre ele os discursos mais contraditórios, criança mimada e ao mesmo tempo aterrorizada pela violência de suas emoções e de suas fantasias, torna-se um adolescente problemático, que encontra na chantagem e no incesto as armas para enfrentar a vida, e depois um jornalista venal, que escreve colunas de mexericos. Impossível resolver numa ou noutra direção o conflito entre as severas aspirações artísticas, que exigem dedicação e disciplina, e o desejo de ser famoso sem esforço, manipulando como um Aretino de província os temores daqueles que não querem ver revelados seus pequenos e sujos segredos (o colunismo de fofocas em sua versão mais indigna). A solução para a fragilidade das identificações reside aqui na formação de uma imagem de si como alguém poderoso, que suscita nos demais respeito e temor, alvo de atenções e de obséquios.

- a angústia de ser invadido e dominado dá origem a fantasias de onipotência marcadas por uma grande *hostilidade* para com o objeto: vingança, triunfo, desumanização, convertem-se nas modalidades típicas de vínculo *erótico* com o objeto, fazendo com que sexualidade e ódio mesclem-se de maneira inextricável. A perversão é a "forma erótica do ódio", diz Stoller. (Gianni: "eu me lançava sobre o corpo de minha irmã como sobre um *inimigo a ser destroçado*...").

- a cena sexual que melhor se adapta a esta constelação fantasmática é a de um *triunfo sobre o objeto*, que faz do orgasmo "uma alegre explosão megalomaníaca, necessária para libertar o sujeito da ansiedade".[14] "O trauma se converte em triunfo": esta fórmula de Stoller resume bem a situação. Como criança, o sujeito sofreu passivamente violências que deixaram como sequela uma identidade cambaleante e uma perene ansiedade de fundo; agora, como adulto, o domínio sobre o objeto assinala a vitória, e sobretudo o caráter *ativo* do seu papel sexual. (Gianni: "*eu me lançava* sobre o corpo complacente da minha irmã...").

- como o ponto em que se enlaçam sexualidade e identidade é o complexo de Édipo, cabe supor que a perversão "é o resultado de uma determinada dinâmica familiar que, induzindo medo, força a criança a evitar o enfrentamento da situação edípica, na qual, todavia, ela já se

---

14 Cromberg refere-se ao livro de Flávio de Carvalho Ferraz, *Perversão* (São Paulo, Casa do Psicólogo, 2000), que faz parte da mesma coleção que o seu, e constitui uma excelente introdução a estes problemas. Por sua vez, Ferraz utiliza e expande as conclusões de Stoller, especialmente as que figuram no clássico *Perversion: the erotic form of hatred*, New York, American Psychiatric Press, 1975. As citações anteriores foram tomadas de Cromberg, p. 223 ss.

encontra imersa. O desfecho do conflito edípico não seria, portanto, a dissolução dele pela via do recalcamento, mas sim a sua evitação, o que adiaria *ad infinitum* sua resolução, mantendo-o em suspenso". Assim Flávio Carvalho Ferraz resume, em seu livro sobre a perversão, a tese de Stoller.[15]

Talvez possamos propor, a partir desta ideia, uma reconstrução do percurso psíquico de Gianni, naturalmente com todas as reservas e cautelas *de rigueur* neste tipo de montagem. *Se non è vero, è ben trovato*, ao menos tanto quanto posso discernir.

Temos aqui um garoto que não conheceu o pai, e que dele tem uma imagem das mais confusas, tanto porque foi preso e deportado como criminoso (aos olhos dos nazistas, que dominavam Volterra até ele ter uns dois anos de idade), quanto porque no discurso da mãe era um homem de moral duvidosa ("pequenos vícios, prudentes, sujos, secretos", diz ela a Sandra, e certamente não pela primeira vez), quanto ainda porque o padrasto que vem tomar seu lugar não consegue ganhar a afeição do menino. Nas fantasias edipianas, um elemento central é o desejo de afastar o pai e tomar seu lugar junto à mãe: *talvez o pequeno Gianni tenha abrigado o sentimento de que tinha sido capaz de tal façanha, posto que o pai já não está lá*. Deslumbrado com a força do seu desejo, mas também horrorizado e assustado por ter "conseguido" assassinar o pai, ele não pôde viver o enfrentamento com esta figura, e, como diz Ferraz, é provável que seu Édipo tenha permanecido em suspenso, dando origem à solução perversa como modo de evitar a retaliação por parte deste pai (fantasias de castração), tanto mais perigoso quanto mais intangível e inacessível.

---

15 Flávio C. Ferraz, op. cit., p. 122. Cf. o comentário de Cromberg, *Cena...*, p. 225 ss.

O novo despertar do desejo sexual, no início da puberdade, faz Gianni reviver as fantasias incestuosas e polarizá-las (como tantos outros meninos) sobre a figura da irmã. E aqui, ele teve a má sorte de encontrar nela uma "cúmplice" (palavras de Sandra), que se deixou levar por seus próprios impulsos, talvez de início por brincadeira, ou seduzida pelo efeito que sua beleza tinha sobre o irmão, mas logo como forma de aliviar suas próprias tensões eróticas de adolescente. Não podemos esquecer que Sandra é três ou quatro anos mais *velha* que Gianni, o que exclui a forma típica de incesto, na qual o rapaz ou homem força a menina a ceder aos seus desejos, seja pela sedução melíflua, seja pela força mesmo.

O que dissemos anteriormente sobre os efeitos devastadores para o psiquismo da menina de um incesto em que ela é essencialmente a vítima não vale apenas para o caso pai-filha: também no caso irmão-irmã se verificam as consequências nefastas de um trauma destas proporções. Na literatura, temos alguns exemplos desta situação, a começar pelo relato bíblico do incesto entre Amnom, filho do rei David, e sua meia-irmã Tamar (II Samuel, 13), e chegando até o praticado por Kurt com sua irmã Ulla, na peça de Alberto Moravia *Il Dio Kurt*.[16] Já quando a irmã consente em tais práticas – como no incesto entre Ulrich e Ágata, que Robert Musil descreve na segunda parte de *O Homem sem Qualidades* – tais efeitos não se verificam: pode haver vergonha, dúvida moral, etc., mas não o que se associa naturalmente com a violência, precisamente porque não há violência, e sim consentimento, ou mesmo estímulo. O mesmo vale para o incesto entre pai e filha, como fazem as filhas de Lot após a destruição de Sodoma e Gomorra: vendo que não restou outro varão para dar continuidade à

---

16 Cf. Renato Mezan, "O Mal Absoluto", in *Tempo de Muda: Ensaios de Psicanálise*, São Paulo, Companhia das Letras, 1998.

linhagem, elas embebedam o pai e se deitam com ele, conscientes de que essa é sua única opção.[17]

Assim, tudo indica que Sandra não resistiu às aproximações de Gianni (que aliás recorda, no romance, como o corpo da irmã lhe era "complacente"); durante algum tempo, talvez um ano ou dois, acariciaram-se, beijaram-se, tiveram relações que culminaram quem sabe em gravidez e em necessidade de abortar (Gilardini atira à cara de Sandra que a livrou várias vezes de "encrencas"). A um certo momento, porém, Sandra dá um basta à aventura, e durante algum tempo, aos dezoito anos, namora o filho do administrador, o jovem Pietro; posteriormente, afasta-se de Volterra, e vai acabar encontrando Andrew. Ela agora sente vergonha do que fez, e deixa claro a Gianni que, embora continue gostando dele como irmã, nada mais aceita de contato físico entre eles.

Já Gianni, como vimos, ficou profundamente marcado por esta "separação". Teve pequenos casos, tentou trabalhar como jornalista, mas tudo isso tem um ar de ligeira impostura. Ao saber do casamento da irmã, o que viveu com ela retorna à sua memória com a força das emoções sufocadas; e ele vê na cerimônia de desagravo ao pai a oportunidade de tentar reaver o que julga pertencer-lhe, ou seja, o corpo de Sandra. Sabemos como tal pretensão, e a incapacidade de tolerar a negativa da irmã, acabou por conduzi-lo à desonra, ao desespero e ao suicídio.

---

17 Gênesis, 19:30-38. O Eterno não parece ter-se incomodado muito com este expediente, já que de uma dessas uniões nasce Moabe, pai dos moabitas. Deste povo surgirá Ruth, protagonista do mais comovente relato de fidelidade contido nas Escrituras, e ancestral do rei David, por sua vez ancestral (segundo o Novo Testamento) de Jesus de Nazaré.

O incesto é assim o ponto de fuga a partir do qual se organizam as linhas de perspectiva na história, linhas que situam os personagens uns em relação aos outros. Mas ele não pode ser visto somente como um ato de violência cometido por Gianni contra uma Sandra toda inocência; há sedução e responsabilidade de ambos os lados. Ela, que por ser mais forte psiquicamente consegue sair da armadilha e abrir-se para o amor de outros homens (vai desposar, num exemplo cristalino do que denominamos *formação reativa*, um estrangeiro completamente alheio à sua cultura). Ele, mais frágil e atolado numa problemática identificatória mais aguda, não consegue se libertar da solução que, num certo momento, garantiu um mínimo de estabilidade e de densidade à imagem que tinha de si mesmo; busca repetir o impossível, e, cego e surdo ao que contradiz sua onipotência, cava a própria sepultura.

Até o fim, Gianni não consegue perceber que o jogo mudou: foi inútil o gesto de queimar o livro, gesto que ele pratica numa tentativa desesperada de colar os cacos da sua identidade, mas que a seus olhos é um sacrifício pela amada digno de um herói romântico: "posso ser ladrão, cínico, depravado, mas ainda sou capaz de um gesto: queimei meu livro por ti", brada ele a Sandra. Pura retórica: não foi por ela, mas por si mesmo, como uma aposta de roleta russa, que atirou o livro às chamas. Na realidade psíquica, ver-se como herói galante, "ser capaz de um gesto", é ter por um momento onde se apoiar, nessa derrocada do seu mundo e de suas identificações sob os golpes combinados das invectivas de Gilardini e dos punhos de Andrew.

* * *

Mas não exageremos na interpretação: estamos apenas levantando uma hipótese, a partir da ideia de que o comportamento dos personagens não é aleatório, que o *pull of the past*, o empuxo do passado, como diz o crítico Bacon, move os fios do destino de cada um. A esta determinação férrea, opõem-se o elemento do acaso e as circunstâncias da vida, que podem infleti-la nesta ou naquela direção. É Visconti quem afirma, numa entrevista citada por vários comentadores: "a ambiguidade é o verdadeiro aspecto de todos os personagens do filme, exceto Andrew, o marido de Sandra".

Respeitemos então a vontade do cineasta: entre o céu das ideias e a terra das paixões, há mais (ou menos...) do que podemos descobrir com nossas ferramentas psicanalíticas. Se a leitura que proponho me parece plausível, ela não visa a mais do que contribuir para uma melhor apreciação de *Vaghe Stelle...*, que, como toda grande obra de arte, suscita emoção e encantamento em quem dela se aproxima. E você, leitor amigo: o que pensa?

"Mudou o Natal, e mudei eu"

Convidado a participar do volume em homenagem a Scarlett Marton, perguntei-me com o que poderia contribuir para ele: fomos colegas de faculdade, e ao longo de quarenta anos consolidamos uma amizade que prezo como uma das coisas belas da minha vida. Nossas carreiras, porém, tomaram rumos diferentes; tendo-me dedicado à psicanálise, acabei por me distanciar da cena filosófica. Não teria, portanto, como escrever algo que de algum modo dialogasse com as pesquisas que a notabilizaram, cujos eixos – a obra de Nietzsche, o pensamento alemão, a história da filosofia moderna – não me são familiares no nível que se faria necessário. Não era grave, disse a mim mesmo: outros autores com certeza iluminariam de diferentes ângulos o trabalho internacionalmente reconhecido da filósofa.

Por um momento, flertei com a ideia de falar sobre os almoços em que durante estas décadas buscamos "atualizar-nos" um em relação ao outro, mas a deixei de lado. Se são preciosos o carinho e a franqueza que permeiam essas reuniões, a natureza pessoal das experiências de que falamos não se presta a ser partilhada com outrem. E é bom que assim seja: nestes tempos em que se tornou moda expor as entranhas da subjetividade, a discrição – para não dizer a simples compostura – vale como sinal de respeito pela amiga, por si mesmo e pelo leitor.

Do que tratar, então? A resposta logo se impôs: do seu livro *A Irrecusável Busca de Sentido*.[1] Já conhecia o teor dessa "autobiografia intelectual", apresentada como memorial no concurso para professora titular de História da Filosofia Contemporânea na USP, de cuja banca tive a honra de fazer parte. Reli-a de ponta a ponta, com o lápis na mão – e desde as primeiras páginas, de algum desvão da memória irrompeu a lembrança de um soneto de Machado de Assis. O poema conta a história de um homem que, querendo "transportar para o verso ameno" as recordações da sua infância, não encontra palavras para isso. Matuta e matuta, e no final lhe sai apenas um "pequeno verso": "Mudaria o Natal, ou mudei eu"?

Nada de "pena manca e frouxa", porém, no texto que nos ocupará a seguir: ao contrário, chamam a atenção a fluência e a decisão com que a autora navega pelas questões que escolheu abordar. Sem condescendência, por vezes até de modo severo, avalia a si mesma e o contexto no qual se desenvolveu seu percurso. Não se trata de confissões, embora aqui e ali desponte um sentido desabafo – e, do início ao fim, a perplexidade diante das transformações pelas quais nos últimos decênios passaram a Universidade e a vida intelectual em nosso país. O que Scarlett propõe ao leitor é um "balanço" do que realizou na Academia; ao traçá-lo, vai fazendo um "ajuste de contas" consigo mesma, com o que fez da sua vida. E ao concluir a leitura, finalmente compreendi por que a frase de Machado de

---

1 São Paulo, Ateliê Editorial, 2004.

Assis teimava em se interpor entre as notas que ia tomando: mudou o Natal, *e* ela mudou.

1. "Esta obra exigia esta vida..."

Ao apresentar um memorial "heterodoxo", lemos no prefácio do livro, a filósofa estava ciente dos riscos que rondam quem se lança a uma reflexão acerca da própria trajetória: expor-se demais, ou, em nome das boas maneiras, silenciar sobre vivências e acontecimentos no entanto decisivos para os rumos que ela tomou, e com isso privar o leitor de elementos essenciais para a compreender. É sabido que não somos juízes isentos dos nossos atos e escolhas, mas será que isso impede que nos debrucemos sobre eles? Não: é preciso apenas tomar certos cuidados, entre eles o de buscar esclarecer, na medida do possível, os próprios pressupostos, duvidar das próprias certezas, suspeitar de "evidências" que na verdade nos cegam para o que não queremos ver.

O problema é assim o da justa distância: nem tão ampla que faça perder a nitidez do panorama, nem tão curta que borre as imagens a ponto de torná-las indistintas. A solução que Scarlett adota para o resolver é simples e eficaz: ela repousa sobre a percepção de que todo depoimento é um documento, isto é, tem data e lugar. *Index sui et al.*, é parte da história de quem o redige, e igualmente da de um conjunto que inclui – mas também transcende – o seu autor. No caso, parte da história de uma instituição – o Departamento de Filosofia no qual ela se formou e no qual trabalha há mais de vinte anos – e dos círculos concêntricos em que este se inscreve – a USP, o sistema educacional brasileiro, a cena filosófica nacional e internacional, e assim por diante.

O entrelaçamento da singularidade e do que, nela estando presente, não obstante vai além, caracteriza na verdade o modo de ser de tudo o que é humano. O *Cristo Morto* de Mantegna ao qual Scarlett se refere a certa altura é uma obra daquele pintor, mas também um quadro maneirista, uma pintura a óleo, um exemplo do que era a religiosidade da época, etc. Da mesma forma, se o que nossa autora quer compreender é como se formou sua identidade – o que a singulariza como ser humano – não há como escapar ao exame de um aspecto essencial dela: o fato de ser *também* uma "identidade filosófica-especulativa" (p. 10) construída num contexto específico, que por sua vez resulta de processos de vários tipos e níveis.

Se aplicada a uma obra de pensamento, a noção de que o singular contém em si uma série específica de particulares implica situá-la não somente no plano discursivo, mas ainda no da vida de quem a concebeu e no tempo em que foi escrita. Ora, aqui se acende uma luz vermelha: perigo! Perigo de psicologismo, risco de historicismo ou de sociologismo – aqueles, justamente, contra os quais nos devia vacinar a disciplina em que fomos formados, e que tem por nome "método estrutural". Se por um lado ele nos incitava a uma salutar humildade frente aos textos – antes de mais nada, compreendê-los, captar seu "movimento interno" – por outro, como observa Paulo Arantes, tinha por efeito "produzir o vácuo histórico em torno do discurso filosófico, cuja autonomia se devia preservar".[2]

E Scarlett se lançou de cabeça na tarefa de se assenhorear dele. Aluna diligente, aprendeu a "nunca renunciar às razões pelas causas, e a jamais abrir mão do filosófico pelo biográfico" (p. 16).

---

[2] "O bonde da Filosofia", em *Um Departamento Francês de Ultramar: Estudos sobre a Formação da Cultura Filosófica Uspiana*, São Paulo, Paz e Terra, 1994, p. 19.

O que não percebia – como nenhum de nós, aliás – era que o que ganhávamos em rigor de exegese não precisava ser comprado com a expulsão do que tornava o texto um *documento*, passível de ser lido *também* em outras chaves. É verdade que estas não substituem o paciente trabalho com os conceitos – mas quem disse que não podem complementá-lo?[3] O risco de reducionismo existe, porém não está escrito nas estrelas que o leitor deva sucumbir a ele.

A tarefa não é simples, e talvez só possa ser realizada por um estudioso experiente, o que ninguém é aos vinte anos. A relação de uma obra de cultura com seu autor e com seu entorno não é jamais linear: o erro é crer que o seja, imaginar que tal condição histórica ou social, ou que tal fato biográfico, bastem para "explicar" por que tal aspecto dela é assim e não de outro modo. Mas se o intérprete apressado deixa escapar por entre os dedos o cerne mesmo do que quer compreender – num texto filosófico, a fundamentação e a disposição dos argumentos; se se tratar de uma composição musical, de um afresco ou de um romance, aspectos cujo sentido e função equivalem aos daquelas – sua negligência não impede que outros, mais cautelosos, possam estabelecer relações significativas entre a obra e o que lhe deu origem.

O problema é análogo ao que confronta quem se dedica à chamada psicanálise aplicada. Também aqui o trabalho pode ser mal feito, e, com a sutileza do macaco na famosa loja de louças, atravessar estabanadamente a espessura do que se pretende estudar, ensejando interpretações tão previsíveis quanto inócuas. Mas disso não se segue que seja impossível ou inútil buscar vínculos entre o

---

3   É o sentido da observação de Merleau-Ponty que Scarlett escolhe como epígrafe do seu memorial: "É certo que a vida não explica a obra, mas é certo também que elas se comunicam. A verdade é que esta obra a ser feita exigia esta vida". ("Le doute de Cézanne", in *Sens et Non-sens*, Paris, Nagel, 1966).

teor manifesto do objeto e o que se sabe da pessoa que o produziu, assim como das tendências ou debates nos quais visou a intervir por meio *daquela* criação. Apenas, é indispensável passar primeiro pela análise minuciosa dela, e só então ir em busca do que, por mediações sempre sutis e complexas, pode estar sendo expresso na sua forma e no seu conteúdo.

Não é, repito, tarefa fácil, nem quando se trata do contexto histórico, nem quando o interesse se dirige para a vida psíquica do autor. A propósito da relação entre a filosofia das luzes e os acontecimentos do século XVIII, escreve o historiador Norman Hampson: "Longe de mim dizer que as relações causais entre os desenvolvimentos econômicos, as atitudes sociais e as especulações intelectuais não existem. Ao contrário, tudo me parece sugerir esta simbiose, mas a sua natureza e o seu modo de operação são extremamente complexos, e talvez até incompreensíveis".[4] E a propósito de Cézanne, como que a tentar dar corpo à observação de Merleau-Ponty, o psicanalista Michel Artières se esmera em mostrar como as variações na intensidade da sua pincelada – algo que pareceria pertencer somente ao plano do estilo – podem ser relacionadas com a progressiva elaboração de uma série de angústias que o acometiam quando jovem.[5]

Scarlett levou anos para se permitir aceitar que – como qualquer outro trabalho intelectual, artístico ou científico – a reflexão filosófica é inseparável do sujeito que a elabora, ou em quem ela se faz. Talvez não caiba aqui usar o "ou": nem o autor é senhor absoluto do seu pensamento, nem este se organiza inteiramente à revelia dele. O amálgama é mais sutil: "afinidades eletivas, a predileção

---

4   *Le Siècle des Lumières*, Paris, Seuil, 1972, *apud* Scarlett, p. 135.
5   "Menace d'objet et saisie du motif", *Topique* n° 33, 1983.

por certos temas e questões, as articulações de ideias, o raciocínio associativo ou a vertigem do conceito, o desejo de sistema ou o apelo do fragmento, tudo isso é revelador. Não é à parte de uma existência, mas como parte de uma vida, que o percurso intelectual se faz" (p. 22).

Ora, tão longa reticência em admitir o que hoje lhe parece evidente é tanto mais curiosa quanto, pela generosidade e honestidade com que reflete sobre fatos importantíssimos da sua vida, a própria Scarlett nos oferece uma visão particularmente rica da relação entre obra e vivências. As páginas em que recorda sua infância solitária, a necessidade imperiosa de compreender o que existia à sua volta, a perplexidade que lhe provocavam certas atitudes, comportamentos e expectativas dos adultos entre os quais vivia, dão conta de por que encontrou na escola uma "salvação" (p. 35). O investimento que veio a fazer no trabalho intelectual foi indispensável, diz ela, para afastar um "sentimento de não-existência" (p. 38), para adquirir uma identidade e uma *persona* social.

Não creio equivocar-me ao supor que uma constelação emocional deste gênero esteja na raiz de muitas vocações filosóficas e científicas; isso em nada as diminui, nem aliás as engrandece – é apenas um *fato*, prenhe de consequências. A contraface deste hiperinvestimento no intelecto é com frequência uma grande suscetibilidade a tudo o que parece ameaçar a segurança que ele proporciona – "referências precisas e constantes" (p. 49), numa das diversas formulações que encontramos no livro de Scarlett.

Quero evitar aqui um possível mal-entendido: não se trata de um "falso *self*", nem de máscara ou impostura. O que faz daquele hiperinvestimento um instrumento eficaz para preservar a estabilidade emocional e uma razoável coesão do ego é a variedade e a flexibilidade das *invenções* que possibilita: por meio delas, o sujeito experimenta o prazer de pensar, exprime de modo social e moralmente aceitável algumas de suas fantasias, desafoga certas angústias que de outro modo o fariam sofrer muito. Em resumo, é um bom sintoma.

Mas, como dizia, o próprio caráter precioso desta identificação torna apavorante a possibilidade de que ela venha a vacilar. Lembrando os tempos de faculdade, Scarlett evoca "a expectativa, nem sempre admitida, de só dizer coisas brilhantes, de parecer inteligentes o tempo todo. Não podíamos titubear, lançar um termo e recuar [...]. Precisávamos nos proteger de eventuais revides [...] Tal era o grau de contenção em que vivíamos" (p. 73). A violência pulsional contra a qual uma autoimagem deste gênero protege o indivíduo, porém, pode irromper a qualquer momento. Na mesma página, recordando certos relatos dos colegas mais velhos sobre os "rompantes dos antigos mestres em defesa de [suas] ideias e posições", fala em "embate selvagem de subjetividades" – e a hipérbole, rara sob sua pena, deixa no ar uma pergunta: será que, ao escutá--los, dela não se apoderava algo mais que um mero "receio"?

2. "O que herdaste dos teus pais, conquista-o para que o possas possuir"[6]

Um dos fatores que tornavam a "contenção" menos dolorosa para os jovens lobos que perambulavam pelos barracões da filosofia era a idealização do lugar em que estudávamos, e a identificação com os professores que dele haviam feito o que era. Como assinala Paulo Arantes no livro citado há pouco, o Departamento era um dos frutos da "Missão Francesa", em particular de Jean Maugüé, que formou Lívio Teixeira e João Cruz Costa, os mestres de

---

6   Goethe, *Primeiro Fausto*.

José Arthur Giannotti, Bento Prado Jr. e Ruy Fausto. Era também o palco das aulas memoráveis de Gilles-Gaston Granger, Michel Debrun e Gérard Lebrun, este um *scholar* de primeira água, cujo brilho retórico e cujo talento de ator só eram igualados pelo alcance da sua erudição.

Ora, a entrada da nossa geração no Departamento coincidiu com o desaparecimento destas figuras inspiradoras.[7] Basta comparar as lembranças de aluno de Paulo Arantes com as de Scarlett para nos darmos conta de como o imenso vazio aberto pela aposentadoria compulsória imposta pelo AI-5 à fina flor da inteligência uspiana foi decisivo para o percurso de cada um de nós.

Ausentes do dia a dia dos cursos, os professores afastados converteram-se em objeto de uma idealização sem a qual talvez não nos tivesse sido possível permanecer na via que tínhamos escolhido. No livro de Scarlett encontro várias passagens que me parecem confirmar essa opinião, em particular as que descrevem o ideal de uma vida acadêmica na qual "o trabalho intelectual não era extrínseco à vida, mas inerente a ela" (p. 11), ou a convicção de que ser formada pelos herdeiros de mestres daquele quilate (Marilena Chauí, Rubens Rodrigues Torres e outros) era um privilégio que implicava responsabilidades. Responsabilidades no trato com o texto filosófico, mas também, no futuro, na transmissão daquela experiência "rica e significativa" aos alunos que viessem a ingressar no Departamento: "via-me chamada a formar estudantes como eu mesma fora formada" (p. 106), diz ao relembrar o momento em que, contratada como docente, "enfim chegava em casa".

---

7   Lebrun retornou anos depois, mas a esta altura Scarlett estava em Paris; somente em 1980 pôde assistir a um curso dele.

Um dos eixos do memorial é a nostalgia desses tempos, e a amargura que lhe provoca o fato de o "Natal" ter mudado tanto. A lucidez com que analisa a transformação do alunado do Departamento desde a época em que lá estudávamos se tinge de tons sombrios: em que pese a consciência de que a condição dos jovens que o procuram tem origem em processos dos quais não podem ser tidos por culpados (são antes vítimas deles), a frustração de ver baldados muitos dos seus esforços pedagógicos dói fundo:

> *Despossuídos que foram da linguagem, eles se movimentam num universo cada vez mais restrito [...]. Encontram dificuldade em exprimirem-se; mais ainda, em compreenderem, e até perceberem, os próprios estados mentais e disposições afetivas. Com uma visão reduzida do mundo, sequer se dão conta da banalização das próprias experiências. Há quem diga que o empobrecimento da linguagem verbal os levou a desenvolver uma outra, a icônica. Será que se pode fazer filosofia com ícones? (p. 113).*

Talvez os anos 1960 não tenham sido tão dourados quanto Scarlett os apresenta – a versão de Paulo Arantes, por exemplo, é bem mais sóbria, assim como a que transparece em certos escritos de Bento Prado Jr.[8] – mas isso não tem importância. O que importa é que este ideal exigente pautou todo o seu percurso pessoal, intelectual e pedagógico; serviu-lhe como bússola (e consolo) nas tarefas que se impôs. Delas falarei mais adiante; de momento, quero referir-me a outra de suas análises, com a qual minha experiência

---

8   Cf. Bento Prado Jr., "A educação depois de 1968, ou cem anos de ilusão", in *Alguns Ensaios*, São Paulo, Max Limonad, 1985.

de professor universitário – embora em outra instituição – me leva a concordar em gênero, número e grau.

Trata-se da burocratização da atividade do pesquisador nos últimos vinte anos, que, constata Scarlett, acaba por lhe retirar a tranquilidade necessária para... pesquisar. Mais do que frente a uma ideia míope do que significa "produção", estamos aqui diante de um processo perverso cujos efeitos ela indica sem complacência: sobrecarregando o docente com exigências que nada têm a ver com o trabalho intelectual, ele lhe impõe perder tempo com projetos, relatórios, avaliações *et caterva* dirigidos às mais variadas instâncias, e desviar-se da tarefa para a qual a sociedade investiu tanto em sua formação: pensar, ensinar e escrever.

As consequências desta mentalidade stakhanovista, nossa autora as vê por toda parte: publicações superficiais cujo único objetivo é engordar currículos, impossibilidade de realizar pesquisas de longo prazo que de fato acrescentem algo ao saber, uma arte de "inventar relatórios" (p. 61) sem a qual o professor não pode aspirar ao apoio das agências de fomento, a deterioração da convivência acadêmica em busca desenfreada de "contatos" e "oportunidades" – a lista é longa, e cada item reverbera ainda mais ao ser contraposto à época em que ela mesma estudou.[9]

Uma das tolices mais nefastas do ideário produtivista é o encurtamento dos prazos para a redação de dissertações e teses em Humanidades – atualmente, o primeiro é de dois anos e meio, o segundo

---

9   Veja-se entre outras a seguinte passagem: "na universidade, a produtividade está na ordem do dia [...]. Pensadas nestes termos [apenas quantitativos], as exigências de produtividade, em vez de estimular a pesquisa, correm o risco de impedi-la. Mais ainda: mentirosas, elas vêm justamente encobrir a ausência de pesquisa" (p. 204).

de quatro. Sem levar em conta as especificidades de um trabalho deste gênero,[10] a ânsia ministerial de obter estatísticas que coloquem o Brasil numa posição menos pífia nos rankings mundiais de pesquisa obriga o estudante talentoso a tratar de modo superficial assuntos que requerem discernimento e reflexão. No caso da Psicologia, e em particular da psicanálise, os resultados se anunciam devastadores, e a meu ver ameaçam colocar em risco o que se conseguiu obter em matéria de qualidade na Pós-Graduação desta área. É justamente por termos – os professores da minha geração, formados num padrão de excelência que hoje parece difícil igualar – conseguido orientar teses de fôlego, que hoje existem em português dezenas de bons livros de psicanálise: teria sido impossível aos autores redigi-las caso lhes fossem impostos os prazos que hoje vigoram.

A cada passo do seu memorial, Scarlett evoca a seriedade com que tomou a si a tarefa de formar seus alunos – e, se muitos destes não estavam e não estão em sintonia com o que ela lhes podia oferecer, nem por isso desistiu do que considerava uma missão. É também "seriedade" o termo que emprega para definir o que tentou trazer para os estudos nietzscheanos em nosso país, comprovando que em seu modo de ver os mesmos princípios presidem ao trabalho pedagógico e à investigação erudita.

Ou seja: a idealização não tem apenas papel defensivo. Porque se tornou uma identificação operante, contribuiu para plasmar uma atitude conforme aos modelos que a inspiraram – e trouxe seus frutos nos livros, artigos e conferências de que dá noticia nesta "autobiografia intelectual". Nas palavras emocionadas dela mesma,

---

10 Num artigo publicado em 1995 – "Contra o minimalismo no mestrado", que inclui em *Interfaces da Psicanálise* (Companhia das Letras, 2002) – estas questões são discutidas com mais vagar.

em face da sombra projetada pelos mestres que tive e pelos que não pude ter, sentia que precisava fazer por merecer o lugar que ocupava. Ele não me fora dado; tinha de ser conquistado – pelo trabalho, antes de mais nada. Procurei realizar da melhor maneira o meu. E esta não é uma frase feita: com ela, deixo entrever o grau de exigência que me acompanhou em cada atitude, gesto ou palavra (p. 127).

O livro que escreveu é prova de que, como recomendava Goethe, ela soube conquistar o que herdou dos seus "pais". É também parte de um trabalho de luto – no sentido propriamente freudiano deste termo: ao cabo dele, a perda do objeto é assimilada, e o passado se torna enfim passado. Luto de uma forma de existência que ela situa no tempo em que, como afirma várias vezes, vida e obra não se separavam, por "obra" entendendo-se não apenas os escritos de cada um, mas também a atividade de investigação e de reflexão. Que essa inerência talvez tenha sido mais um ideal que uma realidade não diminui seu efeito galvanizador; antes, o acentua – e é no plano da trajetória intelectual que isso se revela com mais contundência.

3. Prótese, máscara, simbiose... Nietzsche

É bem possível que o motivo do fascínio de Scarlett por aquele modo de viver seja o seu caráter harmonioso, a bem-ajustada mescla de *otium philosophicum* e fecundidade intelectual. Da consonância entre vida, estudo e realizações resultaria o aprimoramento do pesquisador, cuja missão seria devolver à sociedade, de modo formal (aulas, escritos) e informal (conversas com colegas e alunos, tão ou mais formativas que aqueles), o investimento feito na sua *Bildung*.

Ressalte-se o aspecto eminentemente dialógico deste processo: impossível, segundo nossa autora, qualquer autoengendramento do intelectual. Na medida em que este é simultaneamente fruto e produtor da cultura, é-lhe indispensável a abertura para o outro – e por isso ela se reconhece na definição proposta por Michel Serres: "ser culto é desejar outra cultura e ir em busca dela. O filósofo precisa fazer três viagens: pelo campo das ciências, pelo corpo social e pelo mundo inteiro" (p. 87).

A coerência assim entrevista tem uma função importantíssima: sugerir que é possível sanar o dilaceramento interior, a permanente ameaça de colapso na não existência tantas vezes mencionada no livro. As viagens desta incansável andarilha, que começaram pelos passeios a pé por São Paulo e a levaram aos mais variados destinos, visavam a idêntico objetivo: absorver o diferente, criar com ele e com o que dela mesma entra na mistura uma coesão mais rica e mais firme, um apoio para poder viver sem tanto sofrimento.

Pode parecer estranho falar em "coesão" a propósito de quem adota a concepção nietzschiana segundo a qual o eu é "pluralidade de afetos, multiplicidade de impulsos" (p. 162). Mas a contradição é apenas aparente: a "polifonia da existência" não exclui algum tipo de concordância entre os timbres, um movimento conjunto das vozes, na ausência dos quais não haveria música e sim cacofonia. *Coesão* pressupõe partes que se compõem, não unidade granítica: a firmeza não exclui a flexibilidade.

Pelo que se depreende do relato, para Scarlett a conquista dela foi longa e difícil. Um dos recursos para a alcançar foi a construção minuciosa das suas aulas e intervenções ("seguia à risca textos preparados previamente", p. 39; "planejava tudo, nos mínimos detalhes", p. 116). Ela se dá conta do aspecto algo obsessivo desta prática, que, se a assegurava de ter incorporado os ideais de rigor e precisão próprios ao Departamento em que se formou, por outro deixava pouco espaço para a "imaginação" (p. 39). O "ar professoral" a que se refere a certa altura completa o quadro: o controle de cada elemento, o encadeamento perfeito do raciocínio, não satisfaziam somente a necessidade imperiosa de se comunicar e de se sentir aceita: eram esteios de um reasseguramento interno.

Mas seria equivocado, penso, ver em tudo isso apenas o aspecto defensivo. Neste ponto, a insistência da autora no aspecto heterônomo da sua submissão aos cânones do discurso uspiano me parece deixar de lado algo de importância crucial: o fato de que, curvando-se a eles, os tornava *seus*, imprimia-lhes a sua marca própria, algo como um *made in Scarlett*. Expressavam a sua subjetividade, e a expressavam bem.

E então veio Nietzsche. Que "afinidades eletivas" a levaram a se apaixonar pelo filósofo, a dedicar-lhe trinta anos de "fidelidade" (a fórmula é dela), a explorar cada linha dos seus escritos? Muitas devem ter sido as razões. Uma delas é que ele "dava voz às suas inquietações de juventude"; outra é a importância que atribui aos impulsos e ao corpo; outra ainda, o teor "corrosivo" do seu pensamento, as marteladas que desfere nas ideias aceitas, a crítica implacável da cultura filisteia, a promessa de transvaloração de todos os valores.

Arrisco a hipótese de que nessa atração tenham desempenhado algum papel o estilo fragmentário e a "aparente desordem" dos seus textos (p. 146). Não terá aí entrevisto a jovem filósofa uma maneira de arejar-se, de abrir janelas na fortaleza que construíra em torno de si mesma? A ênfase que Nietzsche coloca no vínculo entre impulsos e ideias, o papel que concede ao corpo, à saúde, à dança, à vida – em suma, à alegria – não terão parecido à austera professora uma nova figura da harmonia entre vida e obra?[11] É certo que Scarlett não era somente uma austera professora: as páginas em que relembra sua época de estudante, quando ela e seus amigos inventavam "formas de resistir" aos valores estabelecidos, à violência da ditadura, à mediocridade do ambiente – essas páginas são prova de que por baixo da couraça pulsava uma vida afetiva extraordinariamente rica.

Não creio exorbitar os limites deste comentário ao supor que algo no conteúdo da filosofia de Nietzsche tenha entrado em ressonância com aspectos muito íntimos da alma da minha amiga. E não só porque boa parte da sua produção a toma por tema, a ponto de em certo momento ter-se sentido "atrelada" ao filósofo em que se especializou (como o camelo do *Zaratustra*, talvez?):[12] Nietzsche foi para ela, é ainda, muito mais que um "campo de estudos".

Não cabe aqui estender-me sobre o modo como Scarlett compreende o pensamento do filósofo. Noto apenas que seu objetivo era resgatá-lo (p. 169): resgatá-lo de interpretações que julgava equivocadas, resgatar o sistema que vislumbrava na "aparente desordem" dos seus escritos, resgatar sua prosa das medíocres traduções nas quais se apresentava entre nós, resgatá-lo da redução a porta-voz do fascismo pela direita e a estandarte da iconoclastia pela esquerda, em particular a francesa. Deixá-lo falar, em suma – e, por esta via, deixar-se falar. Esta é, para mim, a chave da questão.

---

11 O mesmo tipo de sensibilidade para a maneira pela qual "o vigor da reflexão filosófica se engendra a partir do vivido" a fez interessar-se por Pascal e pelos moralistas franceses (p. 146 e seguintes).
12 "Das Três Transformações".

Pensando bem, fui eu quem deu voz às [inquietações] dele. Emprestei minha garganta e minha pena para falar de suas ideias. [A análise conceitual] era a ferramenta que interpunha [...] entre ele e eu. Por medo, talvez, de uma proximidade excessiva – ou por desejo dela; talvez, por suspeitar que minha identidade não fosse a sua. Ao comentar seus escritos, eu dizia o que não ousava dizer por mim mesma. É que, habituada a existir às escondidas, Nietzsche era um bom pretexto para continuar existindo (p. 168-169, grifos meus).

À primeira vista, poder-se-ia pensar que estamos diante de mais uma figura da defesa: uma prótese destinada a preencher o vazio da identidade, uma ponte por cima do hiato entre as partes impossíveis de integrar de uma subjetividade dilacerada. Como o leitor pode imaginar, não partilho desta opinião.

As relações entre um estudioso e o autor que elege como objeto de pesquisa são múltiplas e complexas. Elas podem ser o meio pelo qual se aliena de si mesmo: neste caso, torna-se um ventríloquo – no mais das vezes, desafinado. Mas também podem abrir – pela constituição de um interlocutor privilegiado – o caminho para um pensamento próprio. "Ser especialista em..." é um modo de adquirir identidade social, de se inserir num campo e numa tradição – e nada há de errado nisto; é também uma via para, mergulhando nas águas de uma teoria cujo apelo é tanto nos soar verdadeira quanto nos proporcionar segurança, constituirmos a nós mesmos como sujeito da nossa trajetória.

A obra de Scarlett me parece confirmar essa concepção. Ela impressiona pela coerência, que não exclui a variedade e a invenção: basta um olhar à lista dos seus trabalhos para perceber a originalidade das questões que endereçou aos textos de Nietzsche.[13] Dos seminários de graduação ao mestrado escrito sob a égide da leitura parisiense do filósofo, dele ao doutorado já mais assertivo e à livre-docência, dos artigos e comunicações aos projetos que inscreveu no CNPq, o que se vê é um percurso marcado cada vez mais pela voz própria.

Há no livro dela certa oscilação entre o julgamento do que realizou – severo, por vezes (a meu ver, ao menos) excessivamente rigoroso – e momentos em que emerge uma avaliação que ousaria chamar de mais *confiante*. Descontemos de saída as convenções do gênero "memorial": nele não caberiam, é óbvio, nem autolouvor nem complacência com eventuais falhas. Mas, relendo-o pela quarta ou quinta vez, não posso sentir-me de acordo com frases do tipo "minha vida intelectual, depois do doutorado, foi marcada por uma série de abortos" (p. 127). Mesmo os projetos que considera "abortados" frutificaram em cursos, artigos e participações em congressos, o que aliás ela mesma reconhece. A "crônica falta de imaginação" de que se diz portadora (p. 39) curou-se sem que se desse conta – ou não teria sido capaz de, alicerçada numa invejável erudição, *criar* tantas questões e tratá-las com tanto brilho.

Elas me parecem provir de uma dupla raiz: em parte, como em toda pesquisa digna deste nome, um tema surge do outro, claro que jamais de modo linear: arborescência ou rizoma, comunicam-se,

---

13 Entre outras, a aproximação que, apesar da crítica do pensador alemão a Pascal, estabelece entre a maneira como um e outro praticam a "anatomia moral" (p. 151); a ideia de reconstituir a "trama dos conceitos" presente na aparente assistematicidade do *Zaratustra* (p. 157); a decisão de investigar por que Nietzsche não conseguiu "cumprir a tarefa que julgava tão sua" (a *Umwertung aller Werte*, ou transvaloração de todos os valores) (p. 160); a análise da dança como aliada no "combate à metafísica e à moral do ressentimento" (p. 164).

se respondem mutuamente, ganham a configuração de uma rede ou de uma pirâmide (por natureza inacabadas) em que cada fio ou pedra sustenta outros e é por eles apoiado. Que a lógica que as atravessa só seja visível *après-coup* – por exemplo quando da redação de um memorial, ou da apresentação de uma coletânea – não a torna de modo algum postiça. Suponhamos por um momento que o fosse: a eventual habilidade do impostor para maquiar suas errâncias poderia iludir por algum tempo, mas um leitor mais atento acabaria por perceber a patranha. Como disse Abraham Lincoln, "não se pode enganar todo mundo o tempo todo".

Em vez disso, quando o percurso foi consistente, da "aparente desordem" emerge um desenho do qual no mais das vezes sequer o autor tinha consciência. Não poderia tê-la, de resto: o que comanda os interesses intelectuais não pertence somente à ordem da razão – eles são imantados por inquietações cuja legitimidade em nada é afetada pelo seu vínculo com desejos, fantasias e angústias.

A outra raiz da temática de um autor está nas modificações subjetivas que vão ocorrendo nele ao longo da sua vida. Em que pese a constância dos fatores que apontei, interesses variam, encontros se dão, influências são acolhidas. Não cabe aqui falar em heteronomia: quando Mario Schemberg "intima" Scarlett a se ocupar do *Zaratustra*, nem ela nem ele podiam imaginar que a sugestão resultaria em quatro anos e meio de dedicação ao livro – e *nesta* leitura, que só ela poderia articular, a partir de outras que já fizera e de *como* as fizera.

Pois a leitura não é de modo algum deciframento neutro do que se esconde nas malhas do texto, restituição asséptica do que o autor nele colocou. Ela é, como diz Marilena Chauí, um trabalho, cujo material está na obra, mas cujas ferramentas estão no leitor. O que este encontra no texto (dando por assente que não se limite a projetar nele seus próprios preconceitos, ou seja, que saiba ler) está sem dúvida ali, mas só pode ser descoberto porque a ele são feitas perguntas que provêm de quem o lê. A leitura se situa num espaço intermediário que vai do leitor ao texto e vice-versa, e, se bem-sucedida, enriquece tanto o segundo – com um comentário inteligente – quanto o primeiro – pois é uma criação dele.[14]

É o que, a julgar pelas linhas a seguir, acontece quando Scarlett se põe a trabalhar:

> *Não basta, quando da leitura, captar o sentido que julgo ser o do texto [...]; preciso ainda verificar de que maneira ele repercute em mim. [...] Quando da escrita, o texto só vem à luz e começa a tomar forma quando encontro um ponto de apoio interno. Pois ele vem traduzir um impulso, algo que eu pense ou sinta (p. 48).*

A metáfora da construção cabe bem aqui: afinal, falamos em "obra" também a propósito de uma edificação ainda em curso. A da filósofa é das mais sólidas, tanto a escrita quanto a que realizou como orientadora, editora de revistas e coleções, líder de grupos de trabalho, tradutora de autores que julgou útil dar a conhecer ao público brasileiro. E à medida que a ia construindo, ela mesma se foi construindo, não somente como intelectual, mas ainda como *pessoa*.

---

14 É assim que se constitui a fortuna crítica. No caso de Nietzsche, sua transformação em "substantivo comum" (uma das melhores *trouvailles* da nossa autora) passa por leituras como as de Heidegger, Habermas, Foucault e Deleuze. Apesar de Scarlett discordar delas, não nega que se tornaram tão parte da "sombra" do filósofo quanto as que considera mais acertadas.

A "simbiose" com Nietzsche foi o trilho por onde se fez como pensadora – não o único, mas sem dúvida o principal. Isso ela afirma com todas as letras. Parece-me que foi também um dos instrumentos com os quais pôde superar os "focos de paralisia", a "timidez", a "sensação de não existência" e outras dificuldades das quais fala em seu livro – e, se de início o pensador alemão talvez lhe servisse de escudo, aos poucos foi deixando de sê-lo para se converter num alter-ego.

A experiência-limite no quarto em que, já doente, Nietzsche passou seus últimos anos[15] é o momento em que a casca se rompe e a ave que dentro dela se gestava vem à luz. Num primeiro instante, a vivência é da ordem do terror:

> *via diluírem-se as máscaras a que recorrera por tanto tempo; haveria um rosto por trás delas? Via, aterrorizada, desmontar-se uma identidade: haveria outra? Nesse processo convulsivo, aterrorizada,[16] perguntava-me se algo restaria (p. 172).*

Mas, se a tal angústia foi possível sobreviver, é porque não se tratava de máscaras, e sim de uma pele que, se por tanto tempo apenas aderira à sua, agora *se tornara sua*. E não por um passe de mágica – à custa de um trabalho que é a matéria mesma de que se fez sua carreira.

Em Weimar, começa a se esboçar a tomada de consciência deste processo: Scarlett se faz uma pergunta que a meu ver assinala

---

15 Na Villa Silberblick (Weimar), onde se hospedou quando de um colóquio.
16 Pode-se imaginar a intensidade dos sentimentos que a acometeram pela repetição do mesmo adjetivo, tanto quanto posso perceber única nas mais de duzentas páginas do livro.

o início do seu descolamento da figura de Nietzsche – "o que o impediu de cumprir a tarefa que julgava tão sua"? (p. 160). A resposta, não a encontra no plano das ideias – por exemplo, em algum descaminho teórico que bloqueasse a via da *Umwertung* – mas na vida psíquica do filósofo. Nossa autora se questiona: não estaria se aventurando por uma compreensão "existencial" do pensamento dele? A negativa é matizada: "não *exatamente*. Uma compreensão *nietzschiana* [...]. Pois, submetendo a questão ao crivo genealógico, lancei a pergunta a respeito dos impulsos que dele se apoderaram" (p. 160, grifos meus).

Distinguindo a obra feita da obra por fazer, ela encontra a via para "se reapropriar de si mesma". O que escreve a respeito da livre-docência prova que também *de se fabula narratur*: "completava-se um ciclo. A obra exegética estava feita" (p. 172). Obra de quem? A dela, é claro. Após um tempo de latência, lança-se então num projeto novo: "Nietzsche, Reflexão Filosófica e Vivência."

Ao vislumbrar no pensador um "lugar privilegiado" para tratar da relação entre obra e vida, Scarlett superava – no sentido dialético do termo – a interdição que, fiel às regras do método estrutural, se impusera acerca do "biográfico". Não era mais preciso "abrir mão do filosófico" para o abordar: autorizava-se a investigar de que modo um se vinculava ao outro, a empregar um conceito-chave na filosofia de Nietzsche – o de genealogia – para tentar aterrar o fosso que a injunção goldschmidtiana lançara entre ambos.

Superava também, a meu ver, a forma que de início tivera de revestir sua identificação com os mestres e com o Departamento de Filosofia: a da imitação. É claro que esta jamais fora servil – nada poderia ser mais estranho ao temperamento desta guerreira; apenas, talvez tenha sido indispensável como primeiro degrau da escalada rumo à *autonomia*. Não mudou apenas o Natal: ela também mudou.

4. O poema e o poeta

A libertação não poderia se dar num relance; levou anos, mas acabou por se realizar. Novos interesses surgem no horizonte: Scarlett procura agora compreender mais do mundo em que vive, criticar suas facetas medíocres, mas também explorar as possibilidades que oferece.

O percurso em Nietzsche e com Nietzsche lhe fornece as lentes pelas quais examina a cena contemporânea. A exemplo do que fizera com ele ao situá-lo em seu tempo, trata de se orientar no seu; os conceitos dele passam a servir-lhe como "ferramentas". Mais uma metáfora inspirada no universo do trabalho, esta não aponta para o caráter de corveia que ele pode assumir, e sim para a liberdade com que o artesão escolhe na sua caixa as que quer usar para dada finalidade. Freud fala algures no método psicanalítico como uma ferramenta que o terapeuta precisa adaptar à sua mão (e nunca o contrário): isso se faz pelo uso, pela fricção constante da pele contra o cabo do instrumento, que termina por lhe imprimir a forma da palma e dos dedos. O mesmo me parece suceder com nossa autora. Trinta anos de contato com o martelo nietzschiano fizeram dos conceitos do pensador instrumentos para burilar suas próprias ideias: temas como o feminismo, a eutanásia, a ética do meio ambiente, passam a atrair sua atenção.

Como no primeiro capítulo do *Zaratustra*, o camelo se tornou leão (o "santo NÃO" da crítica às interpretações de que discorda) e depois criança – a caixa também pode ser a dos brinquedos. Ao recorrer a esta imagem, não tenho em mente a suposta inocência, nem a possível inconsequência da infância, mas a criatividade própria dos pequenos, sua capacidade de ver o mundo com os olhos da manhã, e de, com a mais absoluta seriedade, entregar-se a esse protótipo de toda invenção que é o brincar.[17]

Neste processo, a idealização do passado muda de figura. Disse atrás que o memorial é parte de um trabalho de luto; acrescento agora que quem sabe ele tenha avançado mais do que se deu conta a própria autora.

Explico-me. Vimos como o olhar que Scarlett lança à sua volta revela um mundo em ruínas: competição e mesmo truculência entre colegas, mediocridade institucionalizada, estudantes em busca de respostas imediatas e simplórias, uma concepção do que significa produzir na qual o que menos interessa é a qualidade. Compreensivelmente, sente-se "inadequada ao mundo de hoje", "de novo atrás das grades" (p. 207). A "vitória de Roma" é indiscutível: travestida de "civilização", a barbárie triunfou da cultura. "Não tenho como aderir, já não tenho como resistir" (p. 208).

Mesmo subscrevendo em grande medida este diagnóstico, não posso deixar de ver nas expressões transcritas anteriormente um eco da idealização a que me referi: é pelo confronto com a harmonia entre vida pessoal, intelectual e institucional que elas adquirem sentido. O Departamento de Filosofia e a Universidade provavelmente nunca corresponderam por completo à materialização da Castália de *O Jogo das Contas de Vidro* que Scarlett parece ver neles; contudo, repito, essa ilusão foi central na construção da sua identidade, e por isso valeu para além da simples adequação *ad rem*.

---

17 Se não bastassem os ensinamentos da psicanálise para referendar esta opinião, poderia lembrar como, em seu *Homo Ludens*, Johann Huizinga demonstra que nada é mais sério que o jogo.

Com o tempo, foi se transformando: de anteparo indispensável para suportar a dor de existir, converteu-se em algo autenticamente seu. Acompanha-a em cada gesto, e hoje lhe permite não compactuar com o que lhe é odioso.

É por isso, creio, que no seu texto à desesperança se contrapõe algo bem diverso: a abertura para o novo. Assim como Bento Prado Jr. não precisava rir da filosofia porque aprendeu a rir *através* dela,[18] nossa autora não tem por que abandonar o ideal que guiou toda a sua trajetória: como sabemos graças a Winnicott, a ilusão está longe de se confundir com o engano ou o equívoco. Muito pelo contrário, constitui uma etapa essencial no movimento que conduz do desamparo que todos experimentamos no início da vida à autonomia do sujeito, ao poder estar consigo mesmo em presença (e na ausência) do outro.

Os caminhos que ela começa a palmilhar atestam que não é necessário escolher entre "aderir" e "resistir": também é possível *construir*, e *construir-se*. Não é certamente por acaso que o memorial termina com uma referência ao pai mestre-de-obras e à delicadeza/fragilidade da mãe e da avó: vislumbra-se aqui, apesar das mágoas da infância, um aceno em direção a essas figuras que só pode surgir na e da maturidade. Vejo nele um paralelo com a trajetória profissional: sem embargo do carinho que lhes dedica, os mestres "que teve e os que não pôde ter" já não são semideuses, porque a filósofa ousa se servir do que aprendeu, do que pensou e do que viveu para criar sua própria versão do tipo de existência que lhes atribuía.

* * *

É tempo de concluir estas observações. Talvez minha amiga não concorde integralmente com o teor delas; nada haveria nisso

---

18 "Por que rir da filosofia?", in *Alguns Ensaios*, p. 170.

de extraordinário. *Habent sua fata libri*: como diz com certa aflição o Sócrates do *Fedro*, é destino de todo escrito ser interpretado de modo diverso do que imaginava o autor. O que vejo no percurso que realizou contém com certeza algo meu, não necessariamente convergente com seu juízo sobre ele; se me permiti comentá-lo de modo algo diverso do que ela o fez, não é porque me estime dotado de particular clarividência: é porque ao seu corajoso e lúcido texto se podem aplicar as palavras de Waldo Rojas – "o poema sabe mais que o poeta."[19]

Avanti, Scarlett!

---

19 Devo a Cleusa Rios Pinheiro Passos essa frase preciosa, que Julio Cortázar usou para responder (ou não...) à pergunta dum crítico sobre se concordava com certas observações dele a respeito da sua obra: "Não sou eu quem pode dizer se são acertadas: o poema sabe mais que o poeta".

Um rabino tolerante

"A religião é a resposta humana daquele que se percebe estar diante do divino." A concisão da fórmula com que Abraham Yehoshua Heschel expressa sua concepção do que significa "religião" poderia dar a impressão de que se trata de uma ideia simples – mas o estudo que o leitor tem em mãos demonstra que nada poderia estar mais longe da verdade.

O autor da frase é uma das figuras mais instigantes do que se convencionou chamar "pensamento judaico" – o fruto de vinte e tantos séculos de esforço para compreender o que está escrito na Torá, e por extensão o que é ser judeu. Três grandes tradições compõem essa vasta tapeçaria: a massa dos comentários rabínicos, inicialmente compilada no Talmud, depois dispersa em inúmeras obras que atravessam a Idade Média, os tempos sombrios entre 1500 e a Emancipação, e chegam até os dias de hoje; paralelamente, o conjunto das especulações místicas, das quais as mais importantes são a Cabala e o hassidismo; e por fim a filosofia judaica, em suas versões helenística, medieval e moderna.

Cada uma dessas tradições, e dentro delas as diversas correntes e escolas, atualiza uma variante da experiência do sagrado possibilitada pelo judaísmo, e ao mesmo tempo efetua uma conceituação de tal variante. Vivência e pensamento encontram-se intimamente entrelaçados: esta é a primeira coisa que aprendemos no livro que comentarei neste capítulo: *Dialética Teológica Rabínica: Mística e Razão*,[1] de Alexandre Leone. A segunda é que nenhuma das variantes/conceituações representa a totalidade do universo judaico, quer sob o aspecto vivencial, quer na esfera do pensamento propriamente dito. No entanto, como todas expressam de algum modo o que torna *judaica* a experiência religiosa, possuem algo a que – na esteira de Heschel – Leone chama "legitimidade". Disso decorre que cada uma se vê na necessidade de tomar em consideração as outras (ou ao menos algumas outras), ou seja, na necessidade de dialogar com elas, mesmo que às vezes asperamente.

É neste panorama complexo que se inscreve o pensamento de A. Y. Heschel (1907-1972), rabino, teólogo e filósofo de origem polonesa, que se doutorou em Berlim e passou boa parte da sua existência nos Estados Unidos. Tendo dedicado seu mestrado ao estudo do humanismo na obra hescheliana, Alexandre Leone se volta agora para a teologia que ele nos legou, e em particular para um livro que considera central no percurso do pensador: *Torá Min-Hashamáim Be-Aspaklária Shel Ha-Dorót*, título que propõe traduzir como *A Torá Revelada Aprendida Através das Lentes das Gerações de Sábios*.[2]

---

[1] São Paulo, Perspectiva, 2011.
[2] Uma tradução literal seria *A Torá dos Céus no Espelho das Gerações* (*aspaklária* é um termo aramaico baseado no latim *speculum*). Também pode significar, segundo Maimônides, "lente que mostra o que está atrás dela" – algo como os óculos, ou, se o filósofo medieval tivesse conhecido o artefato, uma luneta. Cf. o site da Harel Yeshivá (sem endereço exato na página que consultei).

Estamos portanto no eixo rabínico do pensamento judaico. Neste, o que singulariza o tratado de Heschel é uma tese original: os dois grandes gêneros em que se desdobra a herança dos sábios, a saber a *Halakhá* (lei religiosa, apoiada em raciocínios a partir das Escrituras) e a *Agadá* (narrativas ficcionais), não podem ser isolados um do outro, nem privilegiados um em detrimento do outro. Quem os separasse seria como o cego de um olho, que o Talmud dispensa da peregrinação a Jerusalém nas festas de Pessach, Shavuot e Sucot, porque não teria condições de ver o Templo de maneira adequada.[3]

A metáfora do caolho nos leva diretamente ao âmago do pensamento hescheliano: com efeito, todo ele ressalta a importância de "ver com os dois olhos", sejam eles os da *Halakhá* e da *Agadá*, sejam, dentro desta última, os das escolas das quais falaremos logo mais.

O uso conotativo que o pensador faz dessa imagem, argumenta Leone, ilustra bem o *tour de force* realizado em *Torá Min-Hashamaim*: estender à *Agadá* o tipo de debate característico da *Halakhá*, isto é, o confronto entre posições divergentes e mesmo opostas. Em lugar de ver naquela apenas uma somatória de lendas imaginosas, destinadas a instilar ensinamentos e princípios éticos, Heschel organiza essa imensa literatura em torno de dois polos, um mais permeado pela inspiração mística, outro mais "terreno" – quase diríamos, se não fosse pelo evidente anacronismo, "racionalista". A propósito dos mais variados temas – a revelação, os milagres, a presença divina, os profetas, as oferendas sacrificiais, e assim por diante – a obra de Heschel contrapõe as duas perspectivas com sutileza e erudição.

---

3 Tratado *Haguigá* 2b.

Seus porta-vozes são, segundo ele, respectivamente Rabi Akiva e Rabi Ishmael, dois sábios que viveram em torno do ano 100 d.C.

Trata-se de uma considerável novidade, afirma Leone, e boa parte do seu estudo é dedicada a demonstrar por quê. Em resumo, pode-se dizer que a análise de Heschel desvenda uma dialética operando no interior da *Agadá* – e o termo deve ser tomado exatamente no mesmo sentido em que se aplica às discussões sobre a Lei:

> *combinando a razão sensível com a aceitação do paradoxo. [...] No Talmud, o modo dialético de pensar move-se num enredado processo de questões e respostas, implícitas ou explicitas, propostas no sentido de explorar todas as possibilidade de determinado problema (p. 36).*

Essa espécie de *"pilpul* agádico"[4] tem como paradigmas os dois polos mencionados atrás: a *"aspaklária shel mála"* (perspectiva celeste, ou mística) e a *"aspaklária shel mata"* (perspectiva terrena, ou racional). A tese de Heschel – e aqui retornamos à metáfora ocular – é que ambas devem ser levadas em conta, no que denomina "visão em paralaxe", ou tridimensional. Se deixarmos uma delas de lado, seremos como o caolho da *Guemará*, e, mesmo que façamos a viagem a Jerusalém, não conseguiremos ter uma visão adequada do Templo (que aqui significa tanto o judaísmo como universo religioso quanto a busca pessoal de Deus por parte do fiel).

---

4   Da raiz hebraica que significa "pimenta", o termo *pilpul* quer dizer "análise aguda". Refere-se a um "método de estudar o Talmud através de minuciosa análise textual, visando explicar diferenças conceituais entre várias regras, ou a reconciliar contradições aparentes, surgidas de leituras de diferentes textos". Cf. Wikipedia, artigo *"pilpul"*.

Ao concluir a leitura do livro de Leone, fica-me a impressão de que a maior dificuldade enfrentada por Heschel em seu empreendimento não foi o caráter rapsódico das antologias em que estão compiladas as fontes da *Agadá*. Digo "rapsódico" porque, ao contrário dos textos sobre a Lei, elas não se apresentam estruturadas como debates, mas como narrativas dispersas, em geral sem relação aparente com as demais da mesma coleção. Este escolho pôde ser contornado pela abrangente erudição do pensador, e por sua capacidade de discernir padrões coerentes sob a superfície "caótica" (o termo é de Tucker, um estudioso do tema) de lendas e contos reunidos em inúmeras obras ao longo dos séculos.

Assim, as figuras de Rabi Akiva e Rabi Ishmael vieram a se tornar emblemáticas das duas *aspakláriot* (perspectivas), porque segundo Heschel a importância desses rabinos antigos é bem maior que a de ter sido autores dos ditos atribuídos a eles: *as maneiras como pensam* vieram a conformar de modo recorrente a imaginação agádica ao longo de dois mil anos – e boa parte de *Torá Min-Hashamaim* é dedicada a fazer surgir a dialética que estrutura esse imenso *corpus* literário.

A dificuldade maior, então, não está aí. Ela reside na proposta sustentada pelo pensador polonês – e não me refiro a qualquer problema interno que pudesse apresentar, assunto sobre o qual não tenho nem condições nem pretensão de opinar. O que está em jogo não é de natureza teológica, e sim *política*: Heschel defende a tolerância e o diálogo entre as várias correntes do judaísmo, e isso o coloca na contramão dos radicalismos e fundamentalismos que observamos na cena contemporânea.

Essa posição política deriva do que Leone considera o "ponto nevrálgico" (p. 101) do pensamento hescheliano: seu respeito pela diversidade, sua crença na legitimidade em tudo aquilo que foi "abonado pela tradição". Ela se materializa no título do terceiro volume de *Torá Min-Hashamaim*, publicado postumamente em 1990: *Eilu va-Eilu Divrei Elohim Hai* (estas e aquelas são as palavras do Deus vivo). Para Heschel, "estas e aquelas" não significam mera sucessão, porém variedade, frequentemente divergência, e por vezes paradoxo. A tensão entre as diversas opiniões a respeito de um mesmo assunto não é um acidente de percurso: ao contrário, deriva da natureza mesma da Revelação, e cada uma delas atualiza uma possibilidade de interpretação do texto sagrado.

Longe de ser uma novidade espúria, a postura de Heschel se enraíza, segundo o pensador (e também segundo seu comentarista) no cerne da tradição judaica: "escutar o testemunho e o ensinamento das correntes opostas dos sábios é um modo de buscar aprender do próprio Deus vivo" (p. 104). É isso que explica a frequência de termos como "polifonia" e "polissemia" no texto que se vai ler – e é isso que fundamenta o que Leone chama de "humildade teológica": a convicção de que qualquer ponto de vista, por ser necessariamente parcial, exige ser confrontado com seu complemento. Quer se trate de filosofia e pensamento rabínico, quer de *Halakhá* e *Agadá*, quer da "via da razão" e da via mística, ou "do coração", quer, nesta última, das divergências entre sábios pertencentes à mesma tendência religiosa (por exemplo entre líderes hassídicos), o que importa é o *hilúk* (encadeamento), no qual todos e cada um dos elos se revelam essenciais.

Ora, tal posição só pode despertar ojeriza por parte dos que consideram a sua interpretação do judaísmo e a sua forma de o viver como as únicas válidas – e não são apenas os ultraortodoxos que assim procedem. Lembro aqui o que me contou certa vez um amigo idichista: ao saber que na noite de Yom Kipur comunistas judeus pretendiam fritar salsichas em frente a uma sinagoga, o editor do diário novaiorquino *Forverts* escreveu na primeira página:

"*Apikoires, zaid nisht fanatiker!*" (judeus não observantes, não sejam fanáticos!).

A relevância do estudo de Alexandre Leone, assim, vai muito além dos limites da academia. A finura de suas análises e a exemplar *scholarship* com que foi pesquisado estão a serviço de uma postura que aceita e valoriza a diversidade no interior do judaísmo, sem no entanto soçobrar num relativismo pastoso. Como ele mesmo escreve: "ao dar voz ao oponente, Heschel também o legitima como sujeito de diálogo".

A base para essa atitude é o famoso *midrash* no qual se conta sobre a "voz celestial" que dizia ser a lei conforme as opiniões de Rabi Hilel.

> *Se eilu va-eilu divrei Elohim hai (estas e aquelas são as palavras do Deus vivo)", pergunta a Guemará,*[5] *por que foi privilegiada a escola de Hilel? Porque [...] estudavam as suas opiniões e as da escola de Shamai. E não apenas isso: mencionavam as opiniões da escola de Shamai antes das suas (p. 105).*

Leone dedica várias páginas ao comentário dessa expressão, nas quais põe em prática o que advoga – ao lado da interpretação tolerante que lhe parece correta, cita e discute outras, mais restritivas. O tema é central não apenas para entender por que rabinos mortos há muitos séculos pensavam dessa ou daquela forma, mas sobretudo para a formulação de uma teologia que, embora reconhecendo a validade de perspectivas menos amigas do paradoxo,

---

5 *Eruvim* 13b.

busca manter juntos a unidade profunda do judaísmo e a legitimidade da controvérsia. Nem Joseph Soloveitchik – autor de um livro sobre o "homem halákhico" que escandalizou Heschel[6] – nem Martin Buber, para quem a observância integral dos mandamentos não seria necessária para a vida religiosa judaica: para o filósofo, assim como para o autor do presente estudo, a expressão "*eilu va-eilu*" não pode ser compreendida sem sua segunda parte – "mas a Lei é conforme às opiniões da escola de Hilel":

> *[suprimir esta parte, RM]... levaria ao relativismo e à dualidade amorfa. Não se trata de fazer da Torá duas Torot [uma em que a prática ritual seria essencial, outra na qual não o seria, RM]. A questão hescheliana é como preservar a complexidade do debate de posições religiosas ao mesmo tempo em que se vislumbra uma unidade dos contrários (p. 106).*

Esta é a justificativa conceitual para o cerne do pensamento de Heschel, que ele mesmo designou como "teologia profunda", à qual adere Alexandre Leone. Em suas palavras, ela "não lida apenas com o conteúdo da crença, mas com o ato da fé, assim como com as experiências que precedem e nutrem o ato da fé" (p. 121). O que o leva à conclusão do estudo, um tributo ao pensador polonês que certamente contaria com a aprovação dele:

---

6   *Ish haHalachá Galui Ve-Nistar* (O homem da lei às claras e oculto), Jerusalém, Ed. Orot, 1979. Heschel recusa a ideia de que exista um "homem da lei" no sentido proposto por este rabino ultraortodoxo: "*Ish halakhá? Lo hayá velo nivrá*" (homem da *Halakhá*? Tal coisa nunca existiu, nem foi criada). Cf. Leone, op. cit, p. 26 ss.

somente a paralaxe [...] pode gerar uma consciência religiosa capaz de fazer uma vital autocrítica constante. A dialética teológica entrelaçada com a teologia profunda é, assim, fonte de argumentos muito fortes em prol de um pluralismo teológico dinâmico (p. 122).

Nestes tempos de fundamentalismo e intolerância, como é bom ouvir de um rabino tal declaração!

PARTE III

PSICANÁLISE

A inveja

A inveja não goza de boa reputação. Contrariamente a outras emoções, como o medo, o amor, a esperança ou até o ciúme, a inveja é dificilmente confessada, e quando o é costuma vir acompanhada do qualificativo "saudável". Neste caso, o termo conota mais o desejo de se igualar a um outro, a quem se admira por este ou aquele motivo. Apesar das aparências, a admiração e a inveja não pertencem à mesma categoria de afetos, e o psicanalista discerne, na tentativa de apresentá-las como se fossem irmãs gêmeas, um movimento de defesa contra a vergonha que sempre acompanha a menção pública do sentimento invejoso: é um compromisso trôpego o que sustenta a ideia de uma "inveja saudável". Mas por que surge esta vergonha? O que é, finalmente, a inveja? E através de quais critérios podemos distingui-la de emoções análogas, como a cobiça, a admiração, a rivalidade – isto se forem, de fato, emoções análogas?

1. Ofélia e o pinto

Num de seus contos, intitulado "A Legião Estrangeira", Clarice Lispector descreve o nascimento da inveja numa menina, Ofélia.

A narradora foi à feira e de lá trouxe um pintinho; a garota, vizinha dela, vem visitá-la, senta-se e ouve o piar na cozinha. Depois de um rápido diálogo, no qual a narradora diz que aquele ruído é de um pinto piando, lemos o seguinte:

> *Do instante em que involuntariamente sua boca estremecendo quase pensara "eu também quero", deste instante a escuridão se adensara no fundo dos olhos num desejo retrátil que, se tocasse, mais se fecharia como uma folha de dormideira. E que recuara diante do impossível, o impossível que se aproximara e, em tentação, fora quase dela: o escuro dos olhos vacilou como um ouro. Uma astúcia passou-lhe então pelo rosto – se eu não estivesse ali, por astúcia, ela roubaria qualquer coisa. Nos olhos que pestanejaram, a dissimulada sagacidade, nos olhos a grande tendência à rapina. Olhou-me rápida, e era a inveja, você tem tudo, e a censura, porque não somos a mesma e eu terei um pinto, e a cobiça – ela me queria para ela. Devagar fui me reclinando no espaldar da cadeira, sua inveja que desnudava minha pobreza e deixava minha pobreza pensativa; não estivesse eu ali, e ela roubava minha pobreza também; ela queria tudo.*[1]

Se prestarmos atenção a este texto, veremos que a descrição de Clarice faz surgir com notável acuidade os principais aspectos da inveja:

---

1 "A Legião Estrangeira", in *Felicidade Clandestina*, Rio de Janeiro, Nova Fronteira, 1971.

- "do instante em que, *involuntariamente*..." – a inveja nasce em Ofélia sem que ela se dê conta, por assim dizer contra a sua vontade. O sentimento se apodera subitamente dela, e se traduz por certas modificações no corpo: a boca que estremece, os olhos que brilham e pestanejam, a sombra que passa pelo rosto. São indícios de intensidade com que a inveja a acomete.

- "*quase* pensava..." – o "quase" se repete mais adiante, no "impossível que quase fora dela"; indica que o movimento inicial foi contrarrestado por um outro, do qual nada sabemos por enquanto, a não ser que conseguiu deter o primeiro antes que este se completasse: houve portanto um conflito, cuja resultante são os indícios corporais, que tampouco chegam a se traduzir num movimento completo ou numa fala. O *quase* sugere além disso um certo intervalo, uma distância que não chegou a se fechar, entre a menina e a narradora; outro signo desta situação nos é indicado na frase "porque não somos a mesma".

- "*eu também quero*" – o querer introduz a dimensão do desejo, que, como veremos, está associada à inveja. Mas a arte de Clarice deixa o verbo sem complemento: não sabemos o quê a menina "também" quer. Aliás, por que *também*? A narradora não queria nada, pelo menos até este ponto da história. Convém deixar em aberto essa questão; assinalemos apenas que, mais adiante, o querer reaparece no "desejo retrátil" que se fecharia sobre "qualquer coisa", este "qualquer coisa" que a menina roubaria, se a narradora não estivesse por ali. Roubaria, isto é, se apoderaria do "qualquer coisa" sem o consentimento da narradora: aqui encontramos outro componente da inveja, *a intenção de privar alguém de algo que possui*. Este aspecto é enfatizado

no final do texto: "ela roubaria minha pobreza também".
E voltamos ao querer: "ela queria tudo". Tal querer é indeterminado, visto que poderia ser satisfeito por "qualquer coisa"; e por outro lado é insaciável, já que somente se contentaria com "tudo".

- "a escuridão se adensara no *fundo dos olhos*..." – o tema dos olhos retorna várias vezes, e de modo muito peculiar: neles aparece a grande "tendência à *rapina*" (próxima do roubo, porém com uma nota de agressividade); neles se vislumbra a "dissimulada sagacidade", isto é, algo semelhante à astúcia evocada anteriormente, e que necessita se apresentar de forma encoberta; "*olhou-me rápida*...", a rapidez fazendo eco àquele "involuntariamente", "e era a inveja": ela aparece precisamente através do olhar. A associação com os olhos está presente na própria etimologia da palavra "inveja", que provém do latim *invidia*, formada a partir do radical *ved-*, que encontramos em *vedere*. Uma outra menção literária do laço entre o olhar e a inveja nos é oferecida por Dante Alighieri no Purgatório; os invejosos são punidos com uma "*orribile costura*", pela qual um fio de arame une suas pálpebras, impedindo-os de ver e castigando-os pelo mesmo órgão através do qual pecaram quando vivos.[2] A constância desta associação nos parece por enquanto apenas curiosa; mais adiante, tentaremos ver se ela não exprime uma característica essencial do afeto invejoso.

Esta análise sumária do trecho de Clarice desvenda vários elementos, cuja conexão, convenhamos, não é das mais evidentes. Recapitulemos: a inveja tem parentesco com o desejo, a agressividade,

---

[2] Dante Alighieri, *A Divina Comédia*, Purgatório, XIII, 23-84.

a astúcia e a sagacidade, o roubo e a rapina; há algo nela que tem a ver com os olhos; seu objeto é indeterminado, variando do "qualquer coisa" ao "tudo"; não é um sentimento simples, mas envolve algo como uma oscilação entre a distância e a coincidência, bem como fatores ligados à intensidade, à rapidez, ao involuntário; remete a um certo conflito, do qual resulta essa impressão de movimento esboçado e inconcluso. Qual pode ser o nexo entre estes diferentes aspectos, e por que são eles e não quaisquer outros que se apresentam, quando tentamos precisar a natureza da inveja?

2. Um pouco de metapsicologia

Para buscar resposta a estas questões, pode ser útil tomar as coisas por outro ângulo. Com a ideia de um conflito entre tendências psíquicas, o psicanalista se sente em casa: é com efeito um dos princípios essenciais de sua disciplina considerar que aquilo que ocorre na alma humana é passível de uma *análise*, isto é, de uma decomposição em fatores que agem uns sobre os outros, produzindo os diferentes conteúdos e movimentos de que é feito nosso funcionamento psíquico. Estes fatores tomam, na teoria psicanalítica, precisamente a forma de tendências antagônicas, e de sua mistura, combinação e inibição recíproca nascem as ideias, sentimentos e vivências que nos animam. Muitas destas "operações" são inconscientes, e só temos notícia delas pelos efeitos que provocam; elas devem portanto ser inferidas destes efeitos, guardando com estes alguma proporcionalidade. Como é de se esperar, as tendências em questão não operam sempre na mesma direção, sendo mais frequentes os casos em que o contrário se verifica: de onde a ideia de que vivemos permanentemente habitados por um ou vários conflitos, resultantes desta oposição entre tendências; procuramos negociá-los internamente, obedecendo ao princípio que governa o funcionamento psíquico do ser humano: o que ordena evitar o desprazer.

Se tentarmos precisar ao que se refere a palavra "tendências", o que surge é um conflito entre dois tipos de entidades psíquicas: os impulsos e as defesas. Estas são também impulsos, mas que atuam em sentido contrário ao dos demais, visando a controlar ou suprimir o efeito daqueles. Freud tentou em várias oportunidades caracterizar o jogo dos impulsos e das defesas, através de diferentes modelizações, que finalmente o conduziram ao conceito de *pulsões*. Segundo ele, o conflito fundamental seria travado entre duas espécies de pulsões. Uma delas é sempre a sexualidade; já sua antagonista varia ao longo dos textos. O importante aqui é perceber que a inveja se situa em algum ponto do trajeto que vai do conflito pulsional até aquilo que Clarice descreveu: os pensamentos que atravessam a mente da menina, os movimentos corporais, a intensa flutuação entre emoções diversas que mencionei há pouco. Assim, passamos da noção de um combate somente entre pulsões para outra, mais ampla: a da psique como palco de um conflito que se dá em diferentes níveis e mobiliza forças de diferentes naturezas. Um sentimento complexo como a inveja parece propício para ilustrar vários aspectos de tal conflito, até porque, quando surge, ela própria se torna parte integrante dele, por exemplo sendo alvo de defesas específicas (como a negação: inveja "saudável"...).

Essa espécie de mecânica de alma recebe o nome de *metapsicologia*, e o que procuraremos fazer a seguir é exatamente propor uma metapsicologia da inveja. Isto significa, antes de mais nada, situá-la numa das vertentes do conflito: será a inveja um impulso ou uma defesa? À primeira vista, caberia incluí-la entre os impulsos, ou pelo menos concebê-la como resultando de um jogo de impulsos: não dissemos que ela tem relações com o desejo, com a agressividade (roubo, rapina), com o involuntário? Decerto, há uma dimensão da inveja que se vincula aos impulsos, e podemos mesmo discernir a qualidade de um deles: "eu também quero", diz

Ofélia. Trata-se evidentemente do desejo de se *apropriar* de algo, mas, por enquanto este "algo" não nos é nada claro.

Na história de Clarice, o "algo" é primeiramente um pinto. Mas o que impede Ofélia de pedir à sua mãe que lhe compre um pinto igual ao que está piando na cozinha da narradora? Se a inveja se limitasse ao "também quero", ela não se distinguiria do desejo; intuitivamente, porém, percebemos que não é assim. Não é qualquer pinto, qualquer *outro* pinto, que aplacaria a tempestade emocional que se apodera da menina. Isso nos é dito pela narradora: "ela roubaria qualquer coisa", "ela queria tudo", e também: "você tem tudo". Estaríamos mais próximos da verdade se disséssemos que a garota não quer *um* pinto, mas *este* pinto; o que suscita a inveja é o pinto comprado pela narradora, e não uma avezinha indeterminada. Este ponto me parece fundamental, por dois motivos.

Em primeiro lugar, *este* pinto já tem dono. Não é possível que pertença simultaneamente à menina e aos filhos da vizinha. Isto explica por que é necessário que surjam as ideias de roubo e de rapina: aquilo que é invejado é invariavelmente algo que já pertence a outrem, e cuja falta em mim percebo súbita e dolorosamente.

O passo seguinte é *cobiçar a posse* deste objeto, para o que, é óbvio, se necessita privar o outro dele. O essencial da inveja reside nisto: arrebatar do outro a coisa invejada importa mais do que procurar obter um objeto análogo (o que teria como motivo sentimentos diferentes, como a cobiça, a avidez ou a rivalidade). O caso do pinto é excelente para ilustrar esta faceta da inveja, já que existem inúmeros outros que poderiam perfeitamente satisfazer o desejo da menina de possuir um bichinho desses. Mas, na lógica invejosa, tal asserção não é verdadeira: não existe objeto "análogo" – o que há é um objeto único, aquele que o outro tem e cuja ausência me faz sofrer. É o que nos diz Dante Alighieri, ao nos apresentar no canto XIV do *Purgatório* um cidadão chamado Guido del Duca:

> *fu il sangue mio d'invidia si riarso*
> *che se veduto avesse uom farsi lieto*
> *visto m'avresti di livore sparso.*
> *O gente umana, perché poni 'l core*
> *Là 'vè mestier di consorte divieto?*[3]

Reparem que estes dois aspectos da inveja caminham sempre juntos. "Oh, gente humana, por que pões o coração em bens que é impossível fruir em companhia de outrem?" A resposta é simples: porque o bem em questão é sempre imaginado como único em seu gênero, portanto incompartilhável. Se é do outro, não pode ser meu, e se não é meu, é porque pertence a outro, o que não deveria acontecer. E isto não vale apenas para os bens materiais, de que existem muitos exemplares: o invejoso do Purgatório diz que seu sangue fora de tal modo consumido pela inveja, que lhe bastaria ver um homem se alegrar para que seu rosto se cobrisse de palidez.

Aqui emerge o aspecto da inveja que a aparenta ao *ódio*: o que é insuportável para Guido é a alegria do outro, e lhe é mais necessário acabar com esta alegria do que ficar alegre por seu turno; ou melhor, a expectativa é que o término da alegria do outro produza nele o sentimento da alegria. Assim como na menina do conto, a inveja se apodera dele num átimo, e com intensidade extrema: lividez imediata. O invejoso procurará assim destruir a alegria alheia, e portanto é em parte movido pelo ódio; mas a situação não se esgota nisso, caso contrário a inveja não se distinguiria daquele sentimento.

---

3 Purgatório, canto XIV, 82-87.

Quando vê um homem se alegrar, o personagem da *Divina Comédia* não é apenas possuído por uma intensa emoção. Ele realiza um julgamento que permanece inconsciente, julgamento pelo qual estabelece uma relação de causa e efeito entre a alegria do outro e sua própria comoção: é *porque* o outro se alegra que eu me entristeço. Em outras palavras, a causa da afecção que me domina é posta na alegria alheia, de modo que a conclusão é inevitável: se o outro deixar de se alegrar, minha tristeza desaparecerá. E isto se vincula à ideia paralela de que o outro está alegre *porque possui algo que o torna alegre*, de onde a crença de que, tomando dele esse "algo", ficarei feliz por minha vez.

É assim que o objeto se constitui simultaneamente como único e como invejado, e portanto incapaz de ser "usufruído em companhia de outrem". São Tomás de Aquino definiu a inveja como "*tristitia de alienis bonis*", isto é, como a tristeza quanto às coisas boas dos outros.[4] E, por seu lado, Espinosa chega à mesma conclusão: "se imaginamos que alguém se alegra com uma coisa que pode ser possuída apenas por um só, esforçar-nos-emos por fazer de maneira que ele não possua esta coisa. [...] Vemos assim como os homens são geralmente dispostos por natureza a invejar aqueles que são felizes, e a invejá-los com ódio tanto maior quanto mais amam a coisa que imaginam na posse do outro."[5]

Mencionei atrás que a inveja da menina por *este* pinto me parecia importante por dois motivos. O primeiro é o que acabamos de examinar: Clarice acentua assim o caráter único da coisa invejada, e a necessidade inerente à inveja de arrebatá-la ao seu possuidor, pela violência ("rapina") ou pela astúcia ("dissimulada sagacidade").

---

4   *Summa Theologica*, II-II, Questão 36, artigo 1.
5   *Ética*, livro III, proposição 32 e seus escólios.

O segundo motivo diz respeito à natureza da coisa invejada, que não deixa de ser intrigante. Podemos colocar a indagação em outros termos: por que ela tem de ser *única*? O atributo da unicidade contrasta com outro, o da indeterminação. A menina que inveja a narradora porque esta possui um pinto que pia na cozinha roubaria "qualquer coisa"; e a análise de Espinosa pode nos ajudar a compreender este ponto. Com efeito, o invejoso a quem se refere a *Ética* imagina que seu semelhante se alegre com uma coisa qualquer (novamente indeterminada), e imagina também que o outro é feliz por possuir a coisa em questão. O psicanalista distinguiria aqui, com cuidado, a componente do "imagina" e a do "é feliz". Vejamos isso mais de perto.

O pinto que pia na cozinha é, aos olhos da menina, muito mais que um pinto; se assim não fosse, ela se contentaria com qualquer outro exemplar da mesma espécie. O que é este "muito mais"? Algo que não está no pinto, mas na psique da menina: uma fantasia. A meu ver, convém distinguir o que chamarei de *suporte* da inveja e o *objeto* da inveja. O objeto da inveja é um objeto imaginário ou fantasmático, algo que se supõe assegurar ao seu detentor um estado de felicidade, e que, se estivesse em mãos do invejoso lhe proporcionaria felicidade igual. O suporte da inveja é uma coisa empírica que encarna este objeto imaginário: na história de Clarice é um pinto, no relato de Guido del Duca a alegria, e, segundo Espinosa, como aliás na vida de todos nós, pode ser isto ou aquilo.

É por esta razão que a menina roubaria "qualquer coisa": com isto, aprendemos que o suporte da inveja pode ser indeterminado *precisamente porque* seu objeto é determinado de maneira absolutamente unívoca. O objeto da inveja é este algo que torna o outro feliz, segundo a imaginação de quem inveja; e isto também nos é sutilmente indicado no texto de Clarice, quando ela escreve "eu também quero", e depois "ela queria tudo". A rigor, o "eu também quero" é uma formação de compromisso, apresentando a inveja como se fosse um desejo: deveríamos ler "eu quero também", colocando a palavra *também* como objeto direto do verbo "querer". Quero também, isto é, quero esta felicidade cujo instrumento, cujo veículo, é a posse do pinto que pia na cozinha. E aqui não existe comunhão possível: como bem notou Dante, o coração do invejoso palpita por um bem que não pode ser compartilhado.

Eis por que Clarice escreve, ao final do texto que citei: "ela queria tudo". Aqui, *tudo* não significa *todas as coisas* – mesmo que significasse, se *um* tem todas as coisas, estas não teriam como ser compartilhadas com outrem. Neste caso, penso que *tudo* indica um estado de completude e de preenchimento, assegurado imaginariamente pela posse do pinto: "ela queria (ter/ser) tudo". Queria não ter carências, e supõe que tal seria seu estado se se apoderasse daquilo em que depositou a fantasia da totalidade. Que a carência seja imaginariamente anulada pela posse de um pinto, ou de qualquer outra coisa, é contingente: o que importa compreender é que o invejoso começa por atribuir ao outro um estado ou uma condição do qual se imagina privado ("você tem tudo") – o *objeto* da inveja – para em seguida vincular este estado à posse de um "algo", uma espécie de talismã, do qual é imperativo privar o outro seja por que meio for – o *suporte* da inveja ("e eu terei um pinto").

3. Parêntesis mitológico

Para ilustrar estas noções um tanto abstratas, gostaria agora de contar a vocês a história de Aglauros. Trata-se de um dos mitos narrados por Ovídio nas *Metamorfoses*; Aglauros é a irmã de Hersé, cuja beleza extraordinária atiça o desejo do deus Hermes. Este pede a Aglauros que favoreça seus amores. A moça concorda, mas exige em troca um punhado de moedas de ouro. Isto irrita Palas

Atena, que já detestava a jovem porque esta a havia espionado em outra ocasião. Não tolera ver a mortal recompensada por outro deus; decide vingar-se, e a vingança é terrível: Palas Atena vai até a morada da Inveja, e ordena-lhe que vá "infectar com sua baba a jovem Aglauros". A descrição da Inveja feita por Ovídio merece ser relembrada, pois é nela que se baseia Dante, e de modo geral serviu de modelo para todos os que falaram deste sentimento:

> *A Inveja habita no fundo de um vale onde jamais se vê o sol. Nenhum vento o atravessa; ali reinam a tristeza e o frio, jamais se acende o fogo, há sempre trevas espessas [...] A palidez cobre seu rosto, seu corpo é descarnado, o olhar não se fixa em parte alguma. Tem os dentes manchados de tártaro, o seio esverdeado pela bile, a língua úmida de veneno. Ela ignora o sorriso, salvo aquele que é excitado pela visão da dor [...] Assiste com despeito aos sucessos dos homens, e este espetáculo a corrói; ao dilacerar os outros, ela se dilacera a si mesma, e este é seu suplício.*[6]

Reparem na associação da inveja com o olhar ("assiste", "o olhar não se fixa"); este tema é clássico, e ainda não encontramos uma explicação para ele. Os outros elementos nos são conhecidos: se ela se alegra com a dor de outrem, a realização de seus propósitos tampouco a deixa feliz – ao dilacerar os felizes, ela se dilacera a si própria. Esta é uma forma poética de dizer que a Inveja contém desejo, mas não se reduz a ele; o desejo de privar outrem de sua

---

6 *Metamorfoses*, livro II, versos 770 e seguintes. Tradução J. Chamonard, Paris, Garnier-Flammarion, 1966.

felicidade é nela mais decisivo do que o de obter a posse da coisa invejada. E o que, na história de Ovídio, é a coisa invejada?

> *Quando entra no quarto de Aglauros, (a Inveja) executa a ordem recebida. Coloca sobre o seio dela uma mão manchada de ferrugem, espeta seu coração com farpas pontiagudas, insufla-lhe um vírus pernicioso, faz correr em seus ossos e espalha pelos seus pulmões um negro veneno [...]. E põe sob os olhos dela a irmã, a afortunada união desta irmã, a imagem sedutora do deus, exagerando tudo. Irritada pelo que vê, Aglauros sente a mordida de uma dor secreta; ansiosa, ela geme noite e dia, e, no ápice da miséria, se consome lentamente. [...] A felicidade de Hersé a consome devagar [...]. Muitas vezes quis morrer, para não mais ver tal espetáculo; muitas vezes quis denunciar tudo, como um crime, ao pai inflexível...*[7]

Novamente aparece a relação da inveja com olhar, mas agora este olhar se fixa sobre algo bem preciso. O que Aglauros vê é a "afortunada união da irmã", "a felicidade de Hersé". Este ponto é capital: Hersé agora possui algo (o amor do deus) que faz sua felicidade, a completa, no sentido literal da palavra. Aglauros *não quer* o amor do deus, tanto que chega a pensar no suicídio para não ter de contemplá-lo; mais uma vez, o importante é privar a irmã do que nela é invejado ("denunciar tudo ao pai inflexível").

O tema novo, contudo, e do qual penso que é possível tirar partido, é que a inveja a faz ver todas as coisas "com grande exagero".

---

[7] Versos 800 ss.

O psicanalista discerne aqui um componente indispensável da inveja, análogo àquele que fazia Ofélia valorizar tanto o pinto no conto de Clarice: a dimensão da *idealização*. O objeto invejado é invariavelmente idealizado, isto é, sobrevalorizado, suposto conter atributos extraordinários, quase mágicos. É por esta razão que o suporte empírico deste objeto fantasmático é tido por único, embora possam existir muitos exemplares da mesma categoria.

Neste objeto idealizado, portanto, existe um fator que não provém do próprio suporte, nem do detentor deste último, mas sempre da fantasia do invejoso. Este projeta no suporte em questão algo cuja natureza gostaríamos de examinar melhor; por enquanto, sabemos apenas que diz respeito ao próprio invejoso, que se apresenta sob uma forma exagerada ou idealizada, e que sem sua presença não há inveja, porque sem projeção a coisa à qual é atribuído este "algo" não seria *única*, e portanto não se prestaria a ser invejada. Ora, uma das definições clássicas da essência é: "aquilo sem o que alguma coisa não pode ser nem ser concebida". Se não há inveja sem projeção de um "algo" idealizado, é bem possível que por este caminho se nos desvele a natureza fundamental da inveja, a partir da qual poderemos compreender a conexão entre os vários atributos dela que se foram tornando claros para nós ao longo do nosso percurso.

4. Idealização e narcisismo

Vamos então examinar mais de perto o fenômeno da idealização. Descritivamente, ela consiste na exaltação do objeto, a cujas características se atribui um valor de perfeição. Do ponto de vista metapsicológico, a questão consiste em saber que tipo de energia pulsional está envolvido neste processo, e qual é sua dinâmica, isto é, em quais tipos de conflito ele se inscreve, que papel cumpre nestes conflitos, e de que modo este processo se combina com outros, inibindo-os ou intensificando-os.

Em "Para Introduzir o Narcisismo" e em "Psicologia das Massas e Análise do Ego", Freud assinala que a idealização tem estreitas relações com o narcisismo, e, na tradição psicanalítica, os comentadores da sua obra são unânimes em utilizar esta indicação.

Já para Melanie Klein, a idealização consiste num mecanismo de defesa contra as pulsões destrutivas, porque contribui para criar a imagem de um objeto perfeitamente bom, capaz de proteger a criança contra as ameaças emanadas dos objetos persecutórios. Estes, por sua vez, surgem da projeção para o exterior das pulsões agressivas da própria criança.[8] Seja numa concepção, seja na outra, o que me parece importante assinalar é que a idealização não é um fenômeno "primitivo", mas sim consequência de complexas interações psíquicas, que põem em jogo a esfera das pulsões: pulsões sexuais para Freud, pulsões destrutivas para Klein.

Qual poderia ser o laço entre idealização e narcisismo? Convém lembrar aqui que, em psicanálise, o termo "narcisismo" não tem qualquer conotação pejorativa: ele não designa nem a vaidade, nem o estar cheio de si, nem o egoísmo, embora estes sentimentos estejam dentro do cone semântico do conceito, e indiscutivelmente façam parte do setor narcísico da personalidade. O essencial do narcisismo reside na ideia de "amor em relação a si mesmo". Mas "si mesmo" está longe de ser uma noção simples: pode designar o corpo próprio, ou o indivíduo inteiro, ou ainda o ego, que não corresponde a toda a psique, mas à parte dela cristalizada na autoimagem.

---

8 Ver, por exemplo, a seção II de "Some Theoretical Conclusions Regarding the Emotional Life of the Infant", 1952, bem como o capítulo II de *Inveja e Gratidão*, 1957.

A teoria do narcisismo é complexa, e por isso vamos nos limitar ao problema que surgiu do nosso exame da inveja, ou seja, o do vínculo dele com a idealização. Partamos do seguinte: o narcisismo é uma parte da vida sexual de todos nós, e Freud o inclui entre os avatares da libido. O amor com que amamos a nós mesmos é um amor sexual, e a prova disto está na gama de fenômenos ligados ao autoerotismo, que vai da masturbação à ginástica, passando pelos cuidados com o corpo, com seu embelezamento e sua valorização. Em outros termos, nosso corpo e nosso Eu são objetos sexuais semelhantes aos objetos externos, e o investimento deles é um investimento amoroso-sexual, como aliás ilustra o mito de Narciso, que se apaixona por seu reflexo na água.

Freud considerou que, existindo em cada indivíduo apenas uma quantidade fixa de libido, a parte dela investida no Eu deveria ser subtraída do investimento objetal, e vice-versa. A libido narcísica é eminentemente móvel, e, como sua contrapartida objetal, também pode ser investida em coisas e seres externos. Quando isto ocorre, estes últimos ficam impregnados com uma qualidade particular, derivada exatamente da componente narcísica da libido que os investe. Para dar uma imagem disto: suponhamos que a libido narcísica seja de cor vermelha e a libido objetal de cor branca. Se a análise revela um objeto sexual cor-de-rosa, podemos ter certeza que o investimento que o constitui como objeto sexual contém alguma proporção de libido narcísica, responsável pelo tanto de vermelho que ele apresenta.

Ora, esta "qualidade particular" da libido narcísica é precisamente a *perfeição*, e o veículo pelo qual ela transita para os objetos é a *idealização* deles. Em algum recanto de nosso inconsciente, existe uma imagem de nós mesmos perfeita, completa, grandiosa: é o que os psicanalistas denominam "ego ideal". O ego ideal tem uma história: é formado por resquícios dos momentos mais primitivos da nossa vida, aqueles em que não tínhamos consciência da limitação, da imperfeição e da finitude que nos caracterizam como seres humanos. O bebê cercado de cuidados maternos, cujas necessidades são satisfeitas de maneira adequada, e que no inconsciente de seus pais representa uma reencarnação do momento em que eles próprios eram bebês, sendo portanto amado com um amor que contém fortes elementos de narcisismo infantil – este bebê nos dá uma imagem aproximada dessa instância psíquica, tanto mais que, segundo a teoria psicanalítica, aquilo que o satisfaz (por exemplo, o seio do qual mama, ou o calor que o aconchega) é por ele imaginado como fazendo parte dele próprio.

A descoberta de que tais entidades não são "ele", mas pertencem de modo geral ao mundo externo, costuma ser extremamente dolorosa, e suscitar angústias de grande intensidade. Não é difícil perceber que a fantasia onipotente de se bastar a si próprio não será eliminada por aquela descoberta, mas irá se refugiar em outros setores da vida psíquica. Assim se constitui o ego ideal, cujas figurações empíricas podem ser numerosas e variadas. Tudo aquilo que contribui para reforçar a impressão de autossuficiência é passível de ser sentido e fantasiado como encarnação dele: por exemplo, "a inteligência, o saber, a virtude, o sexo, o corpo e sua beleza, ou ainda a independência de quem se basta a si próprio em sua inacessibilidade, como constatou Freud."[9]

Em virtude de mobilidade da libido, e por meio do mecanismo da projeção, fantasias originadas em qualquer setor do narcisismo podem ser transpostas para certos objetos. Se elas provêm do ego ideal, tais objetos se convertem em duplos dele: é por isso que os chamamos de idealizados, e, como vimos, sua característica

---

9 Guy Rosolato, "Le narcisssisme", *Nouvelle Revue de Psychanalyse* nº 13, 1976, p. 15.

fundamental é a de serem concebidos como *perfeitos*. Podemos compreender que tal perfeição consiste em *estarem contidos dentro de si mesmos*, em se autobastarem, e portanto poderem dispensar o recurso a algo exterior para obter o gozo sexual, posto que são independentes, autônomos, não necessitando de nada que os preencha: numa palavra, são imaginados como possuindo extraordinária capacidade de autossatisfação.

Isto é verdadeiro para qualquer idealização, mesmo que os atributos em função dos quais o objeto é sobrevalorizado nada tenham a ver, aparentemente, com o registro da autarcia e do gozo autoproporcionado. Por esta razão, diante de um objeto idealizado nos sentimos dispensáveis, inferiores: nada temos a aportar que ele já não possua. Em outros termos, tal ser ou tal pessoa é para nós um objeto pulsional, mas não nos percebemos como sendo, para ele, *também* um objeto pulsional. Disso se segue a ideia de que o objeto idealizado "não precisa de mim"; daí a fantasiar que ele não precisa de nada nem de ninguém, porque é dotado de capacidade de se autossatisfazer (perfeição narcísica ligada à projeção do ego ideal), o passo é curto – e quase sempre ocorre.

Se prosseguirmos nessa reflexão, veremos que não é tão grande assim a oposição entre as concepções de Freud e de Melanie Klein no que concerne à idealização. O que acabei de dizer é uma sistematização e um desenvolvimento das indicações de Freud; disse também que, para Klein, a idealização é uma defesa contra as angústias persecutórias e contra as pulsões destrutivas que sustentam estas últimas. Ora, o fato de a idealização poder desempenhar essa função – como de fato desempenha – não diz nada sobre sua *origem*; e o que Melanie Klein afirma quanto ao objeto idealizado não me parece contradizer a que Freud sugere para ela.

Com efeito, o objeto idealizado possui segundo Klein a propriedade de se bastar a si mesmo, e também de deleitar-se com sua própria perfeição. É o caso do seio idealizado, imaginariamente capaz de produzir leite em quantidade infinita e ilimitada, e ainda de usufruir de todo o prazer que esse leite pode proporcionar. O que caracteriza o seio idealizado (e o torna o objeto privilegiado da inveja, segundo Klein) é a capacidade de *engendrar a partir de si mesmo*, o que é uma variante da capacidade de se autoengendrar, a qual, por sua vez, é o conteúdo de uma das principais fantasias narcísicas repertoriadas pela psicanálise.

Melanie Klein não desenvolve este aspecto, atendo-se mais à dimensão da proteção que o objeto idealizado poderia dispensar. Mas é fácil perceber que, qualquer que seja a medida dessa proteção, ela estará sempre *aquém do que ele poderia* oferecer, já que a expectativa é que ele possibilite a eliminação completa de todas as angústias. Como isto não é possível – pois a angústia tem fontes internas, que não podem ser mitigadas mesmo pelo mais idealizado dos seios – é inevitável que este último seja também fonte de frustração, acarretando por conseguinte emoções agressivas dirigidas contra ele. Pois, se "pode" fazer tudo o que a criança imagina, por que não o faz? Por má vontade, egoísmo, intenção sádica de prejudicar...

Vocês percebem que, por este caminho, nos aproximamos novamente da inveja. O seio idealizado é uma das figurações fantasmáticas do objeto invejado, pois é fácil incluí-lo na série das "criaturas" felizes porque possuem algo que, caso fosse meu, também me faria feliz. No caso, é a capacidade ilimitada de criar ou de fruir aquilo que satisfaz o desejo, sem ter de passar pela dor da falta, dor que nos obriga a procurar o objeto fora de nós mesmos e a nos contentarmos sempre com aproximações substitutivas da realização integral do desejo. Não é difícil entender que a pessoa invejada seja por isso sentida como detentora de um privilégio, e que a inveja nasça de um movimento que visa a arrebatá-lo dela, conforme vimos atrás.

O que nosso trajeto de agora permite evidenciar é que esse privilégio suposto *tem raízes narcísicas*, porque provém da projeção de partes do ego ideal, e em particular daquilo que constitui sua propriedade fundamental – a perfeição – e o corolário dela, ou seja, a independência das limitações impostas pela realidade, pela diferença dos sexos, pela mortalidade do homem, pela finitude. No ego ideal, podemos perceber uma aspiração ao infinito; mas, para evitar conotações religiosas ou transcendentes, convém lembrar que esse "infinito" se origina na ilusão infantil de autossuficiência, e constitui uma forma de preservar a crença na existência dela, ainda que em algum ponto inacessível do espaço ou do tempo. E, de certo modo, tal crença tem sua razão de ser: apenas, este "ponto" é uma fantasia, cujo lugar virtual é o inconsciente.

Podemos, assim, retornar à consideração da inveja, focalizando-a agora sob o ângulo de sua relação com o narcisismo. Esta relação é a hipótese original que tenho a lhes apresentar; procurei desenvolvê-la em outros trabalhos,[10] e gostaria de me encaminhar para a conclusão desta conferência assinalando os motivos que me levam a pensar assim, bem como o possível ganho de compreensão quanto à economia e à dinâmica da inveja que dela deriva.

---

10 "Desejo e inveja", in Manoel T. Berlinck (Org.), *O Desejo na Psicanálise*, Campinas, Papirus, 1985, p. 67-103; "O escuro dos olhos brilhou como um ouro: notas sobre a inveja, a castração e o narcisismo", in *Teoria da Prática Psicanalítica* nº 4, Rio de Janeiro, Campus, 1986, p. 95-121. Também disponíveis em R. Mezan, *A Vingança da Esfinge* [1988], São Paulo, Casa do Psicólogo, 2ª ed., 2004.

Não cabe dúvida que a inveja contém um forte componente agressivo, visto que sua finalidade primordial é privar outrem de um atributo julgado precioso. Este fato poderia ser invocado como argumento contra a vinculação da inveja à esfera da libido narcísica? Não o creio; o narcisismo também participa das pulsões de morte, como aliás nos é indicado pelo mito de Narciso, que morreu de inanição contemplando sua imagem refletida na nascente. Mais ainda, a agressão contra o rival – que é manifestamente um duplo narcísico do indivíduo – figura como momento essencial na concepção do narcisismo segundo Lacan, a quem devemos uma importante contribuição no que concerne a este problema. Não poderemos entrar na discussão das hipóteses avançadas por Lacan; basta indicar que, mais do que refutar a ideia que sugeri, a inclusão do fator agressivo na consideração do narcisismo vem apoiá-la, e portanto não impede, mas reafirma, a conexão deste último com a inveja.[11]

Aliás, o valor atribuído por Lacan à dimensão visual na constituição e nos destinos do narcisismo (o famoso "estágio do espelho") poderia nos fornecer uma pista para compreender a enigmática associação da inveja com o olhar, contribuindo igualmente para legitimar a origem dela a partir do narcisismo. O olhar desempenha um papel de relevo na constituição da imagem do corpo e da imagem de si, imagens com as quais o sujeito se identifica muito precocemente, e que trazem segundo aquele autor a marca da idealização; como vimos, esta é uma das dimensões em que se estrutura o narcisismo. Mas seguir esta indicação nos levaria muito

---

11 Nota de 2013: a ideia de um fator mortífero no narcisismo não é exclusiva do psicanalista francês: Herbert Rosenfeld, um kleiniano, fala de "narcisismo maligno", e André Green elaborou extensamente a noção de um narcisismo de morte.

longe dos aspectos mais evidentes desta vinculação; para nossos propósitos, basta deixá-la esboçada, e nos concentrarmos no que pode ser útil para entender a inveja.

5. Inveja do pênis

Talvez caiba aqui tomar outro rumo, que nos permitirá abordar uma das ideias de Freud que mais polêmica despertaram: a noção de "inveja do pênis". Este conceito costuma ser fonte de inumeráveis contrassensos, o primeiro dos quais é supor que ao inventá-lo Freud estaria depreciando o sexo feminino, e que tal depreciação seria consequência de seus preconceitos vitorianos. Esta visão é equivocada, e em nada ajuda a compreender a teoria da inveja do pênis. Ao elaborá-la, Freud tem em vista certos aspectos da sexualidade feminina que sugerem a existência de uma *fantasia inconsciente* desta natureza. A inveja do pênis não é um conteúdo da consciência, e raramente a encontramos como tal na análise de pacientes do sexo feminino; aliás, quando isto ocorre, a interpretação costuma revelar sob esta fantasia alguma outra, inconsciente, que é representada na consciência sob esta forma disfarçada.

Na qualidade de fantasia inconsciente, ela se manifesta sob inúmeras imagens que, aparentemente, nada têm a ver com a inveja do pênis; o que não é de admirar, se lembrarmos que uma das duas forças psíquicas de cuja oposição é feita nossa vida mental tende precisamente a censurar os conteúdos inconscientes capazes de provocar desprazer. Tampouco cabe supô-la como exclusiva de pessoas do sexo feminino; como bem disse Hélio Pellegrino, "os homens também sentem inveja do pênis, e como"! Mais do que vociferar contra esta hipótese, ou buscar invalidá-la com argumentos psicologizantes, cabe tentar compreender do que se trata. E isto porque todo argumento psicologizante – do tipo "você diz isto porque é machista" – pode ser facilmente devolvido a quem o emprega, sob a forma de uma interpretação selvagem: "você pensa que a inveja do pênis não existe porque abriga resistências a essa ideia". Convenhamos que assim não se vai muito longe; não se refutam hipóteses com acusações, nem podem elas ser provadas com socos na mesa. Procuremos então entender o que significa, realmente, a noção de uma inveja do pênis.

O contexto em que esta hipótese se situa é o das fantasias de castração e das defesas mobilizadas contra elas. A castração representa a perda de um órgão ou de um atributo narcisicamente valorizado, e o pênis é certamente um órgão deste tipo. Mas seria ingênuo imaginar que o pênis invejado na fantasia estudada por Freud seja simplesmente o genital masculino: as feministas apressadas esquecem de perguntar quais significações esse pênis pode assumir, ou, para utilizar uma distinção proposta há pouco, de que objeto inconsciente tal pênis é o suporte. Dito de outro modo, o que a inveja *do* pênis inveja *no* pênis?

Não é difícil imaginar que o objeto invejado dificilmente coincidirá com seu suporte empírico, muito embora a descoberta deste último possa ser a ocasião para que se desencadeie o complexo de castração em sua versão propriamente feminina. Ao estudar este problema, Freud escreve:

> *a menina percebe o pênis chamativamente visível e grande; reconhece-o imediatamente como contrapartida superior de seu próprio órgão, pequeno e escondido; e a partir daí sucumbe à inveja do pênis. [...] Ela julga e decide imediatamente: viu isso, sabe que não o tem, e quer tê-lo.*[12]

---

12 S. Freud, "Algumas consequências psíquicas da diferença sexual anatômica", 1925, *Studienausgabe* V, p. 260-261; *Biblioteca Nueva*, vol. III, p. 2899.

Reparem que a descoberta da diferença anatômica dos sexos é compreendida como uma ferida narcísica importante, pois uma das dimensões em que ela recebe seu sentido é precisamente a do narcisismo: segundo Freud, a menina faz uma comparação entre si mesma e o menino, constata a diferença, e a avalia como significando uma inferioridade, como se sentisse uma falta por não possuir "isso".

Mas o essencial é que tal falta não é real: nada falta no corpo da menina – ela tem um órgão genital que lhe é próprio. Encontramos aqui uma *fantasia de falta*, que se inscreve no contexto geral da vida psíquica infantil: nela vêm se expressar outros conteúdos, que a precedem e aos quais ela ajuda a atribuir sentido. Por exemplo, a ausência do pênis pode ser compreendida como castigo, como sinal de menos amor, etc.; se a menina acredita que, por tal ou qual motivo, mereceria ser castigada ou privada de amor, a constatação da diferença entre ela e o menino pode ser lida como confirmando a veracidade destas autoacusações. Daí que a posse do pênis pelo menino seja entendida como sinal de um privilégio do qual ela mesma está excluída.

O que a menina inveja é portanto este privilégio e o gozo dele, o pênis significando e permitindo, segundo essa fantasia, um desfrute que quem não o possui não pode atingir. Em geral, tal desfrute não é compreendido conscientemente num sentido diretamente sexual; os psicanalistas de crianças costumam enfatizar que o privilégio em questão tende a ser figurado como "mais amor", "mais poder", ao menos no momento cronológico em que habitualmente se dá a descoberta da diferença anatômica, isto é, ao redor dos três ou quatro anos.

Se o que a inveja *do* pênis inveja *no* pênis é o gozo de um privilégio, é evidente que estamos diante de uma idealização. O pênis invejado não é assim o órgão do menino, mas um objeto idealizado que a menina projeta neste suporte, e que tem a ver com o mundo fantasmático *dela*. Que o pênis possa ser também idealizado pelo menino e concentrar todo um conjunto de fantasias *dele* é outro problema, que não abordaremos hoje. O importante é perceber que o pênis acaba por funcionar como elemento de uma série cujo núcleo comum é a ideia de completude, como se vê consultando o *Vocabulário de Psicanálise* de Laplanche e Pontalis:

> *a inveja do pênis nasce da diferença anatômica dos sexos: a menina sente-se lesada em relação ao menino e deseja possuir, como ele, um pênis. Depois, esta inveja do pênis toma no curso do Édipo duas formas derivadas: vontade de adquirir um pênis dentro de si, principalmente sob a forma do desejo de ter um filho; vontade de gozar do pênis no ato sexual.*[13]

O elemento do desejo aponta para a dimensão da plenitude, do estar preenchida por um bebê ou por um pênis. Mas a inveja do pênis contém igualmente a dimensão agressiva, e pode ser expressa sob a forma da fantasia de castrar o homem, de privá-lo do que supostamente a posse do pênis lhe permite; ou ainda sob a forma de inibições variadas, principalmente na esfera do prazer e da realização pessoal, a partir de uma fantasia cuja relação com a do pênis idealizado é evidente, e que poderíamos formular mais ou menos assim: "eu não tenho pênis, mas minha mãe tem, e dele extrai uma quantidade inacreditável de prazer. Ora, se eu não

---

13 Laplanche e Pontalis, *Vocabulaire de la Psychanalyse*, Paris, Gallimard, 1967, artigo "Envie du Pénis", p. 136.

consigo ter prazer sexual, ou me realizar naquilo que empreendo, é porque não possuo esse órgão mágico".

O pênis invejado é portanto invariavelmente idealizado, inclusive neste último caso, em que o gozo de um prazer é impossibilitado porque significaria castrar a mãe, arrebatar-lhe um "algo" cuja posse é simultaneamente deseja e temida pela mulher. O essencial é percebermos que o pênis funciona aqui como *atributo e suporte da diferença*, tanto da diferença sexual quanto da diferença entre mim e outrem, ou ainda da diferença hierárquica, numa escala imaginária em que me situo num degrau bastante baixo.

O grande problema não é, deste modo, saber se a mulher inveja ou não o pênis do homem, mas sim saber por que escolhe, para suporte do objeto idealizado, algo cuja posse concreta é *impossível*, exceto no caso de uma cirurgia de mudança de sexo. Aqui nos deparamos com um traço que talvez pertença não apenas à constelação da inveja do pênis, mas também à inveja em geral: a idealização do objeto e sua projeção sobre um suporte externo – mecanismos constitutivos do afeto invejoso – resultam no desejo de se apropriar do objeto idealizado/projetado, privando dele seu suposto detentor. Mas, para que este movimento resulte na inveja e não apenas na cobiça, no desejo, etc., parece ser necessário que a recuperação do objeto em questão seja rigorosamente *impossível*. Será isto verdadeiro? E, se for, como dar conta, em termos metapsicológicos, desta situação?

6. A inveja e o impossível

Vamos, então, por partes. O personagem da *Divina Comédia* que empalidece ao ver a alegria alheia pode eventualmente obrar de modo a que o outro se entristeça, assim como Aglauros poderia realizar seu intento destruindo de algum modo a felicidade da irmã: mas nem um nem outro conseguiria por este meio mais do que um alívio momentâneo para o seu sofrimento. Pois a inveja se faz acompanhar de um intenso sofrimento, como vemos pela descrição de Ovídio: ela "morde", o espetáculo dos êxitos dos homens a "rói", e, "ao dilacerar os outros, ela dilacera a si mesma".

Há portanto uma assimetria fundamental entre o gozo que o invejoso atribui ao invejado e a condição a que ele próprio acederia, caso atingisse seu objetivo imediato, que é o de privar a pessoa invejada do atributo ou da coisa supostos proporcionar-lhe prazer intenso. Tal condição não é do mesmo estofo que o gozo ou a felicidade, consistindo na melhor das hipóteses num apaziguamento, logo seguido, porém, pelo renascer da inveja, que não deixará de buscar algum outro suporte no qual se investir.

Da mesma forma, no conto de Clarice Lispector a menina acaba por matar o pintinho, mas é bastante claro que a satisfação que este ato lhe proporciona não tem medida comum com a expectativa que acompanhava a inveja: "olhou-me rápida, e era a inveja, você tem tudo, e a censura, porque não somos a mesma, e eu terei um pinto..." A sequência dos pensamentos de Ofélia me parece significativa: "você tem tudo", isto é, é plena, nada lhe falta; "porque não somos a mesma", ou seja, existe entre nós um intervalo ineliminável, uma diferença cuja percepção é fonte de dor e de tristeza; "e eu terei um pinto", isto é, encontrarei uma satisfação substitutiva análoga àquela que me proporcionaria a posse e a fruição daquilo em que encarnei a diferença entre nós. O "eu terei um pinto" vem assim como conclusão, após uma fantasia de plenitude ("você tem tudo") e após o desmentido aportado a esta fantasia ("porque não somos a mesma").

O desejo que acompanha a inveja é portanto determinado como *desejo de coincidência*, de restauração da plenitude narcísica rompida com a descoberta do limite e da diferença, isto é, do intervalo entre "eu" e "outrem". É por este motivo, penso, que o olhar desempenha na economia da inveja uma função decisiva: ele permite o contato – isto é, a busca da coincidência – e ao mesmo tempo mantém a distância entre o invejoso e o invejado. Pois olhar é simultaneamente "por para dentro" e "manter de fora"; é apreender e incorporar algo externo, porém a forma dessa apreensão faz com que esse algo continue a existir fora de mim, conservando sua irredutibilidade em relação à minha pessoa.

Se concordarmos neste ponto, a inveja tomará o caráter de uma formação complexa, na qual cabe distinguir uma vertente da ordem dos impulsos e uma vertente da ordem da defesa. A vertente pulsional tem uma faceta sexual-narcísica e uma faceta agressiva, como deve estar claro a esta altura de nosso percurso. A vertente defensiva é patente pelo que acabei de dizer: ela se exprime na *impossibilidade de reinteriorizar o projetado-idealizado*, impossibilidade que necessita ser explicada, porque não é nada óbvio que deva se produzir. Quais seriam as condições metapsicológicas capazes de dar conta dela?

A defesa – qualquer defesa – tem uma finalidade óbvia: evitar o desprazer. Isto não a impede de gerar, por vezes, um intenso desprazer; mas este último será sempre fantasiado como mal menor, se comparado com aquilo que sucederia caso a defesa fosse abandonada. Boa parte do trabalho psicanalítico, aliás, consiste no reexame das fantasias e das angústias que povoam a vida psíquica do paciente, apostando na possibilidade de que, ao longo do processo, ele venha a perceber que suas defesas podem ser modificadas sem necessariamente levar às situações temidas, cujo caráter infantil e mesmo arcaico exigiu em outros tempos o recurso a medidas de proteção de tanta envergadura.

Em todo caso, é possível inferir do tipo e da intensidade das defesas algo sobre a natureza daquilo cuja irrupção no espaço psíquico elas devem impedir, e que constitui por assim dizer o avesso delas. No caso que nos ocupa, a fantasia parece ser de molde a apresentar como realizado um estado de completude e de autarcia intensamente desejado, como se atingi-lo fosse o mesmo que chegar ao Paraíso e desfrutar dele por toda a eternidade. Este é, com efeito, o aspecto mais frequente sob o qual nos é apresentado o registro da onipotência. Mas a consideração atenta do sentimento da inveja nos deveria fazer rever esta concepção, ou pelo menos complementá-la com outra, pois o que caracteriza a inveja é exatamente a constituição desta fantasia (por meio da idealização, cuja origem é o ego ideal), e a sua imediata projeção para outrem, seguida de um intenso desejo de reapropriação do projetado e da impossibilidade de efetuar esta reabsorção. Se é impossível efetuá-la, *é porque isto provocaria uma situação psíquica imaginada como aterrorizadora*: e o grau deste terror pode ser avaliado pelo fato de que a ele é preferível a "mordida", a "dilaceração" e o "roer-se por dentro" da inveja, a qual, repito, não deixa de ser fonte de grande sofrimento para aquele que a experimenta.

E o que haveria de tão horrendo na suposta realização da fantasia de onipotência? Reflitamos um momento: a onipotência total – com perdão do pleonasmo – não consiste em *poder* tudo, mas em *ser* tudo. Por isso, o único ser onipotente na tradição monoteísta é Deus. Ora, ser *tudo* implicaria em deixar de ser "eu": pois a condição da existência de um sujeito é precisamente a presença de um intervalo entre ele e os outros, intervalo assegurado pelo limite e pela finitude do nosso corpo e da nossa psique. O nascimento é, como sabemos, acompanhado pelo corte do cordão umbilical! A realização da fantasia de onipotência significaria assim a supressão do sentimento de sermos nós mesmos, para não dizer a supressão da nossa própria existência.

Aquilo que Freud descreveu como o "horror do incesto" não provém de motivos morais, que condenariam a união sexual com mãe. O incesto do qual se tem horror não é a cópula com quem nos deu à luz; se assim fosse, a mulher heterossexual não seria habitada por ele. É perfeitamente concebível (embora não recomendável...) que alguém tenha relações sexuais com sua mãe, como ocorreu com Édipo, e, segundo a tradição, também com Nero. Mas alguns autores sugerem que essa imagem é uma figuração do *retorno ao ventre materno*, isto é, da dessubjetivação e da morte;[14] retornar ao ventre da mãe significa fundir-se com ela e deixar de existir como ser individuado. É significativo que, no imaginário religioso, o Paraíso seja representado como um lugar ao qual só se chega após a morte, ainda que nele – graças à denegação da morte – as almas conservem sua individualidade, seu nome e sua história. O Paraíso é um símbolo evidente da fusão com a mãe, porém concebido de modo a retirar desta fusão os elementos que contribuem para torná-la aterrorizadora.

A fantasia de autossuficiência, que estudamos brevemente ao falar do ego ideal, pode assumir a forma de um desejo de fusão com a mãe, pelo simples motivo de que, ao fundir-se, tanto o indivíduo como a mãe desapareceriam enquanto tais. Ela é apta a figurar, deste modo, uma situação de ilimitação, de infinitude, de onipotência, ou como quisermos denominá-la, pois consiste sempre na *supressão dos limites* que, ao mesmo tempo em que nos fazem sofrer, são condição de uma existência humana.

---

14   Cf. Conrad Stein, *L'Enfant imaginaire*, Paris, Denoël, 1970.

Isto nos permite compreender por que o projetado/idealizado pode ser alvo de desejo e ao mesmo tempo fonte de pavor: é possível que seja, aliás, tão desejado *precisamente porque* a reapropriação dele jamais se cumprirá, posto que seria idêntica à morte. Nesta perspectiva, a inveja teria uma importante função defensiva, protegendo o indivíduo contra o risco de precisar reinteriorizar algo que foi projetado exatamente para que pudesse ser mantido à distância: a perfeição narcísica. Tendo sido projetada, ela se converte imediatamente em objeto de um intenso desejo de coincidir com o objeto idealizado; como este é imaginado sob a forma de algo capaz de ser "possuído", o desejo de possuí-lo é acompanhado pela intenção agressiva de privar seu detentor da posse e do usufruto dele: eis aí a origem da dupla determinação pulsional da inveja, isto é, de sua componente sexual-narcísica e de sua componente agressiva.

Nela coincidem – se esta hipótese estiver correta – um impulso (ou melhor, um feixe de impulsos) e uma defesa bastante eficaz; esta situação permitiria compreender a *tenacidade* da inveja, a dificuldade de alterar as condições econômicas que a sustentam, e a força das resistências contra a análise que nela se apoiam: escorada por assim dizer de ambos os lados, não é de se admirar que ela ostente uma estabilidade... invejável.

7. Da capo

Nosso último passo permitiu estabelecer que a inveja é inveja do impossível, e que este impossível representa um estado de coincidência com o outro que nada mais é do que uma faceta do narcisismo, precisamente aquela que sustenta as fantasias de autossuficiência e de perfeição idealizada quanto a si mesmo. Para concluir, gostaria de reler o texto de Clarice Lispector nessa perspectiva, a fim de ilustrar este excurso metapsicológico, e demonstrar que ele não é apenas um malabarismo especulativo.

"*Do instante em que, involuntariamente, sua boca estremecendo quase pensara – eu também quero – deste instante a escuridão se adensa no fundo dos olhos, num desejo... que recuara diante do impossível, o impossível que se aproximara e em tentação fora quase dela.*" Podemos interpretar este "impossível" como a figuração do desejo de fusão narcísica, de coincidência com a plenitude que dolorosamente falta à menina, e que é subitamente sentida quando percebe o piar do pinto. Mas este movimento é acompanhado pelo seu contrário, isto é, pelo repúdio da "tentação": é o que sugere o "quase".

"*O escuro dos olhos vacilou como um ouro*": é o instante da hesitação, do entre-dois-desejos. Ofélia recuou frente ao horror do incesto, mas não desistiu do desejo de obter o "impossível".

"*Uma astúcia passou-lhe então pelo rosto*": das duas tendências opostas, surge um compromisso, expresso pela inveja: a garota vai tentar manter simultaneamente, lado a lado, o desejo de coincidência e de plenitude e a defesa contra ele. O que, podemos supor, exige alguma astúcia.

"*Se eu não estivesse ali, ela roubaria qualquer coisa. Nos olhos, a dissimulada sagacidade; nos olhos, a grande tendência à rapina*". O ideal de completude, mobilizado pela percepção de que nesta última coincidem ego e ego ideal, será deslocado para um suporte, que os olhos procuram avidamente: qualquer coisa servirá, contanto que pertença à narradora, que, com toda a clareza, neste momento, figura um duplo narcísico de Ofélia. Os olhos serão o veículo por excelência deste movimento, porque ao apreender a imagem da coisa a mantêm por isso mesmo fora do espaço corporal, realizando o compromisso exigido pelas duas tendências que se defrontam, e de certa forma satisfazendo a ambas.

"Olhou-me rápida, e era a inveja: você tem tudo". Você tem o atributo da perfeição e da completude. Reparem que esta condição é metonimizada num objeto que, por ser limitado, pode ser imaginado como capaz de circular: o "ser" converteu-se num "ter", com a evidente vantagem de que se pode roubar algo que o outro tem, enquanto é impossível roubar aquilo que ele é.

"E a censura: porque não somos a mesma, e eu terei um pinto". O fato de não sermos a mesma vem cristalizar toda a raiva, como se dependesse da narradora que "fôssemos a mesma". A referência ao "ser a mesma" indica que o movimento é de índole narcísica, e de certo modo Ofélia tem razão: algo dela (o ego ideal) acaba de ser projetado na narradora. Sob este aspecto, elas "são a mesma"; mas esta projeção estabelece uma diferença insuperável entre ambas, porque uma "tem" (acaba de "receber" o ego ideal da outra) e a outra "não tem": daí a censura, "porque não somos a mesma". Tão logo realizado, o movimento projetivo é alvo de uma repressão; o objeto narcísico idealizado vem então habitar um suporte empírico, capaz de ser desejado sem que a suposta efetivação do desejo resulte na fusão indiferenciadora: "e eu terei um pinto".

A narradora, contudo, não se engana: Ofélia não queria apenas um pinto, *"ela me queria para ela"*.

"Devagar fui me reclinando no espaldar da cadeira": a agressão é sentida, e a narradora esboça um movimento de proteção, afastando um pouco seu corpo da menina cobiçosa.

"Sua inveja que desnudava minha pobreza e deixava minha pobreza pensativa; não estivesse eu ali, ela roubaria também minha pobreza": quem a imagina feliz e deleitando-se com o pinto é a menina, já que tal fantasia é dela. Clarice nos diz assim, com sutileza, que o invejado não compartilha desta fantasia, e nem pode compartilhar, porque todo o movimento se dá no espaço psíquico do invejoso. O invejoso sente que o outro deseja algo dele, sem no entanto saber o que é; daí o gesto de retração, como quem diz – não tenho isto que você cobiça. Haveria talvez muito a dizer sobre o que se passa na psique do invejado, mas não nos será possível entrar neste terreno hoje. Basta percebermos que, confrontado com a idealização invejosa, quem é alvo dela pode sentir-se ameaçado e constrangido, pois sente com frequência a componente agressiva e destrutiva do movimento idealizador. Talvez por isso reaja muitas vezes negando aquilo que de fato possui e é, como se quisesse se proteger da agressão dizendo: "não sou isso tudo"!

"Ela queria tudo": queria, mas também não queria; queria só um pinto, e queria qualquer coisa; sobretudo, queria não ter de sentir a falta, o limite, que naquele instante era motivo de ódio e de dor. Tinha desejos,

raiva, vontade de se reapropriar daquilo que projetara, medo e angústia diante da possibilidade de que isso ocorresse. Numa palavra, Ofélia "sente a mordida de uma dor secreta" – ela experimenta a miséria da inveja.

Conrad Stein no Brasil

Paris, abril ou maio de 1978. Um jovem filósofo brasileiro, então amadurecendo o desejo de se tornar psicanalista, telefona para o autor de um livro recomendado por sua orientadora, cuja leitura o havia impressionado vivamente. O autor o recebe, sugere nomes para que ele retome sua análise, dá-lhe cartas de recomendação para alguns colegas franceses, e o convida ao seu seminário no Instituto de Psicanálise.

O autor em questão era Conrad Stein; o livro, *L'Enfant imaginaire*; e vocês já adivinharam o nome do jovem filósofo. Assim começou uma das relações mais importantes em minha vida, que, em parte por vias casuais, em parte por fatores dos quais falarei em seguida, está na origem da presença do meu professor na psicanálise brasileira.

Para bem entender por que, é necessário evocar brevemente algumas características da época, tanto de um lado do Atlântico como do outro, pois entre aquela tarde de primavera e a visita de Stein a São Paulo transcorreram dez anos. Dividirei portanto esta comunicação em duas partes: o período que precedeu essa estadia, e depois os caminhos pelos quais certos aspectos do pensamento dele encontraram acolhida em nosso país.

1. Contextos

Na época em que fui para a França preparar meu doutorado em filosofia, o qual devia tratar da teoria freudiana da cultura, estavam ocorrendo na psicanálise brasileira importantes transformações, que estão na origem da sua configuração atual. Do lado francês, após um período bastante movimentado do ponto de vista institucional, as armas pareciam um pouco em repouso, a tal ponto que René Major podia propor um diálogo entre analistas de diferentes sociedades – é certo que num terreno neutro, o dessa instituição notável chamada *Confrontation*. Mencionemos rapidamente alguns elementos destes processos:

a) no Brasil, o monopólio da IPA quanto à formação dos analistas, bem como a predominância do kleinismo na prática e no ensino, se viam contestados por dois fatos originalmente independentes um do outro, mas que vieram a se cruzar ao redor dos anos 1975-1976: de um lado, a chegada de muitos psicanalistas argentinos, que fugiam da barbárie militar instalada em seu país; de outro, os inícios do movimento lacaniano, vindo simultaneamente da França, da Argentina e da universidade belga de Louvain.

b) por razões diferentes, mas que do ponto de vista prático tinham efeitos similares, estes dois grupos eram muito críticos em relação à instituição oficial, que lhes parecia politicamente reacionária e cientificamente estéril. Em São Paulo, este mesmo sentimento havia feito surgir um projeto *sui generis*, nascido do espírito audacioso de Madre Cristina, uma religiosa alinhada com as perspectivas da Igreja progressista: o Instituto Sedes Sapientiae. A vocação do Instituto era fornecer um "guarda-chuva" a certos movimentos sociais que começavam a se organizar, e também a cursos alternativos nas diversas áreas da psicoterapia. Em 1977, Regina Schnaidermann, uma psicanalista aberta à produção francesa em virtude de seus estudos de filosofia, juntou-se a Madre Cristina, a alguns emigrados argentinos e a três ou quatro analistas da Sociedade insatisfeitos com o estado de coisas então vigente nela, e com eles criou um curso de psicanálise – o que tem importância para esta comunicação, pois foi nesse espaço que em 1988 Conrad Stein foi convidado a dar conferências e supervisões.

c) Por "produção francesa", entendo a de alguns analistas entre os quais deve se contar meu professor, cujas obras chegavam à maturidade mais ou menos na mesma época em que se situam os desenvolvimentos mencionados anteriormente: André Green, Piera Aulagnier, Jean Laplanche, Pierre Fédida, Serge Viderman, Joyce McDougall, e outros. Eles não formavam um grupo no sentido usual do termo, ou seja, com objetivos comuns, uma estrutura, etc. Contudo, compartilhavam um traço que iria se mostrar decisivo nos seus respectivos percursos: todos haviam sido próximos de Lacan, eram sensíveis à renovação trazida por ele, sem no entanto aderirem formalmente à Escola Freudiana de Paris (com exceção de Piera Aulagnier, que porém se desligou dela – batendo a porta, é o caso de dizer – quando da discussão sobre o passe). Dito de outra forma, todos reconheciam a necessidade de um retorno a Freud, mas não se satisfaziam com a forma que esse retorno tomara nas mãos de Lacan. Seguindo os passos do mestre, todos retomaram a obra freudiana desde os fundamentos, e – cada qual à sua maneira – procuraram reconstruir a psicanálise de modo a expurgá-la do que (pelos motivos mais diversos) lhes parecia inaceitável na versão herdada do fundador.[1]

d) este movimento se inscrevia na esteira da recepção francesa de Freud, marcada como se sabe pela preocupação de distinguir o "bom" do "mau" Freud. Este é o traço mais característico da maneira pela qual o pensamento do mestre de Viena encontrou audiência na França – primeiro entre filósofos como Roland Dalbiez, Georges Politzer, e mesmo Sartre –, em seguida pelo remanejamento lacaniano. Não é este o lugar para me estender sobre este ponto,[2] mas convém ao menos precisar uma diferença capital entre a forma como esses filósofos absorveram Freud e a dos psicanalistas a que me referi: enquanto aqueles visavam a acomodá-lo a seus respectivos sistemas (essencialmente a fenomenologia e o marxismo), os analistas queriam chegar a um freudismo mais coerente e mais sólido que o presente nos textos freudianos. É isso que faz a originalidade desses pensadores, e em boa medida explica o interesse que seus trabalhos suscitaram, não apenas para os analistas agrupados no Sedes, mas também em outros lugares do Brasil, e mais tarde na Argentina. Foi tal interesse que, na década de 1980, motivou os convites para que viessem a São Paulo, e a outros centos analíticos latino-americanos.

Mas não avancemos rápido demais. Quando Conrad me acolheu tão generosamente, esses desenvolvimentos no Brasil pertenciam

---

1 Desenvolvi este argumento em "Trois conceptions de l'originaire", *Etudes Freudiennes* n° 32 (1991), p. 159-198 (tradução brasileira em *Figuras da Teoria Psicanalítica*, 2a. edição ampliada, São Paulo, Casa do Psicólogo, 2010).
2 Ver a este respeito Luiz Roberto Monzani, "Discurso Filosófico e Discurso Psicanalítico", in Bento Prado Jr. (Org.), *A filosofia da psicanálise*, São Paulo, Brasiliense, 1990, e Renato Mezan, "A Recepção da Psicanálise na França", in *Interfaces da Psicanálise*, São Paulo, Companhia das Letras, 2002.

ainda ao futuro. Na tela de fundo que acabo de esboçar, é preciso agora situar fatos mais precisos. Peço desculpas a vocês por dever falar um pouco de minhas próprias atividades – mas como foi por meu intermédio que ele se tornou conhecido no Brasil, não há muito como escapar disso...

De 1978 a fins de 1980, quando deixei a França, assisti ao seu seminário da Rue St. Jacques, li tudo o que ele publicava – em particular *La Mort d'Oedipe* e *Aussi, je vous aime bien* – e redigi meu doutorado, no qual se encontram umas boas vinte referências a *L'enfant imaginaire* e a outros textos de Stein. Além dos efeitos transferenciais (compreensíveis, me parece, dada a relação que se estabeleceu entre nós), isso se deve ao fato de que ele havia explorado em profundidade uma série de temas centrais para o argumento que estava desenvolvendo no que viria a ser o livro *Freud, Pensador da Cultura*: a importância da autoanálise de Freud para a elaboração de suas teorias, a questão da paternidade, as referências gregas sem as quais seria impossível formular conceitos como o de Complexo de Édipo, e uma série de outros.

Até então, Stein era para mim um autor cujas reflexões me apaixonavam pelo estilo e pela imaginação teórica da qual davam prova. Só quando comecei a trabalhar na clínica é que pude me dar conta da importância de suas ideias sobre a situação analítica e sobre os processos em ação no tratamento: *L'enfant imaginaire* se tornou então um dos meus guias na aprendizagem do ofício.

Querendo expressar minha gratidão quanto a ele, dediquei-lhe uma pequena introdução à vida e à obra de Freud, *A Conquista do Proibido*.[3] Como outros volumes da coleção de bolso da qual fazia

---

3 São Paulo, Brasiliense, 1982, atualmente no catálogo da Ateliê Editorial.

parte, este encontrou um grande sucesso, menos por seus eventuais méritos que pelo momento no qual foi publicado.

Com efeito, na primeira metade dos anos 1980 a sociedade brasileira passava por transformações capitais. O regime militar imposto em 1964 começava a fazer água; o desejo de liberdade política e cultural tomava corpo, primeiro em manifestações isoladas, em seguida na campanha pelas eleições diretas que ganhou as ruas em 1983. Os livros da Editora Brasiliense vinham saciar a sede de conhecer de uma geração que crescera sob a censura de tudo o que pudesse "colocar em perigo a segurança nacional"- e por isso se vendiam como pão quente.

Os ventos da mudança sopravam também sobre o pequeno mundo analítico. Aos processos descritos anteriormente, acrescentavam-se agora dois outros: a relativa democratização das sociedades pertencentes à IPA,[4] e – o que nos concerne mais de perto – o retorno ao Brasil de vários analistas formados na França. Na bagagem, estes traziam as ideias dos profissionais com quem haviam se analisado, estudado e supervisionado – escolhidos em geral naquele grupo mais ou menos heterogêneo de analistas que sofreram a influência de Lacan, e em seguida tomaram rumos próprios.

Durante a abertura que se seguiu ao fim da ditadura militar (início de 1985), as obras destes autores começaram a ser traduzidas. Isso era ao mesmo tempo efeito e causa do aumento do

---

4   Não foi coisa simples: entre outros fatores, contribuíram para isso o caso Amílcar Lobo (um torturador candidato à Sociedade Rio de Janeiro, protegido por seu analista), a contestação nos tribunais da expulsão dos membros daquela Sociedade que haviam tomado a defesa de Helena Bessermann Vianna, a analista que havia denunciado o escândalo (cf. *Não Conte a Ninguém*, Rio de Janeiro, Imago, 1998), e uma eleição duríssima na Sociedade de São Paulo, vencida pelo grupo mais progressista por pequena diferença de votos.

público interessado em psicanálise, que crescia a cada ano – sinal de que, contrariamente à década anterior, quando era considerada "elitista", e tinha bem menos receptividade que terapias "alternativas", como a reichiana e outras – ela começava a ser percebida como uma prática e como uma experiência capazes de promover liberdade interna e melhores relações interpessoais. Em 1988, esse fenômeno tornou possível a criação de uma editora especializada no território psi, a Escuta, que obteve os direitos de tradução de muitas obras psicanalíticas produzidas na França e na Argentina.

E foi neste ano que teve lugar a visita de Conrad ao Sedes. Ela coincidiu com a publicação do segundo livro da Escuta, *O Psicanalista e seu Ofício*, uma coletânea de artigos organizada por mim e traduzida por Nelson da Silva Jr.

O grupo que o trouxe havia se dado conta de que o esforço considerável que representa a organização da visita de um convidado estrangeiro não podia produzir resultados duráveis a não ser que fosse além de conferências e supervisões pontuais, como então era o costume. A razão disso é simples – a psicanálise, mesmo em seu aspecto teórico, só pode ser transmitida no contato pessoal, indutor de transferências e de um interesse diferente da mera curiosidade. Ouvir palestras sem continuidade, ou ler algum artigo de um autor, não basta para engendrar esse efeito: tenho certeza de que, se meu contato com as ideias de Stein tivesse se limitado à leitura, ele seria apenas um autor a mais entre tantos mencionados em *Freud, Pensador da Cultura*. Uma vez passado o entusiasmo por aquilo com que ele pudesse ter contribuído para o argumento, seu livro teria sido recolocado na prateleira, e outros autores, interessantes para outros aspectos da pesquisa, teriam tomado seu lugar na minha mesa de trabalho.

Pouco antes da visita de Conrad, por sugestão de Luís Carlos Menezes, um grupo de colegas havia convidado Pierre Fédida para uma estadia prolongada em São Paulo. Ele ficou conosco um mês, trabalhando várias vezes por semana com grupos que tinham estudado seus escritos e apresentavam casos para serem discutidos; destes relatos, partiam comentários clínicos e técnicos, e também desenvolvimentos teóricos apropriados às características da situação ou sessão que servia como disparador.

Foi uma fórmula semelhante que o Sedes propôs a Conrad. Durante duas semanas, ele trabalhou conosco, tanto em pequenos grupos como em conferências mais formais. O estilo de escuta, a inventividade clínica, a maneira simples e direta de apresentar suas ideias, encantaram os participantes.[5] A disponibilidade de uma amostra representativa do seu pensamento – resenhada na Folha de S. Paulo, na época o jornal mais progressista do país – contribuiu para chamar a atenção sobre esse psicanalista, então desconhecido no Brasil. O sucesso da visita fez com que Stein fosse convidado para um congresso a ocorrer no ano seguinte, no Rio de Janeiro; para a ocasião, a Escuta publicou um segundo livro dele, *As Erínias de uma Mãe*, igualmente traduzido por Nelson da Silva Jr.

2. Estudos e citações

Pouco tempo depois, Nelson viajou para a França, a fim de escrever seu doutorado, que seria orientado por Pierre Fédida. Querendo continuar sua análise em Paris, escolheu o divã de Conrad,

---

5   E também suas simpatias socialistas: a estadia coincidiu com a eleição de Luíza Erundina à prefeitura de São Paulo, e ele se alegrou com isso. Mesmo anos depois, quando o via em Paris, Conrad queria saber notícias dela. Além disso, nós da *Percurso* guardamos uma lembrança afetuosa da sua presença na festa de lançamento da revista, no longínquo mês de outubro de 1988 – e, como que para manter o vínculo que assim se formou, durante muitos anos lhe enviamos os exemplares que iam saindo.

o que elevou a dois o número de brasileiros a ter um contato mais estreito com ele. Enquanto professores do Sedes (nós dois), do Instituto de Psicologia da USP (ele) e do Programa de Estudos Pós-Graduados em Psicologia Clínica da PUC/SP (eu), ambos continuamos a difundir o pensamento de Stein em nossos cursos e publicações.

Segundo uma comunicação pessoal de Nelson, *As Erínias de uma Mãe* é o texto dele mais utilizado e citado por seus alunos, pela pertinência clínica da tese ali exposta sobre o ódio de si mesmo ancorado na identificação ao ódio que a mãe pode sentir por seu filho. Este fato é confirmado por minha experiência de orientador: uma de minhas alunas escreveu sobre "a depressão em Freud e em Stein",[6] na qual o livro sobre as "cadelas enfurecidas" tem lugar eminente. A obra continua a ser mencionada por autores que se debruçam sobre fenômenos que apresentam um componente ligado ao ódio – por exemplo, a violência,[7] a agressividade ou o suicídio.

Quanto a mim, dediquei dois estudos a aspectos do pensamento de Conrad: "Três Concepções do Originário" e "Prazer de Criança". O primeiro confronta sua visão do originário – que ele localiza nos fenômenos induzidos pela situação analítica – às de Jean Laplanche e de Claude Le Guen. O que me levou a compará-las foi a perplexidade diante do fato de que estes três "escaladores do castelo analítico", como diz Le Guen, partem da mesma inquietação, mas chegam a conclusões completamente diferentes. A inquietação é aquela de que lhes falei: a necessidade de reconstruir

---

6   Ana Cleide Moreira, "A Depressão em Freud e em Conrad Stein, com uma Ilustração pelo Personagem Eva de *Sonata de Outono*", PUC/SP, 1992.
7   Entre outros, Isabel Kahn Marin, *Violências*, São Paulo, Escuta, 2001.

a psicanálise, tendo como interlocutor o mesmo Freud a ser despojado de certos resíduos ideológicos; suas conclusões dão lugar a três teorias fundadas sobre uma vasta experiência clínica e sobre uma leitura rigorosa dos textos freudianos – e no entanto muito afastadas uma da outra.

"*Plaisir d'Enfant*", cuja tradução em português figura no presente volume, sugere um vínculo entre os processos de identificação e de sublimação. Foi minha contribuição para o *Festschrift* organizado por Danièle Brun para festejar os oitenta anos de Conrad;[8] ali, quis seguir o movimento de tantos trabalhos dele, tomando como base da teorização um fragmento (publicável...) de autoanálise.

Querendo apresentá-lo a uma nova geração de leitores, incluí na edição revista e ampliada de *Figuras da Teoria Psicanalítica* publicada em 2010 uma "Homenagem a Conrad Stein". Dela fazem parte o essencial do artigo escrito em 1994 para *Cliniques Méditerranéennes* no qual narrava nosso primeiro encontro, que permanecia inédito em nossa língua,[9] e os prefácios redigidos para os livros publicados pela Escuta. Seria fastidioso repertoriar as citações dos seus trabalhos naqueles que pude escrever; são numerosas, como se pode ver pelos índices remissivos das coletâneas nas quais figuram. Tratam em geral de temas nos quais as ideias de Stein continuam a me parecer instigantes, como a eficácia da palavra do analista, a autoanálise de Freud, a identificação do psicanalista com o fundador da disciplina, a relação entre incidentes da vida deste (refratados, é claro, por suas fantasias) e certos

---

8   Renato Mezan, "Plaisir d'Enfant", in Danièle Brun (Org.), *L'écriture et la parole: mélanges en hommage à Conrad Stein*, Paris, P.A.U., 2004, p. 139-151; tradução brasileira neste volume.
9   Cf. Renato Mezan, "Traces durables d'une rencontre", *Cliniques Méditerranéennes* nº 43-44 (1994), p. 95-101.

elementos das teorias que elaborou, a supervisão, o infantil, e outros ainda.

Em retrospecto, e na medida em que esse tipo de avaliação é possível, parece-me que uma das contribuições da geração de analistas da qual faço parte foi introduzir o pensamento de nossos mestres franceses num meio até então quase exclusivamente impregnado pela influência inglesa. Mesmo se os laços transferenciais que nos uniam a eles têm nisso algum papel, os efeitos das nossas iniciativas ultrapassam largamente esse domínio mais pessoal. A combinação de diversos fatores – alguns ligados ao estilo e ao conteúdo das obras desses pensadores, outros ligados às condições de recepção de não importa qual obra estrangeira na cultura nacional, outros ainda específicos do meio psicanalítico no Brasil – determinou uma consequência cujo alcance é sem dúvida considerável: a presença significativa da psicanálise francesa na prática, nos colóquios e na produção escrita destes últimos vinte ou vinte e cinco anos.

Pode-se dizer que, na época em que Conrad Stein veio ao Brasil, a psicanálise brasileira ainda procurava sua própria voz. De modo geral, a geração dos pioneiros tinha se contentado em validar pela prática as teorias kleinianas absorvidas na Inglaterra ou na Argentina: quando comecei a estudar Freud, em meados dos anos 1970, contavam-se nos dedos as obras verdadeiramente originais escritas em português. A paisagem é hoje muito diferente: a produção escrita dos brasileiros não deve nada, em quantidade e em qualidade, à dos centros psicanalíticos mais antigos. Entre os motivos deste fenômeno, essa mescla tão gaulesa de rigor intelectual, inventividade clínica e escrita elegante tem com certeza lugar de destaque – e, entre os autores que nos serviram como exemplo, os textos de Stein fecundaram um bom número de produções.

Assinalei anteriormente a importância, neles, de Freud como interlocutor. Isso pode parecer evidente a um público francês; entretanto, num ambiente no qual ela era muito menos lido que a de Klein e seus continuadores, a valorização da obra freudiana e o constante diálogo com ela constituíam uma novidade da qual é difícil exagerar a importância. Nesse panorama, uma particularidade da obra de Conrad lhe confere um relevo especial, e a torna indispensável, a meu ver, para as novas gerações de estudantes e de profissionais: o lugar central da autoanálise, seja a de Freud, seja a do psicanalista.

Por outro lado, é preciso reconhecer que a radicalidade do pensamento do meu professor o torna tão *unzeitgemäss* no Brasil quanto o foi na França dos anos 1960. Ao empregar este termo de Nietzsche,[10] que traduzido literalmente significa "não conforme ao tempo", "fora de medida em relação ao tempo", quero sublinhar que a obra de Stein é tudo salvo vetusta ou ultrapassada: ao contrário, o termo alemão tem uma forte conotação crítica em relação ao que absorvemos sem nos darmos conta, apenas porque é aquilo em que todo mundo acredita, ou ao que todos aderem.

Um exemplo entre outros: buscaríamos em vão nos escritos steinianos uma discussão da psicopatologia análoga à que encontramos em outros autores, contemporâneos seus, e que conduzem a conceitos inteiramente psicanalíticos, como os de neossexualidade em Joyce McDougall ou de psicose branca em André Green e Jean-Luc Donnet: ele considerava que este tipo de debate tem mais a ver com a psiquiatria que com a psicanálise. Isso ganha destaque ainda maior se levarmos em conta que, como nos foi contado neste Colóquio, foi na sua juventude um psiquiatra

---

10 *Considerações Inatuais* (*Unzeitgemässe Betrachtungen*).

de grande talento. À primeira vista, tal fato tornaria seus textos pouco atraentes para quem procura na literatura analítica pontos de referência para a clínica – mas essa impressão, a meu ver, é completamente equivocada.

Digamo-lo de outro modo: o foco do qual emanam as concepções fundamentais de Stein é a situação analítica clássica, que se repete várias vezes por semana durante um tratamento igualmente clássico. É neste contexto que o paciente pode regredir até temer a queda no informe, que a fala do analista pode ser fazer esperar por várias sessões, e assim por diante. Ora, esse tipo de trabalho vem se tornando cada vez menos frequente, por razões conhecidas de todos e que não é necessário evocar aqui; no lugar dele, têm surgido formas de trabalho diferentes, inclusive algumas derivadas da psicanálise clássica.

Este fato tornaria ultrapassada, para não dizer inútil, uma reflexão que tem como base precisamente processos que dependem de parâmetros ausentes ou muito modificados nos tratamentos mais comuns na atualidade? De modo algum, penso. E isso não por alguma idealização do paraíso perdido, mas porque para bem conduzir as "psicanálises complicadas", como Pierre Fédida denominava as psicoterapias de base freudiana, é preciso um sólido conhecimento e uma experiência igualmente sólida do funcionamento de uma análise clássica. São eles que permitem uma certa desenvoltura no manejo de situações diversas daquelas em que prevalecem as condições ideais.

Ora, ocorre que são justamente aqueles que se iniciam no *métier* que, no mais das vezes, se veem confrontados a situações deste gênero, porque raramente dispõem das condições econômicas ou de prestígio que possibilitam a prática ampla em consultório. É por isso que, a meu ver, os trabalhos de Stein devem ser recomendados a esses jovens colegas, pois neles encontrarão discussões e exemplos de todas as vertentes do processo analítico – e uma ideia clara deles, ao menos em termos teóricos, pode certamente auxiliar quem faz psicoterapias a se orientar nos fenômenos com os quais se confronta a cada dia.

Um paciente que Stein menciona em *L'enfant imaginaire* lhe disse um dia: *"je ne veux pas que vous restiez intact de moi"* (não quero que o senhor fique intacto de mim). Quem quer que se disponha a seguir o caminho que ele abriu em seus textos, nascidos de um profundo compromisso com a psicanálise, tampouco ficará "intacto" dele.

Obrigado, Conrad!

Prazer de criança: sobre o vínculo entre sublimação e identificação

A questão do prazer – sua natureza, os mecanismos da sua produção, seu papel, que Freud designa como central no funcionamento psíquico – figura há muito entre meus temas de interesse. Como minha formação foi em filosofia, o estudo da estética me havia conduzido à psicologia da criação e da fruição, na qual não é necessário sublinhar a importância do prazer. Estudando a obra de Freud nos anos de formação como psicanalista – uma parte dos quais passados em Paris –, a temática do prazer atraiu igualmente minha atenção, pelas ligações com algo que já me era familiar: sobre isso, escrevi meu relatório para o D.E.A,[1] comparando as concepções do prazer em Freud e em Kant.

Foi por essa época (fim dos anos 1970) que tomei contato com Conrad Stein e seus escritos. Contei em outro lugar as circunstâncias

---

1 *Diplôme d1études approfondies*, então uma etapa necessária para a obtenção do doutorado. O próprio Freud se refere a Kant em seu livro sobre o *Witz*, que considero a principal fonte para qualquer investigação psicanalítica acerca do ato criador. Voltarei a este tópico mais adiante.

curiosas deste encontro,[2] que me levou a frequentar seu seminário no Instituto de Psicanálise e a estudar de perto sua obra, então em plena construção. A vivacidade do espírito, a originalidade do pensamento, a maneira amigável pela qual conduzia o leitor pelas trilhas da psicanálise, a pertinência clínica que eu pressentia naquilo que ele dizia – embora na época não pudesse avaliá-la, já que minha experiência de analista era igual a zero – tudo isso me atraía nessa série de textos com nomes tão bem escolhidos (*L'enfant imaginaire, La mort d'Oedipe, Aussi je vous aime bien*, os artigos que publicava em *Etudes Freudiennes*...). Ao voltar para o Brasil e estabelecer-me como analista, não me tornei um "steiniano", mas nem por isso a obra daquele cujos oitenta anos estamos festejando[3] deixou de constituir uma das mais fortes e fecundas influências em meu estilo de trabalho e na definição de minha identidade de psicanalista.

No percurso traçado ao longo de quarenta e tantos anos de reflexão, alguns temas retornam com insistência, como o estudo do que torna eficaz a fala do analista – estudo que fez de *L'enfant imaginaire* um dos livros mais importantes da geração à qual pertence Conrad Stein. Entre tais temas, a questão da identificação ocupa lugar de destaque: Stein vê nesse processo a condição *sine qua non* do trabalho do analista, pois é ele que permite o jogo de substituições e a mobilidade de pensamento a partir

---

2   "Traces durables d'une rencontre", *Cliniques Méditerranéennes*, nº 43/44, Marselha, Erès, 1993, p. 95-101. Tradução brasileira em "Homenagem a Conrad Stein", *Figuras da Teoria Psicanalítica*, 2ª. edição ampliada, São Paulo, Casa do Psicólogo, 2010.
3   A versão francesa deste capítulo foi publicada numa coletânea em homenagem aos oitenta anos de Stein (2004). Cf., no final do presente volume, a "Nota sobre a Origem dos Textos".

dos quais se formula a interpretação.⁴ O modelo desse trabalho é para Stein o famoso sonho da criança que arde, colocado por Freud no início do capítulo VII da *Interpretação dos Sonhos*. Poderíamos mesmo considerar tudo o que escreveu como um interminável comentário dessa página de Freud, verdadeira cena originária da sua reflexão, à qual retorna como fonte de inspiração a cada curva do trajeto.

Assim, quando fui convidado a escrever algumas páginas para homageá-lo por ocasião do seu octogésimo aniversário – páginas que, dizia o e-mail de Danièle Brun, poderiam falar do meu trabalho neste momento – pensei em apresentar uma hipótese sobre o vínculo entre prazer, identificação e sublimação: é sobre este destino pulsional, com efeito, que venho refletindo nesses últimos anos. Se pudesse argumentar essa hipótese de modo convincente, me disse, poderia ao mesmo tempo explorar um tema caro ao nosso homenageado,⁵ e avançar na elaboração de uma pesquisa pessoal. O texto se intitularia, prosseguia eu em meu devaneio, "Uma rosa para o seu aniversário", parafraseando o título de dois artigos que se encontram na coletânea *Aussi je vous aime bien*. É portanto o fruto daquilo que este pensamento desencadeou em mim que o leitor tem diante de si.

Para realizar esse projeto, será necessário falar de certas circunstâncias pessoais, o que, sem chegar a constituir um verdadeiro

---

4   A este respeito, ver Danièle Brun, "Scénarios de création, scénarios de substitution", no número de *Cliniques Méditerranéennes* mencionado na nota 2.
5   A identificação já foi mencionada. O prazer, sob a forma do efeito produzido no paciente pela fala do analista, constitui um dos eixos principais de *L'Enfant imaginaire*. Da sublimação, que eu saiba, Stein falou mais raramente, a menos que consideremos a prática da análise e da autoanálise como uma manifestação desse processo – caso em que, da primeira à última página de seus escritos, nosso autor não faz outra coisa senão falar dela.

fragmento de autoanálise, não deixa de ser conforme a um outro traço saliente daquilo que aprendi com Stein, a saber que toda verdadeira descoberta em psicanálise repousa sobre o estudo dos processos psíquicos que conduziram a ela, e isto em primeira pessoa. Identificação, portanto, à sua maneira de proceder, apropriando-me do seu método para fazer com ele alguma coisa que diz respeito à minha própria vida interior. Isso poderia parecer pouco modesto, e talvez o seja, mas – além do prazer que me proporcionou a pequena descoberta que relatarei a seguir – é inevitável que nesta esfera devamos nos expor um pouco mais do que seria conveniente, e certamente mais do que se fôssemos biólogos ou físicos: "o único celerado entre tantas pessoas de bem", escreve Freud em seu livro – ou, para citar outra frase da qual ele também gostava, "para fazer uma omelete, é preciso quebrar ovos".

1.

Nesses últimos anos, retomei o estudo do piano, ao qual me havia dedicado até uns treze ou quatorze anos. Jamais fui bom pianista, mas me dava prazer tocar, tanto mais que o piano da casa pertencia à minha mãe: nesse instrumento, ela e sua irmã mais velha tinham praticado até obterem o diploma no Conservatório Nacional do Rio de Janeiro. Ela tocava vez em quando; eu escutava fascinado os sons que saíam daquela imponente massa negra ali na sala. Não é difícil ver, em meu projeto infantil de me tornar pianista – sim, cultivei esta inacreditável intenção, até que uma consideração mais realista das minhas capacidades me convenceu de que jamais teria sucesso nessa carreira – a realização disfarçada de certos desejos edipianos: ser como minha mãe, bem como ser amado e admirado por ela. Como meu pai não se interessava em absoluto por música, e portanto não poderia satisfazê-la dessa maneira, minha paixão musical (que nunca me abandonou, e que descobri mais tarde partilhar com o melômano a quem homenageamos hoje) apresentava também um componente de rivalidade com ele, cujos meandros não é necessário explorar aqui. Basta dizer que, embora continuando a tocar de vez em quando, só pude retomar sistematicamente minhas aulas de piano depois que ele morreu.

Quando chegaram meus filhos, a música se fez presente sob a forma das canções infantis que eu tocava para eles, das cantigas de ninar que cantarolava para os fazer dormir, dos CDs que escutávamos em casa e no carro, durante viagens ou nos deslocamentos habituais. Lembro-me ainda da satisfação que senti quando meu filho aprendeu a assobiar, e pôde fazê-lo junto comigo, marcando o ritmo da caminhada com algumas notas alegres. Também comecei a escrever para eles letras divertidas sobre melodias infantis ou do repertório clássico, o que os fazia rir e os familiarizava com seus primeiros trechos de boa música. Assim surgiram a música para escovar os dentes (tirada da Marcha Turca de Mozart), o tema de Eleonora (com os primeiros compassos de um Improviso de Schubert), a ária da bicicleta de Francisco (sobre o *Largo al Factotum* de Rossini), e uma série de outras brincadeiras desse gênero. Piscadelas entre nós, que nos proporcionavam muito prazer: a mim, quando meus filhos as cantavam; a eles, porque eram presentes que seu pai fizera especialmente para eles.

Não é difícil discernir o caráter infantil dessa atividade lúdica, nem a intensidade do prazer nela envolvido: é o encontro com a "criança sempre viva com seus impulsos", que pode se produzir também fora do sonho, onde Freud o observou pela primeira vez. Inventando estas pequenas canções, eu me tornava novamente a criança que brinca com as palavras, as rimas, as assonâncias, os ritmos; identificava-me com meus filhos, sem dúvida, e reparava também uma mágoa de infância, porque meu próprio pai raramente brincava comigo. Mais uma vez, as ressonâncias edípicas são aqui fáceis de notar, e não é sobre uma coisa tão evidente que pretendo escrever.

Por outro lado, interroguei-me várias vezes sobre o mecanismo sublimatório que determina o interesse pela música, tanto em mim quanto nos compositores, nos executantes profissionais ou amadores, ou mesmo em quem simplesmente a escuta. Que fontes infantis são aqui alcançadas? Quais são as razões que fazem com que uma criança seja mais dotada para esse meio de expressão do que para outro, de tal maneira que é irresistivelmente levada a querer fruir o prazer dos sons? Como funciona o processo criativo em um compositor? De onde vem o poder da música para fascinar e arrebatar, que evidentemente mobiliza os estratos mais profundos do inconsciente? No espaço de algumas páginas, é impossível responder a todas essas perguntas; ao longo dos anos, dediquei a elas diversos cursos no Programa de Estudos Pós-Graduados em Psicologia Clínica da PUC/SP, que talvez um dia venha a transformar em livro.

Voltemos ao convite para escrever este texto. Retornei aos livros de Stein, tentando encontrar algum ponto de ancoragem para um diálogo imaginário. Também tirei da estante o volume de *Cliniques Méditerranéennes* dedicado a ele em 1994, por ocasião do seu septuagésimo aniversário – e ops! primeira surpresa: o texto de René Major, uma resenha de *Aussi, je vous aime bien* publicada há muitos anos no *Libération,* intitulava-se... "Uma rosa para o seu aniversário". Criptomnésia? Um movimento de mau humor: droga – alguém se apoderou do meu título, antes mesmo que eu tivesse pensado nele!

O que significava minha vontade de escrever "Uma rosa para o seu aniversário"? Certamente, o desejo consciente de oferecer a Stein um texto-rosa, um presente que lhe desse prazer: prazer de se ver lido e imitado, de se saber objeto de gratidão da parte de alguém que não mora perto dele, mas que nunca esqueceu sua generosidade para com o jovem estudante que lhe havia vindo pedir orientação e apoio num projeto então muito distante de se concretizar – o de me tornar analista.

Assim, pus-me a reler os artigos de *Aussi, je vou aime bien*. Qual não foi minha surpresa ao encontrar, em "La leçon de psychanalyse", as seguintes linhas: "a fala de um menininho, aliás muito famoso, que se chama Little Jack Horner, e que representa para mim, há uns bons cinquenta anos, minha modesta pessoa."[6] Opa! exclamei. Que coincidência! Nos últimos meses, eu estava procurando confeccionar para meus filhos um CD com canções infantis e folclóricas do maior número possível de países, acompanhado por um livreto com as letras originais e a tradução em português. Para isso, havia feito pesquisas na Internet, e pedido a meus amigos que me mandassem as músicas que conheciam. Um lindo livro de *nursery rhymes* inglesas, soberbamente ilustrado e com dois CDs, me havia sido presenteado por uma pessoa próxima. Ali estava a cançãozinha de Little Jack Horner:

> *Little Miss Muffet sat on a tuffet*
> *Eating her curds and whey*
> *Then came a big spider, who sat down beside her*
> *And frightened Miss Muffett away*
> *Little Jack Horner sat in a corner*
> *Eating a Christmas pie*

---

6 *Aussi, je vous aime bien*, Paris, Denoël, 1978, p. 31.

> *He put in his thumb, and pulled out a plum*
> *And said, "What a good boy am I!"*[7]

Essa musiquinha, juntamente com outras bem-conhecidas pelas crianças inglesas, estava já gravada no meu CD. À medida que ia lendo, encontrei no artigo de Stein referências a outras, por exemplo "*Bah bah, black sheep*", pela qual meu filho havia se encantado quando lhe contei que o carneiro preto tinha um saco de lã para o "*little boy*".[8] Para ele, fiz uma tradução que podia ser cantada na melodia, o que o deixou muito feliz. (Claro que sua irmã menor ficou enciumada, o que acabou por engendrar uma nova estrofe, inexistente na canção original, na qual o carneiro oferece seu terceiro saco de lã a uma linda menina.)

Ora, as canções infantis inglesas estão para mim ligadas à pessoa de minha mãe, que estudou no Colégio Anglo-Americano do Rio e me ensinou algumas quando pequeno. Ao ensiná-las por minha vez a meus filhos, portanto, eu me identificava mais uma vez com ela: a música, e tudo o que a ela se vincula, é o meio pelo qual essa fantasia se atualiza, a cada vez sob uma roupagem diferente. Um pensamento súbito: e se eu enviasse o CD a Conrad Stein? Na verdade, havia pensado nisso algumas semanas atrás, antes de saber que estaria fazendo oitenta anos, e que seus amigos iriam lhe oferecer um *Festschrift*. O pensamento se apresentara sob a forma de

---

[7] A pequena senhorita Muffett sentou-se num arbusto para comer seu iogurte; veio uma aranha enorme, sentou-se a seu lado, e Miss Muffett pôs-se a correr / O pequeno Jack Horner sentou-se num canto para comer um pudim de Natal; meteu dentro o dedo, tirou uma ameixa, e disse: "que bom menino sou eu"!

[8] No livro que ganhei, o carneiro diz ao menino que tem também um saco de lã para ele: "*and one for the little boy / that lives down the lane*". Na versão que Stein menciona como a da sua infância, o carneiro diz: "*and none for the little boy / that cries on the lane*", nenhum (saco) para o menino que chora no caminho.

uma aproximação, que na verdade era uma racionalização: como o disquinho conteria canções em três línguas que ele fala – inglês, alemão e francês – quem sabe ficaria contente em o ouvir. Mas havia afastado de imediato semelhante ideia: ora, que absurdo, vou fazer um papel ridículo!

A vontade de lhe dar um presente, e em especial *este* presente, havia assim encontrado uma resistência: mesmo disfarçada de *second thoughts*, ela provava que, a seu respeito, meus sentimentos contêm igualmente uma certa ambivalência. Ele representava, nesse momento, meu pai, e a hostilidade da qual minha racionalização é um eco distante significava: não, não vou dar este presente a um pai que nunca me deu nada parecido. Impossível colocá-lo no lugar dos meus filhos, a quem se destinava em primeiro lugar o CD! Foi somente quando me deparei com sua referência às mesmas canções que eu havia escolhido para eles que, tomado por uma grande emoção, pude reconhecer que era ao menino sempre vivo nele que eu queria agradar. E seria o menino sempre vivo em mim que faria este gesto, menino reencontrado em um de seus impulsos no contexto de minha própria paternidade e das brincadeiras musicais que ela vem suscitando. Ora, a paternidade e o que nela está em jogo é um dos temas principais da reflexão de Stein a respeito da situação analítica; também é uma das linhas essenciais da sua leitura da obra de Freud, em especial do momento *princeps* representado pelo sonho da criança que arde, que aliás põe em cena precisamente um pai e seu filho....

Ali estava eu, perdido em meus pensamentos, quando senti um súbito choque. Com efeito, durante o ano anterior tinha me esforçado bastante para aperfeiçoar minha leitura de partituras à primeira vista, no que nunca tinha sido muito bom. Também, para poder tocar ao piano as canções que mais agradavam a meus filhos, e das quais praticamente nenhuma me fora comunicada com a pauta, tinha procurado tirá-las de ouvido, anotando-as – com certa dificuldade, no início – num caderno de música. Tinha me perguntado várias vezes por que queria tanto melhorar minha leitura à primeira vista, bem como minha capacidade de colocar no papel uma melodia a partir do disco. A resposta evidente era que isso me serviria para ler com mais facilidade as peças que quisesse tocar (resposta baseada no princípio de realidade), ou, motivo talvez tão evidente quanto o primeiro, que eu desejava ser admirado por minha professora de piano (resposta baseada no princípio de prazer, e que me aproxima de Stein, o qual conta, a propósito de Little Jack Horner, como queria ser admirado por sua amiga inglesa.[9]) Esta última resposta evidencia, aliás, toda a distância que separa o desejo infantil da sua realização adulta, já que eu precisaria comer muito feijão, como se diz, para atingir um grau de competência na leitura à primeira vista capaz de impressionar minha professora, que decifra as páginas mais difíceis como se estivesse lendo o jornal da manhã...

O choque que senti se devia a uma descoberta sobre mim mesmo que, apesar de talvez banal, não deixou de me comover bastante. *Elementary!* A percepção de que a vontade de mandar a Paris meu CD significava um assunto de meninos me fez entender que era na esteira de uma identificação com meu filho que eu me esforçava para ler música com mais desembaraço. Ele está sendo alfabetizado, e se encontra às voltas com as letras e palavras; eu devia portanto aprender a lidar bem com esse outro alfabeto, a notação musical. E, assim como ele está começando a escrever ditados, eu também devia aprender a escrever a melodia como se fosse um ditado musical, até que a escrita estivesse correta em todos os aspectos: tonalidade, ritmo, pausas, linha melódica, intervalos, etc.

---

9 *Aussi...*, p. 31.

Minhas atividades musicais têm a ver com a sublimação, o que certamente não constitui novidade para quem já ouviu falar de psicanálise. O que posso acrescentar, e talvez seja este o interesse mais geral do meu pequeno *insight*, é que a sublimação está ligada à identificação, e que estes dois movimentos – identificação e sublimação – se encontram por sua vez vinculados a certos aspectos da experiência de prazer. É o que tentarei mostrar brevemente, aguardando a ocasião de explorar mais a fundo as implicações dessa ideia.

2.

Na metapsicologia freudiana, a sublimação é um dos conceitos mais obscuros. Freud teve de inventá-lo para dar coerência à sua teoria da primazia do sexual na vida psíquica, já que muitos de nossos interesses e motivações nada parecem conter de sexual. Ele foi assim levado a postular que a energia com a qual os perseguimos é, sim, de natureza erótica, e que sua aparência assexuada resulta do desvio de finalidade de que são capazes as pulsões sexuais: hipótese que à primeira vista parece tautológica, mas que lhe permitiu desvendar o jogo pulsional subjacente a toda uma séria de empreendimentos humanos, entre os quais, como se sabe, a atividade criadora nas artes e nas ciências.

O conceito de sublimação pertence ao registro econômico--dinâmico da metapsicologia; ele não pode, nem pretende, dar conta do processo criativo em seu conjunto. Por outro lado, salta aos olhos que a noção de prazer está estreitamente associada a esse mecanismo, pois é inegável que as atividades ditas sublimadas podem proporcionar satisfações tão intensas quanto aquelas nas quais as pulsões sexuais são descarregadas de modo mais direto. O que talvez se tenha notado menos é que a concepção habitual do prazer como descarga de tensão não convém muito ao que experimentamos quando fazemos música, resolvemos um problema de lógica ou escrevemos um conto. Qual poderia ser, aqui, a *descarga de tensão*? Ao contrário, todos os que se dedicaram a alguma dessas coisas sabem que o prazer delas não reside apenas na realização de um ato análogo ao orgasmo masculino (pois é a isso que Freud, eufemisticamente, se refere sob o nome de "arco reflexo", quando nos *Três Ensaios* trata do problema do prazer). Há prazeres que não se apresentam como esvaziamento de tensão: por exemplo, o prazer estético, ou o de aprender algo novo. É aliás isso que conduz Aristóteles a criticar a teoria do prazer proposta por Platão no *Filebo*, que é, como a de Freud, de tipo quantitativo: o prazer seria a sensação de preenchimento de uma carência ou falta, tal como a fome. Ora, é evidente que essa forma de conceber o prazer é simplesmente o inverso simétrico da sugerida por Freud, pois nos dois casos há algo que aumenta ou diminui até chegar a um nível ótimo, com o que se dá o aplacamento da tensão.

Aristóteles observa com humor que esta teoria pode ser adequada para explicar a satisfação de uma vaca pastando, mas não pode dar conta do prazer que não vem preencher carência alguma. Para ele, o prazer é "uma atividade (*enérgeia*) do estado habitual conforme à natureza (*physeôs héxis*), que acompanha o exercício desimpedido (*anempodístos*) de uma faculdade ou capacidade".[10] Isso quer dizer que o prazer brota como sensação concomitante ao exercício de uma capacidade que nos é própria, quando esta não encontra obstáculos para se efetuar, quando pode realizar suas potencialidades sem ser entravada por dificuldades exteriores à sua natureza.

---

10 *Ética a Nicômaco*, X, 1137b. Ver a este respeito o excelente estudo de Gérard Lebrun, "A neutralização do prazer", in Adauto Novaes (Org.), *O Desejo*, São Paulo, Companhia das Letras, 1990, p. 67-90.

Prazer de funcionamento, diria um analista, e poderia acrescentar que existem os dois tipos de prazer, o da descarga e o de funcionamento. Mas, se tentamos ver mais de perto o que se passa na sublimação, vemos que a noção de um prazer de descarga é largamente insuficiente para dar conta dela. Pois sabemos que a sublimação se define precisamente pela inibição da finalidade sexual e pelo deslocamento da pulsão para um objeto não sexual: ora, a finalidade de toda pulsão é descarregar-se, e o objeto, diz Freud, é aquilo através do qual ela atinge essa finalidade. Disso decorre que o prazer na sublimação não pode ser da ordem da descarga, que nesta modalidade do jogo pulsional se encontra justamente *inibida*: de onde a ideia de trabalhar com alguma variante da teoria aristotélica do prazer, que tem o mérito de evitar o escolho do "mais" e do "menos". Como a *madeleine* de Proust, esta constatação pode nos abrir horizontes muito amplos e nos permitir alguma orientação neste território tão obscuro.

Tomemos o caso do prazer que sentimos ao nos tornar capazes de executar com facilidade uma peça ao piano. A sensação de liberdade dos dedos que correm sobre o teclado, que se cavalgam numa passagem rápida sem se embaraçar, que fazem soar um *crescendo* ou um *diminuendo* como o compositor os indicou, resulta precisamente do "exercício desimpedido de uma faculdade ou capacidade". Mas restringiríamos indevidamente o alcance do prazer na sublimação se o cantonássemos apenas na exígua esfera da agilidade mecânica, seja tocando um instrumento, seja dançando, desenhando ou exercendo qualquer outra atividade artística – para não falar da investigação científica, na qual se sabe, desde que Arquimedes saiu nu pelas ruas de Siracusa, quão intensa pode ser a satisfação de ter resolvido um problema complicado.

A vertente exclusivamente econômica não pode dar conta deste poderoso efeito. É necessário acrescentar a ela a dimensão do conteúdo, ou seja, da fantasia que se realiza na e pela atividade sublimatória. A sublimação veicula, de modo disfarçado, desejos sexuais ou agressivos que a análise pode revelar; também é de grande auxílio na elaboração de angústias ou de conflitos arcaicos, como mostraram muitos autores seguindo os passos de Freud. E isso inclusive na escolha do – talvez devêssemos dizer, na afinidade com o – meio de expressão no qual se desenvolve a atividade sublimatória. Uma paciente que faz pintura em acrílico se expressou um dia assim: "eu nunca poderia fazer aquarela: a água se espalha muito rápido pelo papel, a tinta é líquida demais. Eu não poderia controlar o processo e obter o efeito que quero. O acrílico obedece melhor na minha mão". (Poderíamos sem dúvida nos deter nas fantasias narcísicas e anais que ressoam nestas frases, mas este não é nosso objetivo hoje.)

Estas fantasias inconscientes concernem sempre a um objeto, isto é, a um *outro*. Aqui é o modelo do *Witz* que, a meu ver, deve ser explorado: pois, como observou o historiador da arte Ernest Gombrich, a analogia do sonho não é a melhor para compreender a criação, seja ela artística, técnica, científica, filosófica ou outra. O sonho é uma experiência puramente interior, enquanto a piada (*Witz, joke, mot d'esprit*),[11] como toda criação no domínio da cultura, é feita para ser comunicada a outrem. O circuito estudado por Freud em seu livro de 1905 – no qual trata detalhadamente do prazer de cada um dos participantes, emissor e receptor – permite que nos orientemos no processo criativo, que não pode ser

---

11 Em "A Ilha dos Tesouros – Relendo *A Piada e sua Relação com o Inconsciente*" (in *O Tronco e os Ramos*, São Paulo, Companhia das Letras, 2014), justifiquei por que prefiro traduzir o termo *Witz* por "piada", e não por "chiste", como é mais costumeiro. O *Witz* é a piada sutil, inteligente, rápida, não grosseira: mais Millôr Fernandes do que os Trapalhões. O termo *chiste*, pedante e um tanto ridículo, é a própria antítese do que designa a palavra *Witz*. Fora com ele!

entendido fazendo abstração do componente "público", ou seja, daquele a quem se dirige o produto criado. Deste ponto de vista, é indiferente que o "terceiro" para empregar o termo freudiano, seja um público real e presente, ou que nele estejam projetados personagens do passado infantil: aliás, todos os estudos psicanalíticos da inibição para criar mencionam tal imbricação, que não é exatamente uma novidade.

O *Witz* constitui um exemplo particularmente nítido das diversas componentes do ato criativo, das quais faz parte a sublimação. Contudo, o dito ato não se reduz a esta última: implica processos pré-conscientes e inconscientes, mecanismos de pensamento e de desejo, as pulsões sexuais, e sobretudo as "tendências hostis", ou pulsões de destruição. Poderíamos dizer, para fixar as coisas, que a sublimação concerne às pulsões – ela é um *Triebschicksal*, um destino pulsional – mas está a serviço do desejo, o qual se expressa de modo disfarçado nos produtos da criação, como lemos em *Der Dichter und das Phantasieren* (*O poeta e a fantasia*).

Nesse estudo, Freud diz em resumo que na economia do ato criador não se pode negligenciar o papel do narcisismo (embora este conceito não figure explicitamente no artigo, é obviamente dele que se está falando). Em primeiro lugar, na satisfação narcísica de ter conseguido algo pelo que se ansiava; em segundo, na esperança de ser amado e admirado por aqueles de quem esperamos e desejamos tais sentimentos. Quando Freud afirma que a sublimação pode dar conta das atividades 'socialmente valorizadas', compreendo assim esta afirmação: aquele que 'valoriza" essa atividade me dá seu amor ou sua admiração, e é para os obter que sacrifico minhas finalidades diretamente sexuais. É também no intuito de conseguir amor e admiração que me sujeito à dura disciplina necessária para dominar o meio de expressão, bem como para me familiarizar com o repertório de técnicas e de formas a que ele deu nascimento ao longo dos séculos: as obras que nele se fizeram antes de mim, e cujo conhecimento cumpre uma dupla função – proporcionar ao amador um prazer estético, e apresentar ao iniciante modelos do que pode ser realizado quando souber trabalhar com aquele repertório.

O narcisismo se apresenta como um jogo de espelhos: com efeito, é por ser investido enquanto objeto de amor por seus pais que o bebê aprende a se amar a si mesmo, e é na revivescência de seu próprio narcisismo infantil, quando chega um bebê, que os pais encontram com o que o investir. Narcisismo de quem, então? Eu me amo com o amor que meus pais tiveram por mim, e lhes dou em troca razões para me amar (mais), aplicando-me a fazer o que eles esperam de mim: presentes cruzados, dos quais a sublimação retira boa parte da sua eficácia para canalizar as pulsões.

Há mais, porém. O que mostra a pequena descoberta sobre a identificação com meu filho é que *a sublimação pressupõe uma identificação*, e não apenas o amor de objeto, seja na direção adulto-criança, seja na direção inversa. Esta identificação brota da onipotência infantil, pois visa simultaneamente a todos os vértices do triângulo edipiano, abolindo a diferença dos sexos e das gerações. Aqui convém aludir a um artigo notável de Monique Schneider, publicado no número já mencionado de *Cliniques Méditerranéenes*, no qual ela trata da teoria steiniana dos efeitos produzidos pela fala do analista.[12]

A autora mostra como os papéis habitualmente atribuídos ao pai e à mãe – esta do lado do objeto do desejo, aquele do lado da potência castradora e separadora – são literalmente revolucionados

---

12 Monique Schneider, "La parole comme offre sensible", *Cliniques...* p. 23-32.

pelo tratamento que Stein lhes dá em *L'enfant imaginaire*. Com efeito, não é tanto de uma inversão que se trata (o pai e a mãe trocando suas funções no interior da mesma distribuição de lugares), mas sim de recusar o próprio princípio de tal separação: as funções de dom e de interdito se trançam reciprocamente, podendo a palavra do analista ser recebida como alimento que nutre (proveniente de um seio, atributo materno) ou como substância que fecunda o ventre (proveniente de um pênis, atributo paterno). O dom da palavra, em minha maneira de entender esse argumento, pode assim ser atributo de uma figura mista, nem pai nem mãe, ou talvez distribuída por estas duas imagos.

O fato é que, ao fazer música, eu sou como minha mãe (deixemos de lado as ressonâncias eventualmente homossexuais do que "ser como minha mãe" pode significar em relação a meu pai); para meus filhos, sou um pai-mãe no sentido sugerido por Schneider, que lhes oferece nutrientes para a alma, ao mesmo tempo em que os fecunda com a substância da cultura, ao fazer com que tomem conhecimento dos (e possam gozar com os) tesouros musicais da nossa tradição. Também como um pai-mãe, porém mais modestamente, lhes ofereço com frequência as pequenas canções paródicas que tanto os divertem.

Numa perspectiva mais convencional, tudo isso me faz suplantar meu próprio pai, não porque seja um músico melhor (como disse, ele não se interessava muito por música), mas sim porque supero o que me soava como uma falta dele em relação a mim: posso me ver como um pai mais atento à felicidade dos meus filhos do que ele o foi. (Essa fantasia, na qual reluzem a rivalidade edipiana e a onipotência infantil, não corresponde em absoluto à verdade histórica: meu pai foi um homem cultivado, que me ensinou muito sobre o que chamamos "cultura"). E me identifico, por fim, à criança que aprende a ler e a escrever, assim como à criança que já sabe ler e escrever: pois escrevo as notas das canções no livro destinado a meus filhos, e que em minha imaginação eles mostrarão um dia aos seus próprios filhos, lembrando com carinho o pai que tiveram. Imortalidade do desejo, ou do desejante?

3.

O pensamento sobre meu pai que acabo de expressar não deixa de me surpreender: percebo, no parêntese restritivo que precisei abrir, a sombra de uma certa culpa quanto a ele, como se tivesse ofendido sua memória. Poderíamos ver nisso uma prova de que a sublimação pode também servir para carrear tendências hostis, como as que se expressam na rivalidade edípica e no desejo de triunfar do pai, tendências que não podem deixar de suscitar toda a série de angústias repertoriada pelos psicanalistas. Já se observou que, por seu vínculo com as fantasias onipotentes, a sublimação pode ter um valor nada desprezível como meio de superá-las, seja a de castração, seja as que têm por conteúdo fantasias de fragmentação, de invasão ou de morte.[13] E isso porque encontramos facilmente, no mecanismo que estamos estudando, um elemento de domínio e controle, já que graças a ele a pessoa consegue produzir alguma coisa, quer seja um objeto separado dela (o que Aristóteles chamava *poiésis*) ou um desempenho digno de nota (o que o mesmo Aristóteles chamava práxis).[14]

---

13 Entre os autores que se ocuparam com esta questão, é preciso mencionar pelo menos Joyce McDougall, que em minha imaginação é a amiga inglesa a quem Stein desejava impressionar. Independentemente da verdade ou da falsidade de semelhante suposição – nascida inteiramente da minha fantasia – é preciso notar que, ao formulá-la, eu me dei de presente um formidável casal parental!
14 A práxis é, mais precisamente, a ação enquanto tal. Tem seu fim nela mesma – a ação do político consiste em se ocupar dos assuntos da *pólis*, a do caçador em caçar, a do piloto em guiar o navio – enquanto a *poiésis*, atividade própria

Podemos supor que a sublimação especificamente musical tenha como primeiro passo o domínio de estímulos sonoros, sentidos pelo bebê como invadindo as fronteiras ainda frágeis e porosas do seu ego: numa variante do *fort-da*, ele tentaria produzir por si mesmo os sons, primeiro com a voz, depois com brinquedos, em seguida num instrumento convencional. Os teclados eletrônicos com músicas já gravadas, que se podem ouvir apertando um botão, tornaram-se um dos brinquedos mais populares entre as crianças de hoje: basta observar a expressão de alegria quando os fazem funcionar para perceber como é intenso o prazer que eles lhes proporcionam.

Quando a criança aprende a falar, sente grande prazer no som das palavras e ao descobrir como se pronuncia um novo vocábulo. É claro que isso tem a ver com sua identificação com os adultos e com seu desejo de ser como eles, mas é preciso considerar igualmente outro fator: o prazer de *fazer sentido* a partir de uma cadeia sonora a princípio ininteligível, porque a criança não sabe onde devem intervir os cortes para que ela se transforme em palavras. Ou seja, no início a língua materna é como uma língua estrangeira, que se ouve sem compreender. Talvez uma parte do prazer de dominar outro idioma derive em parte disso: o que era obscuro, e portanto ameaçador, torna-se claro e capaz de ser entendido.

---

do artesão, tem seu fim em outra coisa: o objeto produzido, o conforto de quem o utiliza, etc. Esta oposição antiga não dá conta, porém, do que desde o Romantismo é associado à figura do artista: compor ou pintar são tanto exemplos de práxis quanto de *poiésis*. Isto porque o artista, na visão dos tempos modernos, se elevou acima do mero artesão, e também porque o próprio trabalho do artesão se tornou valorizado, agora se opondo – como algo individual e que expressa uma personalidade única – aos produtos do trabalho alienado em escala industrial.

A esse respeito, lembro-me de um incidente ocorrido quando frequentava o seminário de Conrad Stein, no Instituto de Psicanálise de Paris. Na época, não conhecia bem os termos analíticos em francês, nem os títulos franceses das obras de Freud. Neste dia, falava-se de *omolú*, e eu me encontrava completamente perdido. O que vinha fazer uma divindade do candomblé em plena rue Saint-Jacques? Pois Omolu, como Xangô, Oxóssi e Iemanjá, pertence a este panteão. Lembro-me ainda da angústia que sentia, pois todo mundo, menos eu, parecia muito à vontade com a referência à entidade naquela ensolarada sala do primeiro andar. E de repente, quando ao meu lado uma senhora tirou da bolsa seu exemplar das *Cinq Psychanalyses*, o sentimento luminoso de ter compreendido: era do Homem dos Lobos (*l'homme aux loups*) que se tratava!

Pude observar algo análogo em minha filha de três anos, um dia em que, sentada embaixo do piano, ela brincava com sua boneca. Eu estava tentando fazer a leitura de uma cançãozinha alemã (era no início da coleção que devia conduzir ao CD onde figura a música do pequeno Jack Horner), *Zeigt her eure Füsschen*, cuja melodia alegre e cujo ritmo animado me haviam agradado. Eu trauteava as palavras do estribilho: "*sie waschen, sie waschen*" (elas lavam, elas lavam), quando ouvi a vozinha dela: "*embaixo, embaixo*"! Ou seja, tentava reproduzir o que escutava, mas de modo que fizesse sentido para ela![15]

---

15 Eleonora se apaixonou pela musiquinha, e precisei fazer uma tradução para ser cantada na melodia. Nos versos, fala-se das lavadeiras (*Waschfrauen*). Como qualquer criança que vive numa casa onde a roupa é lavada na máquina, ela não tinha a menor ideia do que pudesse ser uma lavadeira. Mas isso não a embaraçou: na sua versãozinha, "as *lavadeiras* ali no riachinho" se transformaram rapidamente em "as *mamadeiras* ali no riachinho". CQD... Ela repetiu a dose uma outra vez, a propósito de Vítor Emanuel, que com Garibaldi come o macarrão embrulhado no papel (*Garibaldi foi à guerra*, etc.): o desconhecido rei do Piemonte virou incontinenti "Vítor Papai Noel".

A sublimação se encontra assim, se o que estou sugerindo estiver correto, na encruzilhada de diversas funções da mais alta importância para o funcionamento psíquico. Ela fornece uma derivação para as pulsões sexuais e agressivas; mobiliza fantasias inconscientes fundamentais e as faz investir funções e atividades do ego essenciais para a vida relacional; oferece às identificações uma *plaque tournante*, onde elas se fazem e se desfazem. Explorar estes diversos estratos e funções é o que venho fazendo nestes últimos anos, e não posso ocultar o vivo prazer que sinto quando alguma peça desse vasto quebra-cabeças finalmente se encaixa no lugar. Como disse anteriormente, o conjunto do processo criativo não pode ser explicado apenas pela sublimação: nele intervêm outros componentes, por exemplo no nível do ego e da cultura, que lhe oferece seus materiais e suas técnicas. Mas já é um avanço, a meu ver, ter podido situar nele o momento da sublimação. *What a good boy am I*, exclamava o pequeno Jack Horner!

Falei atrás do prazer narcísico que experimentamos ao superar uma dificuldade. O elogio que o "menino muito famoso" dirige a si mesmo surge da mesma fonte, a coincidência com o ideal do ego (não sabemos o que ele fez para se julgar merecedor deste autocumprimento; talvez alguma travessura bem-sucedida, pois podemos imaginar que Mrs. Horner não deve ter ficado muito contente ao vê-lo tirar com o dedão a ameixa do pudim). Em todo caso, nas canções infantis – assim como nas histórias de fadas – é comum ver a criança triunfando de alguma dificuldade.

Esta função reparadora de si mesmo é ilustrada por outra canção inglesa, a deliciosa *Incy Wincy Spider*, na qual uma minúscula aranha sobe no regador, a chuva a faz cair de lá, o sol sai e seca a chuva, e o bichinho volta a subir até onde estava. Modelo daquilo que pode conseguir a força de vontade, o persistente animalzinho ilustra outra característica do ego, sem a qual não há processo criativo:

a capacidade de formular um projeto e reunir os meios necessários para o realizar. Sem isso, mesmo que a pulsão seja inibida quanto ao fim, o circuito da sublimação não poderá se completar, o que só ocorre se alguma coisa puder ser produzida.

Também poderíamos ver na tenaz aranhinha o modelo daquele que, na busca de seu objetivo, consegue tolerar momentos de desprazer: por algum erro de concepção, sua ideia não pode ser efetivada como havia imaginado, surge algum imprevisto, não se dispõe de tudo o que seria necessário, a habilidade é insuficiente...[16] Mesmo obedecer à natureza do material ou a regras de manejo pré-estabelecidas envolve alguma renúncia ao prazer imediato: é o superego que, assim, dá sua contribuição para o ato criativo. Poderíamos ainda falar da idealização do objeto, e de outros fatores que se devem somar à sublimação para que esta resulte numa criação propriamente dita; vimos atrás que criar envolve diversas facetas, níveis de funcionamento e partes do aparelho psíquico. Mas que sensação de triunfo (elação narcísica, coincidência com o ego ideal), quando a pequena aranha finalmente consegue se instalar no alto do regador!

* * *

É chegado o momento de concluir. Eis aqui meu presente para Conrad Stein: o presente de um menino para outro menino, feito com esses brinquedos de adultos que são a psicanálise e a escrita. É também um movimento de gratidão, pois ao contrário da inveja,

---

16 Assim como na vida, também nas historinhas narradas nas músicas infantis é preciso aprender a suportar alguma frustração: Miss Muffett foge apavorada da grande aranha, Manuelita volta enrugada da sua viagem a Paris, o *"brujito de Gundulu"* vê *"todas sus brujerías"* desfeitas pelo *"doctorrrr, manejando un quadrimotorrrr"*... (Da compositora argentina Maria Walsh, essas duas canções – enviadas gentilmente por Silvia Alonso – figuram no CD feito para meus filhos).

que visa a privar o outro daquilo que lhe causa prazer, mesmo se for preciso destruir a coisa que o proporciona e o próprio invejoso dela não possa usufruir, a gratidão consiste em saber receber do outro aquilo que ele pode nos dar, e gozar com isso. Ela também pode se exprimir pela oferenda, a quem nos fez bem, de algo que lhe dê prazer, e particularmente se esse "algo" nos deu igualmente prazer.

Canções de criança, prazer de criança: o carneiro preto abre seu terceiro saco de lã, para que o menininho possa pegar o quanto quiser. Não, não é preciso chorar na beira do caminho! Que este pequeno texto – e o CD que o acompanha – possam permitir ao senhor que hoje completa oitenta anos reencontrar mais uma vez a voz do garoto que nele vive. Se assim for, o menino que o envia poderá dizer, piscando o olho: *écoutez, M. Stein... aussi, je vous aime bien!*

PARTE IV

LEITURAS, DIÁLOGOS

Um analista e seu trabalho

Luís Carlos Menezes é um psicanalista brasileiro formado na França, onde viveu quatorze anos e se fez grande sua formação na APF (Association Psychanalytique de France). Retornou ao Brasil em 1981 e fixou-se em São Paulo, onde sua participação na vida científica da Sociedade de Psicanálise tem sido notável. O que singulariza a prática e o pensamento de Menezes é a sua orientação fortemente francesa, enquanto as correntes predominantes em sua Sociedade são marcadas pela influência inglesa, especialmente pela obra de Bion. Naturalmente, o autor não ignora as diversas correntes que atravessam a psicanálise contemporânea, e seus textos refletem um contínuo debate com elas. Mas, tendo vivido na França nos anos 1970, e ali feito sua análise, suas supervisões e os *débuts* de sua prática clínica, acabou se tornando uma espécie de embaixador não oficial da orientação francesa no meio paulista, promovendo inclusive a vinda de colegas daquele país para darem cursos e supervisões em São Paulo: Pierre Fédida, em particular, é um dos que nos visitaram diversas vezes graças aos bons ofícios de Menezes.

Fundamentos de uma Clínica Freudiana[1] reúne vinte e três trabalhos, espelhando os vários interesses clínicos e teóricos do autor, e com certeza é uma das mais importantes publicações no ativo panorama editorial da psicanálise em nosso país. Divide-se em quatro partes, cada uma com diversos escritos: "Referências Conceituais da Clínica Psicanalítica", "A Diversidade de Pensamentos na Psicanálise", "O Ódio e a Destrutividade no Narcisismo", e "Outros Textos". Não é possível comentar um a um artigos que abordam temas tão diversos; cabe no entanto observar que uma mesma convicção os percorre e lhes dá o seu tom característico: a da fecundidade da psicanálise para pensar o humano e para tratar de algumas de suas feridas mais dolorosas. A sensibilidade do clínico aflora em muitas passagens, mesmo e sobretudo quando aborda questões teóricas, pois para o autor a teoria só faz sentido se ancorada na realidade da transferência e da elaboração. Um saudável bom humor, por vezes tingido de autoironia, modula a visão da comunidade analítica que aqui transparece, comunidade à qual Menezes se dirige afetuosamente, porém sem complacência – a fim de evitar as ilusões narcísicas e idealizadoras às quais tão facilmente nós, psicanalistas, acabamos por ceder.

O pano de fundo de quase todos estes escritos é a diferença entre os *ethoi* da psicanálise que se pratica na França e da que é mais comum em São Paulo, que, como disse, é de inspiração britânica, embora colorida por um matiz local. O texto intitulado "A Psicanálise na França: uma Escola Francesa?" aborda diretamente esta questão, que em outros momentos do livro tem uma presença mais difusa. Para Menezes, não existe propriamente uma "escola" francesa, mas um conjunto de referências (por vezes heterogêneas) cujo traço comum é "o trabalho de pensamento através

---

[1] São Paulo, Casa do Psicólogo, 2001.

do qual a nata de uma geração procura constituir uma identidade de analista, tentando escapar tanto à sedução da verdade revelada pelo mestre, quanto à forma de transmissão estandardizada pelos modelos escolares dos regulamentos da IPA. Não é de surpreender, pois, que ela se caracterize por uma grande sensibilidade para o problema da formação do analista [...], assim como para as questões correlatas da "autorização do analista" e da sua inserção na instituição de pertinência" (p. 89).

Menezes enfatiza certos traços de família presentes no universo francês: a desconfiança quanto às ilusões do ego; a forte influência de Lacan – mesmo entre os que não são seus seguidores oficiais – no que se refere à importância da linguagem no trabalho analítico ("em nenhuma das diversas concepções a linguagem na análise será tratada como simples meio de comunicação destinado a veicular informações entre duas pessoas", p. 92); a ênfase no complexo de Édipo como "referência central das organizações psicopatológicas e da estruturação psíquica"; a concepção do inconsciente que resulta desta dupla referência ao Édipo e à linguagem; a referência a Freud como um interlocutor da mais extrema atualidade, e não como um ancestral a quem se respeita, mas a cuja fotografia na parede não iríamos pedir conselho – referência que não exclui um forte interesse pelos pioneiros da psicanálise e por certos autores de língua inglesa, como Klein, Winnicott, Kernberg e outros (p. 96).

Estas características transparecem em algumas vinhetas clínicas apresentadas e discutidas pelo autor. Freud dizia no *Homem dos Ratos* que o exemplo é a coisa mesma; para destacar o interesse do livro que estamos comentando, nada melhor do que espiar pelo ombro do clínico em ação, pois é nesta esfera que mais claramente se delineia sua concepção do que é a psicanálise e do que com ela se pode fazer e pensar. Tomarei portanto duas vinhetas, que nos permitirão ir mais fundo no estilo e no pensamento de Menezes.

A primeira se encontra no capítulo "O Trabalho da Interpretação". Trata-se de um momento delicado no trabalho com uma jovem mulher, momento no qual a interpretação se exerce sobre um conteúdo muito arcaico: a paciente traz imagens muito cruas, um pouco escatológicas, ligadas à putrefação de cadáveres e a uma ideia muito confusa dos limites de seu próprio corpo (p. 49 ss). A interpretação vai consistir em dar nome e figura a estas manifestações psíquicas, sugerindo uma *forma* capaz de as conter e de organizar o que, nas associações desta mulher, se apresenta como desconexo e angustiante.

"Uma análise está permeada", diz Menezes à p. 47, "por manifestações verbais e não-verbais prenhes de significado. Ela se passa no interior desta rede significante [...]. O próprio do método psicanalítico reside na suposição, por parte do analista, de algo que poderia ser figurado como um vórtice aspirante sob este fluxo narrativo, articulado e intencional. De modo que o analista, abstendo-se de responder no plano que lhe é imediatamente significado, torna possível em sua escuta uma virtual desarticulação ou dessignificação da fala, abrindo-a para novas significações eventualmente mais densas" (p. 48).

No figurino francês, as falas do analista são relativamente raras; a maior parte do tempo, seu espírito está ocupado por uma intensa atividade da escuta, *l'écoute*, termo para o qual a língua psicanalítica inglesa não possui sequer um equivalente conceitual (*hearing* ou *listening* não preenchem esta função). Trata-se de uma espécie de concha, para a qual talvez o conceito mais próximo na psicanálise inglesa seja o de continência, introduzido por Bion; mas é instrutivo comparar as duas ideias, pois entre elas as diferenças são ao menos tão importantes quanto as semelhanças.

O continente bioniano acolhe um desorganizado-angustiante e lhe dá uma forma capaz de ser assimilada por quem emitiu (geralmente por identificação projetiva) o material a ser "contido" – seja o bebê, seja o paciente. A escuta, tal como a descreve Menezes, faz precisamente o contrário: desarticula, rompe ligações, abre as palavras e as representações às suas ressonâncias metafóricas, aumenta o seu grau de polissemia. Nada há de passivo na *écoute*: ela envolve certamente uma disposição psíquica para se deixar impregnar pelo que diz o paciente, mas é sobretudo um trabalho para desfazer a trama egoica do seu discurso consciente. E a garantia (sempre precária) de que tal atividade não se reduz a um delírio pessoal do analista está precisamente na suposição de que a própria fala do paciente é habitada por um "vórtice aspirante", que tende ele mesmo a desarticular o discurso, e contra o qual este se organiza. Tal "vórtice aspirante" não é outro senão o inconsciente, a realidade psíquica, ou, como Freud o chama às vezes, o "umbigo do sonho".

Sustentando a convicção de que este vórtice existe e é eficiente, o analista produzirá no interior da sua escuta as "metáforas portadoras do que apreendeu na intimidade das palavras-afetos-imagens de uma memória intemporal, fragmentária, inacessível, postulada no centro deste vórtice e produtora do seu movimento" (p. 48). A interpretação visa a atingir esta memória anacrônica e atrair fragmentos dela para as atividades de elaboração e de representação. Esta concepção do inconsciente reconhece nele a existência de um núcleo duro de realidade e de verdade, cuja origem e cujo modo de inscrição se encontram no que Freud denominou "o infantil".

A direção que o trabalho analítico toma a partir desta convicção teórica é bem ilustrada por outro exemplo, tomado do primeiro capítulo do livro, "A Estrutura Psíquica à Luz da Metapsicologia Freudiana". Trata-se de uma reunião na qual uma colega relata algo da sua própria prática: sua paciente estava num impasse em seu processo analítico, e a analista lhe diz que parecia estar falando como se estivesse num quarto pequeno, abafado, cheio de gente. Relata Menezes: "Para surpresa de ambas, essa interpretação suscitou uma intensa reação afetiva na paciente. Ela pôs-se a chorar, sentiu náuseas e mal-estar físico. A partir daí, seguiu-se um período rico em associações muito significativas sobre a infância da paciente, e, fato novo, ela começou a relatar sonhos, antes inexistentes. Fica-se assim sabendo que a família, numerosa, vivia efetivamente num espaço exíguo e promíscuo; o pai, habitualmente silencioso, saía do mutismo para acusar os filhos de pervertidos sexuais, e a mãe, melancólica, acusava os filhos e o marido por sua vida triste e obscura" (p. 14).

Para Menezes, não cabe dúvida de que a interpretação foi eficiente *porque* tocou "numa representação carregada de memória ou ainda recalcada, ou ligada associativamente ao recalcado", uma representação-chave na vida psíquica daquela pessoa: algo como "quarto-fechado-cheio-de-gente-brigando". O que fez a analista? Deu voz a esta representação, ajudou-a a existir no espaço psíquico consciente daquela moça.

Ora, não foi assim que, nesta mesma reunião, outro colega viu as coisas. Para ele, o efeito mutativo da interpretação decorreria antes de uma "determinada disposição da analista em relação à paciente, no momento em que enunciou a interpretação". Ou seja: a mola eficiente não teria sido o resgate da representação-chave pertencente à "memória anacrônica", mas algo ligado ao aqui-e--agora da relação analítica, que neste caso não teria por que ser denominado *transferência*: transferência do quê?

Vemos assim colocada toda uma série de questões teóricas, clínicas e técnicas, e a riqueza da obra de Menezes está precisamente em enunciá-las e tentar respondê-las. Para fechar o parênteses aberto com a referência à primeira paciente, a que trazia imagens especialmente cruas a arcaicas, vale dizer que o caso é especialmente bem escolhido, pois, justamente em presença destes afetos intensos e destas palavras que não formam exatamente associações, um analista de outra orientação seria tentado talvez a deixar de lado os "fundamentos da clínica freudiana" e a trabalhar com a "pré--verbal", com a emoção em estado bruto. Não é o que fez o autor, coerente com a metapsicologia que explicita ao falar de "vórtice aspirante" e de "representações-imagens-afetos": para ele, é disto que se constitui o inconsciente.

Quando sua paciente fala em "porco com cabeça de mula", "noite negra", "um corpo de lagarto com bico de papagaio", Menezes não procura desvendar o sentido referencial destas locuções. É o sentido *expressivo* delas que mobiliza sua escuta, aquilo que elas dizem a respeito da jovem mulher que, deitada no divã, as formula: uma violência traumática, que a siderava e a impedia de fazer qualquer coisa com tais imagens.

Um dia a paciente traz uma destas representações monstruosas: "minha mãe, ela tem algo que vai do estômago até o nariz, o holocausto é aí. Esta coisa morta, horrível, não consigo me separar dela, me dói por aqui" – e mostra toda a parte superior do seu corpo. O analista lhe diz: "é a parte mais difícil neste parto"? Ao que ela responde: "Será que minha mãe sofreu tanto quanto estou sofrendo agora"? (p. 50).

Para o autor, a interpretação – isto é, a imagem do parto que surgiu da sua escuta – "levou à constituição de uma representação que dá sentido e coerência a uma vivência confusional, da qual sensações dolorosas do corpo e falas fragmentadas eram um balbucio impotente". Esta representação, a do parto, leva a paciente a reconhecer sua mãe ao mesmo tempo como *semelhante* a ela e como *diferente* dela. A sequência do texto apresenta comentários muito elucidativos sobre o processo que conduziu o analista a formular tal imagem, utilizando certamente experiências e momentos anteriores da análise. Uma frase resume o seu ponto de vista: "o que se atualiza, de modo quase alucinatório, é a imagem de uma sensualidade absorvente que a horroriza pelo seu arcaísmo. Isto se atualiza de uma maneira quase alucinatória, sob a forma de horrores, líquidos barrentos, sensações de contato com a carne viva, rutilante. O poder da interpretação reside aqui nos efeitos de deslocamento, de "dessideração" das possibilidades de pensamento e de fala, produzidos pela introdução de um *script* neste pesadelo transferencial" (p. 50).

Muito haveria a comentar sobre esta breve sequência, bem como sobre a maneira pela qual Menezes a explora. Não é nosso propósito aqui; apenas quis ilustrar o *modus operandi* da clínica do autor, tal como ela se mostra ao longo de todo o livro. Mas não se pode deixar de mencionar a riqueza e a inventividade com que Menezes trata temas propriamente teóricos, por exemplo empreendendo uma leitura de *Além do Princípio do Prazer* sob o ângulo inusitado da técnica analítica, ou ressaltando a dimensão mortífera de certas organizações narcísicas (sobretudo nos textos enfeixados na terceira parte do livro). Há também artigos mais "políticos", nos quais ele reflete sobre a condição contemporânea do analista ou sobre o lugar que lhe cabe ocupar na cena social e científica de atualidade. Nestas outras páginas, quem fala é o mesmo psicanalista experiente e atilado, imbuído de uma confiança que nada tem de ingênua nos recursos da sua disciplina, ao mesmo tempo em que, um pouco à maneira de Montaigne, recusa com saudável espírito crítico a fé cega que outros depositam naquilo que herdaram de seus mestres.

Um livro, portanto, a não deixar de ser lido e meditado, mesmo por aqueles que eventualmente discordem do que nele se afirma. Não é pouco, sobretudo frente à repetição dos mesmos bordões que tantas vezes torna aborrecida a leitura de escritos psicanalíticos.

Um destino para o ódio: a paranoia

Paranoia, de Renata Cromberg,[1] faz parte de uma série coordenada por Flávio Carvalho Ferraz para a Casa do Psicólogo. O intuito da coleção é construir uma biblioteca de introdução às diferentes categorias da psicopatologia, tais como surgem sob a ótica psicanalítica.[2] A própria possibilidade de publicar este gênero de trabalhos é, a meu ver, um testemunho eloquente da qualidade clínica e teórica já atingida pela psicanálise em nosso país; vinte ou trinta anos atrás, seria impossível um projeto desta envergadura, até porque provavelmente o público para ele seria tão restrito que o inviabilizaria do ponto de vista comercial. Hoje, uma editora como a Casa do Psicólogo pode dar guarida a uma proposta deste gênero, certamente ambiciosa, mas que vem sendo

---

1   São Paulo, Casa do Psicólogo, 2000.
2   Nota de 2015: até o momento, foram publicados mais de 80 títulos, constituindo ao que eu saiba a mais abrangente série de obras sobre psicopatologia atualmente disponível em qualquer das línguas faladas pela psicanálise.

realizada sem dificuldades – e com livros de ótima qualidade, como este que Renata redigiu.

Pois se trata de um livro excelente, indispensável a partir de agora a quem quer que se interesse pelo tema. A autora efetuou uma notável pesquisa pelos campos da psiquiatria e da psicanálise, e realizou um monumental trabalho de síntese com o produto destas investigações. O resultado é um texto de clareza exemplar, bem balanceado em seus capítulos, burilado com esmero no que se refere à qualidade da prosa, à precisão das referências e à sequência da exposição. Acrescente-se a isso um capítulo final sobre a função do ódio, baseado em reflexões pessoais e em atendimentos conduzidos com sensibilidade, e ter-se-á uma ideia da riqueza que se oculta sob o despretensioso título da obra.

Ela se apresenta dividida em quatro capítulos: a emergência da paranoia como categoria psicopatológica, as ideias de Freud a seu respeito, a contribuição de alguns autores pós-freudianos, e o ensaio de conclusão sobre o ódio. No primeiro capítulo, a autora narra o trajeto da noção de paranoia desde sua formulação por Hipócrates até o DSM (edição IV, de 1994) e a CID (Classificação Internacional das Doenças), na parte referente às doenças mentais. Começando por rastrear os usos não técnicos da palavra ("tal coisa me deixou paranoico"), vemos em algumas páginas se constituir o conceito de loucura – através das análises de Michel Foucault – e dela se destacar, com Kahlbaum (1863), a síndrome de paranoia, cujos elementos serão refinados por Kraepelin, Kretschmer e outros, até chegar aos dias de hoje. O item "Uma Visão Crítica" (p. 20 ss.) retoma observações de Márcio Peter de Souza Leite e de Mário Eduardo Costa Pereira sobre os critérios da classificação das doenças mentais no DSM-IV, ressaltando o caráter operatório e descritivo destas concepções: frente a elas, o psicanalista se interroga sobre "o lugar do sujeito do desejo nesta concepção da mente", que localiza sem pestanejar "nas entranhas do neurótico" (p. 22).

Essa diferença nas questões que subjazem ao conceito de paranoia – e na verdade a toda a concepção do que é o homem e de como funciona o seu espírito – é crucial para situar a ótica psicanalítica: a esta, não interessa apenas a conduta, mas sobretudo a "posição subjetiva diante do sintoma" (p. 22). E tal postura deve ser mantida, ainda que, como assinala Mário Eduardo Pereira, ela se oponha às tendências predominantes da cultura contemporânea. A psicanálise é por natureza, como diria Nietzsche, *unzeitgemäss* (não conforme aos padrões da época).

Apoiando-se em André Green e nos verbetes do *Vocabulário* de Laplanche e Pontalis, a autora traça então um quadro geral da psicopatologia psicanalítica, no qual virá se incluir a paranoia. Após esta geografia das perturbações da mente, vem a história da sua constituição: o segundo capítulo segue de perto os meandros do trabalho de Freud com esta noção, começando com os manuscritos H e K enviados a Fliess e passando pelo *Caso Schreber*, pelo texto sobre o narcisismo, pelo *Homem dos Lobos* e pelos artigos dos anos 1920, até chegar ao artigo inacabado sobre a cisão do ego no processo de defesa, que Freud não chegou a publicar e que foi descoberto entre as anotações por ele deixadas sobre sua mesa de trabalho.

Aqui temos mais do que um estudo meramente histórico: Renata percorre a obra de Freud com o olhar de uma analista, ressaltando o constante entrelaçamento entre a teoria e a clínica, e focalizando entre outros um ponto pouco destacado – a saber, a influência que teve o exame da paranoia sobre as últimas ideias freudianas acerca do feminino (p. 123 ss.). O leitor que se inicia no estudo de Freud tem aqui uma excelente apresentação do seu pensamento, e dos vínculos que vão se estabelecendo entre as diferentes áreas da teoria – por exemplo a constituição libidinal do ego na dimensão narcísica, o problema da relação com a realidade, as difíceis questões do manejo da transferência com pacientes paranoicos, etc. Também comparecem autores pós-freudianos que se ocuparam com os escritos do fundador, como Ruth Mack Brunswick e Serge Leclaire, os quais retomaram o caso do Homem dos Lobos (a primeira, aliás, não só como teórica, mas também como terapeuta, no episódio psicótico que Sergei Pankeieff viveu na década de 1920).

Esta última parte do capítulo II prepara o III, que focalizará contribuições de outros analistas ao problema da paranoia. Cada seção contém um pequeno resumo biográfico do autor, e situa o que disse sobre o tema no conjunto do seu pensamento. Assim, vemos como se organiza o problema para Ferenczi, ainda na época em que Freud vivia; para Lacan, para Piera Aulagnier e para Pierre Fédida, na tradição francesa; e para Melanie Klein e Winnicott, na tradição inglesa. O amplo conhecimento destes autores tão diversos entre si permite a Renata guiar com mão segura o leitor pelas questões com que cada um deles aborda a paranoia, num movimento de vaivém: a teoria geral da psique que propõem explica como definem a paranoia, enquanto a concepção desta patologia ilustra o teor geral do pensamento do autor.

Para dar um exemplo, a seção sobre Piera Aulagnier apresenta de modo claro e preciso os pontos de vista desta autora sobre o psiquismo em geral, como pano de fundo para o estudo do delírio, das pré-condições familiares que favorecem a eclosão da paranoia, para a construção das defesas que culminam na "teoria delirante primária", e assim por diante. O mesmo procedimento é empregado para apresentar Lacan, Klein, Winnicott e outros psicanalistas que se debruçam sobre este enigmático destino do conflito pulsional.

Merece destaque especial a seção sobre Winnicott, onde Renata expõe com cuidado as concepções do analista inglês e mostra de que modo, embora não habitualmente lembradas no contexto do tema, elas podem dar conta de certas particularidades do trabalho com pacientes deste tipo.

Mas é o capítulo final – "Algumas observações sobre a função do ódio" – que reserva ao leitor a melhor surpresa do livro. Aqui Renata já não fala como professora nem como historiadora das ideias, mas como analista, e isto logo na abertura, evocando a dança hindu "odissi", e o modo pelo qual esta expressa a agressividade frente à mãe-Terra. Trata-se aqui do uso fecundo de uma referência pessoal (o interesse pela dança) como instrumento para compreender o sentido de uma manifestação cultural, mas também como via de acesso a um dos sentimentos mais profundos e mais complexos de que é capaz o ser humano – o ódio. "O ódio é esta tormenta que de alguma forma, em muitos momentos e em várias circunstâncias, está presente na vida psíquica de todos os seres humanos", escreve ela (p. 210).

Vem então o relato do trabalho como Clélia, uma paciente que parece tirada das páginas de Melanie Klein, e de como o ódio nela contribui para estruturar um modo paranoico de funcionamento, cujas consequências em sua vida psíquica só podem ser qualificadas de devastadoras. Neste capítulo, tudo o que se leu nas duzentas páginas precedentes ganha vivacidade e corpo, pois é no emaranhado das paixões concretas que se desenha o percurso dos conceitos. Clínica psicanalítica da melhor qualidade! O raciocínio preciso junta--se aqui à sensibilidade para o outro e para os impasses do trabalho com este gênero de pacientes, dando origem a um texto que pulsa e comove o leitor. Nele vamos encontrar observações agudas sobre coisas tão paradoxais como o "intenso prazer de odiar a mãe", tal como exemplificado pelas vivências de um outro paciente, este anônimo. O capítulo culmina com um estudo da contribuição de Winnicott para a psicanálise como trabalho terapêutico, no qual se percebe toda a admiração da autora pelo autor inglês.

Para concluir: o livro de Renata é um instrumento de trabalho de primeira ordem, e uma valiosa reflexão sobre a essência do fazer psicanalítico, bem como sobre o papel que a psicanálise pode e deve exercer no plano da sociedade. Como afirmam as palavras finais da autora: "que pelo menos possamos estar abertos, em nós mesmos, ao automatismo de nosso narcisismo, na luta contra a reprodução incessante da violência e do mal" (p. 234). Violência e mal que tiveram, na paranoia de dirigentes políticos, de Hitler até Milosevic e o Taleban, um papel tão relevante na história do século em que nascemos.

As espirais de Decio Gurfinkel

Entre os bons livros que vêm sendo publicados na nossa área, a coletânea de artigos de Decio Gurfinkel *Do Sonho ao Trauma: Psicossoma e Adicções*[1] se destaca por uma série de qualidades, e é com prazer que a apresento aos leitores da *Revista Brasileira de Psicanálise*.

Decio Gurfinkel é membro do Instituto Sedes Sapientiae, onde leciona nos cursos de Psicanálise e de Psicossomática. Seu livro anterior, *A Pulsão e seu Objeto-Droga* (Vozes, 1996), já demonstrava o que faz dele não apenas um analista de grande valor – a sensibilidade, a habilidade para problematizar e conceituar a clínica, a paciência compassiva, a capacidade de tolerar as dificuldades com que se defronta – mas ainda um pesquisador competente e um escritor que sabe interessar o leitor nos temas que escolhe abordar. O livro que agora publica não fica atrás do outro: pela qualidade do pensamento, pela riqueza das referências, pela maneira agradável

---

1   São Paulo, Casa do Psicólogo, 2001.

e despretensiosa com que nos guia em questões complexas, porém fundamentais, revela um autor maduro, cujas reflexões suscitam no leitor o desejo de aprender, e sobretudo de dialogar.

Trata-se de doze trabalhos sobre temas interligados. Embora cada um tenha sido escrito independentemente dos demais, *a posteriori* eles formam de fato – como diz Gurfinkel na "Apresentação" – os capítulos de um livro. Isso porque um mesmo grupo de questões os atravessa, formando o campo de trabalho e o horizonte teórico-clínico no qual se move o autor; os diversos artigos partem delas e a elas retornam, num movimento de espiral que as vai depurando, as faz avançar, e abre novas perspectivas.

"Do Sonho ao Trauma": o título alude a um fato bem conhecido na história da psicanálise. Esta nasceu do estudo das neuroses e dos sonhos, isto é, num campo cujo mecanismo central é o *recalcamento*. Esta origem marca tanto a prática quanto as primeiras teorias de Freud, que costumamos agrupar sob a rubrica da "primeira tópica". Ora, se nos primeiros anos da psicanálise o inconsciente constituído por representações recalcadas era o "profundo", assim como o Édipo era o *Kernkomplex* (complexo nuclear), o avanço da "jovem ciência" veio revelar que já se tratava de configurações bastante complicadas, relativamente tardias no desenvolvimento psíquico. Havia – e há – certas condições que precisam ser preenchidas para que o recalque possa operar, condições que dizem respeito em última análise à *capacidade de simbolização*. E o que se passa quando falhas graves nesta função impedem que se constitua o recalcamento? Que falhas são estas, e ao que se devem? A hipótese mais aceita foi a de que um *excesso* de sofrimento – e não, como pretendiam certas correntes da Psiquiatria, uma *carência* constitucional – fosse o responsável por tal situação. Sándor Ferenczi, como se sabe, foi quem mais se envolveu com esta problemática – os famosos "casos difíceis" – e dela retirou uma série de concepções teóricas e clínicas, que, através de seu discípulo Michael Bálint, vieram a fecundar toda uma corrente da psicanálise pós-freudiana: a escola das relações de objeto.

Decio Gurfinkel dedica os primeiros capítulos do seu livro[2] a retraçar este percurso, começando com a pregnância do modelo do sonho para a constituição da cena clínica (capítulo I), continuando com um notável estudo das principais contribuições de Ferenczi (capítulo II) e de Bálint (capítulo III), e concluindo com uma apresentação extremamente clara e didática da obra de Winnicott (capítulo IV). Mas aqui a história das ideias psicanalíticas não é um fim em si mesma: ela está a serviço do pensamento clínico e da reflexão teórica.

Assim, do percurso histórico destacam-se duas noções com as quais o autor vai trabalhar no restante do livro: a *regressão* e a *dissociação*. O capítulo V ("Clínica da Dissociação") apresenta uma tese central para todos os desenvolvimentos posteriores: a clínica da dissociação é essencialmente diferente da do recalcamento, mas uma não se opõe à outra, e – muito importante – não é verdade que Freud seja "o teórico do recalcamento", enquanto Winnicott seria "o clínico da dissociação". Decio sabe ler demasiado bem para deixar-se cair nesta armadilha simplificadora: o conceito de dissociação origina-se em Freud – digo bem o *conceito*, não só o termo – e Winnicott o usa de modo bem mais próximo às ideias freudianas do que se costuma imaginar. Não se trata de distribuir prêmios de originalidade, ao contrário do que por vezes ouvimos por parte de autores que, na pressa de ver a psicanálise desembaraçada da

---

2   Nota de 2015: eles reelaboram e expandem partes de um pós-doutorado do qual tive o privilégio de ser o interlocutor, realizado (com apoio da FAPESP) no Programa de Estudos Pós-Graduados em Psicologia Clínica da PUC/SP. Outros capítulos desta pesquisa deram origem, posteriormente, a novos livros do autor.

metapsicologia, vêm em Winnicott um oponente e um "superador" da herança freudiana – sem se darem conta, aliás, de que assim instauram um romance familiar de tipo edipiano entre os dois psicanalistas, romance que talvez diga mais respeito a quem o constrói do que aos "personagens" da novela...

Decio Gurfinkel tem uma visão mais ponderada, que se alicerça no conhecimento das obras de Freud e de Winnicott, e também daquela sem a qual o analista inglês não seria quem foi: Melanie Klein, sua mestra e por vezes adversária, a quem ele sempre respeitou, por mais que seus caminhos viessem a divergir. Contudo, não é apenas por ser um historiador competente que ele repõe em seu devido lugar o problema da relação entre Winnicott e Freud: é porque comprova, na clínica, que entre ambos não há oposições insanáveis, que cada um nos legou um *trabalho de pensamento* que precisa ser continuado pelos analistas contemporâneos.

O capítulo VI ("Fé perceptiva e experiência da realidade") apresenta uma reflexão sobre as afinidades entre Merleau-Ponty, o filósofo francês que fez da fenomenologia o seu instrumento de trabalho, e Winnicott. Um exemplo destas afinidades (que Gurfinkel trabalha com atenção e sutileza, em momento algum misturando os canais da filosofia e da psicanálise) está nos termos "fé" (Merleau-Ponty) e "crença em" (Winnicott), sendo que a fé da qual fala o filósofo é a fé perceptiva, aquilo que nos faz crer na realidade das nossas representações; ora, Winnicott fala na "ingênua naturalidade com que somos capazes de sentir que o mundo é real", e sabemos o que acontece, em termos do verdadeiro e do falso *self*, quando esta sensação vem a faltar.

Tendo estabelecido na primeira metade do livro uma *temática* e uma *perspectiva*, Decio trabalha na segunda parte com questões mais diretamente clínicas, ligadas à toxicomania e à psicossomática em geral. O capítulo VII retoma o conceito de regressão, bem como a divergência entre Freud e Ferenczi acerca da utilidade deste processo para o avanço da análise; também focaliza de que modo Winnicott, na esteira de Bálint, amplia e renova a noção, convertendo-a num instrumento propriamente terapêutico. A regressão pode ser entendida como momento necessário de uma *reorganização*, e isto tanto do lado do paciente psicossomático (é a tese de Pierre Marty para um amplo espectro de casos) quanto no próprio manejo da transferência num processo analítico regular (como costumava fazer Winnicott).

O uso winnicottiano da regressão está alicerçado sobre a compreensão da dissociação como resultado de falhas muito graves e precoces na constituição do Eu infantil, que tem como resultado um comprometimento igualmente grave da capacidade para simbolizar. A espiral de que falei há pouco dá aqui uma de suas voltas mais importantes, pois Decio consegue mostrar com absoluta clareza de que modo uma atividade simbolizadora empobrecida está associada também aos transtornos do psicossoma.

Um deles – a toxicomania – é objeto do capítulo VIII, cujo mérito principal, a meu ver, reside na cerrada argumentação em prol de uma desmitificação desta patologia no imaginário social. "Desconstruir o imaginário" em torno do toxicômano e da droga é um passo essencial para poder tratar destes pacientes, diz Decio com toda a razão. O capítulo X continua esta reflexão, estudando o "sujeito-quase", que é a outra face do "objeto-coisa", e realizando em paralelo um notável estudo do fetichismo. Para quem se interessa, como este resenhador, pelo uso das produções culturais como instrumento para compreender as questões clínicas com as quais nos deparamos em nossa profissão, será um prazer especial seguir o autor na leitura dos contos de José Saramago, cujo livro *Objecto quase* fornece o mote para a noção de "sujeito-quase", e na análise do filme de Larry Cohen, *A Coisa*. No caminho, Decio resgata a obra de Ronald Fairbairn, o criador do conceito de esquizoidia, e a trabalha de modo original em sua concepção da dissociação.

Os dois capítulos finais são dos mais interessantes do livro, em especial o último, que introduz a noção de "colapso do sonhar". Em ambos, o autor dialoga com Winnicott, a partir de duas ideias centrais no pensamento do psicanalista inglês: a crítica que faz à pulsão de morte e a noção de colapso (*breakdown*).

O elo entre a dimensão autodestrutiva presente nas adicções e a pulsão de morte não é difícil de perceber, assim como o elo entre o aspecto repetitivo delas e o caráter demoníaco que Freud atribuía à compulsão de repetição, fato do qual ele deduz, como se sabe, o conceito de pulsão de morte (*Além do Princípio do Prazer*). O que Decio Gurfinkel faz no seu capítulo XI é comparar a visão das adicções que se baseia na pulsão de morte com uma outra, a que vê nelas uma patologia dos fenômenos transicionais. A espiral dá aqui mais uma volta, pois, para realizar a comparação pretendida, Decio retoma alguns dos fios com que vinha trançando seu tapete mágico: a natureza da adicção, os mecanismos através dos quais o sujeito lida (ou não lida) com a angústia de separação, o modelo do fetichismo e suas analogias com os objetos transicionais, a dinâmica da simbolização, etc. O pensamento de Winnicott é, neste contexto, exposto em toda a sua complexidade e sutileza, mas também no sopro de generosidade e de interesse pelo humano que o caracterizam: ele recusa o conceito freudiano de pulsão de morte, mas isto não o conduz a negar que exista um "fator antivida", cuja origem deve ser buscada na depressão da mãe. Esta é em última análise a origem das "fraturas precoces" na constituição do Eu, anteriores à própria possibilidade de este Eu "fazer a experiência" de si e de outrem.

Todos estes desenvolvimentos conduzem à proposta, contida no capítulo final, de introduzir a noção de *colapso do sonhar*. Nas palavras de Decio Gurfinkel: "adoto aqui o "colapso" como um operador clínico e teórico que, do meu ponto de vista, é de grande utilidade para a compreensão de um leque significativo de problemáticas – entre as quais se incluem aquelas abordadas ao longo deste livro – e que têm sido objeto de interesse de vários analistas nos últimos tempos" (p. 270). Refere-se então à crítica do "dado como certo" que, em contextos diferentes, tanto Winnicott quanto o autor francês Pierre Marty efetuaram. O que "colapsa" no colapso, o que desmorona? Para Winnicott, em certos surtos psicóticos, é a estrutura defensiva e o próprio Eu como organização; para Marty, é o vínculo que une solidariamente as representações e seus sustentáculos, a saber os afetos e o corpo, e que, ao derrocar, abre caminho para toda uma gama de perturbações graves. Gurfinkel alerta para as diferenças existentes entre as concepções dos dois autores, mas isso não o impede de assinalar que há uma convergência de problemáticas: "aquilo que falha na organização do indivíduo [...] e que está razoavelmente intacto na clínica do recalcamento referida às neuroses" (p. 274).

A contribuição pessoal do autor, além de criar a expressão, consiste em estender a ideia de colapso do sonhar à esfera das adicções, e, mais, na sugestão de que a adicção pode ser entendida também como um "modelo clínico", presente em várias condições não necessariamente associadas ao consumo de drogas. O elemento central deste modelo está – espiral! – na problemática da simbolização: "o que desmorona nas adicções é o *trabalho da simbolização*: o ato que é gesto, a palavra que porta afeto e sentido" (p. 275). Simbolização cujo funcionamento Freud pôs em evidência na *Traumdeutung*, que alimenta além de outras a atividade onírica, e que pode ser posta em xeque pelo encontro fatídico com a violência, com a indiferença ou com a carência excessiva do Outro: deste encontro, que é o propriamente traumático, decorrem consequências graves, entre as quais a desabilitação da *função de sonhar*.

Assim, de volta em volta, a espiral vai se construindo neste livro admirável. O leitor que o conclui certamente desejará, como ocorreu comigo, saber que outras mais ela irá dar: como as baforadas de um bom cachimbo, elas se envolvem, se dissolvem e deixam uma sensação de profundo prazer. Mas... será esta uma metáfora adequada para concluir a resenha de um livro que tanto fala das adicções? O leitor julgará, e, se não lhe apraz o uso do cachimbo – que, dizem, deixa a boca torta – certamente encontrará outra imagem, que melhor descreva o que ele tiver em mente. E boa leitura!

Lições de ontem para a clínica de hoje

Quem já não ouviu dizer, como uma evidência quase acaciana, que "os pacientes de hoje" têm características específicas, substancialmente diferentes daqueles que ofereceram a Freud o material a partir do qual ele construiu a psicanálise? Diversas versões deste argumento, desde as mais radicais até as mais moderadas, podem ser encontradas em diferentes autores; e à primeira vista isto faz sentido, pois também se tornou consensual, depois de Norbert Elias, Foucault, Marshall Berman e tantos outros, a ideia de que o psíquico contém elementos determinados pelo *socius*. O eixo comum a todas estas afirmações é uma variante da noção hegeliana de *Zeitgeist*, o "espírito do tempo": cada época da história possui um núcleo de elementos essenciais que se expressam em todas e em cada uma das suas manifestações, ao mesmo tempo singularizando-as como "*desta* época" e diferenciando-as das de "*outras* épocas".

A "nossa época" teria assim aspectos que a individualizam e a distinguem do "tempo de Freud": costuma-se enumerá-los de modo a acentuar a fragmentação da experiência de si, a perda ou ausência de referenciais claros para a ação, o descrédito das utopias – com a consequente fragilidade dos ideais e das identificações – a velocidade desnorteante das transformações econômicas e da circulação da informação, a insegurança e mesmo a violência das relações de trabalho (constante ameaça de desemprego, pela impossibilidade de reciclar-se a tempo e de se adequar às crescentes exigências do mercado), a precariedade das relações afetivas, o apelo ao consumo como modo paradigmático de se relacionar com o que nos oferecem a cultura e a vida em geral, etc.

Frente a esse elenco um tanto heteróclito de características, frequentemente reunidas sob o título genérico de "o pós-moderno", a "época de Freud" se caracterizaria pela vigência das relações patriarcais, com tudo o que elas comportam de *hierarquia* e *estabilidade* tanto na vida social quanto na estrutura psíquica. Resumidamente, tal situação teria limitado as investigações de Freud ao nível mais edipiano – portanto estruturado e conflitivo – do funcionamento psíquico, com o que ele pôde criar a psicanálise que estudamos em nossos anos de formação. Já os "pacientes de hoje" requereriam atenção aos níveis mais arcaicos do funcionamento mental, uma vez que, com raras exceções, não teriam atingido o nível no qual o Édipo e a castração bem integrados permitiram engendrar conflitos, os quais, reapresentando-se na análise por meio da transferência, seriam passíveis de interpretação segundo os moldes "clássicos". De onde a necessidade, para o analista, de se munir de um outro instrumental, capaz de dar conta da "clínica contemporânea" – ou seja, de pacientes impossíveis de entender e de atender seguindo as vias tradicionais.

Esta visão – aqui necessariamente esquematizada – tem algo de verdadeiro, mas, na sua simplificação excessiva, cria um dualismo ingênuo e torna a situação do psicanalista propriamente paradoxal. O livro de Luís Claudio Figueiredo *Psicanálise: elementos para a clínica contemporânea*[1] vem, em boa hora, ajudar-nos a repensar toda esta questão, pois demonstra, com toda a clareza, que as coisas são ao mesmo tempo muito mais complicadas e bem mais simples. Mais complicadas, porque o próprio termo "contemporâneo" suscita muitas indagações: contemporâneo desde quando? Desde os anos 1970 ou 1980? Desde a Segunda Guerra Mundial? Desde a Revolução Industrial? Uma coisa é certa: a crença ingênua que nos faz ver a nós próprios como uma espécie psíquica recém-nascida, datando da invenção do computador ou da queda do Muro de Berlim, sai seriamente arranhada da leitura atenta do que ele tem a nos dizer. E ao mesmo tempo, o problema se torna mais simples, porque Luís Claudio o coloca não em termos de "moderno *versus* pós-moderno", mas sim atentando para os diversos modos de funcionamento psíquico que a história da psicanálise nos ensinou a distinguir.

São sete capítulos que, originalmente, tinham a forma de ensaios independentes, mas foram retrabalhados de modo a evidenciar as conexões entre os tópicos que abordam. Iniciando com uma discussão do que é a modernidade, Luís Claudio transita com desembaraço pelas formas de adoecimento que ela favorece – em síntese, a esquizoidia, os transtornos narcísicos e as patologias *"borderline"*. Em seguida, discute o trabalho clínico com estes pacientes, focalizando em especial as modalidades de discurso e de fantasia que lhes são próprias, bem como as reações que elas suscitam do lado do analista. E conclui com um belo capítulo sobre a esperança como princípio do funcionamento mental, numa clave de cuidadoso otimismo sobre as perspectivas do trabalho com os pacientes "difíceis".

---

1 São Paulo, Escuta, 2003.

À primeira vista, portanto, pareceria que ele endossa a ideia de uma "nova clínica"; mas a realidade é mais sutil. Traquejado no estudo das dimensões históricas da subjetividade, nosso autor não ignora que o psíquico está sujeito a variações por sua inscrição no social, e pela inscrição do social nele. Mas nada mais distante de sua perspectiva do que a oposição grosseira entre o "hoje" e o "ontem": e, para convencer-se disso, basta notar que os instrumentos teóricos de que se serve para compreender a clínica de "hoje" lhe são fornecidos por autores absolutamente clássicos – Melanie Klein, Ronald Fairbairn, Winnicott, Bion, e, naturalmente, aquele de quem André Green disse certa vez que é o que de mais novo há em psicanálise – Sigmund Freud.

Na verdade, o que permite a Luís Claudio Figueiredo escrever um dos livros mais inteligentes, instigantes e coerentes que já tive oportunidade de resenhar é o seu sólido enraizamento na história da psicanálise. Suas 178 referências vão de Freud e dos primeiros trabalhos de Ferenczi até psicanalistas americanos, ingleses e franceses cujos textos foram publicados em 2000, 2001 e 2002. O que lhe interessa não é frisar as dicotomias entre estes autores, mas integrá-los numa vasta tapeçaria que, com mão de mestre, vai tecendo ao longo dos capítulos. É óbvio que eles não dizem todos a mesma coisa: dois grandes modelos do psíquico foram criados ao longo dos cem anos de existência de nossa disciplina, o "estrutural-pulsional" de Freud e em parte de Melanie Klein, e o das relações objetais, que, iniciando--se com Ferenczi, vem via Bálint e Winnicott até Kernberg, André Green e outros menos estudados nos cursos de formação analítica. Entre estes, destaca-se W. R. D. Fairbairn, a quem é dedicado o segundo capítulo do livro. Para Figueiredo, entre as duas perspectivas não há oposição radical, mas complementaridade, a partir do "tronco freudiano" – e sua leitura de Freud, admirável, enfatiza o que é verdadeiramente essencial na nossa disciplina: a ideia de um ser humano movido por paixões e pulsões, que por sua natureza traumática exigem a construção de um aparelho psíquico diferenciado em instâncias dotadas de uma história, história que se materializa na biografia de cada pessoa. Estas instâncias se organizam em contato com o ambiente, através de identificações e de defesas cuja combinação determina certas possibilidades de funcionamento, certos padrões de relação, certos tipos de organização de vida sexual, e portanto certos tipos de adoecimento.

Vê-se que esta base da disciplina, firmemente estabelecida por Freud, não é nem poderia ser contestada pelos autores que se seguiram. O que há – e nisto é luminosa a análise que Luís Claudio faz deles – é a exploração sistemática dos níveis mais arcaicos do *mesmo* aparelho psíquico, sob nomenclaturas diversas e com diferentes ênfases. Em primeiro lugar, portanto, seu livro é uma aula muitíssimo esclarecedora de metapsicologia, a qual, para ele, nada tem de abstrato no sentido pejorativo deste termo – não é, como diz à p. 43, "um parque de diversão para filósofos": "simpatizo ainda mais com uma perspectiva histórico-pragmática segundo a qual os discursos metapsicológicos [...] são em si mesmos modos de instalação de certos campos de possibilidades para a emergência de fenômenos e para a ocorrência de processos psíquicos que constituem a *experiência da psicanálise*" (p. 43). Ou seja, a metapsicologia se enraíza na clínica e permite pensá-la, criando conceitos, hipóteses e formas de inteligibilidade para o que nela surge. São aliás plurais ("as metapsicologias"), e sobretudo não arbitrárias, tanto porque têm como lastro e horizonte os fenômenos que a situação analítica dá a ver, quanto por sua dimensão *pática*, isto é, pela sua origem no sofrimento do paciente e nos modos diferenciados de acolhê-los que podem ser mobilizados no analista.

A metapsicologia assim compreendida põe em evidência duas coisas, que Freud soube tanto descrever quanto investigar em sua origem na aurora da vida psíquica: uma série de movimentos impulsivos rumo à satisfação (tematizados sobretudo na doutrina das pulsões e no modelo dito "estrutural-pulsional", mais comumente associado à obra do próprio Freud), e uma série de reações que estes movimentos impulsivos provocam naqueles que podem ser seus objetos de satisfação – o ambiente, os pais, o *socius* de modo geral. Esta é a vertente tematizada pelos teóricos da relação de objeto, pois – e este talvez seja o principal avanço da psicanálise a partir dos anos 1940 – tornou-se evidente que o que determina as vicissitudes da vida psíquica não é apenas o jogo das pulsões entre si e com as defesas, mas também (e, para alguns, principalmente) o modo pelo qual os "objetos" se instalam na mente, modo que deriva das características das pessoas que cuidam do bebê e por ele são investidas com amor, com desejo e com ódio.

Um bom exemplo deste modo de ver as coisas é o estudo, que atravessa diversos capítulos do livro, a respeito do *traumático*. Para Luís Claudio, o que determina os efeitos do encontro com o traumático não é tanto a magnitude do choque, mas as possibilidades da elaboração que o indivíduo dará ao que sofreu, e que dependem dos *modos de acolhimento* destas experiências por parte do ambiente (p. 180 ss.). Aqui, são sem dúvida os últimos artigos de Ferenczi que mostram o caminho, particularmente os sobre a "confusão de línguas" e sobre a criança traumatizada, bem como os estudos de Robert Stolorow e Clement Atwood (p. 26).

Antes de passar ao exame das consequências que nosso autor tira desta tese, e que aparecem tanto na sua visão da psicopatologia quanto no que tem a nos dizer sobre a situação analítica, convém insistir sobre um aspecto fundamental: é *em Freud* que se encontram as primeiras análises deste tipo, ainda que em sua obra elas não tenham o papel central que assumirão nos autores subsequentes. É no estudo admirável sobre a *Verleugnung* (desautorização), termo utilizado por Freud para designar o mecanismo de defesa característico do fetichismo e de certas psicoses, que encontramos uma das provas mais contundentes de que é preciso alguma familiaridade com a história da psicanálise para compreender o que fazemos em nossos consultórios: ao invés de distribuir notas e medalhas, elogiando uns para melhor denegrir outros, Luís Claudio mostra como Freud – estudando uma perversão *sexual*, o fetichismo – abriu o caminho para a compreensão do funcionamento psíquico em níveis ainda mais básicos do que os associados com um Édipo e um ego razoavelmente bem estruturados. De fato, para Freud o Édipo constituía não apenas o *Vaterkomplex* (complexo paterno), mas ainda o *Kernkomplex* (complexo nuclear) de todo o funcionamento psíquico (se, parafraseando Saddam Hussein, pudéssemos ler a expressão *Vaterkomplex* como "pai de todos os complexos", não estaríamos longe do que ele significava para Freud). Mas foi ele mesmo quem nos possibilitou ir além disso.

Diz Luís Claudio, com razão, que o mecanismo de defesa predominante nas organizações mais evoluídas – o recalcamento – ocupou tanto a "boca de cena" nas primeiras décadas da psicanálise, que acabou por "recalcar" teórica e clinicamente o outro grande grupo de defesas, a saber as *cisões*. Estas são modos de lidar com o traumático que, ao invés de o "soterrar" – e com isso criar uma zona de conflito entre representações, desejos e afetos conscientes e inconscientes – operam criando barreiras "verticais" que mantêm lado a lado os elementos cindidos, com isso evitando a constituição do conflito (p. 16). Em parte, este recurso pode ser benéfico – há "cisões que protegem" – mas, quando os elementos cindidos o são com muita violência, organizam-se cisões *patológicas* – e são estas que, em resumo, predominam nos quadros tidos por "contemporâneos": esquizoidia, transtornos narcísicos e condições *borderline*, por oposição às boas e velhas neuroses, psicoses e perversões a que se teriam limitado Freud e os primeiros analistas.

Esta simplificação absurda da história da psicanálise, como disse, é demolida pelo andamento do livro. Não apenas foi Freud quem primeiro falou de *Verleugnung*, mas, seguindo os passos de Melanie Klein (que nasceu em 1882!) e infletindo-os numa direção própria, foi Fairbairn quem, nos anos 1940, lançou as bases para o estudo destes quadros "contemporâneos", com seus trabalhos pioneiros sobre a esquizoidia. É assim a um autor cujos estudos foram publicados há mais de sessenta anos que devemos a abertura de uma perspectiva supostamente coetânea da Internet, do desemprego estrutural e da obsolescência planejada. Francamente...

Seria impossível, nos limites desta resenha, detalhar a riqueza das análises que Luís Claudio realiza a partir deste programa simples, mas fecundíssimo: não cindir nem recalcar partes da história da psicanálise em detrimento de outras. Isto lhe permite reconhecer que, no interior das próprias escolas de psicanálise (por exemplo a kleiniana ou a psicologia do ego) autores como Ronald Britton, Alan Bass, Richard Stolorow e outros prosseguem elaborando e refinando as hipóteses herdadas de Klein, de Kohut e dos demais clássicos. Além disso, cada vez mais autores – seguindo o exemplo de André Green e de Joyce McDougall – *circulam* entre as escolas, criando pontes e passagens entre as diversas elaborações teóricas dos seus fundadores. É esta postura aberta ao diálogo e atenta às especificidades de cada paciente que permite a Luís Claudio construir uma visão coerente da psicopatologia e, a partir dela, da maneira pela qual a situação analítica é modulada nos casos em que predominam as formas de organização presididas pelas cisões patológicas.

Numa apresentação esquemática, apenas para indicar os grandes lineamentos do que é desenvolvido com precisão, clareza e sobretudo compaixão no livro de Luís Claudio, poderíamos dizer o seguinte: o bebê é dotado de pulsões que são, necessariamente, traumatizantes, pelo excesso das demandas que colocam à sua ainda frágil organização psíquica. Também é objeto de fantasias, desejos e expectativas por parte dos seus pais, "objetos" que na verdade são igualmente sujeitos. É incumbência destes "objetos primordiais" oferecer continência, apoio, satisfação e segurança às demandas do bebê, no que Luís Claudio chama de "encontro miraculoso" (p. 157) entre as necessidades do *infans* e o ambiente. Quando isso acontece de modo relativamente satisfatório, o desenvolvimento psíquico é estimulado na direção de uma relativa integração e coesão do ego, com a criação concomitante de um "inconsciente dinâmico" (termo de Stolorow e Atwood) que abrigará os elementos recalcados no processo de defesa. Constitui-se assim um campo conflitivo em que predomina o recalcamento, dando origem às neuroses em sua variedade sintomática; pessoas deste tipo produzirão em análise transferências "clássicas", nas quais o analista, tomado como "objeto externo da fantasia" (termo que nosso autor recupera do artigo de James Strachey "A natureza da ação terapêutica da Psicanálise"[2] – "recentíssimo", aliás, pois foi redigido em 1934...), poderá ocupar os lugares dos objetos primordiais, e, através da interpretação dos conflitos revividos ao longo do processo terapêutico, intervir na economia psíquica para liberar o montante pulsional das fixações nos objetos infantis. São as "análises-padrão" em que, estando bem instaladas a conflitiva edipiana e a angústia de castração, o analista pode utilizar suas "reservas" pulsionais e narcísicas e colocá-las a serviço da melhora do paciente.

---

2   "The nature of the therapeutic action of Psycho-analysis", *International Journal of Psycho-Analysis*, vol. 15, 1934. Um comentário deste artigo, situando-o no contexto das discussões teóricas e clínicas da época, pode ser encontrado em R. Mezan, *O Tronco e os Ramos*, São Paulo, Companhia das Letras, 2014, p. 325-332.

Os problemas maiores, porém, ocorrem quando este "encontro milagroso" não se dá, ou falha lamentavelmente. Segundo Luís Claudio, nestes casos podem se organizar "adoecimentos" em torno de dois grandes "polos", segundo o tipo de defesas que vier a predominar – ambos, no entanto, visando a manter (ainda que por estratégias opostas) a onipotência infantil. No polo esquizoide, estudado sobretudo por Fairbairn e seus seguidores, a angústia de ser engolfado ou invadido pelo outro mobiliza como defesa principal a cisão maciça, que cria uma distância imensa entre o sujeito e os outros, e a reproduz no interior do próprio sujeito. As forças pulsionais se amortecem e silenciam, gerando a sensação de frieza, tédio e desafetação que caracteriza estes pacientes. Buscando a autossuficiência como modo de se proteger contra a dependência de objetos essencialmente *maus* (libidinais/sedutores ou agressores/hostis), estes pacientes encontram o pânico ou o pavor, este último fruto da presença intolerável de "corpos estranhos, intratáveis e desarmônicos", dotados de um dinamismo demoníaco e aos quais o indivíduo está sujeito porque os isolou em seu próprio mundo interno (p. 55 ss.). Na análise, estes pacientes atacarão as "reservas" do analista mediante o desprezo ou a frieza, tornando muito difícil a este último ocupar a posição de objeto: vivenciam sua presença de forma negativa, hostil ou indiferente aos seus esforços de contato (por exemplo os pacientes *out of reach*, fora de alcance, descritos por Betty Joseph).

O outro grande polo de adoecimento a partir do malogro no encontro com os bons objetos primordiais é o *narcisista*. Aqui, a angústia de separação é de tal forma avassaladora que produz uma negação violenta de toda diferença, para o que o indivíduo utiliza de modo maciço o mecanismo conhecido como identificação projetiva. Ao contrário da projeção, que é um auxiliar do recalcamento e coexiste bem com ele (como afirma Otto Kernberg, com cuja posição se alinha Luís Claudio), "a identificação projetiva é uma fantasia por meio da qual partes do psiquismo do paciente são expelidas e colocadas sobre e dentro de seus objetos. Isso pode ocorrer seja para colocar para fora as partes más e insuportáveis, seja, ao contrário, para colocar para fora as partes boas e ameaçadas de destruição num psiquismo muito perturbado pelo ódio, pela inveja e pela culpa" (p. 140). Este paciente não tolerará qualquer separação, e, por suas demandas exorbitantes e jamais passíveis de serem satisfeitas, colocará à prova as "reservas" do analista através de ataques vorazes e ferozes, numa exigência de fusão e simbiose que repete o trauma original e as defesas cataclísmicas, porém fracassadas, que o indivíduo pôde mobilizar *in illo tempore*.

Entre os dois polos, e numa constante oscilação entre eles, situa-se o paciente *borderline*. Angústias de separação, de engolfamento e de intrusão alternam-se aqui, iniciando um processo de expansão e de retração que age sobre um ego poroso, sempre indeciso quanto às suas fronteiras. Ecoando outros autores, Figueiredo afirma que a problemática *borderline* diz respeito mais à constituição e à subsistência do psiquismo, e menos à satisfação ou ao prazer, porque se situa no registro que – mais uma vez, ele! – Freud denominou "além do princípio do prazer". Na verdade, sob a ótica do desenvolvimento, esta região psíquica se situa *antes* – portanto *aquém* – da instalação dos princípios de prazer e de realidade. É por isso que Figueiredo pode referir-se a estes três tipos de organização psíquica quer como "patologias da realidade" (p. 74), quer como "patologias do caráter" (p. 180). É a prova de que o sujeito se organiza ao mesmo tempo e do mesmo modo pelo qual organiza as relações que lhe servirão de suporte para existir, as quais, por sua vez, dependem de fatores que ele não controla nem pode controlar – o *outro* em toda a dimensão da sua alteridade radical, ou, para falar com os termos da filosofia, em sua *diferença*. Diferenciar e diferenciar-se são as tarefas básicas do psiquismo, e a saúde "transitiva" de que ele poderá gozar – ou não – nada mais é do que a sua capacidade de *circular* entre posições simultaneamente estáveis e flexíveis.

Da metapsicologia à psicopatologia, e desta à situação analítica: este é um dos caminhos de leitura do livro de Luís Claudio, que, aliás, também pode ser considerado como um trajeto que parte da variedade de experiências clínicas, para remontar o rio em direção aos quadros psicopatológicos e à sua inteligibilidade metapsicológica. O próprio livro é assim um bem-sucedido exemplo de como podem funcionar os princípios epistemológicos e psicopatológicos defendidos pelo seu autor: trânsito entre as várias dimensões da disciplina freudiana, trânsito entre as correntes de pensamento que nela se originaram, trânsito entre a experiência concreta e a dimensão reflexiva do conceito. Constantemente, este caráter processual é evidenciado pela argumentação, que procede por "espirais" – isto gerando aquilo, que por sua vez engendra aquilo outro e reverbera sobre seu ponto de partida. Esta é aliás – se assim podemos chamá-la – uma das *características de estilo* mais salientes na obra de Luís Claudio.

A bem dizer, ela reproduz no plano conceitual o que o autor elabora sobre o processo concreto da percepção na vida mental: refiro-me aqui ao excelente capítulo sobre a *Verleugnung*. Segundo esta análise, que retoma de forma muito sutil e criativa alguns parágrafos do bom e velho Freud, a percepção é dotada de um impulso para se autotranscender, abrindo espaço tanto para novas percepções quanto para a ramificação dela mesma e para seu enlace com outras, criando um *campo de remissões* no interior do qual o sentido se faz por circulação, passagens e ligações. É este processo que a desautorização (como ele prefere traduzir o termo freudiano) ataca e obstrui, produzindo um bloqueio que, compreensivelmente, é dotado de enorme estabilidade e, portanto, origina fortes resistências à mudança.

Se – empregando de modo um tanto livre o método proposto por ele – utilizarmos esta análise num movimento metaforizante, retirando-a do seu contexto no livro e a empregando para fazer nossas próprias ligações e reverberações, poderemos ler nesta descrição do processo perceptivo um comentário sobre o próprio processo de pensamento e de argumentação de Luís Claudio: jamais fixado no já-conhecido, mas ao mesmo tempo sem se deixar iludir pela cintilação mirabolante dos "fluxos contínuos", o que ele nos oferece é a imagem mesma da inteligência teórico-clínica, capaz de se deter com calma no exame do que merece ser examinado, e tirar disso consequências muitas vezes originais e instigantes.

Tal é o caso, para concluirmos, do que ele tem a dizer sobre a transferência e sobre o que, na análise, é repetição não transferencial (em particular, os *enactments* ou encenações), ou sobre a reação terapêutica negativa, para cujo estudo se serve sobretudo de um artigo de Joan Rivière (escrito em 1936, portanto – dirão alguns – inapto a descrever os "pacientes de hoje"). É igualmente o caso da contratransferência e das reservas do analista, tema já abordado em seu artigo "Presença, implicação e reserva" (2001). Também é o caso das suas ponderações sobre o vínculo entre as características da sociedade contemporânea e as formas de adoecimento que estuda em seu livro, ponderações pontuais – em geral introduzidas por cláusulas como "gostaríamos de chamar a atenção para...", "sugerimos que se considere...", e outras semelhantes – em tudo e por tudo diferentes das bombásticas, superficiais e por vezes ridículas afirmações sobre este tema, que tantas vezes passam por intelectualmente rigorosas e politicamente progressistas.

O livro de Luís Claudio se detém ainda em tópicos que não temos aqui espaço para examinar, como por exemplo uma polêmica teoria sobre as pulsões de vida e morte, ou uma elaboração audaciosa sobre a esperança como princípio de funcionamento psíquico saudável, num contraponto com o livro de Ernst Bloch *O Princípio Esperança*. O que servi ao leitor como aperitivo, contudo, basta para justificar uma impressão que me acompanhou ao longo de toda a leitura: a "refeição completa" não pode faltar na mesa – e na biblioteca – de quem quer que se interesse pelo que de melhor existe na nossa fecunda disciplina.

"Conversa de louco": razão e sensibilidade na prática da psicanálise

Dizia Aristóteles, ecoando o Sócrates do *Teeteto*, que a filosofia nasce do espanto.[1] A inquietação de saber por que e como as coisas são como são pode, porém, produzir outros frutos; e entre eles se conta este novo livro de Sergio Telles, um analista que já recebeu vários prêmios por sua produção ficcional. *Fragmentos Clínicos de Psicanálise*[2] apresenta vinte sessões comentadas, às quais se acrescentam dois substanciosos capítulos argumentativos, sobre os referenciais teóricos da escuta e sobre a delicada questão de como proteger a privacidade dos pacientes a quem nos referimos em um escrito clínico.

É um prazer acompanhar o autor nessas reflexões, como que espiando por cima do seu ombro enquanto pensa, interpreta,

---

1   *Metafísica*, Livro Alfa, 983a. Cf. Platão, *Teeteto*, 155b. (Essas numerações correspondem às páginas e colunas dos textos originais na edição-padrão da obra completa de cada filósofo. Assim, independentemente da edição/tradução que o leitor estiver consultando, torna-se simples localizar qualquer referência.)
2   São Paulo, Casa do Psicólogo, 2003.

constrói e revisa suas formulações. O amplo conhecimento da obra de Freud, Melanie Klein, Lacan, Winnicott e outros autores se soma aqui a uma refinada sensibilidade e a um vasto repertório de cultura geral; além disso, a habilidade na exposição e um agudo senso das proporções – evitando o cacoete tão presente neste tipo de texto, de sobrecarregá-lo com informações inúteis para a compreensão do argumento – tornam convincente o pensamento de Sergio Telles, consistentes os personagens de suas narrativas, e sólidas as construções que apresenta.

Pois as sessões foram escolhidas porque permitem evidenciar o que para o autor é o cerne do raciocínio clínico: a *construção*. Isto fica evidente não só pela maneira como recorta a obra de Freud, mas sobretudo no modo como reúne os dados no decorrer da sessão, vinculando-os sempre que possível ao passado infantil e aos momentos precedentes da análise. Sergio toma assim partido no grande debate que atravessa a história da psicanálise desde a irrupção do kleinismo nos anos 1930 e 1940: qual o lugar da transferência na mente do analista? Digo bem *na mente do analista*, pois, no desenvolvimento do processo terapêutico, todos concordam que ele é central, na medida em que atualiza os conflitos patógenos e os projeta na arena do presente. O problema reside no *uso* a fazer deste elemento: interpretá-lo exaustivamente no interior da relação terapêutica, ou servir-se dele para estabelecer a continuidade entre o infantil e o atual?

O estudo dos escritos freudianos a que Telles procede nos capítulos iniciais não deixa dúvidas: ele se alinha entre os que preferem a segunda opção. "Apesar de logo compreender que é na transferência que serão travadas as batalhas decisivas da análise e vê-la como algo imprescindível, Freud nunca deixou de lado a ideia de que o objetivo da psicanálise é a rememoração do passado simbólico, e é dentro dessa perspectiva que a transferência deve ser vista" (p. 30-31). E esta opção técnica repousa sobre o alicerce teórico representado pela posição do infantil como núcleo do inconsciente: nas palavras do autor, no inconsciente, nada é arbitrário, "tudo é determinado, sobredeterminado, organizado e estruturado a partir de um núcleo de experiências infantis arcaicas, do desejo que incessantemente põe em movimento o aparelho psíquico, em busca de uma satisfação impossível" (p. 24). É no capítulo sobre a "psicoterapia da histeria", nos *Estudos*, que ele encontra o conceito-chave para validar esta posição: o de *fio lógico* que atravessa as associações e as faz surgir conectadas pelas grandes categorias da similaridade e da contiguidade, ou, para falar como Lacan, da metáfora e da metonímia.

Sergio Telles sabe perfeitamente que a concepção do inconsciente tal como aparece nesse texto não foi mantida tal e qual ao longo da obra freudiana; mas sua leitura revaloriza a noção, enquadrando-a na de aparelho psíquico e utilizando-a como argumento para (mais uma vez ao lado de Lacan) recusar qualquer conotação romântica ao conceito de inconsciente. A ideia de fio lógico, entrecruzada com a de sobredeterminação, serve-lhe assim de guia para escutar o que lhe dizem seus pacientes, bem como para revitalizar, na obra freudiana, os momentos de *narrativa* como balizas do fazer analítico. Com efeito, é na *Interpretação dos Sonhos*, nos casos clínicos, na *Psicopatologia da Vida Cotidiana* e em textos semelhantes que o autor encontra o verdadeiro "tratado de técnica" que Freud cogitava redigir, e que, à luz do presente livro, podemos compreender por que nunca foi publicado: é que ele *já estava escrito*, em fragmentos dispersos aqui e ali, e certamente não só nos célebres "artigos técnicos" dos anos 1912-1914. É aliás por evidenciarem com clareza particular a presença do fio lógico que foram escolhidas estas e não outras sessões, como ele próprio nos diz ao apresentá-las: a construção, que na maior parte das vezes requer um longo tempo e um trajeto bastante laborioso, pôde nestes casos ser efetuada no lapso de uma sessão ou de um pequeno número – duas, três – delas.

Não é que Telles deixe de "interpretar a transferência" no sentido usual do termo, localizando no discurso do paciente como este configura seu analista num determinado momento. No exemplo que comentarei a seguir, vê-se claramente a atenção que ele presta a esse fator. O que ocorre é, em primeiro lugar, que a interpretação não é confundida pelo autor com a comunicação da interpretação – ele procura descobrir qual lugar ocupa nas associações e fantasias do paciente, mas evita enunciá-lo de imediato, preferindo falar a partir *do que* inferiu, em vez de contar ao seu interlocutor *o que* inferiu. E em segundo lugar, este manejo sutil da transferência decorre da prioridade concedida à atividade de construção, que permite integrar o momento presente ao conjunto da vida psíquica do paciente tal como é possível figurá-la naquele momento particular. É como se o movimento da sessão fosse incluído mentalmente (e afetivamente) num quadro onde a abcissa do presente e a ordenada do passado, cruzando-se a cada instante, vão determinando o desenho das significações; este traçado, por sua vez, ilumina o processo à medida que vai surgindo contra o pano de fundo do enquadramento.

Antes de passar ao comentário de uma sessão tratada deste modo – que nos permitirá entrar mais a fundo no vivo das questões – uma palavra sobre o que Sérgio Telles diz a respeito do problema das publicações. Esta é uma questão que vem ocupando analistas e médicos nos últimos tempos, já que a consciência ética nos impõe hoje uma dificuldade que quase não existia no tempo de Freud. Explico-me: nos prefácios ao *Caso Dora* e ao *Homem dos Lobos*, Freud se preocupa com a possibilidade de outros médicos, bisbilhoteiros, lerem o caso como um *"roman à clef* destinado ao seu deleite particular". Sabemos o quanto ele foi cuidadoso ao eliminar quaisquer referências que, no seu entender, pudessem identificar os pacientes, e como justificou o seu procedimento, argumentando com o interesse dos futuros pacientes e com o dever de contribuir para a formação dos analistas que viriam a atendê-los.

Mas o que era adequado em 1915 já não é hoje, principalmente por causa da difusão da psicanálise, e porque os próprios pacientes podem ter acesso muito mais fácil às revistas e livros da nossa área. A solução recomendada por vários painéis médicos e analíticos – obter o "consentimento informado" do paciente, que implica mostrar-lhe o texto antes da publicação – é criticada por Telles, a meu ver com razão. O "consentimento informado" pode proteger, juridicamente, o autor do texto ou o editor da revista contra um eventual processo movido pelo paciente por quebra da promessa de sigilo, mas solicitá-lo não é um ato neutro no contexto do tratamento analítico. Isso porque não deixa de ser uma atuação do analista, um ato concreto dele que diz respeito aos seus interesses científicos ou profissionais, o que é em princípio legítimo se ele tiver tomado os cuidados necessários para tornar o mais difícil possível a identificação do paciente. Mas este tem com o analista um vínculo transferencial, e é no interior deste vínculo que será percebida a solicitação, a qual, com toda a certeza, produzirá efeitos no campo imantado das fantasias e das ansiedades do paciente. Telles não descarta essa possibilidade, mas recomenda a maior circunspecção na análise destas repercussões, ou, caso o tratamento já tenha sido encerrado, uma razoável certeza de que este novo gesto não virá produzir ecos excessivamente intensos.

Não podemos, em suma, ignorar que a liberdade de escolha por parte do paciente está efetivamente tolhida pelo vínculo transferencial (seja para dar, seja para recusar a autorização, durante como depois do trabalho conjunto). Sergio Telles conclui que cada caso é um caso, e que o analista deve ponderar por qual solução se decidirá tendo em vista a singularidade daquela situação: em um caso pedir o consentimento pode ser adequado, em outro será preferível recortar apenas uma vinheta, em outros ainda o analista deve correr sozinho os riscos da sua opção. Em todo caso, a meu ver as páginas em que expõe o estado atual do problema, apoiando-se em ampla e atualizada documentação, constituem um dos pontos altos do livro, pela franqueza e pelo cuidado com que o autor se posiciona.

Como toda resenha é uma espécie de aperitivo do livro que comenta, quero oferecer ao leitor uma rápida degustação do que o espera quando adquirir este e se deixar levar pelas associações que inevitavelmente surgirão em sua mente. Vamos então estudar de perto uma sessão que evidencia o método de Sérgio Telles, pois é nele que reside o interesse maior do seu texto. Qualquer uma das vinte serviria a este propósito; um pouco aleatoriamente, escolho a primeira, intitulada "Jonas". Trata-se de um homem casado, a quem a gravidez da esposa perturba profundamente, e que um belo dia chega a sessão e conta, "num tom desafiador e provocativo", uma fantasia aparentemente masoquista; que sua bela colega de trabalho, por quem se sente atraído sexualmente, urinasse em seu rosto.

A primeira reação de Telles é de surpresa: este homem nunca havia trazido nada semelhante. Primeiro ponto a ressaltar no que estou chamando "método": sabemos que cada paciente, em sua análise, revela um certo "perfil", um conjunto de regularidade psíquicas que lhe são próprias, e que de certo modo habituam o analista a esperar comunicações naquele particular estilo. Ora, estando organizado o inconsciente como Freud o descreveu, aquilo que destoa do padrão habitual não deve ser considerado como sem sentido, mas sim como um elemento totalmente motivado, que de algum modo deve poder se encaixar neste padrão. A alusão ao "tom provocativo" mostra a atenção do analista aos elementos ditos "infraverbais", que na verdade são o aspecto afetivo ligado a cada representação. Provocar quem? E por quê? Uma interpretação estritamente "transferencial" acentuaria a provocação "comigo", e seria comunicada a Jonas mais ou menos assim: "Trazendo hoje esta fantasia, você está buscando desafiar alguma autoridade que deposita em mim", etc. Não é assim que Sergio procede: ele percebe que há desafio, mas evita a precipitação, e sobretudo deixa margem para que o *conteúdo* da fantasia possa se desdobrar. Bom leitor de Melanie Klein – embora não endosse o seu sistema de interpretação exaustiva do presente transferencial – ele se pergunta também por que a cena imaginada, além de excitar a libido de Jonas, também o *angustia*.

Sergio pergunta então, simplesmente, por que essa imagem excita o paciente. Este retorque que não sabe – o que seria aliás de se esperar – mas começa uma série de associações que vão permitir ao analista prosseguir no trabalho de construção, que nada mais é do que a criação de um *contexto* para aquela cena aparentemente despropositada.

Este contexto é elaborado tendo em vista os elementos obtidos ao longo da análise, e que se dispõem num eixo temporal. O elo mais imediato é a gravidez da esposa, que vem *ameaçando* Jonas porque ele vê nela o início de uma traição: a esposa irá abandoná--lo afetivamente, e concentrar todo o seu amor no bebê que vai nascer. Como vingança preventiva contra tal eventualidade, desde que soube da gravidez, Jonas vem apresentando um comportamento donjuanesco, embora nada tenha se concretizado em matéria de relações extraconjugais.

Mas por que ele é levado a ver na gravidez da esposa uma *ameaça*, e, mais precisamente, *esta* ameaça? Por que, por exemplo, não a encara como algo que virá cimentar a relação entre ele e sua mulher, consolidá-la através de um filho que fizeram juntos? A lente se abre para um ângulo mais amplo, tanto em termos temporais quanto nos personagens que serão invocados: *traição* é uma ideia que acompanha Jonas desde muito antes – vira no próprio casamento uma traição à sua família de origem, e, ainda pequeno, também vira uma traição da sua mãe no fato de esta dar à luz um irmão mais novo. O ódio assassino pelo irmão foi na época recoberto por uma "poderosa formação reativa" – o cuidado exacerbado, a proteção exagerada por ele, que se prolonga até a vida adulta de ambos – mas permanece ali, latente e atuante, como elemento determinante do "infantil" de Jonas. Quando se apresenta uma situação análoga – outra gravidez – o ódio é *reatualizado*: termo-chave na óptica de Telles, que serve para dar conta da infiltração maciça do passado no presente, justamente porque este passado *é* presente, não passou, não foi relegado ao museu.

Do contexto mais atual, portanto, temos um "zoom" para o contexto mais antigo, mas ainda apto a oferecer elementos de simbolização, na medida em que por assim dizer enquadra e sustenta o mais próximo: Freud é aqui, sem dúvida, a referência do autor. Uma outra associação abre mais um caminho: Jonas conta sobre um ladrão que, na fazenda de seu sogro, matou uma vaca e deixou apenas a "barrigada" (vísceras) dela. Agora é Lacan quem oferece um apoio para o raciocínio clínico: o significante *barrigada* (em negrito no texto de Telles) traz também o sentido de cria, filhote (o filho de Jonas no ventre da mulher). Barrigada portanto simultaneamente desejada e odiada, alvo de uma fantasia de evisceração descrita em termos classicamente kleinianos: Jonas quer "atacar sadicamente" a vaca-mãe, matar a ela e ao filho que carrega. (Um elo na interpretação, não explicitado ao paciente, mas claramente perceptível pelo leitor, é o da identificação de Jonas com o ladrão).

De onde proveem tanta fúria e tanto desespero? Sérgio se vale da noção de complexo de Édipo para esclarecer a origem deste ódio: é "nos sentimentos do menino frente ao pai, à mãe e ao irmão que iria nascer que ele encontra a sua raiz". Jonas jamais superou esta constelação, que se revelará atuante no cuidado exagerado com o irmão (formação reativa), e também no sintoma de impotência que apresentou por um tempo, claramente ligado ao medo de estar envolvido em outra gravidez (a rivalidade com o pai desempenha aí, também, um certo papel).

Vemos assim como as referências freudiana, lacaniana e kleiniana se combinam e se sucedem, cada uma proporcionando um vetor para a construção – ainda que, entre elas, a freudiana se destaque como principal. Sergio Telles se pergunta então se a fantasia da colega urinando sobre o paciente pertenceria ou não a este contexto – sempre evitando a precipitação, o *furor interpretandi* – e decide intervir, na sessão, interrogando Jonas sobre "como vê a excitação, por que a fantasia o excita" (p. 56).

A resposta não deixa de ser insólita: o paciente se refere à falta de pênis das mulheres, e à "vergonha" (sic) que elas sentem ao urinar, "tanto que não o fazem diante de qualquer um". Jonas se imagina deitado em baixo da colega atraente, observando seus genitais *e* o rosto envergonhado dela enquanto a urina escorre por suas pernas, talvez nem chegando até o seu próprio rosto. Assim, por baixo de seu enunciado masoquista, a fantasia se revela como de natureza *sádica*: quem goza com o sofrimento é Jonas, não a colega – num padrão que, sem ser idêntico, lembra o da transformação no contrário que engendra a formação reativa, tão saliente entre suas estratégias defensivas. A construção pode então ser articulada: a fantasia em pauta corresponde à projeção sobre a colega da angústia decorrente da *exclusão*: exclusão de Jonas da díade esposa-bebê, assim como da díade sua mãe-seu irmão.

Referência, portanto, ao complexo de castração, e a uma defesa contra ele, expressa na ideia de que as fêmeas sentem uma vergonha que a Natureza poupou aos afortunados portadores de um pênis. Como bonecas russas, dentro da colega está sua esposa, e dentro desta a mãe da primeira infância: Édipo e castração, neste caso, são os parâmetros que balizam o desenvolvimento psíquico do paciente.

Por fim, a leitura da transferência determinada por esta construção: Jonas conta sua fantasia num tom desafiador *porque* imagina que o analista se opõe à sua vontade de ter uma aventura, e assim o coloca no lugar do pai, a cujas proibições desobedecia sistematicamente. Também, num nível mais profundo, atualiza com o analista seu conflito com a mãe, que não o protegia, não "tomava o seu partido" (p. 58), e cuidava só do irmão mais novo, assim como o analista "cuida" somente do interesse da esposa. Comenta Telles: "na compulsão à repetição, o triângulo se reconstituía de várias formas. A mulher grávida era vista como a mãe grávida que exibia o fruto da traição, que o relegava por causa do filho mais novo, fruto do amor com o pai, deixando-o alijado, ciumento e raivoso. Na transferência, sentia que o analista se aliava à mulher, protegendo-a e consequentemente o escorraçando, o que o deixava cheio de ódio e desejos de vingança, que o levavam a atacá-lo" (p. 59).

Seria interessante prosseguir esta análise com outros exemplos, mas creio que o que precede já nos dá uma ideia bastante clara de como pode ser estimulante a leitura do livro de Sérgio Telles. Um de seus pacientes qualificava a análise como "conversa de louco, em que um não diz coisa com coisa, e o outro não está nem aí" (p. 15-16). Esta descrição é somente em parte acurada: conversa de doidos, sim – mas, primeiro, o paciente *diz* "coisa com coisa" (é o efeito da sobredeterminação, da organização complexa mas não confusa do inconsciente) – e, sobretudo, o analista está totalmente "aí", atento a todas as ressonâncias do discurso, às afetivas como às semânticas, empregando todo o seu engenho e arte para fazê-las vibrar em conjunto e servir de elementos para a construção.

Aliando rigor teórico, sensibilidade clínica e um grande talento literário, Sergio Telles faz de nós outros tantos interlocutores em suas "conversas de doido". Que privilégio, o nosso!

Três em um

Os leitores que eram crianças aí por volta de 1960 talvez se recordem do slogan "Três em um", que designava uma grande novidade da época: o sorvete napolitano de creme, morango e chocolate. Anos mais tarde, numa bem-humorada alusão a este mesmo bordão, Marilena Chaui intitulou "Três em uma" um belo artigo a respeito do *Candide* de Voltaire.[1]

Ao terminar a leitura do livro de Roberto Girola *A Psicanálise Cura? Uma Introdução à Teoria Psicanalítica*,[2] estas duas lembranças se me impuseram de imediato. No início, não me dei conta de que eram associações; pareciam antes esses pensamentos um tanto fora de lugar que às vezes irrompem em nossa mente, para em seguida desaparecer tão misteriosamente quanto surgiram. Mas como as duas lembranças persistiam em se manter piscando na

---

[1] M. Chauí, *Três em uma: as viagens de Cândido*, in *Do mundo sem mistérios ao mistério do mundo*, São Paulo, Brasiliense, 1981.
[2] Aparecida (SP), Editora Ideias e Letras, 2004.

minha consciência, acabei por me perguntar pelo motivo; e, após alguns saltos "de pato para ganso", a luz se fez – era um princípio de elaboração, sob a forma conjunta de uma metáfora e de uma metonímia, dando uma primeira forma à impressão ainda difusa produzida em mim pelo que acabara de ler.

Pronto, pensei: eis aí o fio condutor da resenha que tinha me comprometido a fazer para a *Percurso*. De fato, Roberto Girola nos brinda não com um, mas com três livros entrelaçados. O primeiro discute o conceito de *cura* em psicanálise; o segundo realiza uma cuidadosa análise de diversos conceitos centrais para a teoria e para a clínica; o terceiro apresenta uma perspectiva sobre a história da nossa disciplina, percorrendo a linha vermelha que vai de Freud a Melanie Klein e desta aos seus dois principais discípulos, Winnicott e Bion.

Eis aqui os "três", pensei. Continuando a metáfora, o "um" – aquilo que confere unidade à obra – é a questão da cura, pois Girola jamais perde de vista o seu objetivo principal, para o qual convergem tanto a discussão conceitual quanto o esboço histórico. E o conjunto, como nota com razão Tales Ab'Saber no prefácio que escreveu para o livro, constitui uma ótima introdução à psicanálise, dirigida em especial a estudantes de Psicologia que se iniciam na matéria, mas também acessível a qualquer leitor que deseje obter um panorama geral do que fizeram Freud e alguns dos seus principais sucessores.

Girola começa lembrando que o desejo de curar está presente no âmago mesmo da empresa freudiana, como comprova por exemplo o sonho de Irma na *Traumdeutung*. De fato, a psicanálise começa como um tratamento médico, visando a erradicar os sintomas dos e das pacientes que procuravam o Dr. Freud em seu consultório: eles também desejavam se curar, colocando-se assim o "desejo de cura" nos dois polos da dupla analítica. Esta origem como ramo da medicina irá marcar a psicanálise, cujo trajeto, porém, se afastou progressivamente desta raiz para constituir-se como campo autônomo de conhecimento. De modo que cabe, hoje, retomar a questão: *se* a psicanálise cura, *o que* ela cura, e *como* cura? (p. 18). É para responder a esta pergunta que nosso autor se dirige aos conceitos e à história.

Para definir o que a psicanálise cura, é necessário realizar dois movimentos complementares. O primeiro, comparativo, irá distinguir a noção psicanalítica de saúde (mental, no caso) das suas congêneres no senso comum e na Psiquiatria. O segundo mostrará que, para compreender o que Freud designa como *cura* – o objetivo do tratamento analítico – é necessário entender como funciona a mente e como ela pode se desarranjar, produzindo os transtornos chamados neuroses, psicoses, perversões e doenças psicossomáticas. O passo seguinte é, portanto, apresentar ao leitor uma introdução à metapsicologia e à psicopatologia psicanalítica – de onde o "segundo" dos três livros. Isto é feito tanto para as ideias de Freud quanto para as dos outros três autores, pois o que cada um entende por *cura* irá obviamente depender de sua visão da gênese, do desenvolvimento e da estrutura do "aparelho psíquico". Em outras palavras, o trabalho terapêutico será sempre guiado por uma concepção, explícita ou implícita, do que é a mente e de como ela opera – bem ou mal – concepção que determina o modo pelo qual o analista julga possível intervir neste funcionamento, conformando portanto o estilo interpretativo e a postura geral em relação à clínica de cada uma dessas grandes tendências da psicanálise.

Assim, vemos se organizar a rede de conceitos que serve de fundamento à prática de cada autor – a ideia de pulsão em Freud, a ideia das ansiedades fundamentais em Klein, o *self* em Winnicott, etc. De cada um destes eixos, partem por assim dizer elementos derivados, cuja conexão com o tronco central é evidenciada por nosso autor com clareza exemplar. Ao falar de Freud, por exemplo, Girola nos conduz do *Trieb* aos processos primário e secundário, às diferentes arquiteturas da mente a que chamamos *tópicas*, ao tema da repetição, e assim por diante. O mesmo vale para o estudo de Klein (a fantasia inconsciente, as angústias persecutória e depressiva e as respectivas "posições", os mecanismos básicos de defesa), para o estudo de Winnicott (o *self* e as ameaças que o circundam, o papel facilitador ou não do ambiente, as noções de espaço potencial e de objeto transicional) e para o breve porém muito esclarecedor estudo de Bion (da sua preocupação com a "turbulência emocional" aos conceitos de continente/contido, sua teoria sobre o pensar, seu método clínico tão original).

Mesmo esta rápida enumeração dos tópicos abordados no livro basta para dar uma ideia da sua utilidade para aqueles que se iniciam na psicanálise, ou mesmo para quem deseja fazer uma rápida revisão de algum ponto da teoria. O autor tem o mérito – raro, é bom que se diga – de saber onde parar na abertura das trilhas paralelas: longe de se sentir obrigado a voltar até Adão e Eva para situar a transferência ou a inveja, ele nos explica as noções de que precisamos para compreender aquelas outras, e retorna com segurança ao tema principal. O leitor agradece, pois poucas coisas o desnorteiam mais do que as digressões sem fim nascidas quer da incapacidade de síntese de quem escreve, quer (infelizmente) da vontade de impressionar a galeria com o que só se pode chamar de "erudição ornamental".

Girola escapa com elegância destes obstáculos, o Cila e o Caribdes da escrita teórico-histórica em psicanálise. Seu objetivo, enunciado com firmeza já naquela página 18, é "compreender o que a psicanálise cura, e como cura". Para isso, como disse, é levado a comparar as ideias de doença, saúde e cura provenientes do "senso comum" e da Psiquiatria às que têm curso em nosso campo. Aqui, a formação clássica deste autor – nascido e educado na Itália, bacharelado em teologia pela Pontifícia Universidade Laterana de Roma e em filosofia pela Unisal – lhe sugere referências muito interessantes a certos elementos entranhados nas ideias correntes sobre doença e saúde, que têm sua origem na visão religiosa da moléstia como maldição divina, e como desordem moral. (Ao escrever isso, noto que minhas associações com Adão e Eva por um lado, com o estreito de Messina[3] e com o sorvete, invenção peninsular que ganhou rapidamente o mundo no século XIX, nada têm de casuais: são eles com o que acabo de dizer sobre as origens intelectuais e nacionais de Roberto Girola. Por isso falei, atrás, em metonímia).

Estas concepções religiosas infiltram, sem que percebamos, a visão racionalista da doença e da saúde como transtornos exclusivamente corporais veiculada pela Medicina, especialmente pela mediação da crença em milagres – hoje não mais os de Lourdes ou Fátima, mas a crença na possibilidade de remover *cito, tuto et jucunde*[4] o sofrimento mental pela via dos antidepressivos, ansiolíticos *et caterva*. É o caminho dos diversos DSM e da propaganda dos laboratórios, que se serve de fatos científicos relevantes – como

---

3 Cila e Caribdes são dois obstáculos que tornam perigosa a navegação entre a ponta da bota italiana e a Sicília. Uma lenda grega dizia tratar-se de dois monstros; Cila, o monstro feminino, foi transformada em pedra, e Caribdes, o masculino, num redemoinho. Na *Arte Poética*, Horácio emprega seus nomes para designar os riscos opostos a que se sujeita um autor, por exemplo o excesso ou a carência de alguma coisa em sua obra; "evitar Cila para cair em Caribdes" veio a significar assim safar-se aqui para tropeçar acolá. Já quem "navega entre Cila e Caribdes" tem sucesso em vencer os riscos da empresa a que se propôs.
4 "Rápido, completo, com alegria" – era o lema do bom médico: uma injunção a curar o quanto antes e o mais radicalmente possível, com o mínimo de incômodo para o paciente

a descoberta dos neurotransmissores, ou a provável localização em certas áreas cerebrais da base física para determinados transtornos psíquicos – para extrair conclusões *ideológicas* que alimentam a ilusão contemporânea por excelência: a de que o sujeito não é mais agente e foco originador dos seus atos, portanto responsável por eles, mas na essência consumidor do que a indústria lhe apresenta. E quanto menos perguntas, melhor! *Consome e goza*, tal parece ser a paupérrima versão contemporânea do imperativo categórico.

Um outro aspecto importante deste pequeno grande livro é a relação de continuidade que estabelece entre Freud e seus sucessores. Ao mesmo tempo em que explica claramente no que são diferentes, Girola mantém firmemente em mãos os diversos fios que unem entre si as teorias que nos apresenta – de filiação, é claro, mas também de diálogo. Pois, se é necessário que para se constituírem em *tendências* no campo psicanalítico essas teorias não coincidam completamente umas com as outras, para que constituam tendências *no campo psicanalítico* elas precisam ter algo em comum entre si, e diferente do "não psicanalítico". E, avançando na leitura, compreendemos no que consistem estes fatores comuns: as noções de inconsciente dinâmico e da necessidade de erigir defesas contra impulsos e angústias – o que situa no âmago de todas elas a ideia de um conflito psíquico inescapável –; uma visão no essencial compartilhada sobre o que é e como trabalha a mente humana; uma postura ética assentada sobre a neutralidade e a renúncia à pretensão de ser, como diz Freud no final do *O Ego e o Id*, o guru do paciente; a atenção às modalidades da transferência e o uso característico da interpretação que daí decorre. O breve estudo da noção de *self* em Jung (p. 131 ss.), por contraste, nos mostra como fica diferente a paisagem quando atravessamos a ponte e saímos da psicanálise.

Para concluir, uma menção à bibliografia de que se serve Girola. Ela vai agilmente dos clássicos ao atual, de Susan Isaacs a

Laplanche e Pontalis, de Kohut a Nicole Zaltzman, de Santa Teresa de Lisieux a um artigo da revista *Veja*. O leitor é assim apresentado a alguns dos principais comentadores psicanalíticos, aprendendo com eles a ler os escritos fundamentais e a discernir toda a sua riqueza. Não é pouco, nestes dias de espessa ignorância em que o trabalho de *entender* é considerado inútil ou cansativo, porque seu ritmo não é do clipe de televisão, e sim o da paciente travessia de argumentos por vezes complexos.

"Três em um": vem-me à mente a canção infantil *Teresinha de Jesus* (ah, penso, teologia, Santa Teresa, Universidade Laterana... como o processo primário interfere na atividade "secundarizada" de escrever uma resenha!). Teresinha foi ao chão; acudiram três cavaleiros, e o terceiro "foi aquele a quem ela deu a mão". Nós, leitores, somos como Teresinha, e Girola nos oferece a mão – uma mão amiga, que nos conduz com amabilidade neste passeio ao território sempre interessante da psicanálise.

Decididamente, três em um!

Redescobrir, refletir, problematizar: a fina botânica de Luiz Meyer

"Gostaria de apostar que uma eventual discussão vai se concentrar na misteriosa elevação presente no encaminhamento que cada um tentou dar ao momento seminal de suas vidas."[1]

Assim Luiz Meyer conclui o último artigo do seu livro *Rumor na Escuta*.[2] Não creio que este atento leitor das *Memórias Póstumas de Brás Cubas* se oponha a que o resenhista comece pelo fim da obra; há bons motivos para tal opção, e – embora isso possa soar como uma denegação – entre eles *não* se conta a fantasia de um sepultamento precoce do autor.

---

[1] Ao longo deste ensaio, citarei vários trechos do livro, tanto para ilustrar uma afirmação quanto para oferecer ao leitor um aperitivo do que o espera se decidir mergulhar nele. Como o que me interessa ressaltar é com frequência somente uma parte da passagem, tomei a liberdade de omitir a indicação de quais elementos da frase foram suprimidos. Fique o leitor sossegado: nada de essencial foi perdido, e quem quiser saber exatamente o que está escrito pode se reportar à página em questão. A citação anterior encontra-se na p. 288.

[2] São Paulo, Editora 34, 2009.

Acontece que a questão trabalhada nesse texto – como se constitui a lembrança do acontecimento que uma pessoa reputa decisivo entre todos para o rumo que sua existência tomou – oferece a meu ver a melhor via de acesso ao pensamento de nosso colega. Parafraseando o dito de Napoleão diante das pirâmides, podemos dizer que quarenta anos de prática e muitas horas de reflexão sobre ela nos contemplam das páginas elegantemente compostas em papel pólen deste livro extraordinário.

A "misteriosa elevação" consiste em que o fato em questão – originalmente apenas uma experiência impactante – passa por um processo ao cabo do qual se converte naquilo que "organiza a visão de mundo" daquele indivíduo, a base do seu ideal de ego e, para falar como Sartre, do seu "projeto existencial". O modo como Luiz Meyer analisa tal processo dá a ver com clareza sua concepção do funcionamento psíquico, as fontes teóricas de que ela se alimenta, a originalidade das questões que se coloca, o rigor e a imaginação com que as trabalha, e, *last but not least*, o emprego que faz de duas categorias centrais no seu pensamento, das quais falemos mais adiante: *especificidade* e *expressão*.

É possível também entender o termo "elevação" no sentido de *Aufhebung*, conceito com o qual Hegel definia a operação característica da dialética. Para o filósofo, cada elemento do real é habitado por uma contradição interna, cuja tensão e resolução conduzem a um patamar superior de complexidade. A resolução se dá por meio do "trabalho do negativo": o dado imediato é negado (por seu encontro com outro, pela reflexão, etc.), e esta negação, por sua vez, é negada pela passagem à etapa seguinte.[3] A síntese

---

3 Convém aqui lembrar que, sob a pena de Hegel como sob a de Marx, a *negação* nada tem a ver com o mecanismo de defesa descoberto por Freud: não

resultante contém esta história, e sua essencial instabilidade produz uma nova negação, seguida pela negação dela própria e pela síntese subsequente, num ciclo que se repõe por seu próprio movimento interno.

1. Identificações

No tipo de experiência estudado por Luiz Meyer no último capítulo do seu livro, a *Aufhebung* se descortina na sequência de etapas pela qual o sujeito elabora o impacto que o atinge. O texto discute três exemplos deste gênero de vivência.

A primeira ocorreu com ele, quando ainda era uma criança pequena: viajando para o Rio de Janeiro, vê pela janela do trem dois meninos pobres parados na estação, e tem a revelação contundente da injustiça social que devasta o país em que nasceu: "Fiquei a olhá-los durante um tempo indefinido, tomado por um peso depressivo. Quando o trem partiu, senti, sem compreender bem, que minha vida havia mudado profundamente" (p. 276).

A segunda experiência é narrada por Joaquim Nabuco em sua autobiografia: ele tem oito anos, e vive no engenho de sua madrinha. Um dia, está sentado na escada da varanda; um negro jovem corre para ele, abraça seus joelhos e lhe implora que peça à dama para comprá-lo do seu senhor, um homem cruel que o castiga sem parar. "A escravidão para mim cabe toda nessa primeira impressão, que decidiu do emprego da minha vida", escreve o líder abolicionista.

é um processo subjetivo, mas objetivo; não implica afastamento daquilo que incomoda, mas, ao contrário, sua tomada em consideração; e, longe de levar à estagnação, é o motor do desenvolvimento daquilo que a contém.

Da terceira – a despedida da mãe do autor da sua família, ao sair de sua Polônia natal para vir se casar no Brasil – falarei logo mais. Vamos antes acompanhar a maneira como ele estuda o destino dos dois choques infantis, cujo paralelismo evidente fornece o ponto de partida para a compreensão do efeito que a visão daqueles garotos produziu em sua mente, e depois em sua vida.

Temos aqui experiências brutais que vêm romper a existência em ambientes afetivos seguros e tranquilos, ambos espelhados no *décor* exterior: a alegria do pequeno Luiz na casa de Copacabana, a felicidade do pequeno Joaquim sob a proteção da madrinha e em meio à paisagem bucólica do engenho. O choque é, porém, logo seguido por uma primeira elaboração, que nega a sua imediatez e dá início ao ciclo das *Aufhebungen*:

> *revelaram-se para mim a injustiça social e o desamparo que ela causava. Percebi que eu devia apenas ao acaso ter sido colocado do lado protegido da barreira. Era preciso corrigir isso, organizar um mundo em que todas as crianças tivessem as mesmas oportunidades (p. 277).*

Ou seja: a angústia muda recebe um sentido que a contém e ao mesmo tempo a transcende: é ligada a causas, dá origem a pensamentos ("percebi") e a intenções ("era preciso corrigir, organizar...") Eis a primeira "elevação", cujo paralelo na vivência de Joaquim Nabuco está na percepção da injustiça da escravatura e na resolução de dedicar sua vida a combatê-la. Mas, apesar disso, neste momento o fato ainda não tem – nem pode ter, pois quem o vive é um garoto de três ou quatro anos – o valor de "divisor de águas" que adquirirá posteriormente.

É a leitura do relato de Nabuco pelo adulto em que o garoto se converteu que acarreta a mudança de estatuto daquilo que até então convivera "comodamente" com os outros "mitos pessoais" de Luiz Meyer. Além da óbvia identificação com o tribuno do Império, um detalhe do que este conta desencadeia uma série de associações inesperadas: logo após o incidente da escada, a madrinha vem a falecer, o que faz "quebrar-se em pedaços" o mundo abrigado no qual vivera. Isso porque o engenho é legado a outro herdeiro, e o menino tem que abandoná-lo para se reunir aos pais, que viviam no Rio de Janeiro.

Ao ler esta passagem, Luiz tem um *insight*: suas idas à mesma cidade ocorreram logo após o nascimento de uma irmã. Além da frustração de ter sido "destronado da posição de filho único", as viagens implicavam um longo afastamento da mãe, o que produzia vivências de abandono e desamparo que nem a perspectiva do encontro com a madrinha era capaz de aliviar. Nova "elevação", agora no entendimento *après-coup* da cena na estação: "a visão dos meninos era a representação viva do que se passava na minha mente. Dedicar-me a eles era uma maneira de restaurar seus direitos, encontrar alívio para meu sofrimento" (p. 283).

A vírgula entre as duas partes desta frase é uma forma sutil de indicar a *continuidade* entre os personagens de cada lado daquela janela. Com efeito, à identificação de Luiz com Nabuco porque ambos passaram por uma situação semelhante vem se somar uma outra, de natureza projetiva: os garotos da estação fornecem um continente para as emoções contraditórias que ele experimenta ao contemplá-los. A percepção deste movimento (na verdade, a sua interpretação) permite ao psicanalista compreender que Nabuco também se identifica projetivamente aos escravos: o combate para os libertar é condição e meio "para sua própria alforria" (p. 282).

A minúcia com que estou descrevendo esse processo é necessária para entendermos o próximo passo: a "elevação" dessas vivências singulares ao plano do conceito. Sem perder de vista sua significação existencial, essa nova *Aufhebung* introduz no texto a perspectiva propriamente psicanalítica, no caso a kleiniana, na qual a noção de identificação projetiva ocupa lugar que se conhece.

Estamos agora no patamar metapsicológico, que permite formular a questão em termos que transcendem a singularidade das experiências de Luiz e Joaquim: que condições presidem à seleção de um entre os inúmeros fatos que formam a trama de uma vida, sem o que ele não seria alçado à posição de "divisor de águas" dela? E antes ainda: como a mente procede à "varredura" da situação, de modo a identificar os aspectos que a singularizam de modo tão marcante?

Para responder a estas perguntas, é preciso dispor de uma concepção do funcionamento psíquico, pois é nele que ocorrem experiências – entre as quais a formação do tipo de lembrança que atraiu a atenção do nosso autor. No artigo que estamos comentando, esta exigência lógica o conduz portanto a expor sua visão da mente. Ela está alicerçada na sua reelaboração pessoal do sistema kleiniano, enriquecida pela contribuição de Donald Meltzer (com quem se analisou na Inglaterra) e por um leque de outras influências, das quais darei notícia mais adiante.

"As condições de constituição da lembrança devem implicar uma afinidade entre a atmosfera afetiva produzida pela trama das relações com os objetos internos (e destes entre si) e o evento que é flagrado para exprimi-la", lemos à página 286. Nesta afirmação estão contidos os conceitos de um mundo interno habitado por objetos que interagem uns com os outros e com o *self*, de fantasia inconsciente, de projeção e identificação projetiva, com os quais Meyer opera – e cada um deles implica outros, que não vem ao caso enumerar. Tendo dado este "passo atrás" – ou, como diz no primeiro artigo da coletânea, "deslocado o enfoque" para estabelecer um distanciamento da experiência bruta que permita *pensá-la* – o psicanalista pode utilizar os conceitos para designar com precisão no que consiste a afinidade em questão: trata-se do modo pelo qual os sentimentos de desamparo e exclusão derivados da angústia de separação conformam a percepção do mundo externo.

Agora podemos compreender como a experiência da mãe de Luiz vem a fazer parte deste cenário, e que função desempenha na economia do argumento. Ao entrar no trem que a levaria para longe da aldeia natal, ela ouve do pai que "com você vai embora a nossa felicidade". Pouco tempo depois, começa a Segunda Guerra Mundial, na qual a família é exterminada pelos nazistas: a culpa por a ter "abandonado" vai emergir muitos anos depois, acompanhada pela convicção de que deveria ter ficado na Polônia e "morrido com eles".

Ou seja: uma terceira vivência de separação, que se inclui (como as anteriores) no contexto edipiano. A leitura nesta chave permite interpretá-la de modo algo diverso do que significava na consciência da mãe: "ela ficou ressentida porque seu pai nada fez para retê-la. Talvez suspeitasse que o desejo dele fosse mesmo ficar a sós com a mãe e a irmã mais nova" (p. 284).

O que motiva esta interpretação não é de modo algum a aplicação mecânica dos clichês psicanalíticos, mas um dado fundamental na singularidade das recordações maternas: o acréscimo à cena de um novo episódio, "que contava com intensa emoção. Quando o trem parou numa cidadezinha próxima, viu com surpresa o pai subir no vagão e lhe entregar um candelabro votivo" (p. 284).

Para alcançar a composição, o pai precisaria atravessar de trenó os campos cobertos de neve – e a implausibilidade de que tenha conseguido chegar à estação seguinte antes dela sugere que se trata de uma recordação encobridora. Antes, Meyer havia se perguntado se as lembranças que deseja investigar não seriam do mesmo tipo, e respondido pela negativa: as características delas não são as mesmas que as descritas por Freud para as recordações encobridoras, e, sobretudo, desempenham na economia psíquica funções claramente diversas. A entrega do candelabro, porém, se encaixa no modelo freudiano:

> *remaneja a seu favor o trauma que tanto a afetava. É uma cena íntima no vagão-alcova, um tête-à-tête, uma declaração de amor daquele pai. Dar-lhe o candelabro, em segredo, era entregar-lhe o cetro, era revelar-lhe o seu desejo de que fosse ela a encarregada de acender as velas do Shabat (p. 285).*[4]

O argumento recebe assim um novo suporte: lembremos que se trata de mostrar como o destaque dado à recordação resulta de uma confluência de várias condições, nascidas

> *da organização do mundo interno do sujeito, cujo funcionamento, ao mesmo tempo em que é influenciado pelo aporte factual, confere a este último um sentido único. É esta organização que escolhe o objeto ou situação*

---

4 É a mãe, portanto a esposa do pai, quem acende as velas na parte doméstica das festividades judaicas. A propósito da lembrança da sra. Meyer, note-se que a cena também se passa num trem, e diz respeito a uma separação da qual é poupada uma irmã. Afinidades... São elas que, a meu ver, determinam a escolha das metáforas que pontilham o relato – por exemplo a da realeza: o menino é "destronado", a moça recebe um "cetro".

mais adequada para exprimir as questões que está enfrentando, e que foram criadas pelo seu próprio funcionamento (p. 285).

E Meyer acrescenta uma observação que nos permitirá – uma vez ilustrado o seu modo de proceder, e justificada (espero) a escolha do capítulo para iniciar esta resenha – passar à análise de outros aspectos do livro:

sem postular a presença de um vínculo objetal marcado pelo desejo de manter a posse única do objeto primário e de controlá-lo, e sem acompanhar o destino dado a este desejo, nossa compreensão careceria de uma dimensão metapsicológica (grifos do autor).

Antes, porém, afastemos uma possível estranheza do leitor ao ver este kleiniano convicto servindo-se de uma categoria freudiana. É verdade que a maneira pela qual Freud concebe as recordações sobre a infância é feita para agradar os discípulos da Grande Dama, pois, atribuindo sua formação às necessidades emocionais do presente, parece sancionar *avant la lettre* a ênfase dada pela técnica dela ao que se passa no aqui-e-agora da sessão analítica. Mas, como veremos a seguir, não estamos aqui diante de uma questão de gosto, e sim de um traço essencial para a visão de Luiz Meyer do que é o funcionamento psíquico, que por sua vez fundamenta seu estilo de trabalho na clínica e a leitura que faz de muitos conceitos da teoria.

2. Especificidade e história

Quase todos os textos escolhidos para a coletânea foram originalmente apresentados em simpósios e congressos da IPA, ou seja, submetidos à apreciação de outros psicanalistas. Não me parece que essa busca de diálogo com os pares seja gratuita; ao contrário, vejo-a como um eco da forma como nosso autor concebe a psicanálise.

Ao longo da leitura, vai-se tornando evidente um traço da sua escrita: o uso da literatura especializada não apenas como fonte de documentação, mas sobretudo como recenseamento das diferentes posições existentes sobre determinado assunto, passo indispensável para que ele mesmo se situe no espaço e no tempo. No *espaço* significa na geografia conceitual da disciplina; *no tempo*, a reconstituição da trajetória que levou à configuração atual. As doze páginas de referências bibliográficas ao final do volume atestam a constância deste esforço, cujos frutos se percebem em especial nos capítulos dedicados à formação do analista, à análise dita didática, ao uso ideológico feito em São Paulo das ideias de Bion, e a ao convívio dos analistas entre si. Mesmo para os que se pertencem a outras associações, são utilíssimas a clareza e a contundência com que Luiz Meyer se posiciona a respeito das dificuldades da vida institucional, pois nela – com as variações de praxe – os problemas são bastante parecidos.

Outra característica da sua escrita está igualmente relacionada à busca de comunicação, e portanto com o desejo de se fazer ouvir e compreender: o uso de metáforas a um tempo surpreendentes e evocadoras. Entre inúmeros exemplos, destaco os seguintes: a nosografia psiquiátrica é uma "fina botânica da mente" (p. 15); Dora oferece a Freud "um dedo para ser chupado" (p. 42); o método psicanalítico é como "uma luta marcial que se vale da própria força do adversário para o derrubar" (p. 57); a mente do analista tem "um fio de corte" (p. 91); um paciente se serve dos seus sonhos "como de uma bancada de laboratório" (p. 153); a postura servil de certos colegas frente aos modelos prestigiosos produzidos na metrópole faz pensar em "negros alforriados que compram escravos" (p. 203).

Tais imagens nascem, parece-me, de um profundo envolvimento com aquilo de que participa e que toma como tema de reflexão. A eficácia delas como instrumento retórico não provém apenas de que são inesperadas, mas principalmente da adequação entre o que evocam e a singularidade do que está sendo ao mesmo tempo vivido e comentado. Ora, esta é uma das categorias centrais no *modus operandi* deste psicanalista; por isso, vale determo-nos nela por um momento.

Apontei atrás a bem conhecida importância que a escola kleiniana confere ao aqui-e-agora, isto é, à especificidade da relação estabelecida pela e entre a dupla analítica, assim como a cada momento dela. A base teórica para isso reside na convicção de que "a psicanálise procede a um recorte que permite reconhecer não só o sentido expressivo da comunicação intersubjetiva, mas também aquele que levou à constituição da relação objetal" (p. 88).

Ou seja: a comunicação se refere também ao emissor, e particularmente à maneira como ele vivencia a relação: o ser humano está sempre à procura de continentes que possam absorver as emoções provocadas pela interação dos objetos internos uns com os outros e com o próprio sujeito. Vimos como isso se dá nos exemplos discutidos anteriormente; agora, é preciso acrescentar que a identificação projetiva é um processo universal e constante. Nela é possível distinguir um conteúdo e uma forma, esta aderindo àquele de maneira indissociável.[5]

---

5   É a inerência da forma ao conteúdo que aproxima esta concepção da noção de estilo, tal como formulada por Meyer Shapiro em seu livro *Du style*. As propostas deste autor são utilizadas por Meyer no capítulo sobre o bionismo em São Paulo, do qual falaremos mais adiante, mas desde já fica clara a centralidade desta característica do real (psíquico, social ou conceitual) na constituição do seu pensamento.

É a apreensão desta "configuração" por meio do filtro sutil e complexo chamado "escuta analítica" que permite inferir – ou pelo menos conjeturar, até onde o analista for capaz disso – o processo emocional-mental que lhe deu origem, isto é, de quais conflitos e angústias ela visa a proteger o *self*. A interpretação se dá primeiramente na horizontal, introduzindo uma "cunha" no fluxo associativo, e portanto confrontando o paciente com a ação psíquica que, *à son insu*, determina o objeto *desta* maneira.

Segundo Meyer, porém, o que estou denominando dimensão horizontal não basta para que a interpretação atinja seu objetivo. A crítica que dirige às teorias de Antonino Ferro fundamenta-se numa concepção do funcionamento psíquico (e do processo analítico que o espelha) que concede lugar eminente à história, porque nela se encontram as causas do presente. Dito de outro modo, este não é absoluto:

> *o instante relacional não é nem se esgota em si mesmo. A interpretação, articulando os vários registros da vida psíquica do paciente (e não apenas se limitando ao momento relacional) desvenda o sentido intenso que exigiu sua formação, e que abarca o aqui-e-agora da sessão (p. 116).*

A teoria de Ferro é um exemplo do que se poderia chamar "nominalismo radical" em psicanálise. Nas disputas filosóficas da Idade Média, os nominalistas sustentavam que só se pode atribuir realidade à coisa singular: o universal (ou seja, o gênero, designado pelo conceito) não tem existência efetiva, é apenas um nome – de onde o termo "nominalistas" – ou ideia, no fundo convencional e artificial. Uma prática alicerçada nesta visão, argumenta Meyer, conduz a consequências nefastas, que diminuem em muito os "ganhos" por ela proporcionados, entre os quais o principal é o contínuo escaneamento da contratransferência. Que consequências são estas? Além da rarefação do contato desejado, porque a idealização do imediato o priva da sua espessura e dos vínculos com aquilo que o determina, uma talvez não tão surpreendente "certa generalização", cuja contraface é a "frouxidão interpretativa" – ambas "ligadas ao aspecto reducionista da sua teoria e técnica, que podem retardar o trabalho elaborativo" (p. 135).

O respeito que Luiz Meyer demonstra por seu interlocutor – veja-se a descrição positiva que faz da atitude dele no seminário discutido no capítulo 8 – não o impede de assinalar as divergências de fundo que os separam. Elas nascem do que eu chamaria de um equívoco no estabelecimento do foco: ora demasiado próximo, ora excessivamente distante do material do paciente, ele oferece uma imagem borrada da singularidade que pretendia captar. Entre outras dificuldades, a redução do "momento" a uma evanescência inefável cala qualquer possibilidade de comunicação entre analistas, pois transforma "cada uma das afirmações das partes uma verdade compartimentada, incontornável e inatingível, porque nascida de uma experiência no fundo inenarrável e, portanto, impossível de ser captada pela escuta alheia" (p. 131).

Por outro lado, é obviamente estéril a crítica que brota da aplicação chapada do sistema de cada interlocutor ao material e às ideias apresentadas pelo outro. Para evitar este escolho, Meyer busca empaticamente pensar com as categorias dele: "estamos procurando trabalhar no interior do aparelho conceitual de Ferro" (p. 132); "continuemos nosso exercício tendo como guarda-chuva as formulações teórico-técnicas de Ferro" (p. 126). É de dentro desta posição, por exemplo, que ele comenta a primeira fala do analista que trouxe a sessão, e, como de costume, *ne mâche pas ses mots*:[6]

---

6   Literalmente, não mastiga suas palavras – isto é, correndo o risco de desagradar o interlocutor, diz com franqueza o que pensa, em vez de se esconder atrás

a resposta pode ser caracterizada como uma recusa da experiência emocional do paciente e do seu modo de organizá-la. O resultado é a devolução, em estado cru, da identificação projetiva, sob a forma de um enunciado acusatório, que faz o analista parecer realmente um superego perseguidor (p. 129).

A ideia de que a especificidade/singularidade só é tal porque foi determinada *desta maneira* por um processo igualmente específico e singular, cujas etapas estão depositadas na forma assumida por ela – que nada mais é do que o estado presente do dito processo – é, como se vê, uma das cavilhas mestras do pensamento do nosso autor. Ela organiza sua percepção do processo analítico, que assume assim uma característica que chamarei de vertical, em complemento à horizontalidade do aqui-e-agora – e também o modo como redige seus textos, de onde o tipo de emprego que faz do "já pensado" sobre cada assunto sobre o qual se debruça.

Poderíamos ilustrar este procedimento com amostras tiradas tanto dos relatos clínicos que pontilham o livro quanto do que tem a dizer sobre os filmes *Central do Brasil* e *Deserto Vermelho*: o percurso mental-emocional dos personagens Dora, Josué e Giovanna é minuciosamente seguido, para evidenciar como vão pouco a pouco integrando os aspectos ex-cindidos e negados de suas fantasias narcísicas e objetais. Mas prefiro me deter sobre outro exemplo, que demonstra ao mesmo tempo a capacidade deste analista de se adaptar a uma situação bastante discrepante das que encontram os no cotidiano da clínica.

---

de eufemismos pseudocorteses.

Um homem que já fora analisado anteriormente lhe pede que o ajude a prosseguir em sua autoanálise, que ele realiza interpretando os seus sonhos. Meyer já fizera com Donald Meltzer uma experiência deste gênero, e, considerando que o demandante satisfazia as condições para um trabalho assim, aceita "monitorar" os sonhos dele, num *setting* criado especialmente para isso – frequência quinzenal, sessões face a face, concentração exclusiva no material onírico. As ditas "condições" consistem em que a pessoa "tenha introjetado a função analítica, que abre caminho para a autoanálise". A esta altura do nosso percurso, não nos surpreenderemos em ler logo adiante que esta "delineia para o *self* o sentido que ele dá à situação que está vivendo, *e quais caminhos levaram a ela*, que se tornam então inteligíveis" (p. 138, grifos meus).

O primeiro sonho trazido pelo paciente o mostra num hospital, olhando atentamente para um médico, que por sua vez observa um frasco contendo um pouco da urina dele. Dois anos depois, julgando que o trabalho já havia dado seus frutos, o homem decide interrompê-lo; na última sessão, narra três sonhos, cuja íntegra pode ser lida no capítulo 9. Não os resumirei aqui; o que me interessa é apontar a utilização do conceito de singularidade-determinada-pela-história no trabalho clínico de Luiz Meyer:

> *"O que importa nesse enquadre"*, escreve ele à p. 149; *"é rastrear o encadeamento dos sonhos, a forma como as sucessivas narrativas ao longo do tempo organizam os elementos que precisam passar pelo crivo analítico."*

É esta colocação em perspectiva que faz o analista modificar sua primeira apreciação do material surgido neste último encontro. De início, ele ficara alarmado pelo seu conteúdo: "como deixar o paciente interromper a análise num momento em que emergiam angústias tão primitivas"? Sua preocupação expressava uma reação contratransferencial quanto a "confrontar a separação e as angústias relacionadas a ela" (p. 152), por sua vez motivada pelo conteúdo arcaico das identificações projetivas de que fora alvo. Tendo se dado conta disso, pôde entender os sonhos daquela série (em particular o terceiro) como indicando

> *a presença de uma família interna provedora com a qual o paciente pode se identificar, e na qual pode confiar e depender. A última sessão, e o comportamento que a precedeu, comunicam ao analista seu desejo e necessidade de arriscar-se a viver a condição adulta, sem a rede de proteção da análise (p. 152).*

Ou seja, a urina (os aspectos mentais doentios e temidos) sai do frasco, e pode ser manipulada sem tanto medo, porque o trabalho realizado com o "monitor" lhe permitiu atingir uma compreensão mais profunda, mais ampla e mais sutil do seu próprio universo mental. Tomados apenas no "instante relacional", os sonhos não conduziriam a esta percepção: somente ao serem ligados à história do tratamento, e por esta via à do paciente, é que evidenciam como ele chegara a um "nível mais elevado" (sempre a *Aufhebung*...) em sua vida psíquica.[7]

O que este homem conseguiu é precisamente aquilo em que Dora falhou. A releitura do *Fragmento da Análise de um Caso de*

---

[7] Outro exemplo da importância que Meyer atribui à história do tratamento pode ser encontrado às páginas 67-68, quando avalia a trajetória percorrida por um paciente desde a primeira fantasia transferencial até o que o sonho narrado na última sessão da análise indica sobre seu estado mental naquele momento.

Histeria, estrategicamente colocada logo no início da coletânea,[8] desempenha função análoga à da abertura de uma sinfonia: apresenta os temas que serão retomados com mais detalhe nos capítulos seguintes, expõe as ferramentas conceituais com que serão trabalhados, e demonstra como, *porque Freud narra o caso de modo a permitir o diálogo*, é possível a um analista contemporâneo revisitá-lo, utilizando o mesmo material para construir sua própria interpretação.

A sugerida por Luiz Meyer privilegia os avatares da sexualidade oral, entendida não como etapa do desenvolvimento, mas, à maneira de Meltzer, como um estado sexual da mente. É este tipo de relação objetal que determina o modo pelo qual Dora apreende o mundo e as relações intersubjetivas, inclusive a que estabelece com Freud: eles lhe aparecem como dominados por "violência, agressão e hipocrisia". Em virtude disso, a transferência se organiza como "um campo excitatório que mantém o objeto como fonte para sua satisfação narcísica" (p. 41). O terapeuta se converte, portanto, num duplo do pai, que se serve da jovem para suas próprias finalidades – no caso, a "pesquisa científica" – o que a leva a viver as intervenções dele invariavelmente como invasivas e maléficas:

> *o drama de Dora parece residir na inexistência da concepção de um objeto integrado, percebido na sua inteireza e na multiplicidade sincrônica dos seus aspectos. Girando a chave por dentro, ela fica impossibilitada de captar o discurso freudiano em sua globalidade intrusiva e curativa (p. 53).*

---

8   Talvez esta opção seja da organizadora da coletânea, Belinda Mandelbaum, cujo trabalho primoroso merece a admiração e a gratidão do leitor.

3. Método, expressão e dialética

Se o que faz a especificidade de um fragmento do real é a história que o constituiu, e se a vida psíquica é um fragmento do real, então o modo como ela se revela em cada momento da situação analítica contém as determinações que a fizeram ser como é. Este silogismo funda o método analítico em todas as modalidades existentes – freudiana, kleiniana, bioniana, lacaniana, kohutiana, etc. – e em qualquer outra na qual possa vir a existir. O que diferencia as escolas é o que cada uma entende por "determinações", e o que o psicanalista faz com as que vai percebendo à medida que transcorre o trabalho.

Para os que adotam a perspectiva kleiniana, o paralelismo entre o funcionamento psíquico e sua atualização na transferência é apreendido segundo quatro categorias, ou "pontos de vista", sistematizados por Elizabeth Bianchedi num artigo que Meyer cita no capítulo 2. Resumo brevemente o que ele diz à p. 34-35:

- o ponto de vista "posicional" avalia a posição do *self* frente aos objetos internos e externos, ou seja, a configuração formada pela relação de objeto e pelas angústias e defesas a ela correlacionadas (esquizoparanoide e depressiva);

- o da "política econômica" leva em conta as estratégias que regulam a distribuição das angústias, isto é, a qualidade dos vários vínculos objetais;

- o "espacial" se refere ao mundo interno como espaço continente das fantasias inconscientes e dos objetos ditos por isso mesmo "internos";

- o "dramático" apresenta a vida mental como um enredo no qual os diversos personagens desempenham papéis, interagindo uns com os outros e com o *self*.[9]

Exemplos de como estes pontos de vista são empregados para compreender o que se passa na clínica podem ser encontrados em quase todos os capítulos do livro, de modo que não me deterei em os expor. Munido destes instrumentos de navegação, o psicanalista vai interpretar o discurso do paciente, "desarticulá-lo" e "rearticulá-lo", procedendo ao que Fabio Herrmann chamava de ruptura de campo (p. 57 ss.). Mas não se trata de mera tradução, nem de exegese ou explicação, porque a fala interpretativa surge do e no campo instaurado pela transferência. Esta não deixa indene a mente do analista: produz nela um efeito de ressonância, que Pierre Fédida descreve como impregnado de angústia. O autor francês discerne no que se passa então três outros momentos, que Luiz Meyer incorpora à sua teorização e cita em vários contextos: os da continência, da metabolização e da metaforização.

O que ele destaca na visão de Fédida é o momento da metaforização, que cumpre papel análogo ao atribuído por Bion à *rêverie* materna. Mas assinala algo congruente com o que mencionei há pouco quanto à inerência da forma no conteúdo:

---

9 A metáfora do teatro vem desde a *Interpretação dos Sonhos* – o outro palco, *der andere Schauplatz* – e percorre toda a literatura analítica. Entre os autores não kleinianos que a empregam, pode-se mencionar Joyce McDougall, que se serve da frase colocada por Shakespeare na boca de um personagem em *As you like it* – "*all the world is a stage*" – para descrever o que se passa nos "*théâtres du je*".

> *O material devolvido ao analisando traz no seu bojo o trabalho de elaboração efetuado durante sua estadia no continente. Deste modo, o produto que o emissor recebe de volta está impregnado do "método" com que foi fabricado: o metaforizado devolvido contém o modelo da metaforização (p. 62-63).*

Outra forma de compreender o momento interpretativo é concebê-lo como oferta de um acréscimo ao sentido do elemento destacado no discurso do paciente, postulando que este é significativo precisamente porque exprime algo importante no seu universo mental. Isso é feito estabelecendo uma relação entre esta primeira expressão e uma segunda, que nada mais é do que a própria interpretação (Ortiguez, citado à p. 58). Ora, o uso que faz Luiz Meyer da noção de *expressão* é tão extenso e tão frequente, que me parece legítimo considerá-la – ao lado da singularidade/especificidade – como categoria basilar na construção do seu pensamento.

Entre dezenas de ocorrências, veja-se a seguinte:

> *o que surge é a conexão íntima entre medo-loucura-estrondo do ser, sintetizada expressivamente pela paciente e captada pelo analista. É a apreensão deste momento expressivo que, por sua vez, vai tornar a narrativa onírica expressiva e passível de ser caracterizada como edipiana. Já para o analista, vai se criando a necessidade de encontrar uma síntese afetiva que seja expressiva da compreensão emocional que vai adquirindo. A Psicanálise procede a um recorte que permite reconhecer não só o sentido expressivo da comunicação intersubjetiva, mas ainda aquele (sentido expressivo, RM), que levou à constituição do objeto (p. 88-89).*

O processo aqui descrito comporta várias etapas, que iluminam os diferentes significados do termo. Em primeiro lugar, afetos e fantasias são submetidos a uma síntese que os funde numa imagem visual ou auditiva (no sonho daquela paciente, o estrondo que a desperta): esta lhes dá portanto uma primeira expressão. Paralelamente, a ressonância afetiva que o relato suscita no analista é "sintetizada" (e metabolizada) numa compreensão emocional que a "expressa". Por sua vez, esta se converte no "exprimido" de uma nova expressão, agora como formulação conceitual (o material é de natureza edipiana).

Estes três movimentos, cada qual operando sobre um material diferente, implicam a transposição dele para outro meio (emoções e fantasias para o universo da linguagem), que lhe serve de veículo e permite sua comunicação ao receptor. Também se instala uma distância mínima entre o conteúdo exprimido e a forma que assume a cada momento, distância que os mantém unidos – são expressões da *mesma* coisa – mas não confundidos: cada nova expressão manifesta o exprimido *à sua maneira*.

Nada há de casual em que a mesma frase sobre o recorte a que procede a psicanálise me tenha servido como mote para falar tanto da especificidade quanto da expressão: não terá escapado ao leitor a semelhança entre as etapas do processo expressivo e as *Aufhebungen* ("elevações") que fazem com que cada elemento específico carregue consigo os momentos anteriores da sua história. Tampouco é acidental a analogia com a noção de estilo, definido como "o aspecto constante na *forma de expressão* de um indivíduo ou grupo" (p. 200, grifos meus): também aqui está presente o trabalho "metabólico", cujas marcas se imprimem no produto, assim como os movimentos da mão do artista nas pinceladas que compõem a pintura.[10]

---

10 Justamente por este motivo, o estudo da pincelada é um dos critérios que possibilitam atribuir a autoria de um quadro a determinado pintor.

A dialética do psiquismo, como a da clínica, é algo que Luiz Meyer jamais perde de vista. Uma das influências na sua formação foi a convivência com intelectuais marxistas da USP, entre os quais José Arthur Giannotti e Roberto Schwarz. Deste último, ele cita e utiliza as sutis análises sobre Machado de Assis, em particular das *Memórias Póstumas*. As ideias do crítico sobre o modo pelo qual as características da formação social brasileira são incorporadas na forma literária (e não apenas no conteúdo) da obra machadiana vêm, com efeito, ao encontro das concepções do funcionamento psíquico e do processo analítico próprias ao nosso autor.

O mesmo instrumental pode ser visto em ação quando ele estuda o desenvolvimento da sexualidade, por exemplo no capítulo "Trauma e Pedofilia". Perguntando-se se existe uma etapa dele que forneça a base para este tipo particular de perversão, descreve as sucessivas fases pelas quais passa a criança no seu trabalho para conter e elaborar as excitações pulsionais que a acometem desde o nascimento, e sugere que há uma diferença marcante entre *situação traumática* e *trauma*. A primeira provoca dor psíquica, desequilíbrio e instabilidade, mas por isso mesmo promove a busca de sentido e o crescimento; já o trauma consiste no "fracasso operacional" da situação traumática, que não consegue evoluir e se congela na forma presente, perdendo por isso "seu potencial de metaforização e historização" (p. 259).

A hipótese de Luiz Meyer (original e instigante, diga-se de passagem) sobre o momento no qual pode se estruturar uma disposição pedofílica se ancora nesta distinção: a percepção da diferença entre as gerações, isto é, da diferença entre a sexualidade infantil e a adulta, pode assumir caráter traumático, e deste choque inelaborável a criança pode se defender afirmando uma "mutualidade idealizada, uma dupla fechada onde se erradica a diferença entre os mundos adulto e infantil. Penso que a estrutura pedófila, enquanto modelo possível de relação objetal, adquire neste momento todo o seu potencial" (p. 262).[11]

Ou seja, a situação traumática não é *aufgehoben* (negada/elevada/superada): o estancamento do movimento dialético – que Freud chamava de fixação – vai determinar um estilo específico de relação objetal, entre cujas possibilidades de materialização está a atuação pedófila do adulto em que aquela criança se terá convertido. Se isso acontecer, ela dará expressão à necessidade de reafirmar incessantemente a idealização da sexualidade infantil e o borramento da diferença geracional, "formando um par raro cuja beleza e bem-aventurança é impossível de ser compreendida por uma sociedade hipócrita" (p. 262).

A leitura feita neste capítulo de um trecho dos *Três Ensaios* ilustra igualmente a forma como Meyer dialoga com o passado da psicanálise. Ela materializa sua convicção de que conhecer o trajeto percorrido – no caso, pela teoria e pela técnica psicanalítica ao longo de seu século e pico de existência – é indispensável para se orientar em meio à dispersão babélica do presente. Daí a minúcia e o cuidado com que expõe as ideias de autores que não fazem parte da escola kleiniana, por exemplo ao comentar uma carta que Winnicott dirige a Melanie Klein (capítulo 10), ou, como vimos atrás, o uso feito por Antonino Ferro das teorias de Bion. Mas, se seleciona destes outros referenciais o que lhe parece útil para montar sua própria caixa de ferramentas, não se priva de assinalar o que neles lhe parece discutível, naturalmente a partir da sua própria posição.

---

11 O uso repetido do verbo "pode" é deliberado, porque o que se organiza neste momento – assim como em todos os demais do desenvolvimento – é uma disposição, isto é, uma virtualidade, que se atualizará ou não segundo as circunstâncias que o sujeito vier a encontrar, e segundo a maneira como elas o afetarem.

Um exemplo da primeira prática aparece no emprego que faz da noção freudiana de fetiche. Assim como no caso do conceito de recordação encobridora, há uma evidente afinidade entre a construção sintomática que Freud descreve em 1927 e as concepções que dão seu contorno à identidade analítica do nosso autor. Com efeito, o fetiche resulta da recusa das consequências que se seguiriam logicamente à descoberta da diferença sexual, recusa esta que mantém lado a lado elementos contraditórios e incompatíveis, ou seja, que ex-cinde tanto o ego quanto o objeto da sua percepção.

A semelhança desta *Spaltung* (ex-cisão) com o mecanismo de defesa estudado por Melanie Klein a torna facilmente incorporável ao arsenal teórico-clínico de Luiz Meyer, o que por sua vez o estimula a usar o conceito de fetiche para compreender fenômenos de várias ordens: a estrutura da imagem televisiva (p. 234), o papel da análise dita didática para a manutenção de feudos de poder nas Sociedades filiadas à IPA (p. 182), ou na análise de uma sequência frequentemente encontrada em filmes pornográficos (p. 214).

Essa apropriação criativa de conceitos forjados em outras províncias tem como contrapartida a consciência dos riscos presentes tanto na sistematização excessiva quanto na deliberada recusa da sistematização, que podem converter a teoria em *Weltanschauung* ou em ideologia. Não escapam desta crítica os próprios kleinianos, quer os do círculo mais próximo da fundadora da escola, quer um autor que nela se inspira para construir sua própria visão da psicanálise, a saber Wilfred Bion.

No primeiro caso, é Winnicott quem empresta suas palavras a Luiz Meyer, quando aponta na carta mencionada os efeitos daninhos decorrentes da transformação das ideias revolucionárias propostas por Melanie Klein em camisa de força que imobiliza o pensamento e se põe a serviço da coação política (p. 159). No segundo, a veneração de que Bion se tornou objeto por parte de alguns colegas em São Paulo é atribuída também (não apenas, mas *também*) a certos aspectos das ideias dele, tanto no conteúdo quando na forma que lhes deu. Por sua contundência, e porque resume à perfeição a postura do autor quanto a tópicos essenciais para qualquer prática analítica, o trecho merece ser transcrito praticamente na íntegra:

> *Devemos procurar na própria teoria de Bion a eventual existência de elementos que facilitaram esta forma de apreensão. Postulações como a de que a realidade última não se presta a conhecimento, mas é para ser, que seu acesso é obliterado pelos vértices sensoriais; a ascese implícita na disciplina necessária para liberar-se de desejo e memória; a cegueira como requisito para ver os elementos evoluídos de O, a ideia de que o viés causal limita a perspicácia do analista, contêm todas elas elementos de ambiguidade e indefinição explicitamente construídos, que são sua riqueza mas também a brecha para a sua perversão, isto é, para sua transformação em cânones de um culto (p. 169-170).*

4. Apropriação e ideologia

O núcleo da crítica que Meyer endereça aos bionianos é, como vimos, que a concentração exclusiva no instante relacional impede que este seja apreendido como momento de um processo histórico, contendo em si as mediações que o constituíram e lhe deram sua feição singular. Se no plano clínico as consequências dessa postura já lhe parecem graves, quando se espraiam para outras áreas tornam-se propriamente desastrosas, porque se combinam com fatores derivados do meio cultural para engendrar intolerância e obscurantismo.[12] É o que mostra o capítulo "Psicanálise: evolução e ruptura", para o qual voltaremos agora nossa atenção.

Ele integra um conjunto de textos que se debruçam sobre o problema da apropriação. O termo parecerá menos estranho se o vincularmos, como faz nosso autor, à reflexão sobre como se adquire a função analítica, indispensável para o êxito de qualquer tratamento – e mais ainda se o analisando pretende tornar-se psicanalista.[13] Neste caso, a análise constituirá o pilar central de uma formação; apropriar-se do método, ou, o que dá na mesma, identificar-se com a função que ele materializa, é requisito *sine qua non* para o sucesso do projeto, e portanto faz todo o sentido investigar que condições o favorecem ou o obstaculizam.

Elas são de dois tipos: umas dizem respeito à própria análise, outras à atmosfera institucional em que se dá a formação. Do exame da análise dita didática a que procede Luiz Meyer – ao cabo do qual não sobra pedra sobre pedra – falarei logo mais. Antes, é preciso delinear a perspectiva que a organiza, e para isso partiremos das suas observações sobre o que significa "apropriar-se" de algo.

O caso do bionismo paulistano oferece uma via de acesso a esta problemática, porque ilustra o oposto do que chamei há pouco "apropriação criativa". Meyer se admira de que as ideias de um pensador que tanto enfatiza a importância de o analista tolerar a

---

12 Não está escrito nas estrelas que isso deva ocorrer: é um fato específico que se deu em São Paulo, mas não em outros lugares onde a influência de Bion foi marcante.
13 "A construção interna do método psicanalítico é a pedra de toque a ser alcançada pela pessoa que deseja se tornar analista" (p. 189).

dúvida tenham gerado tal rigidez e dogmatismo entre os que se declaram seus partidários (p. 169), e atribui este fato à maneira como foram acolhidas aqui:

> Foram apresentadas e utilizadas como ruptura que instaurava uma inovação de tal porte, que se impunha tomá-la como não inserida na continuidade. É uma ruptura que tornava superficial e inócuo o que a precedera. O segmento de história anterior à caesura passa a ser descrito como peça museológica, perdendo sua potência dinâmica (p. 167).

Ou seja, a concentração exclusiva no presente extravasa os limites da prática clínica, e (para usar um termo bem ao gosto dos xiitas locais) vem "contaminar" a recepção da própria teoria. Aqui, atenção: não é intuito de Luiz Meyer avaliar se seus colegas leram bem ou mal os textos de Bion, mas apontar que, quando são cortados do contexto intelectual em que foram redigidos, bem como dos debates dos quais se originaram e nos quais visavam a intervir, as afirmações neles contidas perdem o sentido de investigação e passam a ser consideradas verdades incontestáveis.

Que elas mesmas sejam formuladas de modo ambíguo e por vezes oracular favorece tal leitura, que Meyer interpreta como reação defensiva frente à dificuldade do pensamento de Bion e indício de uma possível transferência negativa em relação a ele.[14]

---

14 Uma análise semelhante poderia ser feita para a obra de Lacan, que, como a de Bion, tem como eixo o estudo da matriz clínica da psicose, e – embora por razões diversas – é com frequência apresentada em termos tão obscuros quanto os do autor inglês. Ver, neste volume, o capítulo "Bion: uma visão binocular".

O resultado é descrito em termos que – usando a tradicional categoria britânica do *understatement* – podemos chamar de *vigorosos*: "obscurantismo", "discurso apostólico", "hagiologia", "intimidação e ostracismo dos que tentassem pensar de maneira independente", "apologia imobilizante e paralisadora" (p. 168-170).

Estas palavras duras não devem, porém, ser compreendidas como invectivas de alguém enciumado com a segurança que a posse da revelação salvadora concede aos bem-aventurados. O capítulo "Identidade e originalidade da produção psicanalítica" aprofunda a análise das condições de apropriação de um modelo, tanto as que conduzem a "pensar de maneira independente" quanto as que levam ao contrário disso. Servindo-se de uma passagem das *Memórias Póstumas*, Luiz Meyer o inicia discriminando entre dois modos patológicos de aquisição da identidade: um, o do liberto Prudêncio, erige a fonte identitária em paradigma absoluto, e cria com ela uma relação de subserviência; no segundo, o do doido Romualdo, o sujeito funde-se com o que ingere e se confunde com ele – "tomei tanto tártaro, tanto tártaro, que fiquei Tártaro, e até rei dos Tártaros. Sou o ilustre Tamerlão" (p. 198).

O que faltou a ambos os personagens, continua o argumento, foi realizar um "trabalho metabólico" que lhes permitisse ir além da mera incorporação. Aqui o foco se amplia para considerações sobre a cultura brasileira, baseadas na leitura de Antonio Candido, Roberto Schwarz e Paulo Arantes. O ponto comum entre estes autores é o exame da maneira pela qual, em seus respectivos campos de estudo (literatura e filosofia), se criou em nosso país uma produção de qualidade, dotada de estilo próprio e com relevância para além das nossas fronteiras.[15]

---

15 Isso não se deu, é claro, sem dificuldades, algumas – como as "ideias fora do lugar" – inerentes à peculiar formação social do Brasil, outras específicas a

Um aspecto essencial do pensamento independente é que ele se erige a partir e contra o que o precedeu, como "contravenção a uma presença canônica" (p. 202). Tal oposição não é, contudo, gratuita: além de captar o objeto de modo novo, ela precisa compreender aquilo contra o que se exerce, isto é, refazer criticamente o percurso por meio do qual o "adversário" o construiu e pensou. Isso vale para qualquer campo do saber; no caso da psicanálise, significa fazer a "contínua experiência de descoberta-construção-reconstrução dos conceitos teórico-clínicos já existentes, um trabalho de assimilação do ingerido e não de identificação fusional com ele" (p. 202).

Ora, os psicanalistas da IPA paulistana – não só os bionianos, diga-se de passagem, mas também os que seguiam o figurino anteriormente predominante, de corte kleiniano – mostraram-se "avessos" a tal trabalho, o que os levou a não se relacionar com a psicanálise como "*construção temporal* permeada de convulsões, que possui uma lógica passível de apreensão (p. 203, grifos do autor). Em vez disso, optaram por uma adesão incondicional aos modelos ingleses, que acabou por esterilizar sua produção e a transformar em "imitação defensiva", em "especularidade que não deixa espaço para nenhuma mediação, mormente reflexiva" (p. 203).

Luiz Meyer sugere duas razões para tal paralisia: o desejo de ser reconhecido pela metrópole, e a dedicação primordialmente ao fomento da demanda por análise (p. 208), o que entendo como se referindo ao exercício da psicanálise como profissão geradora de prestígio e aceitação social. Para atingir esses objetivos, não era necessário (e provavelmente se mostrava contraproducente) o

---

cada segmento da cultura nacional. Entrar nestes particulares, porém, escapa aos nossos propósitos neste capítulo.

"trabalho metabólico" que permite se apropriar de algo de modo criativo, o que – repito – no caso de um sistema de pensamento implica refazer criticamente o percurso que levou à sua constituição.[16] A passagem a seguir resume o argumento:

> *As fontes que nos serviram de modelos adquiriram densidade na medida em que seus produtos finais resultaram de propostas e pensamentos conflitantes. Ora, nossa escolha dirige-se à adesão a correntes de pensamento, mas não ao procedimento que lhes dá origem. Tudo se passa como se o grupo descartasse a problematização do modelo copiado, que revelaria impasses e faria aflorar eventuais necessidades internas ao grupo, à própria cópia e à relação entre eles. Não pode haver então evolução do pensamento, já que não há reflexão teórico-clínica de caráter histórico: nada se esgota, tudo se substitui (p. 204).*

Estamos agora em condições de compreender a cerrada fuzilaria que nosso autor endereça à análise dita didática, no que para mim é o capítulo mais instigante do livro. Ela não se dirige a aspectos como os mencionados anteriormente, cujo efeito paralisante se limita aos arraiais de Piratininga: visa ao cerne da formação nos moldes da IPA,

---

16 Assinale-se o emprego do mesmo termo – "metabolização" – para designar um componente essencial do processo terapêutico. A essa altura do nosso trajeto, espero, estarão claras as razões disso: para surtir efeito transformador, o impacto do recebido precisa passar por um processo que o desarticula e rearticula, seja na escuta do analista, seja no trabalho intelectual. Isto só é possível se se levarem em conta as determinações que transcendem o presente, e que se encontram, latentes, naquilo que produz impacto. Por isso a referência, no trecho citado há pouco, às consequências nefastas do desprezo pelo "segmento de história" anterior a Bion, aliás reiterada na passagem citada a seguir ("sentido histórico").

implementada nos anos 1920 pelo Instituto de Berlim e – apesar de todas as críticas cuja "história melancólica" é retraçada na primeira parte do artigo – adotada em todas as Sociedades nacionais.

O motivo para essa espantosa longevidade, diz ele, não é que essa prática favoreça a formação do candidato, mas sua utilidade – talvez indispensabilidade – para perpetuar o sistema de poder vigente na instituição. Ao impô-la e geri-la, esta interfere no processo analítico de modo sutil, porém extremamente deletério, porque introduz nele um fator estranho ao desempenho da dupla e do qual esta não tem como se livrar: é preciso que a análise seja "bem--sucedida". Caso contrário, o candidato não será aceito, e seu analista perderá prestígio entre os colegas.

A lista de malefícios daí decorrentes impressiona por sua extensão e gravidade: a transferência é "atropelada" por exigências que nada têm a ver com ela; cria-se uma dependência recíproca, já que cada um está *realmente* atado ao outro para a consecução de seus objetivos de vida; favorece-se um tipo de identificação adesiva e idealizadora com a pessoa do analista, que inibe o pensamento independente; as projeções de ambos são desviadas para a instituição, que as acolhe de bom grado e mesmo as estimula; os afetos hostis, que poderiam questionar o caráter didático do processo, tendem a ser deslocados para outros analistas e para as ideias por eles adotadas.

Em suma, a análise dita didática é por natureza e inapelavelmente antianalítica, porque perverte a essência do processo analítico: ela "cria e mantém um gênero de transferência que a análise *tout court* tem como meta resolver. Procurando ocultar a contínua dicotomia inerente à sua função, vale-se de ações inconciliáveis" (p. 182), ou seja, assume a estrutura de um fetiche, no mais estrito sentido freudiano deste conceito. A castração que se busca evitar com essa *Verleugnung* (recusa) é a de enfrentar os limites da ação da psicanálise (p. 188), tanto em geral quanto para *esta* pessoa e para *esta* dupla.

Se no nível do par analítico o fetiche é da ordem do sintoma, ao ser reivindicado e ratificado pela instituição ele ganha foros de ideologia, ou seja, de um sistema de ideias cuja função é mascarar e justificar uma dominação – no caso, "burocrático-intelectual" (p. 184). Ao se apresentar como análise-padrão, a dita didática "impõe uma ideia de psicanálise universal e modelar, que faz tábula rasa das experiências particulares de psicanálise, sobretudo daquelas cuja produção não coincide com as teorias vigentes" (p. 185).

A solução proposta por Meyer para estes impasses é simples e radical: "extinguir toda categoria diferenciadora de análise de formação, e deixar os analisandos cuidar de suas próprias análises" (p. 192). Reconhece que, mesmo nessas condições adversas, algo da escuta analítica permanece presente e atuante – à revelia do propósito manifesto, se poderia dizer – mas é de opinião que seria bem mais útil para o candidato uma análise "civil" (termo que empresta de McLaughlin), na qual este pudesse "abrir a porta por dentro, por vontade própria e não por regulamentação", e aproveitar as sessões para a sua formação do modo que julgasse mais proveitoso (p. 181).

Que porta? Não apenas a da instituição a que deseja se filiar, mas também aquela cuja chave Dora "girava por dentro". O que a paciente de Freud fazia era trancar-se no seu próprio sofrimento, na sua realidade psíquica atravessada por ódio e ressentimento. O analisando – candidato ou não – pode fazer o oposto: abrir-se para o contato com os derivados do seu inconsciente, expor-se às angústias que isso acarreta, viver o prazer da descoberta de si e da possibilidade de funcionar sem alguns dos entraves defensivos de que precisou lançar mão para tornar viável sua existência.

Isso só pode ocorrer, porém, se quem o escuta se mantiver atento à postura analítica, que para Luiz Meyer não é nem de tipo científico, nem de índole artística. Sua natureza é no fundo ética, e seus "imperativos categóricos" são poucos e simples: colocar o analisando em contato com seu inconsciente, evitando tudo o que poderia atrapalhar esse movimento, inclusive e principalmente o narcisismo do próprio analista, a ser monitorado juntamente com as outras manifestações da contratransferência.

Os textos que percorremos testemunham a constância com que, numa prática que se conta em décadas, ele tem procurado seguir estes princípios. Nosso trajeto, que começou pelo fim da coletânea, bem pode terminar pelo começo, e até antes dele: na apresentação de João Augusto Frayze-Pereira, encontramos referência a um tópico que não abordamos neste já longo percurso, a saber a discussão de alguns aspectos da cultura contemporânea.

Referindo-se ao "totalitarismo da imagem midiática", o prefaciador cita uma frase que se encontra à p. 236: "ela não proíbe o pensamento: cria um contexto em que o pensamento é desnecessário". É contra a ameaça de barbárie contida neste fato social que, munido das concepções aqui recenseadas, Luiz Meyer desenvolve o seu combate. Parafraseando o título de um artigo de Freud, poderíamos dizer que elas o incitam a "redescobrir, refletir e problematizar" sua clínica, a teoria que a fundamenta, a disciplina da qual ambas fazem parte, e as condições socioculturais que singularizam o ambiente no qual lhe toca viver.

Para isso, é preciso mais do que inteligência: necessita-se pertinácia para escavar os fundamentos das próprias ideias e das dos outros, e coragem para enfrentar a inércia do já instituído. Somadas a uma invulgar capacidade de se exprimir com clareza e precisão, estas qualidades fazem de *Rumor na Escuta* um dos melhores livros de psicanálise já publicados em língua portuguesa, e um guia precioso para quem se dispuser a questionar suas próprias certezas.

A Gata Borralheira da psicanálise

"*Les théories, c'est bon, mais ça n'empêche pas d'exister*": essa resposta de Charcot à objeção de um estudante – sua explicação de determinado caso discrepava da teoria de Young-Helmholtz[1] – resume o argumento desenvolvido por Berta Hoffmann Azevedo no decorrer do seu livro *Crise Pseudoepiléptica*.[2] O que persiste, em sua maneira de ver, é a organização psicopatológica denominada "histeria"; as teorias que insistem em negar tal fato pertencem uma à psiquiatria, outra à psicanálise.

Como outros trabalhos que tive oportunidade de orientar no Programa de Estudos Pós-Graduados em Psicologia Clínica da PUC/SP, este surgiu de observações realizadas num meio institucional: no caso, o Departamento de Psicologia do Hospital das Clínicas da USP. A ele chegam com frequência pacientes diagnosticados como pseudoepilépticos: apresentam crises convulsivas e

---

[1] As teorias são úteis, mas não impedem algo de existir. Cf. Sigmund Freud, "Charcot" (1893): Biblioteca Nueva (trad. Ballesteros), vol. I, p. 31.
[2] São Paulo, Casa do Psicólogo, 2011.

outros sintomas típicos da epilepsia, mas em seu cérebro um sofisticado exame de imagem (o videoeletroencefalograma) não detecta nada que os possa justificar. Parecem epilépticos – de onde a designação – mas não o são.

O que são, então? É dessa pergunta que parte a investigação da autora. Ela não se satisfaz com a definição pelo negativo envolvida no termo "pseudoepilepsia": com efeito, *pseudos* significa "falso" – e, além de não explicar nada, tal etiqueta carrega consigo uma conotação pejorativa, que acrescenta ao sofrimento dessas pessoas a perplexidade de não saber ao certo o que as acomete.

Se a origem das crises não é orgânica, e se afastarmos a hipótese da possessão por espíritos (benignos ou malignos, tanto faz), resta a causalidade psíquica. Isso soa familiar ao leitor? Pois é: estamos de volta à época de Charcot, quando as histéricas eram um dos grandes mistérios da Medicina. Naquele tempo, muitos médicos opinavam que eram apenas hábeis simuladoras – e a palavra *pseudo*, se não diz isso claramente (o que seria inaceitável em nossa era politicamente correta), não está longe do peso infamante da antiga avaliação. Hoje, há quem considere deverem os sintomas, em que pese sua semelhança com os da histeria clássica, ser atribuídos a síndromes "pós-modernas", como a do pânico, ou a outras estruturas psicopatológicas, por exemplo a *borderline*.

E há os que, como Berta, decidem escutar o que tais pacientes têm a dizer. Repetidamente, o que surge nos seus atendimentos são aspectos ligados à sexualidade infantil, a questões identificatórias, a saídas complicadas do Complexo de Édipo, que paralisam a pessoa nas redes da ambivalência frente a seus objetos internos. A atenção da psicanalista é atraída por esse padrão recorrente, que algumas décadas atrás seria diagnosticado sem hesitação como sendo de natureza histérica.

Mas, pergunta-se ela – a histeria, essa "doença vitoriana", ligada a modalidades maciças de repressão sexual que nossos tempos teriam felizmente deixado para trás, a estruturas psíquicas dependentes de uma autoridade patriarcal desaparecida com as polainas e os espartilhos – a histeria ainda existe? A leitura da bibliografia pertinente a deixa ainda mais perplexa: desde 2002, o DSM a baniu de suas páginas, e – mais surpreendente – toda uma corrente da psicanálise, ao privilegiar as vivências primitivas no contexto da relação mãe-bebê, deixa de lado os complexos de Édipo e de castração, obrigando-nos, segundo um sarcástico André Green, a nos perguntar se "a sexualidade (ainda) tem algo a ver com a psicanálise".[3]

Que a Psiquiatria atual, interessada em diferenciar síndromes e utilizando como critério diagnóstico a proporção e a frequência com que o indivíduo apresenta os sintomas que as compõem, abandone a pesquisa das causas psíquicas – vá lá, e não é da alçada dos psicanalistas. Mas que estes, seduzidos pelo canto da sereia pós-moderna, afirmem que "já não há histéricas como as de antigamente", porque desapareceram as condições sociais da sua existência, porque a fragilidade dos egos contemporâneos exigiria pensar em termos de dissociação e não mais de recalque, porque as formas mais dramáticas das manifestações histéricas são raras ou inexistentes nos consultórios – eis o que espanta nossa autora, confrontada como está com aquilo que supostamente não deveria mais existir.

Apoiada em autores como Jean Laplanche, Christopher Bollas, Silvia Alonso, Mario Fuks e outros, para os quais a histeria continua

---

3 André Green, "Has sexuality anything to do with Psychoanalysis?" *International Journal of Psycho-Analysis*, (1995), vol. 76, p. 871-883.

a ser tanto uma condição psicopatológica plenamente real quanto uma categoria teórica de grande interesse, Berta levanta a hipótese de que vários dos seus "pseudoepilépticos" sejam na verdade casos de histeria. Prudentemente, não afirma que *a* pseudoepilepsia *é* a histeria: fiel ao método psicanalítico, busca atingir a singularidade de cada paciente, deixando que na fala associativa surjam elementos capazes de, na medida do possível, dar conta dos sintomas de cada um. O material clínico sugere o diagnóstico que adota – e, para além do trabalho terapêutico propriamente dito, a conduz a investigar os motivos de a histeria ter se convertido na "Gata Borralheira" da própria psicanálise.

A etapa inicial do percurso é uma visita aos clássicos: em primeiro lugar, historiadores da histeria, como Eugène Trillat e Lucien Israel, e em seguida os textos de Freud, aos quais dedica todo um capítulo. Essa minuciosa reconstituição das questões que ele se coloca, das respostas que vai lhes dando, da laboriosa montagem dos conceitos e das hipóteses, revela-se utilíssima não só para os interessados no tema da histeria, mas ainda como introdução ao essencial da psicanálise.

Ela é complementada pelo que a meu ver constitui o achado mais original de Berta: a utilização da categoria do *Unheimliche* para compreender os fenômenos com que se depara. O "estranhamente familiar", ao qual Freud dedicou um estudo em 1919, é simplesmente o recalcado que retorna – estranho porque foi recalcado, familiar porque foi o sujeito que o recalcou. A afirmação de que "algo dá em mim, e então eu convulsiono" é assim interpretada como "o *Unheimliche* no corpo", ou seja, a presença de conteúdos inconscientes, porém emocionalmente ativos, determina sob certas condições os sintomas conversivos.

Intervindo de quebra em outro debate psicanalítico – o da utilidade do diagnóstico em nossa área – Berta toma posição contra o que eu chamaria de "nominalismo epistemológico". Como os nominalistas medievais, para os quais só é real o fato singular, e os conceitos não passam de nomes de utilidade duvidosa (por isso a designação "nominalista"), alguns analistas sustentam que o que nos interessa é a singularidade do sujeito, pouco importando classificá-lo nesta ou naquela categoria nosográfica. Tal movimento seria, dizem, um resquício das origens médicas da psicanálise, e uma manifestação sutil, mas não por isso menos perniciosa, da resistência contra ela.

O problema com essa opinião é que ela descura a natureza mesma do objeto de qualquer ciência humana, aí incluída a nossa. O que o caracteriza é a imbricação indissolúvel do singular e do genérico, de tal modo que cada ente e cada fenômeno nesses campos é a um tempo único *e* exemplo das diversas categorias das quais faz parte. O Prelúdio da "Gota d'Água" é *esta* peça específica, mas também um prelúdio, uma composição tonal, uma página para piano, uma criação no espírito do Romantismo – e por isso pode ser analisado em comparação com os prelúdios de Bach ou de Rachmaninoff, enquanto parte da obra chopiniana, como momento na evolução do repertório pianístico, ou como via de acesso à sensibilidade romântica.

Da mesma forma, os casos relatados por Berta são as histórias *dessas* pessoas, do modo como enfrentaram as questões colocadas por suas biografias e das soluções individuais que encontraram para elas: se Flora se toma por uma *femme fatale*, Denis tem pressa em constituir uma família que possa de algum modo reparar as falhas da que teve na infância, e Marco precisa se demonstrar "prestativo" para garantir o amor dos seus pais. Nesse plano, são diferentes, e devem ser escutados em sua singularidade. Mas isso não impede que nos três "o corpo sirva como palco para a manifestação do que não pode ser dito em palavras", que todos tenham vivenciado relações atribuladas com o desejo dos pais, que neles uma sexualidade infantil mal resolvida possa estar na raiz das convulsões que os levaram ao hospital.

Tendo estabelecido por meio da escuta clínica e do pensamento teórico que esses casos podem ser legitimamente considerados como de histeria, Berta se volta para os argumentos segundo os quais ela não existe mais. Cética quanto aos efeitos supostamente liberadores das mudanças sociais e culturais das últimas décadas no que tange às dificuldades da vida sexual, mostra que estas são hoje tão frequentes e angustiantes quanto em outras épocas, em parte porque se originam na sexualidade infantil, e em parte porque os próprios ideais libertários acabam impondo exigências superegoicas tão ou mais severas que as do tempo dos nossos avós.

Além disso, nada impede que a histeria se "apresente" (para usar um termo de Silvia Alonso) de modos diversos, segundo o meio cultural e os códigos simbólicos nele vigentes. Se Hegel tem razão ao dizer que "o relógio da história não marca a mesma hora em todos os quadrantes", nada há de espantoso no fato de que uma moça vivendo num ambiente semelhante ao da era vitoriana (por exemplo, rigidamente religioso) siga o roteiro do "grande ataque", com as contorções e convulsões espetaculosas que o caracterizam, enquanto em círculos aparentemente mais tolerantes a expressão do inconsciente pode assumir formas mais discretas – na medida em que se possa considerar "discreta" a exuberância sensual que tantas vezes oculta o seu exato oposto, a saber a incapacidade de sentir prazer no exercício da sexualidade.

Em outro momento, defendendo a especificidade e a utilidade clínica do método psicanalítico, a autora afirma que "não podemos nos deixar fascinar pelo sintoma"; opondo-se aos que deixam de lado a triangulação edipiana, lembra o quão essencial esta é na constituição subjetiva e no caminho que conduz da dependência infantil à relativa autonomia que caracteriza um adulto saudável. Na vertente contrária, evita o risco de se deixar embalar por seu próprio argumento, postulando que nada numa manifestação corporal indica *a priori* se ela é histérica ou de outro tipo: somente a escuta interpretativa e a reflexão metapsicológica podem conduzir à formulação de uma hipótese plausível.

Escrito com clareza, fundamentado num amplo repertório de leituras e na melhor prática clínica, o livro de Berta realiza plenamente o que, na página final, ela declara ter sido seu objetivo: reabrir o dossiê da histeria, despertar o interesse e a curiosidade em relação a ela, contribuir para que sejam menos frequentes os "maus encontros" entre os portadores de personalidade ou sintomatologia histéricas e os que deles são chamados a tratar, quer sejam médicos, psicólogos ou analistas.

Ao concluir a leitura, somos levados a pensar que, além da *boutade* mencionada atrás, talvez outra frase ouvida por Freud na Salpêtrière possa ter incentivado nossa jovem colega a colocar a mão nos vespeiros que foi encontrando em seu caminho: *pour faire une omelette, it faut casser de oeufs*.[4]

Que bela estreia!

---

4   Para fazer uma omelete, é preciso quebrar ovos.

Maternidade impossível

A história da interface entre as ciências jurídicas e a psicanálise começa em junho de 1906, quando Freud pronunciou na Faculdade de Direito da Universidade de Viena uma conferência sobre "A psicanálise e a determinação dos fatos nos processos jurídicos".[1] O motivo do convite era ouvir a opinião do Herr Professor sobre uma forma – então julgada promissora – de contornar a insuficiência de provas em processos criminais: aplicando ao acusado uma variante dos experimentos de associação de palavras desenvolvidos em Zurique por Jung e Riklin, buscava-se avaliar, pelas reações dele a certos "termos críticos" relacionados ao delito, se era culpado ou inocente.

Em sua conferência, Freud expõe as analogias entre tais procedimentos e a livre associação no tratamento analítico, em particular o fato de que em ambos está envolvido "algo oculto", ao

---

1 *Tatbestandsdiagnostik und Psychoanalyse*, Biblioteca Nueva (trad. Ballesteros), vol. II, p. 1277 ss.; *Edição Standard Brasileira das Obras Completas de Sigmund Freud*, Imago, vol. IX, p. 105 ss.

qual se poderia ter acesso graças a hesitações ou pausas demasiado longas no discurso, que indicam ao bom entendedor haver aí algum conteúdo que o indivíduo reluta em comunicar. Também enfatiza diferenças relevantes entre as duas situações: em primeiro lugar, o analisando ignora o "segredo" que traz em si, ou seja, vivências que o recalque baniu da consciência, porém cuja lembrança permanece viva no inconsciente, enquanto – se for culpado – o réu conhece os fatos a ele imputados. Em segundo, como foi o analisando que tomou a iniciativa de vir se tratar, em princípio quer colaborar com a investigação clínica; já o delinquente tem interesse em não se incriminar, e portanto tentará sabotar o procedimento, evitando "escorregões" que possam indicar sua eventual culpabilidade.

De modo geral, Freud adverte contra a transposição apressada das técnicas psicanalíticas para o tribunal, e sugere que sejam feitos muitos desses experimentos, de modo a coletar um volume de observações suficiente para "esclarecer os pontos obscuros", e refinar o método até que se torne "realmente útil". Em sua apresentação do texto, James Strachey lembra que "os contatos posteriores de Freud com a jurisprudência foram poucos e espaçados":[2] o estudo de 1916 a respeito dos que cometem crimes movidos pelo sentimento de culpa, e dois pareceres sobre laudos de peritos judiciais, um na década de 1920 e outro na de 1930.

A tentativa de utilizar a psicanálise para compreender a mente do criminoso foi retomada com alguma frequência ao longo do século XX: há por exemplo a tese de Lacan (o *Caso Aimée*, em 1932), o artigo do mesmo autor sobre os "Motivos do crime paranoico" (caso das irmãs Papin, 1933), alguns perfis de líderes nazistas

---

[2] ESB, vol. II, p. 104.

durante os julgamentos de Nuremberg,[3] um artigo de Ernest Rapaport sobre Adolf Eichmann,[4] e outros mais. Embora interessantes por tornar menos obscuro o que está em jogo na psicopatia, tais textos não tinham (nem era esse o seu objetivo) influência alguma sobre o veredicto da corte, que se baseava em critérios jurídicos sem qualquer parentesco com os princípios da psicanálise.

A Sombra da Mãe: Psicanálise e Vara de Família,[5] de Claudia Suannes, se inscreve em outra linhagem de trabalhos, agora na aresta com o Direito Civil: o das perícias em casos de separação conjugal (Varas de Família e Sucessões), e de negligência, abandono ou violência envolvendo menores (Varas da Infância e Juventude). Aqui o psicólogo é solicitado a entrevistar o casal, os filhos e outros profissionais cujo testemunho é parte dos autos, a fim de subsidiar a decisão do magistrado com um parecer que passa a ter valor legal.

A bibliografia citada pela autora mostra que nos últimos dez ou quinze anos vem se tornando frequente a atuação do psicólogo nessa área. Parte dela se refere a estudos realizados por psicanalistas (Mara Caffé, Sidney Shine e outros), cujo interesse é comprovar que é possível utilizar as entrevistas ordenadas pelo juiz para algo mais do que a simples "determinação dos fatos", ou mesmo para elaborar um perfil psicológico dos envolvidos no caso: todos concordam com o ponto de vista defendido por ela, a saber que o

---

3 Cf. Daniel Pick, "In pursuit of the Nazi mind: the deployment of Psychoanalysis in the Allied struggle against Germany", *Psychoanalysis and History*, 2009, 11:2, p.137-157. Ttambém disponível em versão eletrônica: http://eprints.bbk.ac.uk/2789.
4 E. Rapaport, "Adolf Eichmann: the travelling salesman of genocide", *International Review of Psychoanalysis*, 1976, 3:111-119.
5 São Paulo, Casa do Psicólogo, 2011.

psicanalista pode encontrar nessas conversas ocasião para exercer uma atividade de cunho terapêutico.

A primeira parte do livro é dedicada ao estudo das condições necessárias para que isso tenha chances de ocorrer, sem por outro lado prejudicar a realização da tarefa delegada ao analista pela instituição judiciária: "o trabalho de perito não impede pensar psicanaliticamente sobre o caso", afirma Claudia em vários momentos. É claro que não se trata de algo idêntico ao que se faz na prática clássica, em que somos procurados por alguém que demanda alívio para o seu sofrimento emocional: trata-se antes de uma modalidade da "clínica extensa", como a chamava Fabio Herrmann, ou das "consultas terapêuticas" inauguradas por Winnicott, nas quais o analista se serve dos seus conhecimentos e da sua escuta em situações diversas daquela definida pelo enquadramento usual.

A fundamentação para tal ampliação do trabalho originalmente solicitado, no entender da autora, é que os problemas que chegam ao perito têm como origem dificuldades relacionais e afetivas que não encontraram solução no âmbito propriamente familiar, e que, se não forem evocadas durante as entrevistas, criarão obstáculos à execução da sentença eventualmente proferida pelo juiz. Elas ganham assim o caráter de intervenção clínica: ao "dar voz aos sujeitos", visam a abrir um espaço no qual estes possam tomar consciência de ao menos alguns dos motivos que os levaram a agir como agiram, da dinâmica intrapsíquica e interpessoal na qual estão enredados, do que significam uns para os outros – do seu próprio funcionamento mental, em suma.

O cuidado com que Claudia disseca a peculiar posição do analista em tal situação é exemplar. Da contratransferência à escuta interpretativa, da sutileza das perguntas que faz às hipóteses avançadas para dar conta das problemáticas que vão se delineando, o que vemos é uma profissional a um tempo corajosa e cautelosa, atenta aos escolhos que precisa evitar e à singularidade das pessoas sobre quem se pede que emita uma opinião.

No curso da atividade como perita, ela acabou se dando conta de algo intrigante: a contradição entre o modo "desafetado" com que certas mães falam dos filhos e a revolta que as acomete frente à possibilidade de perder para o pai a guarda legal deles. Por que, se perguntou então, essas mulheres se sentem tão humilhadas pela perspectiva de uma decisão que viria apenas legitimar juridicamente aquilo que já está ocorrendo – o fato de as crianças morarem com o pai?

A investigação a conduz a traçar um amplo panorama das relações entre feminilidade e maternidade, tomando como fio condutor a distinção entre esta última e o que chama de "maternagem", ou seja, os cuidados reais para com o filho exigidos pela função materna.

Discordando da ideia corrente de que em todas as mulheres exista um "instinto materno", ela retraça as vicissitudes do "devir mulher" e da instalação (ou não) na psique feminina do desejo de ser mãe. Também expõe com detalhe a diferença entre esse desejo – que situa na esfera do narcisismo, ou seja, da identidade feminina da mulher – e sua concretização sob a forma da "dedicação ao outro", a criança, que pressupõe condições psíquicas não necessariamente presentes naquelas que desejam "ser mãe".

O livro está construído segundo uma arquitetura rigorosa, explicitada na Introdução e retomada na seção final ("Para Concluir"): tendo apresentado ao leitor o funcionamento da perícia nas diferentes varas cíveis, e discutido com profundidade algumas questões atinentes à natureza e aos limites dessa função, Claudia recorta das suas experiências o tipo de caso que estudará a seguir. Três histórias são então relatadas, ilustrando diferentes possibilidades de desinvestimento do filho – todas, porém, relacionadas de uma maneira ou outra ao vínculo que une essas mulheres a suas próprias mães.

É nos percalços desta ligação que – apoiando-se em Freud e Melanie Klein, secundados por André Green, Pierre Fédida, Joyce McDougall, Annie Anzieu e outros autores contemporâneos – ela encontra uma possível explicação para o paradoxo que a interessou. Resumidamente, presa como está na teia do seu próprio narcisismo, a mãe da mãe não teria conseguido passar à filha o bastão da função materna. Em tais condições, cria-se uma "área de confusão" entre o ser mulher e o ser mãe: a maternidade é vista como emblema definidor da identidade feminina, mas a introjeção de uma imago materna "desvitalizada" torna falho o investimento libidinal no filho.

Cria-se assim o que Claudia define como uma "cilada": o resseguramento narcísico obtido pela identificação com a mãe não resiste ao confronto com as necessidades afetivas da criança real. Em outras palavras, se a maternidade for vivida essencialmente como atributo narcísico, a maternagem se torna ocasião para uma sucessão de frustrações que acaba por produzir uma imagem desvalorizada de si mesma, não apenas como mãe, mas ainda enquanto mulher.

Assim, Margarida sofre pela perda de um "objeto amoroso" que não sabe qual é; Marina se atém ao bebê que esteve em seu ventre, sem poder reconhecer no filho de nove anos a "continuação" dele; esmagada pela culpa de ser uma mãe tão insuficiente quanto o foi a sua, Celeste não consegue imaginar que a filha possa sentir sua falta, vindo a se omitir até mesmo por ocasião da cirurgia de emergência a que ela tem de ser submetida.

Para concluir, uma palavra sobre as qualidades do texto, que por ocasião da defesa como dissertação de mestrado na PUC/SP lhe valeram a nota máxima. A primeira delas é, no entender do orientador que tive o privilégio de ser, o estilo sóbrio mas pontilhado de metáforas inspiradas (a "aritmética orquestrada pela família de Margarida" a impede de contar até três e sair de um Édipo encalacrado, o "perfume que impregna o espaço do quarto" garante ao bebê que a mãe, embora ausente, está viva, as mulheres de quem fala sofrem de uma "identificação trôpega" com suas genitoras deprimidas...).

A segunda é a ausência do *furor explicandi*, esse defeito tão comum em trabalhos de ciências humanas, cuja origem está na ilusão de ter encontrado a chave que abre todas as portas: da mesma forma como nas entrevistas Claudia se limita a pontuações bem calculadas, ao estudar o seu tema ela evita a tentação de extrapolar para a condição feminina em geral o que descobre nessas mulheres.

O rigor metodológico e epistemológico, o sólido conhecimento da teoria psicanalítica, a familiaridade com os meandros do Judiciário brasileiro, o recato com que formula suas intervenções, a inventividade clínica ao refletir sobre o que percebe nas entrevistas – tudo isso faz de *A sombra da mãe* uma obra que interessará a diversos profissionais, dos operadores do Direito aos que trabalham na assistência à infância e na esfera clínica propriamente dita. E também, é o caso de dizer, aos que se iniciam na psicanálise ou dela fazem seu meio de vida, pois nos dias de hoje somos cada vez mais chamados a exercer nosso ofício fora do *setting* clássico.

Aos que pensam que nesses casos "não estamos fazendo psicanálise", Claudia responde por antecipação, respaldada por ninguém menos que Donald W. Winnicott:[6]

---

6 Cf. D. W. Winnicott, "Os objetivos do tratamento psicanalítico" (1962), in *O Ambiente e os Processos de Maturação*, Porto Alegre, Artes Médicas, 1983, p. 155.

Se nosso objetivo continua a ser verbalizar a conscientização nascente em termos da transferência, então estamos praticando análise; se não, somos analistas praticando outra coisa, que acreditamos ser apropriado para a ocasião. E por que não haveria de ser assim?

Márcia e seus fantasmas: relato de uma análise

Entre as várias espécies do gênero "texto de psicanálise", o relato de caso é sem dúvida a que mais exige do autor. As razões disso foram expostas por Freud no prefácio do *Caso Dora*, e apesar dos cento e poucos anos transcorridos desde então continuam tão válidas como quando ele o redigiu: há dificuldades de ordem ética, de ordem expositiva e de ordem teórica.

As primeiras se devem à necessidade de proteger o anonimato do paciente, evitando mencionar detalhes que o possam identificar, e eventualmente – dado o caráter íntimo daquilo que surgiu durante a análise – constrangê-lo ou prejudicá-lo. Por outro lado, precisa-se oferecer ao leitor um grande número de dados exatamente desse tipo, pois é com eles que se faz uma análise: omissões demasiado amplas tornariam incompreensíveis o funcionamento psíquico do paciente, as interpretações do analista, e os efeitos que estas produziram. O consentimento do analisando atualmente exigido pela lei brasileira nem de longe resolve esse problema (na verdade, o complica, mas essa é uma questão que merece ser discutida com vagar e em outra ocasião).

A solução encontrada por Freud, e adotada por todos os que escreveram relatos clínicos depois dele, foi a "distorção seletiva": modificam-se ou silenciam-se dados irrelevantes para a compreensão dos fenômenos discutidos (nomes, locais, profissões...), e se mantém o que singulariza a organização psíquica *desta* pessoa (sintomas, sonhos, lapsos, fantasias e defesas recorrentes, padrões transferenciais, estilos de comunicação, e assim por diante).

"Espere um pouco", talvez objete o leitor destas linhas. "Como é possível preservar o sigilo sobre a identidade de alguém, e ao mesmo tempo se deter naquilo que o diferencia de todos os outros seres humanos? Não há aí uma contradição evidente?" Por paradoxal que possa parecer, a resposta é que não existe contradição alguma. E isso por um motivo simples: do ponto de vista analítico, o que interessa é aquilo que não contamos a ninguém (às vezes, nem a nós mesmos – é isso que significa "ser inconsciente"). São assuntos pessoais, frequentemente penosos, que não raro suscitam angústia, culpa ou vergonha, e por isso mesmo são em geral mantidos em segredo – muito embora sejam no fundo apenas humanos, demasiado humanos.

Para resolver a contento as questões éticas, impõem-se assim escolhas que afetam o conteúdo mesmo da narrativa. Ao fazê-las, o autor está respondendo implicitamente à questão talvez mais fundamental entre todas: qual é o objeto – e portanto o objetivo – de um relato clínico? A meu ver, a postura de Freud quanto a ambos é ainda a mais adequada e recomendável: o objeto do texto é o funcionamento psíquico do paciente, do analista e da dupla que constituem; sua finalidade é compreender como se estrutura *esta* neurose, como foi possível (ou não) intervir *nesta* estrutura, por quais meios se obtiveram (ou não) mudanças significativas, que hipóteses podem ajudar a entender por que as coisas se passaram assim e não de outra forma.

E como, além de ser a neurose de X, a organização psíquica da qual se fala é também exemplo de uma patologia (histeria, *borderline*, perversão...), o que se aprende com ela e através dela pode aprofundar nossa compreensão da classe a que pertence, por exemplo chamando a atenção para aspectos inusitados da transferência, iluminando de maneira mais nítida certas modalidades defensivas ou contratransferenciais, permitindo ampliar a esfera de aplicação de um conceito ou hipótese teórica, etc.

Compreende-se então por que o relato de caso é para o analista um desafio de proporções consideráveis: requer dele a capacidade de selecionar de um volume enorme de dados o que é relevante para seu objetivo, talento para narrar isso de modo interessante, habilidade para trançar a narrativa com a discussão conceitual sem se perder nos meandros da teoria. E, como se verá nas páginas de *Tornar-se Mulher: Obstáculos à Feminilidade*,[1] Lusimar de Melo Pontes se sai muitíssimo bem dessa tarefa tão complexa.

O texto – originalmente uma dissertação de mestrado que tive oportunidade de orientar no Programa de Pós-Graduação em Psicologia Clínica da PUC/SP – está armado (é ela mesma quem o diz) como uma "sinfonia". Trata-se da história de Márcia, uma jovem às voltas com o processo de "tornar-se mulher", ou seja, emancipar-se emocionalmente da tutela dos pais da infância, atingindo a maturidade da condição feminina, conquistando o direito interno de gozar do seu próprio corpo e de viver uma vida afetiva intensa e enriquecedora. Neste caminho, ela se defronta com "obstáculos"

---

1 São Paulo, Editora Zagodoni, 2012.

que se originam na sua história, nas circunstâncias familiares, e na maneira pela qual foi se organizando a sua personalidade, mas que transcendem essas dimensões singulares, porque revelam aspectos típicos da feminilidade nos tempos atuais.

Como numa sinfonia, os temas básicos são apresentados na abertura, e a cada tanto tempo retornam, em outros timbres e contextos. Na Introdução, somos informados do trauma que a levou à análise: ao contar à mãe que já não era virgem, deparou-se com uma reação ultraconservadora e acentuadamente neurótica, logo assumida também pelo pai e pela irmã: "você não passa de uma vagabunda", "destruiu nossa família", "acabou com a minha vida"... Antes a princesinha encarregada de realizar ideais e expectativas dos pais, agora Márcia passa ao descrédito total – e acusa o golpe, desenvolvendo sintomas variados, entre os quais uma preocupante série de desmaios.

Lusimar estrutura o relato em cinco "movimentos", abordando sucessivamente a "devastação" produzida pelo choque, o modo como a moça vai tendo acesso ao seu inconsciente (fantasias, ideais...), o que se pode inferir da problemática da mãe, cujo narcisismo maligno a impede de ver na filha um ser diferente de si, o fracasso da tentativa de Márcia para escapar dele identificando-se ao pai, a organização de uma posição subjetiva mais estável do que anteriormente (ainda que no modo histérico), e por fim os primeiros passos na direção de uma identidade feminina, o que exige "renunciar à expectativa de totalização do gozo fálico".

Cada movimento é introduzido por um fragmento clínico, que apresenta um momento crucial do processo terapêutico. Ao destacar essas passagens de uma etapa ou patamar a outro, Lusimar permite ao leitor acompanhar as idas e vindas da paciente nas suas relações consigo mesma, com os pais, amigos e namorados, e também a evolução do próprio tratamento: fases de maior envolvimento ou de resistência mais acentuada, a constituição de uma transferência que idealiza a analista como modelo de mulher ao mesmo tempo sensual, feminina e bem sucedida profissionalmente (e depois a resolução desta mesma idealização), o difícil caminho no rumo da aceitação da sua realidade psíquica...

Ao lado disso, a autora nos oferece uma visão detalhada dos seus próprios movimentos psíquicos, em particular do que se poderia chamar seu raciocínio clínico: diante do que escuta ou sente, sente-se autorizada a pensar que...; se for assim, é plausível inferir que... Para fundamentar tais hipóteses, é levada a apresentar e discutir os conceitos de que se serve – e este é sem dúvida um dos méritos do livro: expondo-os com clareza e os situando no contexto das obras de Freud e de Lacan, brinda-nos com preciosas exposições sobre a histeria, o gozo, a identificação, o Édipo e outros tópicos fundamentais da psicanálise.

Escrito com a serenidade de quem se sente segura no trabalho clínico e no manejo do instrumental analítico (mesmo em momentos tensos, como quando, após um reajuste no preço das sessões, Márcia ameaça abandonar a terapia), e com admirável equilíbrio entre a necessidade de uma presença continente e a reserva sem a qual esta se transformaria em sedução invasiva (e portanto reeditaria a relação imposta pela mãe à paciente), o texto que o leitor tem em mãos é uma valiosa contribuição à literatura psicanalítica brasileira.

Que tenha sido realizado no Programa de Psicologia Clínica da PUC/SP demonstra mais uma vez a correção da postura que defendemos no panorama atual da pós-graduação em nosso país: o mestrado pode – e deve – ser um trabalho de fôlego, que faça avançar o conhecimento da área e resulte num livro digno de ser publicado.

Parabéns, Lusimar!

Silvia Alonso e a clínica do singular

Argentina, início dos anos 1970: os ecos do maio francês ainda reverberam na comunidade analítica. Importantes mudanças estão em curso, tanto nos referenciais teóricos – o kleinismo dominante se vê questionado pelo "retorno a Freud" proposto por Lacan, e que em suas diversas ramificações estava revolucionando o panorama da psicanálise na França – quanto no plano das instituições. Divergências profundas sobre o lugar social do analista, sobre a formação tradicional e sobre a gestão política da APA (Associação Psicanalítica Argentina) resultam na saída de vários membros prestigiosos, inconformados com o que consideravam defeitos insanáveis naquela Sociedade e aspirando a uma participação mais ativa na esfera do que então começava a se denominar "campo da saúde mental".

É em meio a essa efervescência que Silvia Leonor Alonso vive seus anos de formação como analista, e os escritos reunidos no livro que comentarei a seguir dão testemunho de quão decisivamente ele influiu em seu modo de praticar e de pensar a psicanálise.[1] Os seminários com Armando Bauleo e algumas supervisões com Marie Langer abriram para ela os caminhos que desde então vem percorrendo; quatro décadas depois, graças à compilação de boa parte da sua produção escrita no volume *O tempo, a escuta, o feminino*,[2] o leitor pode perceber a cada página as marcas deixadas por aqueles mestres, e verificar como é verdadeira a afirmação que abre a coletânea: "a clínica cotidiana tem ocupado parte significativa de meus dias, e, certamente, só posso sustentá-la alternando-a com momentos ora de reflexão, ora de troca com colegas" (p. 11).

A "construção do analista" estudada num dos capítulos da obra situa no plano dos conceitos o percurso da própria autora: quem se inicia na profissão segue "vicissitudes pessoais" e "caminhos identificatórios" singulares, que o levam da perplexidade e da idealização (do seu analista, da teoria...) até a "apropriação da herança recebida" de que fala Freud em sua conferência sobre Goethe. E tal herança não é pequena: trata-se do passado da psicanálise, que moldou o seu presente e fornece instrumentos para o pensar. Desse presente faz parte o trabalho clínico, mas também a inserção dos analistas no mundo no qual vivem eles e seus pacientes, e que portanto determina as modalidades de sofrimento psíquico com as quais irão lidar.

---

1 Cf. "A construção do analista", entrevista publicada no número 27 de *Percurso*, 2º semestre de 2011, p. 127-138 (disponível no site da revista (http://revistapercurso.uol.com.br). Sobre esta época da psicanálise argentina, cf. Marie Langer et al., *Cuestionamos I* (Buenos Aires, Granica,1971) e *Cuestionamos II* (mesma editora, 1973).

2 São Paulo, Casa do Psicólogo, 2011. Os termos e expressões entre aspas no decorrer deste artigo são citações literais.

No caso de Silvia Alonso, o "mundo" irrompeu de modo dramático sob a forma da barbárie militar, que a levou a deixar seu país no final de 1976. Foi em São Paulo, primeiro na PUC e em seguida no Instituto Sedes Sapientiae, que encontrou um novo lugar de pertinência, vindo a fazer parte do Curso de Psicanálise e do departamento que dele se originou. Neste âmbito, o que vem marcando sua atuação – como professora, supervisora, participante de comissões e do primeiro Conselho Editorial da revista *Percurso*, coordenadora de um grupo de trabalho sobre o feminino, conferencista e colaboradora em publicações da área – é a consistência de um pensamento clínico em permanente movimento, alicerçado num sólido convívio com a obra de Freud e com os escritos de dezenas de outros autores (as "referências bibliográficas" do livro cobrem nada menos que dezoito páginas).

Os textos escolhidos para compor o volume se dispõem em quatro partes. A base da qual partem é um minucioso estudo dos tempos psíquicos, pois, para a autora, "o tempo é artesão do psiquismo" (p. 101). Os resultados dessa investigação, assim como o das etapas da constituição do sujeito, são utilizados para compreender a formação do analista e o exercício da escuta (partes IV e II), e também nos artigos que a meu ver formam o centro da obra, a respeito do feminino, do materno e da histeria (parte III). De permeio, somos brindados com comentários de filmes que ilustram as problemáticas abordadas (*Antes da Chuva, Gritos e Sussurros, Sonata de Outono, Pequena Miss Sunshine*, e outros), e com lúcidas notas sobre aspectos da sociedade contemporânea – certos ideais alienantes, a força das imagens, exigências excessivas de desempenho – que influem direta ou indiretamente sobre o psíquico, contribuindo para plasmar sujeitos cuja fragilidade emocional e identificatória está na raiz daquilo com que se defronta o analista em seu trabalho cotidiano.

1. Temporalidades

"Na psicanálise, tanto o tempo quanto a memória só podem ser considerados no plural" (p. 22): cada instância tem sua temporalidade específica, e as lembranças estão em constante movimento, rearranjadas pelos movimentos pulsionais/desejantes e pela fantasia.

Há basicamente, diz Silvia no capítulo 1, dois regimes para o tempo mental: "o que passa" e "o que não passa". O primeiro tem duas faces: a da experiência de si, sediada no ego, e a da ressignificação, isto é, da reorganização das marcas do que aconteceu ao sujeito em lembranças e outras formações psíquicas, com o que um novo sentido é atribuído àqueles aspectos do passado. Apoiando-se na leitura do "Leonardo", de "As recordações encobridoras", do "Projeto de uma Psicologia Científica", e de outros textos de Freud, ela vai traçando a complexa trama da memória, esse "emaranhado de vivências e cenas/lembranças" que constitui um dos fundamentos da nossa identidade. O processo primário comanda as transformações das marcas inconscientes (p. 40), o que tem impacto direto sobre o processo analítico, tornando impossível a recuperação da realidade material – o que é atestado pelos equívocos de Freud ao tentar reconstituir, a partir dos escritos deixados pelo artista, fatos concretos da biografia de Leonardo.

No entanto, longe de invalidar a análise, é isso que circunscreve o campo dela, a saber a realidade psíquica. O divã não é uma "máquina do tempo" que nos conduziria ao passado tal como ocorreu (p. 56); por outro lado, a atenção exclusiva ao "aqui e agora" privaria, segundo Sílvia, o analisando da possibilidade de ressignificar suas experiências. Para ela, é a atualização do passado na transferência que permite evidenciar o que é específico no inconsciente, a saber a sua temporalidade (p. 46); e a abertura da fala por meio da livre associação possibilita desconstruir os "conglomerados" mnêmicos cristalizados, presentificando a "memória intemporal" própria do processo primário (p. 67).

A leitura com lupa da história de Catarina, a camareira de cuja história Freud toma conhecimento durante suas férias nos Alpes, demonstra que desde o início do seu trabalho ele opera com uma *causalidade múltipla*, buscando estabelecer nexos entre as cenas narradas e construindo um "tecido" no qual as situar. O procedimento de resgatar nos textos freudianos o que neles há de instigante para uma interlocução com o analista de hoje é um dos pilares do livro: o Freud que dele emerge não é de modo algum – como em certas tradições anglo-saxônicas – o predecessor ilustre mas um tanto precário do psicanalista contemporâneo, e sim alguém que tem muito a dizer sobre os processos em jogo numa análise.

O que vai emergindo no relato do analisando é acolhido pela escuta do psicanalista, sobre a qual há muito a aprender no livro de Silvia. O que a caracteriza é a *capacidade imagética*, graças à qual vão se formando figuras que orientam a interpretação. Ela insiste bastante nesse componente da função analítica, que resulta (para o psicanalista) da maior permeabilidade entre os processos primário e secundário adquirida por meio da análise pessoal. O capítulo 4 ("Encontros entre imagens e conceitos") é um dos pontos altos da coletânea: servindo-se do estudo de Monique Schneider sobre a história da menina e dos cisnes,[3] e de sua própria análise do filme *Antes da Chuva*, a autora ilustra com maestria a complexidade da memória e do percurso transferencial, em particular no que tange à perlaboração. A "quebra dos tempos" e

---

3 "Os patos-cisnes", conto russo analisado por Vladimir Propp. Cf. Monique Schneider, "Le temps du conte et le non-temps de l'inconscient", *Recherches sur la philosophie du langage*, Université de Grenoble II, n° 1, 1981, p. 15-39.

a "fusão das cenas" que caracterizam a vida psíquica são descritas já no "Projeto de uma Psicologia Científica", quando Freud relata a história de Emma: uma vivência infantil carente de "ossatura" e portanto de sentido (numa loja, o vendedor acaricia os genitais da menina) ganha significação (no caso, sexual e traumática) em virtude de uma experiência na época da puberdade – sentir-se observada pelo vendedor de outra loja – que pelas vias do processo primário desencadeia a neurose: ela passa a ter pavor de entrar em qualquer comércio.

É neste capítulo que encontramos uma útil sistematização das etapas da constituição subjetiva (p. 96 ss.): a da satisfação alucinatória e automática do *infans*, a introdução de "vírgulas na homogeneidade sem cortes" da experiência de si, ocasionada pela presença e ausência do objeto (*fort/da*), a diferenciação das instâncias com suas respectivas formas de funcionamento, a triangulação edípica que origina o ideal do ego, e com ele a "abertura para o devir". Verdadeira síntese das primeiras cem páginas, esse esquema alicerça os desenvolvimentos sobre outros percursos de constituição, em particular os do psicanalista e da menina até sua maturação como mulher.

2. A construção do analista

O que escuta um analista? pergunta-se Silvia – e responde: "escuta-se tudo, para poder escutar alguma coisa – o inconsciente" (p. 109). O psicanalista só será capaz de captá-lo se souber abrir mão de uma parte do seu narcisismo, recusando-se a ocupar, para o analisando, os lugares de mestre e de ideal. Esse tema tem vários desdobramentos ao longo do livro, pois não é coisa simples escapar das tentações hipnótica e pedagógica próprias a certas formas de psicoterapia não analítica.

O problema da sugestão preocupou Freud por quase quarenta anos. Tendo iniciado sua prática sob o signo da hipnose, era particularmente sensível ao risco de que esta ressurgisse sub-repticiamente no terreno da análise, mesmo que com o paciente acordado e sem que o terapeuta lhe desse ordens para adotar ou suprimir tal ou qual comportamento. A sugestionabilidade faz parte da psique humana, e portanto não pode ser eliminada do horizonte do tratamento; a questão é como evitar que ela bloqueie o processo – e isso depende integralmente da postura do profissional.

A cada sessão, assinala a autora, este se defronta com suas próprias resistências, fantasias e desejos, com o "desconhecido em si mesmo"; isso abala suas certezas e referências, e exige "mobilidade" para escutar a partir do lugar da transferência (p. 121). É Piera Aulagnier, com sua aguda análise do prazer e da resistência no trabalho clínico, que a guia pelos meandros da experiência do analista; ela recorre igualmente a Fédida, a Pontalis e ao Freud de "Construções em Análise" para dar conta do recado – e também à sua própria trajetória de "singularização", discretamente presente em toda essa seção do livro.

O ponto central, aqui, é a de que o analista não existe no vácuo, mas numa cultura e numa sociedade, e igualmente em relação com o campo psicanalítico, do qual fazem parte a instituição na qual se formou e aquela a que escolheu filiar-se (quer seja a mesma, ou outra). O pano de fundo dos anos 1970 ecoa aqui: Silvia dedica grande atenção às formas de convivência entre os membros de uma associação psicanalítica, debruçando-se sobre o "mal-estar inevitável" que resulta do simples fato da pertinência a ela. A idealização necessária para "sustentar" (termo que ocorre com frequência em seus escritos) o desejo de se tornar analista não deve persistir para sempre, sob pena de gerar situações de pura e simples alienação, incompatíveis com a voz própria que se espera de um psicanalista.

Os capítulos 18 e 19 ("Mal-Estar Inevitável" e "A apropriação das heranças") focalizam essa temática. Nas pegadas de autores como Jean-Luc Donnet, Emiliano Galende e Otto Kernberg, são discutidos fatores da organização institucional e dos processos de formação que inibem a criatividade do estudante, em particular os que advêm da interferência da instituição na análise pessoal dele. Entre os efeitos negativos dessa ingerência, o mais grave é a criação de um lugar de "surdez institucionalizada" (p. 394) ali onde interesses do candidato, do seu analista ou da instituição podem se chocar com os objetivos da análise.

À tensão assim produzida entre a análise pessoal e o controle institucional vem se somar, segundo Silvia, a que se instaura entre os desejos de "conhecimento" e de "reconhecimento", este último da parte dos colegas, mas também no seio da sociedade em sentido amplo. "A forma como a instituição responde ao desejo de reconhecimento é fundamental para o sucesso da construção do analista", conclui, observando que tal construção tem melhores chances de ocorrer se a instituição se propuser como um espaço de encontro e de trocas que "propiciem elaborações significativas e não-alienantes" (p. 398-402).

Uma fina análise dos ideais complementa esta visão a um tempo ética e política da vida institucional. Aqui se mostra útil o estudo das etapas da constituição subjetiva, pois é da passagem do "eu ideal" ao "ideal do eu" que se trata. Ou seja: da fusão à autonomia, do "aprisionamento nos fantasmas dos outros" (p. 406) à possibilidade de pensar e sentir por si mesmo, e de constituir projetos, o que exige investir o tempo futuro como aquele no qual estes poderão tomar corpo, e também conceber-se como fonte dos atos capazes de os traduzir em realidades concretas.

Silvia examina o "tripé" da formação, e sobre cada uma das "pernas" tem algo importante a nos dizer. Em resumo, afirma que:

a) a superação de conflitos e resistências (em especial narcísicas) graças à análise pessoal permite ao futuro profissional "tornar-se suporte das transferências dos seus analisandos" (p. 409);

b) a supervisão deve conduzir à formação de um "pensamento clínico" e ao hábito da troca significativa com colegas;

c) quanto ao estudo da teoria, é taxativa – "não se pode sustentar uma clínica a não ser com base num exaustivo conhecimento da metapsicologia na qual se apoia a escuta, e que, a posteriori, nos permitirá entender os efeitos produzidos pelo trabalho de interpretação" (p. 412-413).

Daí a importância de estudar os conceitos no contexto histórico e teórico no qual surgiram, de modo a compreender a que questões procuravam responder, como foram recebidos e eventualmente criticados, quais são sua utilidade e seus limites – em suma, de modo a evitar que se convertam em dogmas aos quais se adere porque se tornaram pilares da identidade do analista, em vez de ferramentas para pensar.

A referência à origem das ideias no embate com a clínica e no debate entre os analistas que vieram antes de nós é central no argumento de Silvia ainda por outra razão: a necessidade de elaborar o "conflito geracional", que reproduz, no plano da formação analítica, o luto pela ilusão de que o pai é todo-poderoso e imortal (p. 417). Assim como o indivíduo precisa deixar para trás as idealizações infantis, o analista deve ser capaz de integrar e superar as identificações que marcaram o início do seu trajeto no *métier*. Elas – e o restante do que recebeu como "herança" – vão estar presentes no seu "mosaico identificatório", como aspectos do seu modo de ser analista, como ideais próprios e escolhidos com critério, como sustentáculos da sua mobilidade psíquica: "o que recebeste dos teus pais, apropria-te dele para tornar teu", na frase de Goethe.

É esta concepção exigente do que significa "ser analista" que fundamenta a visão de Silvia em várias questões, da diferença entre psicanálise e psicoterapias – pois converge com o que diz sobre a ética do "não ser guru do analisando" – às suas intervenções nos debates internos do Departamento de Psicanálise do Sedes, nos quais (como recorda na entrevista mencionada atrás) busca manter sempre aberto o espaço da troca e das "elaborações significativas". Herança, como se vê, dos seus tempos de formação na efervescência do ambiente argentino dos anos 1970, da qual ela se "apropriou", e que veio a se constituir no fundamento da sua prática e da sua reflexão.

3. O feminino

Um exemplo dessa apropriação que conduz à autonomia está no modo como nossa autora aborda a temática do feminino. Sensibilizada para ela pelas ideias de Marie Langer e pelo trabalho numa maternidade portenha sob a orientação de Armando Bauleo, Silvia a mantém no seu horizonte há quarenta anos, e desde 1997 coordena no Departamento de Psicanálise do Sedes um grupo de pesquisa sobre o feminino, no qual, pelo que se depreende dos seus escritos, vem colocando em prática o que acredita dever ser um "espaço de trocas" e uma forma não alienante de estudar e de transmitir a psicanálise.

Sabe-se que o feminino foi a "porta" pela qual Freud entrou para inventar a psicanálise, porta aliás escancarada pelas suas "geniais histéricas". Para compreender o que estas lhe diziam e poder intervir com algum sucesso na economia psíquica que engendrava os sintomas, foi criando os conceitos fundamentais da disciplina, e não cessou de refiná-los até os últimos dias da sua existência: pulsão, sexualidade (no sentido psicanalítico), aparelho psíquico, transferência, e assim por diante.

Contudo, mesmo um pensador do seu quilate não poderia escapar por completo ao contexto ideológico e cultural da época. No caso do feminino, se por um lado efetuou rupturas "fundamentais" em relação às ideias então predominantes, por outro algumas delas se mantiveram como "fios na sua teorização", o que faz desta, diz Silvia enfaticamente, "um pensamento não homogêneo, apresentando impasses e contradições" (p. 301).

Mas, à diferença daqueles para quem tais equívocos invalidam as formulações freudianas sobre o tema, Silvia não está disposta a jogar fora o bebê junto com a água do banho. Sem complacência com algumas delas – que julga serem "mais sintoma do que teoria" (p. 15), segue passo a passo o percurso de Freud, para nele "garimpar" o que tem valor clínico e metapsicológico,[4] e pensar a partir daí – procedimento, segundo ela, indispensável no estudo de qualquer sistema de psicanálise (p. 303).

Uma vez removido o que bem se poderia chamar de "entulho falocentrista", descortina-se o que para nossa autora é o essencial da contribuição freudiana: o ter abandonado as fabulações poéticas sobre uma suposta "essência do feminino" em proveito de algo passível de ser investigado com os instrumentos da psicanálise, a saber o processo pelo qual um bebê "perverso-polimorfo" evolui

---

[4] Entre as ideias de Freud com as quais não concorda, figuram algumas que têm sentido como teorias sexuais infantis da menina, mas que por vezes ele toma como se fossem "realidades concretas e universalizadas": a "não-aceitação do fato da castração", a "inferioridade orgânica", a "inveja do pênis" como pivô da sexualidade da mulher adulta, etc. (cf. p. 302 ss.).

até se transformar numa mulher. As descobertas de Melanie Klein sobre a intensidade da ligação arcaica da menina com a mãe – que Freud levou algum tempo para assimilar, mas, com a integridade intelectual que o caracterizava, acabou por reconhecer serem corretas – o levam a falar de uma fase pré-histórica do Édipo como essencial no sinuoso trajeto do "devir mulher". Tema, aliás, explorado em profundidade pelos autores pós-freudianos, que no entanto não chegaram a um consenso, dividindo-se entre adeptos do "falocentrismo" e partidários da "concentricidade" (p. 309-310).

Do estudo dessa volumosa literatura, que começa nos anos 1930 e se estende até os dias atuais, Silvia extrai a pergunta que lhe serve de bússola:

> *como pensar o sentir e o gozar femininos, incluindo a realidade anatômica e as experiências que dela se desprendem, assim como as intensidades pulsionais correspondentes [...], sem que isso implique na derrocada do reconhecimento da mediação fálica na constituição do sujeito sexuado, ou sem deixar de lado os determinantes culturais? (p. 310).*

Cada termo desta formulação tem seu peso e seu papel na delicada tapeçaria que ela tece nos capítulos centrais do livro. A complexidade do vínculo mãe-filha é ilustrada com a análise do filme de Bergman *Sonata de Outono*, num texto cujo título é um dos seus melhores achados ("A filha não-suficientemente boa"). Dele destaco um tema que ganhará todo o seu relevo nos artigos sobre a histeria: a captura da filha na teia do narcisismo materno, com o cortejo de sentimentos ambivalentes e carências identitárias que isso provoca. Tal situação tornará difícil, senão impossível, a travessia desde a ligação pré-edípica dos primeiros tempos até a autonomia da adulta – em particular durante os anos conturbados da adolescência – já que, como Danièle Brun, Silvia pensa que "o feminino é uma conquista contra a mãe" (p. 333).

Subsidiando essa tese com fragmentos clínicos extraídos da sua prática e de autoras francesas, ela conclui que "o materno dessexualizado, desfeminilizado, cria um fechamento mortífero que impede o surgimento do feminino também na filha" (p. 338). Mas não é sempre que se dá um destino tão funesto. Nos casos favoráveis, as identificações secundárias possibilitadas por um vínculo menos fusional abrem caminho para o "tornar-se mulher"; nesse percurso, o papel-chave cabe à mãe, que, sem se impor à filha como a aranha que "visitava" as sessões da analisanda L., é capaz de a erotizar com seus cuidados e com seu amor, permitindo-lhe atingir "formas singulares de subjetivação e caminhos possíveis de criação" (p. 339).

Cabe aqui uma observação de caráter metodológico, ou talvez epistemológico. A maneira como Silvia trabalha com os conceitos metapsicológicos (magistral, diga-se de passagem) tem como modelo o *modus operandi* de Freud: um processo ou mecanismo de início detectado em determinada área do psíquico vai sendo paulatinamente reconhecido em outras, o que lhe confere alcance muito mais amplo que o dos seus modestos começos.[5]

O efeito da sedução materna entra nessa categoria: a "experiência passiva" (na qual o sujeito é objeto da ação de um outro) foi primeiramente postulada no campo da psicopatologia, no qual tinha como determinante a sedução da futura histérica por seu pai.

---

5   É o caso, entre outros, do narcisismo (do *Caso Schreber* até "Para Introduzir o Narcisismo"), e da censura moral (da *Interpretação dos Sonhos* até a noção de superego apresentada em *O Ego e o Id*).

Em seguida (*Três Ensaios*), Freud a situa no terreno da sexualidade em geral, atribuindo à mãe a função de despertar o investimento libidinal da criança em objetos não autoeróticos. Mais adiante, ela reaparece na melancolia (a "sombra do objeto caindo sobre o ego"), até ganhar toda a sua amplitude na esfera da constituição do sujeito, agora como primeira peça no mosaico das identificações.

A análise da evolução da menina, como se vê, retoma num exemplo particular as mesmas ideias que já encontramos nos capítulos sobre os tempos psíquicos e sobre a construção do analista. Nisso Silvia acompanha uma tendência que se tornou predominante na psicanálise pós-freudiana: a que, sem descartar os movimentos pulsionais do sujeito, evita considerá-los apenas como endógenos, e vê no objeto não somente o alvo da pulsão, mas ainda o *desencadeador* dela. Sob o nome de "teoria das relações de objeto", essa tendência abriga variantes como as de Laplanche ("significante enigmático", "objeto-fonte da pulsão"), de Winnicott (a "mãe suficientemente boa"), de Piera Aulagnier (a "violência da interpretação"), de Bion (a mãe que devolve à psique do filho os elementos beta metabolizados em alfa), e assim por diante, inclusive na teorização do processo terapêutico (por exemplo, a ideia de "dimensão metafórica da escuta" proposta por Pierre Fédida, na qual se inspira a leitura oferecida por Silvia da função analítica).

4. A histeria

Mas voltemos à questão do feminino, que para nossa autora não se reduz à vicissitudes da dupla mãe-filha, já que ambas existem numa cultura na qual o "ser mulher" está determinado por fatores que transcendem o psíquico, sendo como são de natureza social.

Não é um dos menores méritos do livro de Silvia o de chamar insistentemente a atenção para os aspectos culturais que incidem sobre a vida emocional do indivíduo, e contribuem em medida nada desprezível para moldá-la. Sob a denominação genérica de "mal-estar civilizatório", ela se refere com frequência a características bem conhecidas da sociedade atual, que em seu entender não podem ser ignoradas pelo psicanalista – pela boa e simples razão de que são diretamente responsáveis pelas formas que tomam a subjetividade e o sofrimento psíquico nos dias de hoje.

É nas páginas 340 e seguintes, a propósito dos "mitos sobre a maternidade", que encontramos as formulações mais amplas e precisas sobre esse tema. Retraçando a trajetória que no século XIX conduziu à identificação do feminino com o materno, e a partir de meados do século XX ao rompimento dessa equivalência, ela introduz as dimensões culturais indispensáveis para entender a condição feminina na atualidade: "a estética imposta pelo mercado da moda, os corpos magérrimos, a domesticação imposta das formas corporais e a preocupação com a imagem" (p. 344).

Sem deixar de lado os processos sociais mais amplos que estão na base desses fatores – o consumo como motor do capitalismo em sua forma atual, a espetacularização da vida, a onipresença do tópico "corpo saudável" no discurso médico (inclusive graças às tecnologias da imagem, que tornaram corriqueira a visão do interior do organismo), a retomada desse discurso na mídia, a conversão do corpo em sustentáculo da identidade pessoal, e outros – Silvia se volta para os efeitos disso tudo na psique feminina. E, preocupada em não fazer da psicanálise uma aia da sociologia, estabelece um princípio metodológico que situa em seu lugar o papel da cultura no nosso campo:

se quisermos inserir a cultura na causalidade psíquica, [devemos tomá-la] como o mal-estar civilizatório que predomina neste momento da história e que participa na organização dos arranjos pulsionais, outorgando-lhe uma "forma", e não como mero estímulo (a moda) que produziria uma resposta (os sintomas). Tanto a hipótese biologista como a sociogenética deixam de fora o campo da sexualidade, os caminhos pulsionais e desejantes, as vicissitudes do torna-se mulher, que é o que mais nos interessa como analistas (p. 352).[6]

De modo geral, a sociedade contemporânea impõe aos sujeitos exigências de desempenho muito superiores às que eles podem tolerar, tanto como atores sociais quanto no que tange à autoimagem. As consequências disso são dramáticas: o narcisismo é submetido a duras provas, engendrando conflitos identificatórios, agudas vivências de desamparo, o recurso frequente a mecanismos de defesa arcaicos como a cisão e a projeção, atuações impulsivas, a busca de marcas que sirvam como "bordas do ego", inclusive na superfície corporal (piercings, tatuagens, cirurgias plásticas, etc). A "devoração pelas imagens" (p. 71) favorece o empobrecimento da vida interior, e, em conjunto com os aspectos mencionados, contribui para a fragilização do ego, talvez a característica mais saliente das diversas patologias ditas "novas", e que segundo alguns tornariam obsoletos os modelos freudianos, supostamente operativos somente no campo das neuroses "clássicas".

Aos que assim pensam, Silvia opõe uma enfática negativa, e a apoia com um estudo aprofundado das formas contemporâneas da histeria. Este é, a meu ver, o ponto alto da sua coletânea, e, para

---

6 Esse mesmo cuidado com a dialética entre o social e o psíquico guia a esclarecedora análise do conceito de gênero, introduzido na psiquiatria por John Money, e que Richard Stoller foi o primeiro a utilizar na psicanálise (p. 313 ss.).

concluir essas observações, gostaria de me deter um momento no que ela tem a dizer sobre o assunto.

O ponto de partida é a ideia de que as "apresentações" das histéricas variam conforme a época e o lugar social, mas todas mantêm o que caracteriza essa estrutura psicopatológica: "a expressão pelo corpo daquilo que não pode ser dito" (p. 174). Opondo-se à eliminação da histeria na classificação do DSM, nossa autora demonstra que a concepção freudiana conserva todo o seu interesse, se a ela incorporarmos os elementos que especificam a época atual.

A "plasticidade identificatória" e a "intensa atividade de fantasia" da histérica a convertem num "radar" tanto do mais manifesto quanto do mais recalcado no meio social em que vive (p. 192-193): na era pós-moderna, isso a torna particularmente sensível às imagens e aos ideais veiculados pela mídia, que parecem ofertar meios infalíveis de obter o que mais almeja – o amor do outro. Nisso, ela não se distingue da Dora absorta na contemplação da Madonna Sixtina no museu de Dresden[7] – apenas, no lugar de uma pintura renascentista, o que fascina a histérica do nosso tempo é a silhueta esguia da top-model, ou os opulentos seios que supostamente despertam o desejo masculino.

É assim que Silvia compreende uma das manifestações mais impressionantes da histeria contemporânea: os ditos "transtornos alimentares" (p. 349 ss.). Muito mais do que uma oralidade mal resolvida, o que ela discerne na anorexia e na bulimia é a presença sinistra de um Outro aprisionador e/ou invasivo – e aqui voltamos à díade mãe-filha. Trata-se, diz ela, de patologias da identidade e da

---

7 Cf. o segundo sonho de Dora: *Bruchstück einer Hysterie-Analyse*, Studienausgabe, Fischer Verlag, Frankfurt, 1971, vol. VI, p. 164; *Análisis Fragmentario de una Histeria*, Biblioteca Nueva, Madrid, 1975, vol. I, p. 986.

sexualidade, potencializadas pela fragilidade egoica de filhas enredadas no narcisismo maligno das suas mães (p. 353 ss.). Os sintomas frequentemente gravíssimos que encontramos nessas afecções podem ser compreendidos como tentativas de "encontrar soluções para os enigmas da feminilidade" (p. 352): o ideal da magreza está ligado à liberação sexual, que desvinculou o modelo de beleza das formas "mais redondas" almejadas por nossas avós, que viam na maternidade a realização suprema da mulher.

É preciso ler com atenção essas páginas, nas quais se fecha o círculo da argumentação desenvolvida ao longo de todo o livro. Metapsicologia, clínica e dialética entre ambiente social e existir psíquico são aqui trançadas num tricô conceitual em que as agulhas se movem com agilidade e precisão.

As mãos que as seguram são as mesmas que, décadas atrás, folhearam as páginas da edição castelhana de Freud. Talvez o mais fundamental do que Silvia absorveu naquela época esteja concentrado na sua conceituação do psicanalista, que transcrevo para encerrar estas considerações:

> *Psicanalista é aquele que se analisou o suficiente para criar as condições de autoanálise demandadas pela prática clínica; que submeteu sua clínica à supervisão, visando a adquirir recursos para suportar as transferências, e que estudou bastante metapsicologia para conseguir perguntar o que está em jogo nos fenômenos clínicos a ele apresentados. Com base nisso, coloca-se como necessidade incontornável para sua prática [...] que tenha criatividade suficiente para manter funcionando a situação analítica, na singularidade de cada realidade clínica (p. 168-169).*

Bauleo, Langer, Barenblitt e outros protagonistas daquele período sem dúvida concordariam com tais palavras. Elas expressam com elegância o valor supremo na escala ética legado por eles à geração que formaram, e que norteia nossa autora nas várias dimensões da sua prática: o compromisso com a singularidade e com a autonomia do pensamento, tanto para si como para o outro.

A presença de dois termos em cada uma dessas fórmulas não é casual: ambos são faces da mesma moeda – e a meu ver essa é a lição mais preciosa entre as tantas que o leitor encontrará nos escritos de Silvia Alonso.

Uma visão binocular de Bion

Suponhamos que, percorrendo a estante de psicanálise de uma livraria, um estudante se depare com a lombada de *Bion em Nove Lições: Lendo Transformações*.[1] Não seria de admirar se fosse tomado por uma grande alegria: um pensamento tão complexo exposto em apenas nove lições? Que presente dos céus! Puxa o livro, percebe que ele se refere apenas a um texto de Bion, e folheando-o, se dá conta de que a expectativa era infundada: a proposta do autor não é apresentar o percurso do psicanalista inglês, menos ainda uma exposição sistemática dos seus conceitos, mas acompanhar passo a passo o movimento e as implicações de alguns parágrafos pinçados nos três primeiros e nos três últimos capítulos de *Transformations*.

Frente a tal descoberta, nosso estudante poderia ter várias reações. Uma delas talvez fosse de decepção: um tanto irritado, recolocaria o livro na prateleira e continuaria seu passeio pela loja.

---

1 São Paulo, Escuta, 2011.

Mas, caso tivesse um pouco mais de curiosidade e de "tolerância à frustração", poderia aceitar o convite, sentar-se em algum canto, e prosseguir na leitura – e, ao terminá-la, acredito que reconheceria ter aprendido bastante.

A forma inusitada – trata-se da transcrição editada de uma série de aulas proferidas na PUC/SP, da qual se encarregaram Gina Tamburrino e Marina Ribeiro, por isso consideradas coautoras – vai se revelando ao longo das páginas uma ótima escolha. Entremeando a reprodução dos textos selecionados com comentários sobre cada um, Luis Cláudio nos introduz nos meandros de um livro fundamental tanto para quem deseja se aprofundar no pensamento de Bion quanto para os que querem compreender a posição dele na história da psicanálise.

Isso porque, além da *explication de texte* no melhor estilo franco-uspiano – ou seja, destacando os conceitos, expondo seus pressupostos e a relação que vão estabelecendo uns com os outros, e portanto permitindo-nos perceber as articulações de um pensamento que evolui em espirais sucessivas – o método inclui outras dimensões. Uma delas é a busca das razões para certas peculiaridades do texto bioniano que costumam desnortear o leitor: a brusca passagem de fragmentos de sessões com psicóticos a um grau elevadíssimo de abstração, o retorno incessante sobre os próprios passos, que com frequência desconstrói o que parecia solidamente estabelecido, certas inconsistências lógicas no argumento, o uso um tanto desenvolto (para dizer o mínimo) feito por Bion das suas referências filosóficas, e outras mais. Longe de serem casuais, ou devidas a algum descuido do autor, tais características traduzem, segundo Luis Cláudio, o desejo dele de tornar sensível a quase insuperável dificuldade para falar de uma experiência que comporta por natureza um aspecto indizível e irrepresentável – a experiência do processo e da prática psicanalíticos.

Transformations trata, como se sabe, das transposições dessa experiência no paciente e no analista, desde sua origem (suposta) até as elaborações mais complexas e refinadas que ambos podem lhe dar. O ponto de partida é o que Joan e Neville Symington chamam, em seu livro sobre Bion, de "fenomenologia da sessão":[2] aquilo que nela se passa, tomado no sentido mais imediato – as associações do analisando, e as vivências que despertam no analista. A hipótese de Bion é que esses fenômenos resultam de transformações sucessivas de "algo" designado como O, um ponto zero incognoscível (de onde o uso do termo kantiano de "coisa em si"), mas cujas manifestações podem ser apreendidas, porque formam padrões recorrentes.

A tarefa do analista é descobri-los, e formular, a partir deles (e das suas próprias reações a eles), interpretações que favoreçam, em seu parceiro, o contato com a realidade psíquica da qual derivam. Assim como nosso estudante na livraria, este pode aceitar os sentimentos que costumam acompanhar tal contato – na perspectiva bioniana, habitualmente feitos de terror, angústia, perseguição, culpa, desamparo – ou deles fugir por meios variados, que evidenciam suas defesas e aparecem, no imediato da sessão, como o que Freud denominava "resistências".

A seleção feita por Luis Cláudio nos doze capítulos do livro destaca os eixos principais do argumento construído por Bion: a noção de transformação (objeto das primeiras "lições") e o conceito de O (tratado nas últimas). Entre uma e outro, é estudado um tipo específico de transformação, a "transformação em alucinose", uma das mais originais contribuições do psicanalista britânico ao arsenal conceitual da psicanálise.

---

2 *The clinical thinking of Wilfred Bion*, Londres e Nova York, Routledge, 1996, p. 2.

Assim como este, que transita dos "mais miúdos detalhes do terreno" a "patamares" de alta abstração, nosso autor examina com lupa cada frase dos trechos que transcreve, para em seguida situá--los no lugar que lhes corresponde na construção do argumento, e analisar algumas das suas implicações teóricas e clínicas. As citações, que por vezes ocupam mais de uma página, são indispensáveis para que o leitor possa acompanhar o comentário – e devemos agradecer a Luis Cláudio tê-las feito também do original, o que permite apreciar a propriedade da tradução. Um ou outro deslize (como a versão de *assessment* por *levantamento*, quando no contexto significa claramente *avaliação*, p. 49), ou a falta de vírgulas numa passagem em português, que inverte o sentido da frase (p. 28) serão com certeza corrigidos numa próxima edição, assim como a ausência de algumas palavras aqui e ali nos trechos em inglês. Mas, no conjunto, a tradução proposta é bem superior à da edição Imago,[3] que sofre dos mesmos defeitos tantas vezes apontados na Edição Standard Brasileira das obras de Freud: literariamente um desastre, muitas vezes alambicada, torna ainda mais árido um texto que não é de fácil absorção, mas de modo algum deliberadamente obscuro.

Outra característica da forma como Luis Cláudio o lê é uma saudável distância da veneração presente no livro dos Symington, que "não têm a menor hesitação" (*sic*, p. XII) em qualificar Bion de "o mais profundo pensador da psicanálise – e esta afirmação não exclui Freud". Não se trata aqui de distribuir medalhas de "profundidade", mas tampouco podemos deixar de observar que, se os

---

[3] A que pude compulsar já começa mudando o título: *As Transformações*, Rio de Janeiro, 1991, trad. Paulo Dias Corrêa. Nas referências bibliográficas, Luis Cláudio menciona outra versão, publicada pela mesma editora (Paulo Cesar Sandler, 2004). É de se esperar que seja mais fiel ao original.

autores ingleses tivessem lido Freud com o mesmo cuidado com que leram Bion, não se exporiam ao ridículo de apresentar, do pensamento do fundador da psicanálise, a versão esquemática e superficial que a que sistematicamente o reduzem quando comparam as ideias de um e de outro.

Tirando essa hipérbole desnecessária, o livro que escreveram é uma excelente introdução tanto ao pensamento teórico de Bion quanto às suas implicações para a prática cotidiana do analista – e Luis Cláudio se serve dele em determinados momentos da sua exposição. Poder-se-ia dizer que *Bion em Nove Lições* se situa a meio caminho entre o que realizou o casal britânico e outro ótimo volume sobre Bion, escrito por Gerard Bléandonu: *Wilfred R. Bion, la vie et l'oeuvre, 1897-1979*.[4] Este abrange a totalidade da obra, situa-a no contexto biográfico, descreve sua evolução interna, esclarece a relação das ideias com os problemas que elas visavam a elucidar, com o ambiente psicanalítico em que tomaram corpo, e com as fontes filosóficas e literárias que ajudaram Bion a formulá-las.

Sem ter esse intento, o livro que estamos examinando leva em conta que Bion não surgiu do nada, como o famoso "raio em céu azul" de que fala Marx no *Dezoito Brumário*. Pelo contrário: está firmemente enraizado na psicanálise britânica, quando mais não fosse por ter frequentado o divã de Melanie Klein precisamente na época em que esta desenvolveu suas ideias mais importantes (1945-1953), e por ter-se declarado explicitamente, nos textos sobre a psicose dos anos 1950, um seguidor da Grande Dama. Isso nada tira da sua originalidade, que se revelou por completo nos trabalhos da década de 1960, em particular na trilogia que se inicia com *Learning from Experience* (1962),

---

4   Paris, Dunod, 1990.

continua com *Elements of Psycho-analysis* (1963) e se conclui justamente com *Transformations* (1965).

Embora a certa altura – para ilustrar como Bion retoma questões que já havia tratado, e, para surpresa do leitor, serra o galho sobre o qual ambos estavam sentados – Figueiredo diga que para compreender Bion seria preciso não apenas "esquecer Freud e Klein, mas ainda esquecer Bion, acompanhá-lo 'sem memória e sem desejo' pelas trilhas que vai desbravando" (p. 45) – esta não é a tônica da sua leitura: ele não se priva de utilizar textos anteriores para esclarecer certas passagens obscuras de *Transformations* – por exemplo, as que chamam de *T(analista)beta* e de *T(paciente)beta* o produto das transformações operadas em suas "impressões" pelos participantes da sessão, enquanto anteriormente o termo *beta* designava os elementos protomentais inutilizáveis pelo aparelho de pensar, ou seja, algo que de modo algum pode ser considerado como um "produto".

Estas e outras variações na terminologia são atribuídas – com razão, penso – ao desejo de Bion de manter ambíguas e abertas a novas significações ("não saturadas") mesmo as suas fórmulas mais abstratas, com o que, esperava ele, o leitor evitaria o erro de crer que algo esteja definitivamente estabelecido, quer no plano da teoria, quer no da prática clínica.

Há nessa postura de Bion um misto de sabedoria e de coqueteria. Sabedoria, porque é uma parte essencial de sua visão do funcionamento psíquico a crença na incognoscibilidade da realidade última (O), e portanto a afirmação do caráter necessariamente defectivo das palavras e das teorias com que procuramos descrevê-la. Este é, aliás, o motivo pelo qual a verdadeira mudança psíquica só pode ocorrer mediante uma transformação em O, o que é bem diferente de um conhecimento, mesmo "emocional", desta misteriosa entidade. Coqueteria, porque apesar disso seu pensamento – como o de qualquer grande criador, em qualquer área da ciência ou da filosofia – apresenta uma forte coesão sistemática, assim como traços que se repetem desde os primeiros até os últimos trabalhos, e que são, por assim dizer, sua linha d'água característica, sua "assinatura", ou, como dizia Karl Abraham acerca de "O Moisés de Michelangelo",[5] a marca das "garras do leão".

Um desses elementos é a sensibilidade para os aspectos psicóticos do funcionamento mental, já evidente no trabalho com os grupos a que Bion se dedicou no início da sua carreira, especialmente durante e logo após a Segunda Guerra Mundial. A psicose (em particular a esquizofrenia) é a matriz clínica da qual derivam suas concepções fundamentais, e nos fornece um bom exemplo de como estas se enraízam no "tronco freudiano" (a expressão é de Luis Cláudio) e neste grosso ramo da árvore psicanalítica que é a obra de Melanie Klein.

Como muitos dos que adotam a perspectiva bioniana compartilham a opinião dos Symington de que seu mestre é o Messias da psicanálise, a convicção de Luis Cláudio de que ele é parte integrante de uma história sem a qual sua obra não teria sido possível tem implicações muito mais amplas do que poderia sugerir a discrição com que aparece nessas *Lições*. De fato, não é o tema principal do livro, mas o atravessa de ponta a ponta, e é sustentada pelo percurso do próprio Luis Cláudio, que escreveu – juntamente

---

5   Freud escrevera ao seu discípulo que o artigo sairia no número 3 da revista *Imago* anonimamente, o que de fato aconteceu. Abraham respondeu que tal precaução era inútil: todos reconheceriam no texto as ditas "garras do leão". Cf. a carta de 02.04.1914, in Freud-Abraham, *Correspondance 1907-1926*, Paris, PUF, 1969, e a "Nota Introdutória" de James Strachey ao texto na *Standard Edition*, vol. XIII, p. 210.

com Elisa M. de Ulhôa Cintra – um estudo sobre Melanie Klein,[6] e, em seus cursos de pós-graduação, vem se dedicando à leitura de outros autores importantes na história da psicanálise, como Ronald Fairbairn e Heinz Hartmann.

A meu ver, a contextualização de qualquer pensador é um poderoso antídoto contra a tendência a idealizá-lo, porque evidencia as conexões entre suas ideias e o ambiente no qual emergiram as questões que o ocuparam, e portanto as reabre, permitindo entrever as vias pelas quais ele transitou em sua tentativa de as elucidar. Isso está longe de ter interesse meramente histórico ou acadêmico, pois o que torna grande uma obra é justamente sua capacidade de estimular os que a leem a formular suas próprias questões, e ao mesmo tempo de fornecer-lhes instrumentos com os quais avançar em seu caminho singular. Vejamos então como Bion procede com os autores que lhe servem de estímulo, tomando como guias tanto as observações esparsas de Luis Cláudio quanto as análises mais detalhadas dos Symington e de Bléandonu.

Este observa com argúcia que a análise de Bion com Melanie Klein se estende entre o ano da publicação de "Notas sobre alguns mecanismos esquizoides" (1945), que introduz o conceito de identificação projetiva, e *Developments in Psycho-Analysis* (1952), a grande síntese das concepções da escola realizada por ela e por seus colaboradores (entre os quais Bion, que tem um artigo na coletânea) a partir das comunicações apresentadas durante as "discussões controversas" dos anos 1940. Por sua vez, Luis Cláudio ressalta como ele recorta da obra de Klein o que lhe serve para pensar, deixando de lado, por exemplo, nada menos que o conceito

---

6   *Melanie Klein – Estilo e Pensamento*, São Paulo, Publifolha, 2004.

de reparação, essencial na visão kleiniana da posição depressiva, e que ele substitui pela ideia de crescimento emocional.

Teria Bion lido mal a sua grande predecessora? Obviamente, não, assim como não "leu mal" Freud, do qual também seleciona o que é afim à sua sensibilidade clínica e à matriz psicopatológica a que o conduz essa sensibilidade. Das seis mil páginas de textos e cartas de Freud, o que ele retém e usa sem cessar é o pequeno artigo de 1911 sobre os "dois princípios do funcionamento psíquico", que vinculam a aparição do pensamento ao princípio de realidade e ao que a escola inglesa chamará – numa importante "transformação" do que diz Freud – de "tolerância à frustração".

Mas Bion impõe a essa ideia freudiana, assim como à de identificação projetiva, a torção própria ao *seu* sistema – e é essa operação que evidencia tanto sua inserção na tradição psicanalítica quanto a originalidade com que ela se efetua. Merleau-Ponty escreve[7] que toda filosofia é a longa e laboriosa explicitação de uma "intuição central". O mesmo se poderia dizer de um sistema de psicanálise, entendendo por este termo uma construção original e abrangente sobre o funcionamento psíquico, sobre sua evolução da infância até a fase adulta, sobre as entidades psicopatológicas e sobre o processo analítico. São essas construções que servem de base para as diversas escolas de psicanálise, e, por sua complexidade, compreende-se que não sejam numerosas. Penso que todas repousam sobre uma "intuição central", e a desenvolvem de muitas maneiras, em muitas áreas; tais desenvolvimentos vêm a formar uma espécie de rede, que é justamente o que dá conta do seu caráter sistemático e ao mesmo tempo aberto a novos

---

7   "Partout et nulle part" ("Em toda parte e em nenhuma", 1956), in *Signes*, Paris, Paris, Gallimard, 1960.

desenvolvimentos, por vezes em campos dos quais o criador do sistema não podia ter ideia alguma.

Talvez a "intuição central" de Bion possa ser formulada mais ou menos assim: a realidade psíquica é feita de dor e de angústia, das quais o ser humano busca fugir pelos mais variados meios. Isso, porém, só lhe causa sofrimento; se é possível alguma paz de espírito, ela só pode ser alcançada se pudermos reconhecer, tolerar e aceitar aquilo de que no fundo somos feitos. O caminho para isso é o pensamento, e a forma menos imperfeita de aceder ao pensamento é a experiência emocional que se pode ter numa análise.

Vista como exploração multifacetada dessa "intuição", a trajetória do analista britânico se apresenta como notavelmente coerente – nisso, creio, estariam de acordo tanto Luis Cláudio como os Symington e Bléandonu. Foi no trabalho com os grupos que ele forjou os primeiros instrumentos para abordar a realidade psíquica; o encontro com Klein e o estudo da psicanálise tal como se apresentava nos anos 1940 lhe forneceram a possibilidade de refinar estes instrumentos, em particular abordando os fenômenos psicóticos do ponto de vista da linguagem e do pensamento. Isso já era bastante original, se confrontado com a parca literatura sobre o assunto até então produzida pelos psicanalistas. Na maturidade, que atingiu na década de 1960, esse percurso se completa com novas ideias, e com um grau considerável de formalização. A notação dos processos em curso numa análise por meio da Grade, e a criação de uma terminologia própria, são os aspectos mais salientes deste movimento, mas não o seu fundamento: este reside no conceito de O – e um dos pontos altos do livro de Luis Cláudio é a análise desta noção que encontramos nas suas últimas "lições".[8]

---

8 Uma ideia semelhante à de Bion – a transformação em O é temida devido ao caráter "vazio e sem forma" da realidade última – serve como ponto de partida

Se agora retornamos às "Considerações Iniciais", compreendemos por que elas contêm várias páginas sobre a intertextualidade, ou seja, sobre o fato de que nenhum livro se basta a si mesmo: todos dialogam, de um modo ou de outro, com os que os precederam e com os que lhe são contemporâneos – até mesmo, se poderia dizer, com aqueles que o autor não leu. Isso porque os temas de que trata (e os meios para tratá-los) estão de certa forma "no ar": noções como as de *episteme*, de Foucault, nos ajudam a entender como isso se dá.

A episteme é um solo comum de ideias, conceitos, pressupostos e modos de pensar que subjaz às produções científicas e filosóficas de uma dada época, ou de um determinado meio cultural. É ela que, silenciosa mas eficazmente, determina o que é possível pensar, e o "ar de família" que, vistos a uma certa distância, os "pensados" durante sua vigência demonstram possuir. Assim, por exemplo, a teoria da linguagem, a análise das riquezas e o estudo dos seres vivos compartilham, durante os séculos XVII e XVIII, certos elementos que o filósofo francês relaciona com o primado da representação; já no XIX, esses mesmos ramos do saber operam com a ideia de uma temporalidade constituinte, o que permite o surgimento da gramática histórica (que inclui o estudo da diversificação das línguas ao longo do tempo), da economia política (que leva em conta o ciclo do trabalho, como em Marx), e a biologia moderna (em cuja teoria da evolução é evidente a importância do fator tempo).[9]

---

ao percurso de Conrad Stein em *L'Enfant imaginaire* (Paris, Dunod, 1971), no qual é analisada como angústia do paciente *"en proie à la régression"* (tomado pela regressão). Este autor, aliás, tem em comum com o empreendimento bioniano o projeto de deduzir a teoria psicanalítica das "constantes da sessão".
9   Cf. Michel Foucault, *As Palavras e as Coisas*, Lisboa, Portugália Editora, 1966.

Estamos longe de Bion, e da psicanálise? De modo algum. Se tomarmos com a ideia de episteme certas "licenças poéticas" (ou epistemológicas...), salta aos olhos que o empreendimento bioniano tem em comum com outros uma série de elementos, o que se deve ao fato – aparentemente óbvio, mas riquíssimo de consequências – de que todas se situam no território desbravado e parcialmente mapeado por Freud. Como este representa apenas alguns hectares de algo bem mais amplo, a que se poderia chamar de "pensamento moderno", as linhas de intertextualidade entre as teorias psicanalíticas e alguns desenvolvimentos em outras áreas são numerosas, complexas – e interessantíssimas.

Para nos limitarmos ao caso das referências filosóficas de Bion: Bléandonu esclarece que a notação da Grade é "literalmente decalcada" (sic, p. 163) da *Begriffsschrift* (escrita conceitual) proposta por Frege nos seus *Fundamentos da Aritmética* (1884), a qual por sua vez é uma variante da ideia leibniziana de *mathesis universalis* (uma espécie de notação simbólica capaz de eliminar as ambiguidades do raciocínio e da comunicação). O mesmo Bléandonu assinala a dívida de Bion para com o livro de Richard Money-Kyrle *Man's Picture of His World*, que leu ainda em manuscrito e no qual o autor lhe agradece as sugestões que fez. Sem entrar em detalhes aqui desnecessários, é interessante observar que a epistemologia de Money-Kyrle se baseia na do orientador de sua tese em filosofia, Moritz Schlick, um dos principais expoentes do positivismo lógico associado ao Círculo de Viena. Já os Symington, num capítulo dedicado à genealogia da teoria bioniana do pensamento, assinalam sua preferência pelas correntes psicológicas que destacam a atividade de ligação própria ao funcionamento mental, como as de Piaget e Vygotsky. Coerentemente, ele se opõe ao associacionismo: segundo este último, as imagens se imprimem numa *tabula rasa*, na qual se vinculam quase automaticamente por semelhança, contraste e contiguidade para dar origem às ideias – o que implica que a atividade da mente só se inicie num patamar mais elevado.

A lista poderia continuar por várias páginas, mas essas são suficientes para apoiar meu argumento. Assim como faz com Freud e Klein, Bion impõe aos autores extrapsicanalíticos as torções necessárias para poder pensar *através* deles – e Kant é o caso mais evidente. Com efeito, ele se revolveria no túmulo se soubesse que sua cuidadosa e essencial distinção entre as operações do espírito *a priori* (anteriores lógica e cronologicamente a qualquer experiência possível, porque são condição para que esta se constitua) e *a posteriori* estava sendo jogada às águas do Tâmisa por esse "discípulo" tresloucado, que se permitia psicologizar as categorias transcendentais!

Mas a indignação do filósofo de Königsberg não teria razão de ser: toda apropriação criativa é em certo sentido uma traição, e em outro uma homenagem ao autor "pirateado". A sem-cerimônia de Bion para com Kant lembra a de Lacan para com Saussure – e está longe de ser o único paralelo entre esses dois gigantes da psicanálise. Apesar do cuidado que devemos tomar quando comparamos pensamentos complexos, não me parecem triviais as semelhanças entre ambos, que mereceriam uma investigação mais detalhada.[10]

Uma rápida lista delas incluiria a mesma justificativa para o estilo hermético (embora o de Bion o seja em grau menor que o do francês): estimular o leitor a pensar, sensibilizando-o para

---

10 Nota de 2015: Um primeiro passo nesse sentido foi a tese de doutorado de Rodrigo Otávio Fonseca, "A constituição originária da rejeição (*Verwerfung*) em Bion e em Lacan" (Programa de Estudos Pós-Graduados em Psicologia, PUC/SP, 2014).

a estranheza do universo inconsciente[11] e minando suas certezas reconfortadoras. Ambos recorrem à matemática na tentativa de contornar o obstáculo à reflexão analítica representado pelo imaginário (Lacan) ou pelas imagens saturadas (Bion). Ambos se interessam primordialmente pela psicose, e a abordam a partir do vértice da linguagem e do pensamento (veja-se o caso Aimée, discutido por Lacan em sua tese de 1932). Ambos fazem uso de teorias linguísticas inovadoras (Wittgenstein na Inglaterra, Saussure na França). Ambos postulam, subjacente às funções mentais mais evoluídas, um real feito de turbulência e dor. Ambos dedicaram uma parte importante de sua atividade ao ensino e à escrita, ambos se tornaram referência para discípulos que acabaram por se limitar ao estudo da sua obra, supostamente o alfa e o ômega da psicanálise.

É evidente que tais semelhanças não excluem diferenças consideráveis, mas impressionam pela importância que têm na construção da perspectiva de cada um dos autores. Uma hipótese para tentar dar conta deste fato – assim como das semelhanças entre as teorias do pensamento de Bion e de Piera Aulagnier – é que a matriz clínica a partir da qual os três trabalham é claramente a psicose. Quanto às diferenças, os motivos para que existam são de várias ordens. Um deles me parece estar ligado aos ambientes psicanalíticos – tão diversos, apesar da proximidade geográfica – da França e da Inglaterra: na época da formação de ambos (anos 1930 e 1940), as ideias de Melanie Klein não tinham em Paris praticamente penetração alguma. Assim, é possível que a função de referência que

---

11 Apesar da afirmativa dos Symington de que Bion baniu a ideia de inconsciente, Luis Cláudio dedica as linhas finais do seu livro ao penúltimo parágrafo de *Transformations*, no qual o conceito, supostamente "bloqueador da compreensão psicanalítica" (*Clinical Thinking*, p. 8), aparece em relação nada menos que com O (p. 153-154).

o kleinismo desempenhou para Bion tenha sido preenchida, no caso de Lacan, pela psiquiatria dinâmica gaulesa (Clérambault e outros).

Seja como for, o livro de Luis Cláudio vai na contramão da tendência a idealizar Bion. É isso, creio, que lhe permite lê-lo de "dentro", sem por isso perder o ângulo do "fora", ou seja, da contextualização de *Transformations* em relação a Freud, a Klein e ao Bion "anterior". Um belo exercício de visão binocular, que nos permite vislumbrar quanto perderia aquele estudante, se, decepcionado por não encontrar no livro a chave de todas as asperezas da obra bioniana, o recolocasse na prateleira com a pressa dos parvos.

Nota sobre a origem dos textos

01. Os que não foram heróis: publicado originalmente em Abrão Slavutzky (Org.), *O Dever da Memória: O Levante do Gueto de Varsóvia*, Porto Alegre, FIRGS/AGE, 2003, p. 83-104.

02. Nasrah e seus irmãos: publicado originalmente em Gunther Axt e Fernando L. Schüler (Org.), *Fronteiras do Pensamento*, Rio de Janeiro, Ed. Civilização Brasileira, 2010, p. 107-127.

03. Intolerância: um olhar psicanalítico: conferência no I Simpósio Nacional sobre a Intolerância, Universidade de São Paulo, São Paulo, novembro de 2006. Inédito.

04. Existe um erotismo contemporâneo?: conferência no IV Simpósio de Psicossomática Psicanalítica, São Paulo, outubro de 2007. Publicado originalmente em Rubens Volich et al. (orgs.), *Psicossoma IV: Corpo, História, Pensamento*, São Paulo, Casa do Psicólogo, 2008, p. 35-54.

05. Casamento sem sexo: conferência no Café Filosófico, Campinas, abril de 2004. Versão em vídeo: Fundação Padre Anchieta,

Coleção "Café Filosófico". Inédito em forma impressa, o texto foi reelaborado para figurar no presente volume

06. Um psicanalista no bosque de Clio: prefácio para David Levisky, *Um monge no divã: o adolescer de Guibert de Nogent*, São Paulo, Casa do Psicólogo, 2007, p. 15-38. Tradução uruguaia: Montevideo, Ediciones La Estampilla, 2010. Uma versão inglesa condensada ("A monk in the couch") foi publicada no *International Journal of Psychoanalysis*, vol. 89, n° 2, 2008, p. 663-701.

07. Amor romântico: conferência na mesa-redonda "O Amor em Tempos de Desamor", XX Fórum Nacional, Rio de Janeiro, maio de 2008. Publicado originalmente em João Paulo dos Reis Veloso (Org.), *Amor em Tempos de Desamor*, Rio de Janeiro, José Olympio, 2008, p. 45-70.

08. Por que lemos romances policiais? Conferência no Simpósio Interdisciplinar de Literatura e Psicanálise, Departamento de Teoria Literatura e Literatura Comparada, Universidade de São Paulo, novembro de 2008. Publicado originalmente em Cleusa R. Passos e Yudith Rozenbaum (orgs.), *Escritas do Desejo: Literatura e Psicanálise*, São Paulo, Ateliê Editorial, 2011, p. 127-158.

09. O ponto de fuga: sedução e incesto em *Vaghe Stelle dell'Orsa*...: escrito originalmente para o catálogo da Mostra Visconti, Centro Cultural São Paulo, setembro de 2002 (que não chegou a ser impresso), o artigo foi publicado na *Revista Percurso* n° 33, São Paulo, Instituto Sedes Sapientiae, 2004, p. 7-20.

10. Mudou o Natal, e mudei eu: publicado originalmente em Ivo da Silva Jr. (Org.). *Filosofia e cultura. Festschrift em homenagem a Scarlett Marton*, São Paulo, Barcarolla, 2011, p. 523-547.

11. Um rabino tolerante: apresentação de Alexandre Leone: *Dialética Teológica Rabínica: Mística e Razão*, São Paulo, Perspectiva, 2011, p. XVII-XXII.

12. A inveja: conferência no ciclo da Funarte "Os Sentidos da Paixão", realizado em dezembro de 1986. Publicado originalmente em *Os Sentidos da Paixão*, São Paulo, Companhia das Letras, 1986, p. 117-140. O texto foi incluído no volume *Indisciplinares* da coleção *Ensaios Brasileiros Contemporâneos* (org. Francisco Bosco et al.), Rio de Janeiro, Funarte, 2016, p. 225-247.

13. Conrad Stein no Brasil: comunicação no Colóquio em homenagem a Conrad Stein promovido pela *Association pour Médecine et Psychanalyse* e realizado em Paris em setembro de 2011. A versão francesa original foi publicada em Danièle Brun (Org.), *Psychanalyse et transmission: hommage à Conrad Stein*, Paris, ed. Études Freudiennes, 2012, p. 247-260. Versão revista da tradução brasileira, publicada originalmente na *Revista Percurso* nº 47, São Paulo, Instituto Sedes Sapientiae, 2011, p. 27-34.

14. Prazer de criança: versão brasileira de "Plaisir d'enfant", in Danièle Brun (Org.), *L'écriture et la parole: mélanges en hommage à Conrad Stein*, Paris, P.A.U., 2004, p. 139-151. Inédito em português.

15. Um analista e seu trabalho: resenha de Luís Carlos Menezes, *Fundamentos de uma clínica freudiana*, São Paulo, Escuta, 2001. A versão inglesa ("Fundamentals of a Freudian Clinic") foi publicada no *International Journal of Psychoanalysis*, vol. 84, nº 2, 2003, p. 474-478. Inédito em português.

16. Um destino para o ódio: resenha de Renata Cromberg, *Paranoia*, São Paulo, Casa do Psicólogo, 2000. Publicado originalmente na *Revista Percurso* nº 26, São Paulo, Instituto Sedes Sapientiae, 2001, p. 117-118.

17. As espirais de Decio Gurfinkel: resenha de Decio Gurfinkel, *Do Sonho ao Trauma: Psicossoma e Adicções*. Publicado originalmente na *Revista Brasileira de Psicanálise*, vol. 36 nº 3, 2002, p. 705-709.

18. Lições de ontem para a clínica de hoje: resenha de Luis Cláudio Figueiredo, *Elementos para uma Clínica Contemporânea*, São Paulo, Escuta, 2003. Publicado originalmente na *Revista Percurso* nº 31/32, 2004, p. 161-164.

19. "Conversa de louco": razão e sensibilidade na prática na prática da Psicanálise: resenha de Sergio Telles, *Fragmentos Clínicos de Psicanálise*, São Paulo, Casa do Psicólogo, 2003. Publicado originalmente na *Revista Percurso* nº 30, São Paulo, Instituto Sedes Sapientiae, 2003, p. 131-133.

20. Três em um: resenha de Roberto Girola, *A Psicanálise Cura?* Aparecida (SP), Ed. Ideias e Letras, 2004. Publicado originalmente na *Revista Percurso* nº 33, São Paulo, Instituto Sedes Sapientiae, 2004, p. 157-159.

21. A fina botânica de Luiz Meyer: resenha de *Rumor na Escuta*, São Paulo, Ed. 34, 2009. Publicado originalmente na *Revista Brasileira de Psicanálise*, São Paulo, vol. 43, n° 4, 2009, p. 157-173.

22. A Gata Borralheira da Psicanálise: prefácio para Berta Hoffmann Azevedo, *Crise Pseudoepiléptica*, São Paulo, Casa do Psicólogo, 2011, p. 13-17.

23. Maternidade impossível: prefácio para Claudia Suannes, *A Sombra da Mãe*, São Paulo, Casa do Psicólogo, 2011, p. 7-12.

24. Márcia e seus fantasmas: relato de uma análise: prefácio para Lusimar de Melo Pontes, *Tornar-se mulher*, São Paulo, Zagodoni Editora, 2012, p. 7-9.

25. Silvia Alonso e a clínica do singular: resenha de *O tempo, a escuta, o feminino*, São Paulo, Casa do Psicólogo, 2011. Publicado originalmente na *Revista Brasileira de Psicanálise*, São Paulo, vol. 45, nº 4, 2011, p. 171-180.

26. Uma visão binocular de Bion: resenha de Luis Cláudio Figueiredo, *Bion em Nove Lições*, São Paulo, Escuta, 2011. Publicado originalmente na *Revista Percurso* nº 48, São Paulo, Instituto Sedes Sapientiae, 2012, p. 160-166.

Índice de obras e filmes

Nota do autor: *a lista a seguir arrola os artigos, livros e filmes mencionados neste livro, inclusive pelos autores comentados. Indico estes últimos a fim de facilitar a sua localização pelo leitor que assim o desejar.*

I. Obras e cartas de Freud

"A Psicanálise e a determinação dos fatos nos processos jurídicos", 473

Além do princípio do prazer, 380, 394, 445-448, 481-482

"Algumas consequências psíquicas da diferença sexual anatômica", 319, 496-499

As origens da Psicanálise (cartas a W. Fliess), 385, 500

Caso Dora, 414, 446-447, 481, 503

Caso Schreber, 157, 385, 499

"Charcot", 465-466

"Cisão do ego no processo de defesa", 385

"Construções em análise", 493

Estudos sobre a histeria, 413, 489

A Gradiva de Jensen, 157

O Homem dos lobos, 385-386, 414

O Homem dos ratos, 158, 375

A Interpretação dos sonhos, 313-314, 349, 395-396, 413, 424-426, 449, 499

"Luto e melancolia", 500

O ego e o id, 428, 499

"O estranho", 468

O mal-estar na cultura, 102

"O Moisés de Michelangelo", 9-10, 513

"O poeta e a fantasia", 214, 361

"Os dois princípios do funcionamento psíquico", 445

"Para introduzir o narcisismo", 311-312, 317, 499

"Projeto de uma psicologia científica", 490-491

"Psicologia das massas e análise do ego", 311

Psicopatologia da vida cotidiana, 413

"Recordações encobridoras", 387-388, 438

Três ensaios para uma teoria da sexualidade, 119, 224, 358, 453, 500

"Uma lembrança infantil de Leonardo da Vinci", 157, 490

"Uma neurose demoníaca no século XVII", 149

"Uma recordação infantil de Goethe em Poesia e Verdade", 157, 488

II. Obras de outros autores

Abelardo, P., *História das minhas calamidades*, 140

Adorno, T., e Horkheimer, M., *Dialética do Iluminismo*, 44

Alencar, J. de, *O Guarani*, 170-171, 180

Ali, A. H., *A virgem na jaula*, 67-68

Alighieri, D., *A divina comédia*, 179, 300, 304

Almeida Prado, D., "O teatro romântico", 180

Alonso, S., "Construção do analista", 487; *O tempo, a escuta, o feminino*, 487-505

Arantes, P., "O bonde da Filosofia", 262

Arendt, H., *Eichmann em Jerusalém*, 23, 35, 43, 56

Aristóteles, *Ética a Nicômaco*, 358; *Metafísica*, 411; *Retórica*, 146

Artières, M., "Menace d'objet et saisie du motif", 264

As mil e uma noites, 178

Aulagnier, P., *Les destins du plaisir*, 40-41, 122

Austen, J., *Orgulho e preconceito*, 180

Azevedo, B. H., *Crise pseudoepiléptica*, 465-471

Bacon, H., *Visconti: explorations of beauty and decay*, 236

Balzac, H., *A comédia humana*, 192

Baudelaire, C., *As flores do mal*, 94; "Qu'est-ce que le Romantisme?", 171

Bellini, V., *Norma* (ópera), 180

Benslama, F., *La psychanalyse à l'épreuve de l'Islam*, 67

Benton, J, "The personality of Guibert de Nogent", 141

Bessermann Vianna, H., *Não conte a ninguém*, 338

Bíblia, Gênesis, 256; Isaías, 232; Ruth, 256; II Samuel, 255

Bion, W. R., *Transformations*, 507-513, 521

Bizet, G., *Carmen* (ópera), 185

Bléandonu. G., *Wilfred Bion, la vie et l'oeuvre*, 511, 514, 518

Bloch, E., *O princípio esperança*, 410

Boccaccio, G, *Decamerão*, 91

Brun, D., "Scénarios de création, scénarios de substitution", 349

Carroll, L., *Alice através do espelho*, 219

Certeau, M., "Ce que Freud fait de l'histoire", 149

Chaucer, G., *Contos de Canterbury*, 150

Chauí, M., "Três em uma", 423

Christie, A., *A casa torta*, 222; *A ratoeira*, 218; *Autobiografia*, 219-220; *Assassinato no Orient Express*, 198; *Morte no Nilo*, 198; *O caso dos dez negrinhos*, 198, 218; *Retrato inacabado*, 221; *Um punhado de centeio*, 218; *Uma dose mortal*, 218

Conan Doyle, A., *O cão dos Baskerville*, 198; *O signo dos quatro*, 195; "O tratado naval", 196; *Um estudo em vermelho*, 192

Cromberg, R. *Cena incestuosa*, 244-248, 253-254; *Paranoia*, 383-388

Dehors, O., "Retours", 233-234, 239-245

Diagnostic and statistical manual (DSM-IV), 384, 467, 503

Duby, G., *Guillaume le Maréchal, ou le meilleur chevalier du monde*, 153-154, 159-164

Dumas, A., *Antony* (peça), 180

Elias, N., *O processo civilizatório*, 102

Espinosa, B., *Ética*, 188, 306; *Tratado teológico-político*, 51

Ésquilo, *Orestíada*, 233

Faverst, B. et al., "Eros no século XXI: Édipo ou Narciso", 187

Ferenczi, S., "Confusão de línguas entre os adultos e as crianças", 245

Ferraz, F. C., *Perversão*, 253

Figueiredo, L. C., *Bion em nove lições*, 507-521; *Elementos para a clínica contemporânea*, 398-399; "Presença, implicação e reserva", 409

Figueiredo, L. C., e Ulhôa Cintra, E., *Melanie Klein – estilo e pensamento*, 514

Flaubert, G., *A tentação de Santo Antônio*, 102; *Madame Bovary*, 180

Fonseca, R. O., "A constituição originária da rejeição em Bion e em Lacan", 519

Foucault, M., *A vontade de saber*, 94, 98; *As palavras e as coisas*, 175, 517; *Vigiar e punir*, 102

Freeman, A., *A arte do romance policial*, 198, 203

Frege, G., *Fundamentos da aritmética*, 518

Freire Costa, J., "Notas sobre a cultura somática", 96-97, 106

Gandillac, M., "O amor na Idade Média", 179

Gay, P., *A educação dos sentidos*, 102, 182

Girola, R., *A Psicanálise cura?*, 423-429

Goethe, W., *Os sofrimentos do jovem Werther*, 173; *Primeiro Fausto*, 266

Green, A., "Has sexuality anything to do with Psychoanalysis?", 467

Gurfinkel, D., *A pulsão e seu objeto-droga*, 389; *Do sonho ao trauma*, 398-396

Hampson, N., *Le siècle des Lumières*, 264

Hesse, H., *O jogo das contas de vidro*, 282

Heschel, A. Y., *A Torá revelada apreendida através das lentes das gerações de sábios*, 285-293

Horácio, *Arte poética*, 427

Huizinga, J., *Homo ludens*, 282

Ibn Arabi, *A interpretação dos desejos ardentes*, 178

Ibn Hazm, *O chamado do desejo*, 177

Jaguaribe, H., *Um estudo crítico da história*, 151

Joyce, J., *Ulysses*, 180

Kafka, F., *O castelo*, 58

Kahn Marin, I., *Violências*, 342

Kama Sutra, 91, 132, 169

Kant, I., *Crítica da razão pura*, 519

Keating, H., *Writing crime fiction*, 203

Kehl, M. R. "O que quer um homem?", 109; "Corpos estreitamente vigiados", 92, 101, 106; "Nunca fomos tão fetichistas", 108

Kierkegaard, S., "O erotismo musical", 94

Klein, M., "Notas sobre alguns mecanismos esquizoides", 514; "Some theoretical conclusions regarding the emotional life of the infant", 311

Klein, M. et al., *Developments in Psychoanalysis*, 514

Klemperer, V., *LTI – a linguagem do Terceiro Reich*, 35

Kracauer, S., *Le roman policier*, 200

Lacan, J., *De la paranoïa dans ses rapports avec la personnalité* (Caso Aimée), 474, 520; "Motivos do crime paranoico", 474

Langer, M. et al., *Cuestionamos I*, 488; *Cuestionamos II*, 488

Laplanche, J., e Pontalis, J. B., *Vocabulário de Psicanálise*, 321, 385

Lara, S. H., *Campos da violência*, 38

Lawrence, D. H., *O amante de Lady Chatterley*, 180

Lebrun, G., "A neutralização do prazer", 358; "Os dois Marcuse", 104; "Quem é Eros?", 102

Lênin, V., *Que fazer?*, 27

Leone, A., *Dialética teológica rabínica*, 285-293

Leopardi, G., *Ricordanze*, 237

Levisky, D., *Adolescência e violência*, 140; *Adolescência: pelos caminhos da violência*, 140; *Um monge no divã*, 140-166

Lipovestky, G., *A era do vazio*, 187

Lispector, C., "Ofélia e o pinto", 11, 297-256, 310, 328-329

Locard, E., *Policiers de roman et policiers de laboratoire*, 196

Machado de Assis, J., *Memórias póstumas de Brás Cubas*, 431, 452, 458

Major, R., "Uma rosa para o seu aniversário", 352

Marcus, S., "Introdução a Dashiell Hammett", 200

Marcuse, H., *Eros e civilização*, 104, 106

Marton, S., *A irrecusável busca de sentido*, 259-284

Marx, K., *O Dezoito Brumário de Luís Bonaparte*, 511

Masson, C., e Potier, R., "*Second Life: créer un corps et refaire sa vie sur internet*", 112

Mattoso, K., *Ser escravo no Brasil*, 38

McDougall, J., *Théâtres du je*, 449

536 ÍNDICE DE OBRAS E FILMES

Mead, M., *Coming of age in Samoa*, 161

Melo Pontes, L., *Tornar-se mulher*, 481-485

Menezes, L. C., *Fundamentos de uma clínica freudiana*, 373-388

Merleau-Ponty, M., "Le doute de Cézanne", 263; "Partout et nulle part", 515

Meung, Jean de, *Roman de la rose*, 176

Meyer, L., *Rumor na escuta*, 431-464

Meyer, N., *The seven per cent solution*, 197

Mezan, R., "A ilha dos tesouros, relendo *Der Witz*", 209, 360; "A recepção da Psicanálise na França", 336; "Adão e sua costela", 132; "Contra o minimalismo no mestrado", 270; "Desejo e inveja", 316; *Escrever a clínica*, 197; *Freud, a conquista do proibido*, 337; *Freud, pensador da cultura*, 337; "Homenagem a Conrad Stein", 342, 347; "O escuro dos olhos brilhou como um ouro", 316; "O mal absoluto", 255; *O tronco e os ramos*, 405; "Rumo à epistemologia da Psicanálise", 122; "Subjetividades contemporâneas", 152; "Traces durables d'une rencontre", 342, 348; "Três concepções do originário", 336, 341; "Um espelho para a Natureza", 145; "Violinistas no telhado: clínica da identidade judaica", 11

Migne, A., *Patrologia latina*, 140

Mijolla, S. de, "Le phénomène passionnel", 183; *Meurtre familier*, 217-226

Money-Kyrle, R., *Man's picture of his world*, 518

Monzani, L. R., "Discurso filosófico e discurso psicanalítico", 336

Moravia, A., *Il dio Kurt*, 255

Moreira, A. C., "A depressão em Freud e em Conrad Stein", 341

Mozart, W., *As bodas de Fígaro* (ópera), 181-182

Musil, R., *O homem sem qualidades*, 255

Narcejac, T., *Le roman policier*, 194-198, 200-210, 224

Nicolson, M., "The professor and the detective", 216

Nietzsche, F., *Assim falou Zaratustra*, 273; *Considerações inatuais*, 344

Nogent, G., *De vita sua*, 141-147, 153-164

Nunes, B., "A visão romântica", 171-176

Oelsner, M., *A linguagem como instrumento de dominação*, 35

Ovídio, *A arte de amar*, 91, 155, 169; *Metamorfoses*, 307-308, 323

Pereira França, C., *Ejaculação precoce e disfunções eréteis*, 129-133

Pick, D., "In pursuit of the Nazi mind", 475

Platão, *O Banquete*, 169; *Filebo*, 358; *Teeteto*, 411

Poe, E. A., "A carta roubada", 191; "A gênese de um poema", 194; "Método de composição", 194; "O mistério de Marie Roget", 191; "Os assassinatos da Rua Morgue", 191

Prado Jr., B, "A educação depois de 1968", 268; "Por que rir da Filosofia?", 283

Rapaport, E., "Adolf Eichmann: the travelling salesman of genocide", 475

Reimão, S., *O que é romance policial*, 191-202, 206-208

Romano, R., *Conservadorismo romântico*, 174

Rosenfeld, A., Prefácio de Guinsburg, J. (org.), *Entre dois mundos*, 55-60

Rosolato, G., "Le narcissisme", 313

Rouanet, S. P., *Teoria crítica e Psicanálise*, 105-106

Rougemont, D., *O amor no Ocidente*, 176; *Os mitos do amor*, 92, 95, 114, 176

Rousseau, J.-J., *La nouvelle Héloïse*, 173

Sade, Marquês de, *A Filosofia na alcova*, 251

Santo Agostinho, *Confissões*, 90, 146

São Tomás de Aquino, *Summa Theologica*, 305

Saramago, J., *Objecto-quase*, 393

Schneider, M., "La parole comme offre sensible", 362; "Le temps du conte et le non-temps de l'inconscient", 491

Scott, W., *Ivanhoé*, 180

Shakespeare, W., *As you like it*, 449; *Hamlet*, 145, 233; *Romeu e Julieta*, 171, 179

Shapiro, M., *Du style*, 441

Slavutzky, A., *Humor é coisa séria*, 224

Sófocles, *Electra*, 233

Stein, C., *As erínias de uma mãe*, 340; *Aussi, je vous aime bien*, 337, 348-349, 352-353; *La mort d'Oedipe*, 337, 348; *L'enfant imaginaire*, 326, 333, 337, 348-349, 363, 517; *O psicanalista e seu ofício*, 339

Stoller, R., *Perversion*, 253-255

Strachey, J., "Nota introdutória" a "O Moisés de Michelangelo", 513; "The nature of the therapeutic effect of Psychoanalysis", 405

Suannes, C., *A sombra da mãe: Psicanálise e vara de família*, 475-480

Symington, J. e N., *The clinical thinking of Bion*, 509-510, 520

Talmud, 285-288, 291-292

Telles, S., *Fragmentos clínicos de Psicanálise*, 411-421

Terêncio, *O carrasco de si mesmo*, 166

Tristão e Isolda, 93, 171

Uris, L., *Mila 18*, 20

Van Dine, S., "As regras do romance policial", 202, 207-208

Verdi, G., *A força do destino* (ópera), 180

Veyne, P., *Cómo se escribe la historia*, 158

Wikipedia, verbete "Charlie Chan", 199; verbete "Érotisme", 90

Winnicott, D. "Os objetivos do tratamento psicanalítico", 479

Zéfiro, C., "Catecismos", 91

Zeldin, T., *História íntima da humanidade*, 176-178

III. Filmes

9½ semanas de amor, 108

A coisa, 394

A lista de Schindler, 37

Antes da chuva, 489

Atração fatal, 108

Branca de Neve, 134

Cenas de um casamento, 133

Central do Brasil, 444

Deserto Vermelho, 444

Emmanuelle, 108

Gritos e sussurros, 489

Irina Palm, 110

Mr. Butterfly, 109

O império dos sentidos, 108

O leopardo, 227

O pianista, 25

O último tango em Paris, 108

Pequena Miss Sunshine, 489

Savage Grace, 110

Sonata de outono, 489

The seven per cent solution, 197

Traídos pelo desejo, 109

Vaghe stelle dell'orsa..., 227-258

Índice remissivo

Ab'Saber, Tales, 424
Abelardo, Pedro, 140, 153; e Heloísa, 144, 179
Abraham, Karl, 513
abuso sexual, 12, 244-248, 253-256
adicções, 390-396; ver *toxicomania*
acedia, 92, 144
adolescência, 12, 95, 140, 143-148, 181-183, 255-258, 499
Afrodite, 169
Aglauros, 307-309, 322
agressividade, contra a mãe, 387; e bioascese, 106; e humor, 207-215, 360-362; e inveja, 300-303, 315-318; e reparação, 144; na criança, 223-225
Al-Ahnef, Al-Abbas, 176
Alemanha, judeus na, ver *judeus*; na Segunda Guerra, 25-28, 33-34; no período nazista, 20-23, 43-45
Alexandre Magno, 48
Ali, Ayaan Hirsi, 47, 53-55, 63-65
Alighieri, Dante, 300, 304, 322

alienação, do analista a um mestre, 453-462, 494; contextualização como antídoto contra a, 9-10, 457-460, 493-494; e dessublimação repressiva, 100-106; na cultura do corpo, 98-101; na sociedade contemporânea, 98-101, 186-188, 502; segundo P. Aulagnier, 39-44; na juventude atual, 268; no trabalho intelectual, 275
Alonso, Silvia, 467, 470, 487-505
ambivalência, em relação à mãe, 242-243, 466; em relação ao pai, 161, 355, 362-365, 466
amor, como anseio pelo inatingível, 176; cortês, 178; de Eros e Psique, 234; de Tristão e Isolda, 93, 171, 179; e esperança, 180; e sexualidade, 89, 125-132, 164-166; entre pai e filha, 243; na Grécia antiga, 120, 168-169; na histeria, 466; no casamento,

126-130, 132-135; por si mesmo, 314-315; romântico, 170-181, 184; sublimado, 179; tipos de, 167-169
angústia(s), como estímulo para o pensamento, 434; da adolescência, 143, 181-182; de castração, 219, 405; de invasão, 253-255, 447; de morte, 217-226; de não saber, 217; de perda da identidade, 279; de perseguição, 220; de separação, 406-410, 437-438; e sexualidade, 68-70, 93, 98-100, 144; elaboração da, 434, 445-447; em crianças imigrantes, 63; frente à gravidez da esposa, 417; frente ao diferente, 69; frente ao feminino, 67-70; fundamentais, 11, 406, 426; na criança, 219, 248, 253-256, 313; no artista, 250-252; no casamento, 123-126; no intelectual, 266, 277-279; no leitor de romances policiais, 217, 221-225; no perverso, 253-255, 452; no processo analítico, 442, 509, 516; no psicanalista, 448-450; num pesadelo de A. Christie, 219-222; paranoides, 220, 224, 406-408; por não alcançar ideais inatingíveis, 182-187; segundo M. Klein, 311, 315, 417, 448
Anilewicz, Mordechai, 20
anorexia, 99, 101, 187, 503
Antíoco, 49
antissemitismo, e cristianismo, 54; na Alemanha, 27, 33; em *Vaghe Stelle...*, 232; na Europa do Leste, 23, 33; nos países ibéricos, 33, 58-60; nos territórios ocupados pela Alemanha, 29

Anzieu, Annie, 478
après-coup, 435, 437-439, 491-493
Arantes, Paulo, 262, 267-268, 458
Arendt, Hannah, 20, 56; sobre a adesão dos alemães ao nazismo, 35, 43; sobre a ideologia nazista, 25-27, 35; sobre o julgamento de Eichmann, 20-27, 32, 42-43
Aristóteles, 146, 358, 411
Arquimedes, 359
arrogância, 249; e *hybris*, 250
assimilação, das elites bárbaras à cultura helênica, 49; das elites coloniais à cultura europeia, 51; dos judeus à cultura ocidental, 55; dos judeus à cultura alemã, 57
Associação Psicanalítica Argentina (APA), 487
Association Psychanalytique de France (APF), 373
Ato Institucional nº 5, 267
Atwood, Clement, 402
Aufhebung (negação/superação), 432-437, 451-453
Aulagnier, Piera, 39-43, 122, 335, 493, 500, 520
Artières, Michel, 264
Auschwitz, 21, 32, 36, 228, 247
Áustria, anexada ao III Reich, 25-27; deportação dos judeus da, 27; emigração dos judeus da, 23
autoanálise, de Freud, 342; de L. Meyer, 432-437; e introjeção da função analítica, 445, 504-505
autobiografia, 260, 433-437
Azevedo, Berta H., 465-471

Bach, Johann S., 469
Bálint, Michael, 391, 400
Barenblitt, Gregorio, 505

Baudelaire, Charles, 94, 171
Bauleo, Armando, 488, 496, 505
Beauvoir, Simone de, 90
Bell, Alexander (médico), 196
Belzek, 32
Berger, Beatriz, 16
Bergson, Henri, 199
Berman, Marshall, 397
Bianchedi, Elizabeth, 448-450
Biggers Earl, 198
Bion, Wilfred, comparado a Lacan, 457, 519; comparado a C. Stein, 517; dificuldades no pensamento de, 457-458, 508-513; e a Filosofia, 508, 518; e Freud, 510, 515, 518; e M. Klein, 511-512; "intuição central" de, 515; na clínica atual, 400, 455-458, 508-510; na história da Psicanálise, 426, 508, 510-515, 520-521; na Sociedade de Psicanálise de São Paulo, 455-458, 513-515; noção de continente, 377, 426; noção de O, 509, 512, 516; noção de *rêverie*, 449, 499-501; processo analítico segundo, 508, 515-518; psicose como matriz clínica de, 457, 513-516; "transformação em alucinose", 509
Bléandonu, Gerard, 511-520
Bloch, Ernst, 410
Bollas, Christopher, 467
borderline, 399, 403, 407, 466
Broch, Hermann, 56
Brun, Danièle, 342, 349, 499
Brunswick, Ruth M., 386
Bulgária, 29
bulimia, 99, 101, 503
Byalistok, 44

Caffé, Mara, 475
Camões, Luís de, 150
Candido, Antonio, 458
capitalismo, mudanças no, desde a Segunda Guerra, 103, 501; segundo Marcuse, 104-106; estratégias pulsionais do, 106-108
Cardinale, Claudia, 227
Carr, Dickson, 201
casamento, angústias no, 124-126; culpa por falhar no sexo, 129-130; dependência recíproca dos cônjuges, 121-126; elementos infantis no, 123; fatores no vínculo, 118-123, 125-133; motivos de frustração no, 122-123; problemas sexuais no, 125-135
Cassirer, Ernst, 56
castração, complexo de, na mulher, 319; do homem pela mulher, 321-322; e inveja do pênis, 318-322, 393-395; na histeria, 466; no complexo de Édipo, 9-10, 253, 362, 405-408, 466; no funcionamento psíquico, 318-319, 398, 466-468; numa fantasia de A. Christie, 219-220
Caymmi, Dorival, 121
cena primitiva, ativada pela leitura de policiais, 225-226; e cinema, 110; e desejo de morte, 225-226
Cézanne, Paul, 264
Chan, Charlie, 199
Chandler, Raymond, 198, 206
Chanel, Coco, 95
Charcot, Jean-Martin, 196, 466
Chauí, Marilena, 16, 267, 277, 423
Checoslováquia, 28
China, 53, 169
Chopin, Frédéric, 469

cinema, e cena primitiva, 110; e erotismo, 106-111; oferecendo modelos identificatórios, 181--183; suscitando fantasias no espectador, 110; e Psicanálise, ver *Filmes* (Índice de obras)
cisão, 183, 245, 406-408, 502; e ex-cisão, 454; ver *dissociação*
ciúmes, 123, 183
Cliniques Méditerranéennes, 342, 348-349, 352, 362
complexo de Édipo, centralidade do, no psiquismo, 375, 390, 470; constância da estrutura do, ao longo da História, 164; fragilidade da figura paterna no, 161, 248-250; identificação com a mãe no, 143-145, 350, 362, 498; na constituição do sujeito, 405, 469; na histeria, 466-471, 502; na Idade Média, segundo D. Levisky, 163-166; na mulher, 240-243, 247-248, 318-319 (ver *histeria, maternidade*); no perverso, 253, 452; papéis da mãe e do pai no, 241, 362; rivalidade com o pai, 350, 362; ressentimento contra o pai, 282-283, 437; triunfo sobre o pai, 253, 360-362; variação das figuras empíricas no, em diferentes culturas, 164
Conan Doyle, A., 192-193, 196
Confrontation, 334
Congregação Israelita Paulista, 19, 44
consentimento informado do paciente para publicações, 14-16, 415-416, 481
Constantino (imperador), 51

Continental Op, 199
corpo, autoflagelação atual do, 98-103; cultura do, na sociedade contemporânea, 95-101, 105-106, 501-502; e autoerotismo, 93, 312; e histeria, 468-471, 502; e identidade, 97-98, 501; na psicossomática, 311-314; na publicidade, 90, 95-96, 502-504; relação da mulher com seu, 95, 98, 101, 469, 496-501
Cortázar, Julio, 284
Costa Pereira, Mário E., 384
Courtine, Jean-Jacques, 106
cristianismo, condenação do sexo pelo, 92, 178; conversão no, 50; sublimação do erotismo no, 93-94
Cromberg, Renata, 13, 244-248, 383-388
Cruz Costa, João, 266
Cruzadas, 33, 143
culpabilidade, ausência de, no predador psíquico, 251; como forma de controlar a agressividade, 102; e identificação projetiva, 406-408; e sexualidade, 98, 144; pela hostilidade contra o pai, 364; por falhas sexuais no casamento, 129-130
curiosidade, 189; infantil, 226
Curso de Psicossomática do Sedes, 89-90, 398

Da Vinci, Leonardo, 90, 118, 490
Dalbiez, Roland, 336
Darwin, Charles, 54
Debrun, Michel, 267
Declaração Universal dos Direitos do Homem, 52

defesa(s), conceito de, 64, 324; contra a inveja, 302; e angústias, 66-67, 170-189, 275, 401, 515-516; e falso *self*, 145, 265; e fantasias, 113, 221, 318, 324, 334-336; e identidade, 65; e pulsões, 67-68, 143-145, 302, 324-326, 401; formação reativa, 257, 418; nas patologias não neuróticas, 395-396, 401-408
Deleuze, Gilles, 278
Demônio(s), 144, 149, 159
Departamento de Filosofia da USP, 261, 266-270, 273, 280-283
Departamento de Psicanálise do Sedes, 334-336, 339-340, 489, 496
Departamento de Psicologia do Hospital das Clínicas (São Paulo), 465
depressão, 99, 129, 311-313, 341
desautorização (*Verleugnung*), 402-403, 408
desejo, atiçado pela publicidade, 90, 97, 106; consciente, 352; da mulher, 108, 176-179, 250, 393-395; de morte, na criança, 225-226; do homem, 108, 118; do indivíduo romântico, 170; e atração sexual, 121; e erotismo, 111, 114-115; e identidade, 97; e inveja, 298, 307, 315, 321-323; e sublimação, 93, 126, 357, 360; no bebê, 402; no casamento, 121-126, 130-135; realização integral do, 315, 439; sexual, 111-114, 117-123, 125-126, 144-146, 179-181, 248-252, 321-323, 393-395
dessublimação repressiva (Marcuse), 105-106, 115

dialética, do psiquismo, 452; na clínica psicanalítica, 452; na Filosofia, 280, 432
Dinamarca, 29
disfunções eréteis, reações da mulher, às do marido, 129-133; num paciente, 419-420
dissociação, 15, 38, 391-394; ver *cisão*
Döblin, Alfred, 56
Donnet, Jean-Luc, 494
Duby, Georges, 153, 159, 163
Dupin, Auguste, 191-196

ego, coesão do, 265, 272; colapso do, 393-396; dependente de circunstâncias histórico-sociais, 145, 162-166; e experiência de si, 490-491; e narcisismo, 311, 385; e objeto, 499-500; e sublimação, 364-367; e temporalidade, 490; falhas na constituição do, 393; ilusões do, 374; primitivo, 240
ego ideal, 312-318, 328, 492
Eichmann, Adolf, 22-25, 28-32, 42-43, 475
Einstein, Albert, 56
elaboração, 248, 264, 273-277, 324-326, 374, 434, 441, 490-491
Elias, Norbert, 102, 397
encenação (*enactment*), 409
epistemologia, das ciências humanas comparada à de outras disciplinas, 158-159, 260-262, 469; da Psicanálise, ver *Psicanálise*
erotismo, como "*cosa mentale*", 90, 118; como transgressão, 93; e amor romântico, 179, 184; e imagens, 89-90, 92-93, 96-98,

106-111; e pornografia, 91; e publicidade, 90, 106-107; e sexualidade, 89, 105, 169; entre pai e filha, 243-246; evolução histórica do, 92-96; origens do erotismo ocidental, segundo Rougemont, 92, 179; na Grécia antiga, 168-169; na perversão, 252-254, 452; na sociedade contemporânea, 95-98; pela internet, 112-115; segundo a Igreja, 92-93; sublimação do, 93-128
Eros, 169, 177; e Psique, 234, 238
Espanha, 33, 50
esperança, 384-386, 409-410
Espinosa, Baruch de, 51, 188, 305
esquizoidia, 394, 399, 403-404
estruturalismo, 262-263
experiência, da Psicanálise, 400-403, 494-496, 508-510, 515; de si, 397-398, 490-491, 515-516; impactante, 432-437

Fairbairn, Ronald, 394, 400, 404, 406, 514
fantasia(s), anais, 360; de completude/autarcia/onipotência, 314-318, 323-328, 360-364, 405-406; de castração, 362-364, 376-377; de fusão com a mãe, 326; de morte, 364, 384-386; de perseguição, 39, 67-70, 154-156, 220; de sedução pelo pai, na mulher, 241, 243; do intérprete, na Psicanálise aplicada, 11-13, 142; dos pais sobre os filhos, 405; e atividade intelectual, 179-181, 359-360; e ato, 243; e idealização, 320-321, 328-329; e sentimentos, 221-222; e sublimação, 359-360, 365; e trauma sexual, 243-247; expectativas de um cônjuge corresponder às do outro, 121-126; eróticas, 90-92, 110-111, 143-145; inconscientes, 122, 144, 218, 223-226, 245, 306-308, 313-316, 318-323, 360, 377-379, 405-408, 420, 484, 490, 496-498, 502-504; masoquistas, 416; na histeria, 503; narcísicas, 313-314, 360, 367; no leitor de romances policiais, 217-226; nos *chats* eletrônicos, 111-115; sádicas, 418-419; sobre a sexualidade da mãe, 143-146; sobre o feminino, 67-70, 108-113, 417-420; sobre o masculino, 110, 318-322; transferenciais, 378-380, 398, 415, 417
Fausto, Ruy, 267
Fédida, Pierre, 335, 339, 373, 386, 478, 493, 500
felicidade, 305-309
feminino, 14-16, 108-110, 247-248, 476-477, 482-485, 488-490, 496-501, 502-504 (ver *castração, complexo de Édipo, maternidade*); atitude dos muçulmanos frente ao, 67-70, 177; feminilidade como construção imaginária, 108-110
fenômenos transicionais, 394
Ferenczi, Sándor, 38, 245-247, 386, 390, 400-402
Ferraz, Flávio C., 254, 383
Ferro, Antonino, 442, 453
fetiche, 169, 454
fetichismo, da mercadoria, 106; do pé, 169; metapsicologia do, 393, 403; cisão no, 454

Feuchtwanger, Lion, 56
Figueiredo, Luís Cláudio, 397-410, 507-521
Filosofia, e Psicanálise, 392; e religião, no Iluminismo, 51-53; inserção da, no seu tempo, 262-265, 280; nominalismo medieval, 442, 468-469; relação da, com a vida do filósofo, 262-265, 272-275; segundo Merleau-Ponty, 515
Foucault, Michel, 94, 98, 102, 175, 278, 384, 397, 517
França, Caso Dreyfus, 55; durante a Segunda Guerra, 29; trovadores provençais, 94, 176-179; Psicanálise na, ver *Psicanálise na França*
Franck, César, 235
Franco Jr., Hilário, 142
Frank, Anne, 29
Frayze-Pereira, João A., 463
Freire Costa, Jurandir, 96-103
Freud, Anna, 38
Freud, Sigmund, autoanálise de, 342; como interlocutor do analista atual, 344, 375, 491; conceitos fundamentais de, 384-385, 424, 496; crítico da cultura moderna, 103; e a Psicanálise aplicada, 9-10, 148-150, 157; e a técnica analítica, 281, 413, 418, 424-425; e M. Klein, 498; entrelaçamento da clínica e da teoria em, 385, 390, 400-403, 424, 498-501; época de, diferente da atual, 397, 403-406, 465; identificação do psicanalista com, 342; influência sobre a cultura do século XX, 199; modelo estrutural-pulsional, 400-403; relação entre corpo e psique segundo, 119, 126-128; sobre agressividade e culpa, 102; sobre complexo de Édipo, 257-258, 390, 403; sobre criação artística, 213-214, 360-361; sobre dissociação, 391, 403-405; sobre fetichismo, 403-405; sobre histeria, 468; sobre idealização, 310-316; sobre inveja do pênis, 318-322, 497; sobre narcisismo, 311-314; sobre o feminino, 318-322, 477-479, 496-500; sobre o humor, 208-215, 359-362; sobre o prazer, 209-213, 357, 407; sobre paranoia, 384; sobre Psicanálise e Direito, 473-476; sobre pulsão de morte, 394; sobre recalque, 390-391; sobre recordações da infância, 405-406, 439-440; sobre regressão, 393; sobre sugestão, 493-496; sobre sublimação, 357-362; sobre transferência, 378, 405, 412-414; tipos de paciente atendidos por, 397, 401, 424
Fuks, Mario, 467

Gaboriau, Eugène, 192
galanteio, 125
Galende, Emiliano, 494
Gestapo, 26, 229, 238
Giannotti, Arthur, 267
Girola, Roberto, 423-429
Goethe, Johann W., 173, 266, 496
Gombrich, Ernst, 360
gozo, feminino, 498; segundo Lacan, 484
Granger, Gilles-Gaston, 267
gratidão, 133, 353, 368-369

Grécia/*gregos*, amor homossexual na, 120-121, 168; atitude dos, frente às culturas não helênicas, 48-49; formação da subjetividade na cultura grega, 97
Green, André, 7-10, 385, 400, 404, 467, 478
Gueto de Varsóvia, levante do, 20-22, 34, 44; localização do, 19-20; papel dos movimentos juvenis sionistas na revolta do, 27, 34
Guillaume le Maréchal, 152-154, 158-160, 163
Gurfinkel, Decio, 398-396

Habermas, Jürgen, 278
Haitzmann, Christoph, 149
Hammett, Dashiell, 198-200
Hartmann, Heinz, 514
Hegel, Georg W., 432, 470
Heidegger, Martin, 278
Heine, Heinrich, 19, 27, 41-43, 55
Heráclito, 237
Herder, Johann G., 171
Herrmann, Fabio, 449, 476
Heschel, Abraham Y., 285-293
Heydrich, Reinhard, 27, 30
Hilel, escola de, 291
Hipócrates, 384
histeria, 15, 149, 447, 465-471; complexo de Édipo na, 466, 502-504; e meio cultural, 466-471, 500-505; história da, 468-469; supostamente inexistente na atualidade, 467, 469-471; visão psicanalítica da, 466-471
História, e Psicanálise, 152-162, 440-447, 456-462, 467; curta, média e longa duração na, 150-153; século XVII, 50; século XVIII, universalismo e racionalismo no, 173; revoluções no, 51; século XIX, consequências da Revolução Industrial, 101-105, 173, 191-192; romantismo no, 173-176; ampliação do público leitor no, 183-184, 189-191; criminalidade no, 191-193; racionalismo no, 173, 192; século XX, ver *sociedade contemporânea*; singularidade e tipicidade no acontecimento histórico, 158-161
Hitler, Adolf, 30, 388
Hoffmannsthal, Hugo von, 55
Holanda, durante a Segunda Guerra, 27-28, 34; muçulmanos na, 48, 64-67; multiculturalismo na, 48, 62, 65-67; Reforma Protestante na, 51
Hölderlin, Friedrich, 171
Holmes, Sherlock, 195-198
Homem dos Lobos, 386
Hornung, Ernest W., 202
House, Dr., 197
Husserl, Edmund, 56

Ibn Hazm, 177-178
ideais, na sociedade contemporânea, 98-101
ideal, de fusão com o ser amado, 123-125, 183; de harmonia entre vida e trabalho, 267-268, 270-273, 282-283
ideal do ego, 222, 367, 432, 492-494
ideal/imperativo, de gozar, na cultura contemporânea, 100-106, 187, 501-502

idealização, conceito de, 310; da mãe, 145; da mulher, no romantismo, 177; do "aqui-e-agora", 441, 490-491; do mestre, pelos adeptos de uma teoria, 455-460, 493-495, 521; do parceiro conjugal, 121-125; dos professores da USP, 267; e narcisismo, 311-316; metapsicologia da, 310-316; na inveja, 310, 317-323
identidade, conceito de, 58-62; abalada pela assimilação, 58; abalada pela imigração, 58, 65-68; e corpo, 97, 101-103, 499-502; e memória, 490; feminina, 477-478, 496-500; formação da, na cultura burguesa, 97; formação da, na Grécia antiga, 96-98; formação da, na sociedade contemporânea, 98-101, 501-503; e pertinência a grupos, 59-60, 146, 150-153; no perverso, 252, 257; reorganizada na puberdade, 147, 255; social, 275
identificação, a modelos sociais, 11, 97-104, 398; alienante, 453-462; ao agressor, 38, 245-248; com a mãe, 143, 242, 350, 354, 362, 384-386, 477, 498; com o analista didata, 461, 495-496; com o filho, 354-357; da filha com o pai, 484; do aluno com o professor, 266-271, 349-351; do analista com Freud, 342-343; do espectador com o filme, 110, 238; do pesquisador com seu objeto de estudo, 275-276, 434-435; e sublimação, 349-352, 357, 365-369; identificações, frágeis na sociedade contemporânea, 98, 186-187, 397-398, 403-405, 501-504; na formação da identidade, 60-62, 151-153; na histeria, 466-468, 470, 483-485; 502
identificação projetiva, 377, 406, 435-437, 441, 446, 514
ideologia, na sociedade contemporânea, 104-106; transformação da teoria psicanalítica em, 454, 462
Igreja, reformas no século XI, 143-145 (ver *cristianismo*)
Iluminismo, 51, 70, 173, 188
imagens, autônomas em relação ao referente, 99; e erotismo, 90-96, 106-115, 451, 491; na atividade intelectual, 423-424, 426-427, 429, 440-442; na interpretação psicanalítica, 376-381, 415-420, 451, 491; na publicidade, 90, 95-96; na sociedade do espetáculo, 99, 463, 501; no cinema, 106-111, 239; ligação essencial da fantasia com as, 110; saturadas, 520
imigrantes, desestabilização da identidade nos, 60-63; formas de convivência entre os, 62; integração dos, à sociedade hospedeira, 47, 58, 62-67, 69-70; manutenção da coesão e das tradições entre os, 60-63; situação psicológica dos, 58-62; valorização da sociedade hospedeira quanto à cultura dos, como reforço narcísico, 62-66
imperialismo europeu, origens do, 51; e descolonização, 51-55; e racismo, 53-55

incesto, com a mãe, 326-328; entre irmãos, 12, 229-232, 238, 242, 250-252, 255-258; entre pai/padrasto e filha, 238, 243-248; horror do, 326-328
inconsciente, causalidade no, 377, 413, 416-420, 436, 442-441, 445-448, 450-453, 469-471, 477-479, 490, 499-501, 511-513; conflito entre pulsões e defesas, 144, 401, 405-408, 425, 441-445, 448-450; dinâmico, 405; e infantil, ver *infantil*; e música, 351-356; e temporalidade, 377-379, 417-419, 431-439, 490-493; fantasias inconscientes, ver *fantasias*; funcionando em paralelo à consciência, 218, 240, 256, 318-321, 481-485; na histeria, 468, 502-504; objetos no, 144, 161-166, 240-243, 253-255, 305-308, 313-316, 319-323, 360, 379, 393-395, 405-408, 448, 468, 502-504; no discurso do paciente, 377, 398-400, 416; papel do Édipo no, ver *complexo de Édipo*; pensamento inconsciente, 304-308; pulsões no, 218, 302, 405-408; segundo W. Bion, 515-516, 520
indivíduo, como categoria política, 57
infantil, e inconsciente, 377, 412, 418; onipotência, 9, 184, 250-255; inerência do, na psique adulta, 15, 123, 164-166, 184-186, 220, 377, 412, 418, 431-435, 479; segundo C. Stein, 343
Inglaterra, Psicanálise na, ver *Psicanálise na Inglaterra*; Revolução Gloriosa, 51; Reforma Protestante na, 50-51
inibição, para criar, 321; sexual, 132-133
Inquisição, em Portugal, 50; na Espanha, 33, 50
interpretação, de uma recordação encobridora, 437; e construção, 379, 414-420; importância da, na história do paciente, 379, 442-448; na Psicanálise aplicada, ver *Psicanálise aplicada*; no processo analítico, 342-343, 376-379, 414-415, 442-447, 448-452
intolerância, 62; à frustração, 100-101, 105; em relação a teorias diferentes da do analista, 456-464
inveja, características da, 133, 298-256, 328-331; do pênis, 318-322; e agressividade/ódio, 300, 302-308, 315-318; e desejo, 297-300, 303, 315; e idealização, 310, 315-318, 320-323; e impossível, 322-327; e identificação projetiva, 406-407; e narcisismo, 316-324; e olhar, 300, 308-311, 317, 324; função defensiva da, 327; metapsicologia da, 256, 311-328; objeto da, 256-308; reação do invejado à, 330; segundo Ovídio, 308-310
Isaacs, Susan, 428
Israel, Lucien, 468
Iugoslávia, 26

Japão, 52
judaísmo, *Agadá* (lendas), 286-291; diversidade de correntes no, 242-243; experiência religiosa

no, 285; *Halachá* (lei), 285-289, 292; papel da mãe nos rituais do, 438; pensamento judaico, 285

judeus, "Conselhos Judaicos", 26-27, 36; contribuições dos, à cultura alemã, 23, 55; Emancipação dos, 54-57, 285; Holocausto, 21-22, 27-33, 39, 43-45; integração dos, à sociedade alemã, 24, 53-57; na Alemanha nazista, 22-25, 27-30; na França, 53-55; na Idade Média, 285; na Inglaterra, 54; na Polônia, 25-30, 32-33, 43-44; reações dos, frente ao antissemitismo, 33; situação durante a Segunda Guerra, 20-22, 25-28, 33-38, 43-45; situação psicológica dos judeus assimilados, 55-62

Jung, Carl G., 428, 473

Kafka, Franz, 55
Kant, Immanuel, 509, 519
Kehl, Maria Rita, 92, 101, 106-108
Kernberg, Otto, 375, 400, 494
Kierkegaard, Sören, 94
Klein, Melanie, escola kleiniana, 319-321, 453-455; influência na Argentina, 487; influência na França, 374; influência no Brasil, 342-343, 459; modelo metapsicológico de, 400, 426, 441, 448; na clínica atual, 400, 404, 412, 417; noção de mundo interno, 438, 448; na história da Psicanálise, 400, 404, 426; sobre agressividade, 311, 315; sobre fantasias paranoides, 220, 315; sobre gratidão, 133; sobre idealização, 315; sobre ligação da menina com a mãe, 498-499; sobre paranoia, 386; sobre projeção, 220; técnica kleiniana, 417, 439-441, 448-450

Klemperer, Otto, 56
Klemperer, Victor, 35
Kohut, Heinz, 429
Kraepelin, Emil, 384
Kraus, Karl, 55
Kretschmer, Ernst, 384

Lacan, Jacques, *Caso Aimée*, 474, 520; comparado a Bion, 457, 519; estágio do espelho, 317-318; na clínica de um não lacaniano, 417-419; inconsciente segundo, 375; psicose como matriz clínica de, 457, 520; retorno a Freud, 334, 375; sobre agressividade, 317-318; sobre narcisismo, 317; sobre paranoia, 386, 474
Langer, Marie, 488, 496, 505
Laplanche, Jean, 118, 157, 467, 500
Lasch, Christopher, 98
Le Guen, Claude, 341
Lebrun, Gérard, 102-103, 267, 358
Leclaire, Serge, 386
Leibniz, Gottfried W., 518
leitura, trabalho da, 9-14, 262-265, 273-275, 277, 508, 515-516, 518-520
Leopardi, Giacomo, 229, 234, 237
Levisky, David, 140-166
Lincoln, Abraham, 277
Lipovetsky, Gilles, 98
Literatura, gêneros na:, caso clínico, 481-484; confissão, 141, 159; panegírico, 153; memorial aca-

dêmico, 260, 277; policial, ver *romance policial*; influência dos modelos ficcionais no comportamento, 181-182; permanência dos temas ao longo da História, 179-181; segundo E. A. Poe, 193
Little Jack Horner, 353-356, 366
Lubetkin, Tzivia, 20
Luís XIV, 30
Lupin, Arsène, 197
luto, do corpo infantil, 146; trabalho de, 271, 282

Macambira, Yvoty, 197
Machado de Assis, José, 150, 260-261, 431-432, 452, 457-458
Madre Cristina, 334
mãe, narcisismo maligno da, 477--479, 484, 504; reconciliação com a, 240; ver *complexo de Édipo, identificação, histeria, maternidade, ódio*
Maidanek, 32
Major, René, 334, 352
Mandelbaum, Belinda, 447
Mantegna, Andrea, 262
Marcuse, Herbert, 102, 104-105
Marlowe, Philip, 199
Marton, Scarlett, 259-284
Marty, Pierre, 393, 395
Marx, Karl, 103, 432, 511
Masson, Céline, 112
maternidade, 15; conflitos da mulher sobre, 248, 477-478; desafetação na, 477-479; e feminilidade, 477-479, 499-501; e narcisismo, 477, 498, 501-504; mitos sobre a, 476-477, 501
Maugüé, Jean, 266

McDougall, Joyce, 335, 344, 364, 404
medo, 220-221, 224
melancolia, 500 (ver *acedia, depressão*)
Melo Pontes, Lusimar, 483-485
Meltzer, Donald, 436, 445, 447
Menezes, Luís Carlos, 373-381
Merleau-Ponty, Maurice, 263, 392, 515
metapsicologia, conceito de, 256, 353-356; conflito psíquico, 256, 405; da elaboração, 434-437; da idealização, 310-314; da inveja, 256, 311-328; do narcisismo, 310-318; da sublimação, 357-362; do fetichismo, 393; e psicopatologia, 398-395, 402-405; kleiniana, 436-449; modelos estrutural-pulsional e objetal na, 400-405; operando na escuta do analista, 376-381, 412-420, 448-450, 466, 469, 494, 509, 518-520
Metzadá, 21
Meyer, Luiz, 431-464
Mezan, Eleonora, 351, 353, 354, 366
Mezan, Francisco, 351, 354-357
Mezan, Renata, 20
Milosevic, Slobodan, 388
Money, John, 502
Money-Kyrle, Roger, 518
Montaigne, Michel de, 380
moralistas franceses, 274
muçulmanos, atitude frente às minorias conquistadas, 50-51; fundamentalismo religioso, 53, 63-67; na Holanda, 48, 63-70
multiculturalismo, 48-50, 57, 62-65
música, 350-357; em *Vaghe Stelle...*, 237

Nabuco, Joaquim, 433-435
nacionalismo, 53
narcisismo, conceito de, 311; de morte, 316, 380; dos imigrantes, 66; e autoimagem, 9, 98-100, 311, 315-316, 502; e castração, 10, 319-322; e criação artística, 360; e ideais culturais, 144; e idealização, 311-323; e perversão, 251-253; e sexualidade, 122; infantil, 184, 248-252, 362; maligno, da mãe em relação à filha, 477-479, 484, 498, 504; na constituição do ego, 386; na sociedade contemporânea, 98--101, 105-106; no criminoso, 222-223; transtornos narcísicos, 405-408
Narciso, 312, 317
Natureza, visões diversas da, no racionalismo e no romantismo, 174
nazismo, extermínio de "raças inferiores", 54; ideologia do, 25-27, 41-44; Leis de Nuremberg, 23-24; Noite dos Cristais, 24; perversão da língua alemã pelo, 35-38; políticas do, em relação aos judeus, 22-30; SS (*Schutzstaffel*), 26, 28, 36, 110-111; "solução final", 19, 22, 27, 31, 35
negação (*defesa*), 41, 65-67, 183, 432, 441-445
negação (*dialética*), 432
Nero, 326
Nietzsche, Friedrich, 199, 259, 271, 278-282, 344
Nogent, Guibert de, 140-147, 153--166
nominalismo, medieval, ver *Filosofia*; na Psicanálise, 442, 469

Novalis (Friedrich von Hardenberg), 171
obediência, a leis e governos estabelecidos, 28-30
objeto, da inveja, 303-306, 321, 327; da Psicanálise, ver *Psicanálise*; do texto clínico, 482; e ego, 500; e narcisismo, 311-316; e *self*, segundo M. Klein, 445, 448; e suporte, 306, 319; e pulsões, 315-317, 300-256, 500; idealizado, 310-317, 321; mau, 401-403, 406, 447-448; na vida psíquica do bebê, 402, 405; transicional, 394
obsessividade, obsessões, 158, 272
ocidentalização, nos países colonizados pelos europeus, 53
ódio, à mãe, 241, 387-388; contra o irmão, 247, 250, 418-420; contra o objeto, 253, 315-316; da mãe pelo filho, 341; e inveja, 304, 316-318; na identificação projetiva, 406-407; na paranoia, 386-388; na perversão, 253; na transferência de Dora, 447, 462; no bebê, 402; no complexo de Édipo, 419-420
onipotência, 158, 184-186, 222-223, 250, 257, 313-318, 325, 406
originário, 387-388
Ovídio, 92, 152, 155, 169, 307-309, 323

paixão amorosa, 94, 126, 184-185
Palmares (quilombo), 38
Panteão (Roma), 49
paralaxe, visão em (Heschel), 15, 288, 293

paranoia, 383-388
patologias, contemporâneas, 15, 230-233, 399-402, 403, 408, 499--504; do caráter, 407; da realidade, 407
pedofilia, 243, 452-453
Pellegrino, Hélio, 318
percepção, 392, 408
Pereira França, Cassandra, 129-130
perversão, 222-223, 253-254; objeto coisificado na, 253; ódio e erotismo na, 253
Petrarca, Francesco, 179
Piaget, Jean, 518
pilpul, 288
Pinheiro Passos, Cleusa, 284
Pirandello, Luigi, 131
Platão, 102, 358, 411
Pohl, Oswald, 31
Politzer, Georges, 336
Polônia, 19, 25, 27-28, 434, 437
Pontalis, Jean-Bertrand, 493
pornografia, oposta ao erotismo, 91; pela internet, 115; no século XIX, 98
Potier, Rémy, 112
Prado Jr., Bento, 267-268, 283
prazer, circuito do, 209-216, 360; de funcionamento, 360; de pensar, 266; e erotismo, 90; na criança, 349, 364-367; na leitura de policiais, 190, 202-209, 222-223; na música, 350-353, 358, 365-366; na sociedade contemporânea, 101; no casamento, 122-125; na sublimação, 223, 359; narcísico, 121-124, 360, 367, 447; preliminar, 213; segundo Aristóteles, 358; segundo Freud, ver *Freud*; segundo Platão, 358; sexual, 90-94, 96-98, 101, 105-108, 111-114, 118-128, 132-133, 143-146, 156, 168-169, 176-178, 184-187, 213-215, 238-258, 419-420, 469-471, 482-484, 498-499
predador psíquico, 251
processo(s) psíquico(s), e longa duração, 150; na adolescência, 147; nível arcaico nos, 398, 401, 405-408, 417-420; nível edipiano nos, 392, 398, 405-406; interferência do primário na atividade intelectual, 117-118, 423-424, 429
produção intelectual, 13, 263-265, 267-277, 154-156, 424-427, 457-462, 469-471, 477-479
Programa de Estudos Pós-Graduados em Psicologia – PUC/SP, 341, 352, 465, 478, 483, 508
projeção, 12, 183, 220, 239, 310, 316, 321-323, 419, 502
pseudoepilepsia, 466-468
Psicanálise, conceito de escola de Psicanálise, 448; dificuldades na escrita de relatos clínicos, 481-484; e Direito, 473-476; e pós--graduação, 268-270, 484-485; e psicoterapias, 345; epistemologia da, 158-162, 390-393, 408, 469, 482-484, 517-518; história da, 384-387, 390-393, 400-401, 423-426, 427-429, 459-462, 513-516; método psicanalítico, 281, 300-303, 309-311, 415-420, 447-452, 462-464, 468-470; objeto da, 8, 156-159; sexualidade, segundo a, 119 (ver *prazer sexual, pulsões, sublima-*

ção); traços de estilo na escrita da, 386-387, 392-393, 408-410, 432-434, 440-442, 450-452, 455-457, 477-479; visão da, sobre o ser humano, 256, 401, 427-429, 462-464
Psicanálise aplicada, a um conto de J. Saramago, 393; à evolução de Sandra (*Vaghe Stelle*), 238-242, 247-248; à personalidade de Gianni (*Vaghe Stelle*), 248-253, 257; à personalidade de Guibert de Nogent, 143-147, 161-166; a personagens de Central do Brasil, 444; a uma dança hindu, 387; critérios da interpretação na, 12, 141-143, 243, 257, 328-329; contextualização na, 11-13, 163, 190-192, 232-233; contratransferência na, 154-155; diferença frente à Psicanálise clínica, 9-11, 157; generalização na, 159-162; legitimidade da, 8-13; método da, 8-13, 150-153, 232-233, 243-245, 263-265, 501-502; princípios da, 7-13, 501; problemas da, 142-143, 146-150; revista *Imago* dedicada à, 7
Psicanálise como prática terapêutica, conceito de cura na, 423-426; diagnóstico na, 468; diferenças teóricas e técnicas na, 442-445; dificuldade de dar conta da, segundo Bion, 508, 512-513; efeitos da vida contemporânea sobre a, 98-100, 105-106, 340-342, 397-398, 408-410, 488-490; experiência da, ver *experiência*; interpretação na, 347-348, 376-381, 440-452, 468-469, 469-471, 508-509; livre associação na, 473, 490; na perícia judicial, 475; no tratamento da histeria, 468-471, 484-485; papel da teoria na, 14-16, 374-376, 393-395, 400-403, 406-408, 424-427, 435-437, 439-440, 448-450, 469-471, 484-485, 494-496, 504-505; processo analítico, 346, 378, 386-388, 393, 400-403, 415-420, 442-444, 461-464, 482-485, 490-493, 508-510; reação terapêutica negativa, 409; resistências no, 485, 493, 495; situação analítica, 345, 404, 424-427; temporalidade na, 490

Psicanálise e Psiquiatria, 344, 384, 390, 465-467, 502

Psicanálise – exemplos clínicos, complexo de Édipo na Idade Média, 161-166; de causalidade múltipla, 491; de contratransferência, 154, 446; de elaboração, 434-437; de histeria, 468-471, 482-485; de rejeição à realidade, 66, 69-70, 519; de eficácia da interpretação, 376-381; de mães desafetadas, 477; de ódio contra a mãe, 386-388; de uma interpretação equivocada, 441-445; na análise de um artista, 359-360; na análise de um homem, 416-420; na análise de uma mulher, 379-381; nos *Estudos sobre a Histeria*, 489

Psicanálise na Argentina, 336, 487-488

Psicanálise na França, 334-337, 344, 373-377, 520

Psicanálise na Inglaterra, 400, 424-427, 510-511, 515-516, 520
Psicanálise no Brasil, 14, 270, 334, 337-340, 373, 398, 455-458, 520-521
psicanalista, análise didática/pessoal do, 456, 460-464, 488-496, 504-505; ataques do paciente ao, 407; como suporte da transferência, 495, 504; contratransferência, 398-403, 409, 446, 463, 476, 483; efeitos da fala do, 342-343, 362, 376-381, 484-485; escuta do, 376-377, 415-420, 442-441, 448-452, 462, 476, 491, 495; ética nas publicações, 414-417, 481; formação do, 373, 489; identificação do, com Freud, 342; identificação do, com o paciente, 347; iniciante, 345-346, 385, 426, 468, 488, 507-508; narcisismo do, 492-496; necessidade da troca com colegas, 488, 494; necessidade de circular entre as escolas, 404, 419-420, 460-464; necessidade de conhecer a história da Psicanálise, 401, 426-429, 495; pertinência a instituições analíticas, 453-455, 460-464, 493-494; posição do, na sociedade atual, 379-381, 493-494; raciocínio clínico do, 324-326, 347-348, 379-381, 411-412; risco de alienação no, 453-455, 493
Psicologia do ego, 404
psicopatia, e criminalidade, 222-225, 473-474
psicopatologia psicanalítica, 383-386, 398-392, 402-408, 425

psicossomática, 105, 392
pulsões, e adicções, 394; e defesas, 401-402; e desejos, 118; e objetos, 118-126; independentes de época e lugar, 11, 151

Queen, Ellery, 201

Rabi Akiva, 288
Rabi Ishmael, 288
Rachmaninoff, Sergei, 469
racismo, 54
Raffles, 202
recalque, repressão, 15, 106-108, 132, 148-150, 183, 390, 403-406, 466-471
recordação encobridora, 438
Reforma Protestante, 50
regressão, 393
rejeição (Verleugnung), ver *desautorização*
religião, segundo Heschel, 285; visão religiosa da doença, 427-428
repetição, 235, 237
ressentimento, contra a mãe, 242; contra o pai, 351-353, 362-364
Ribeiro, Marina, 508
Rivière, Joan, 409
Rojas, Waldo, 284
Roma, atitude dos romanos frente às religiões do Império, 50
romance policial, exemplos atuais do, 200-203; modelo americano do, 198-202; modelo inglês do, 196-202; origens do, 191-193; popularidade do, 190, 206; prazer na leitura do, ver *prazer*; regras de construção do, 193-196, 202-205; segundo Narcejac, 205-210

romântico, sentidos do termo, 170-173; sensibilidade romântica, 171, 185-186; origens da atitude romântica, 173-175
Romantismo (movimento), 11, 94, 169-176
Rosenfeld, Herbert, 317
Rússia, 30, 33, 53, 57-58
Sandler, Paulo Cesar, 16, 510
Santa Teresa de Lisieux, 429
Santo Agostinho, 90, 140, 146
Santo Anselmo, 165
São Bernardo de Clairvaux, 179
São Tomás de Aquino, 305
Saramago, José, 393
Sartre, Jean-Paul, 336, 432
Saussure, Ferdinand de, 519-520
Schelling, Friedrich, 174
Schemberg, Mario, 277
Schiller, Friedrich, 171
Schlegel, August e Karl, 171
Schleiermacher, Friedrich, 171
Schlick, Moritz, 518
Schnaiderman, Regina, 16
Schneider, Monique, 362-363, 491--493
Schubert, Franz, 351
Schwarz, Roberto, 452, 458
Second Life, 112-113
Segunda Guerra Mundial, aspectos militares, 25-27, 31-33; Bion na, 513; judeus na, ver *judeus*; resistência nos países ocupados, 26-28
Serres, Michel, 272
sexualidade, dispositivo da, segundo Foucault, 94, 98; e amor, 90, 120-128, 183-186; e degeneração, 94; e erotismo, 90, 102, 107; e libido, 312; e narcisismo, 121, 123; e sublimação, 126, 357-362; feminina, 109, 318-322, 477, 496-504; infantil, 320-324, 466; masculina, 108-109, 415-417; na adolescência, 145, 155, 250-252, 499; na Grécia Antiga, 120; na sociedade contemporânea, 98--103, 105-115; na cultura do século XIX, 93, 96; no casamento, 124-135; permeada pela relação ao outro, 120-126; segundo D. Meltzer, 447
Shakespeare, William, 145, 171, 179, 233, 449
Shamai, escola de, 291
Shapiro, Meyer, 441
Shine, Sidney, 475
simbolização, capacidade de, 376--377, 390, 395, 418-419
sionismo, atitude dos sionistas frente às Leis de Nurenberg, 24; movimentos juvenis sionistas no levante do Gueto de Varsóvia, 27, 34; visão sionista da história judaica, 39
Sobibor, 32, 44
Sociedade Brasileira de Psicanálise de São Paulo (SBPSP), 334-335, 373, 454-461
sociedade contemporânea, características da, 103-108, 186-188, 397-398, 502-504; cultura do corpo, 96-100, 186-187, 501-504; efeitos da, na prática analítica, 103-106, 186-187, 398-404, 504; emancipação das mulheres, 95; formas de controle social na, 103-106; ilusões da, 100-101, 106, 428; fragilidade

do ego na, 105-106, 186, 393-395, 398, 467, 489, 502, 504; fragilidade dos ideais na, 105, 397; influência das ideias psicanalíticas na, 93-95; insegurança na, 398; liberalização dos costumes, 95, 98, 186-187, 501-502; mediocridade na, 282; moral do entretenimento, 100, 106; papel da publicidade, 96-101, 501-504; questionamento da autoridade, 95, 186; relações afetivas na, 398; revolução sexual, 95, 105-108, 502-504; subjetividade na, 96, 98, 397-400, 427-429, 499-504

sonho(s), análise baseada em, 445-447; colapso do sonhar, 394-396; de jovens abusadas sexualmente, 246; da criança que arde, 349; de um homem, 445; de uma mulher, 450-452; na constituição da cena clínica, 391

Souza Leite, Márcio P., 384
Spade, Sam, 199
Stalingrado, 44
Stein, Conrad, 16, 333-348, 352-354, 366-369
Stoller, Robert, sobre gênero, 502; sobre perversão, 252-254
Stolorow, Robert, 402-405
Strachey, James, 405, 513
subjetividade, codeterminação pela cultura, 141, 148, 151, 397-400, 498-501; constituição da, 392-393, 400-405, 492-493; formação da, na Grécia Antiga, 97; formação da, na sociedade burguesa, 97, 102; formação da, na sociedade contemporânea, 98, 102-104, 499; presença da, no trabalho intelectual, 266-267, 273

sublimação, conceito de, 105-106, 126-128, 357; como maneira de superar angústias, 359, 364-365; da agressividade, no humor, 207-217; da agressividade, no romance policial, 206-210, 213-220, 223-226; do erotismo na arte medieval, 93, 178-179; da libido em ternura, 126; e criação, 357, 359-362, 365; e desejo, 360; e música, 357, 362--363; e pulsões, 357, 361, 367; na encruzilhada de vários processos psíquicos, 367

Suécia, 29
sujeito, como foco de energia e atividade, 175, 185; constituição do, 405-408, 469-471, 489-493, 498-501; e sexualidade, 184; sujeito-quase, 393; na relação pais/filhos, 405-408
superego, 11, 104, 151-153, 249-253, 368
supervisão, 343, 495, 504
Symington, Joan e Neville, 509-510, 513, 520
Sztulman, David, 19-20
Sztulman, Sima, 19

Taleban, 388
Tamburrino, Gina, 508
Teixeira, Lívio, 266
Telles, Sergio, 411-421
tempo, temporalidade, elaboração e integração do passado, 247; passado comodelando o presente, 233-235; no processo analítico, 490-492 (ver processo analítico)

ternura, entre esposos, 127; entre pai e filha, 244
tolerância, à frustração, 515; como valor cultural, 289-292; limites da, 63-64; no mundo antigo, 49; origens no resultado das guerras de religião, 49-51
toxicomania, 392-393 (ver *adicções*)
transferência, 378-381, 485, 504; "aqui e agora", 414-420, 442-445, 490; de Dora, 447; na análise didática, 460-461; na paranoia, 386; na situação analítica clássica, 375, 401-402, 404, 408; relação da, com o infantil, 337, 412-415
trauma, desencadeando uma histeria, 484-485; diferente da situação traumática, 452-455; e abuso sexual, 238-240, 243-245, 253; e triunfo, 253; e recordação encobridora, 438; e pedofilia, 253, 452; elaboração do, 402; na infância do futuro perverso, 253-255
Treblinka, 32, 44
Trillat, Eugène, 468
Tristão e Isolda, 93, 171, 179
Turquia, 53

Ulhôa Cintra, Elisa, 514

Varsóvia, 20, 25-27
Veyne, Paul, 158-160
Viderman, Serge, 335

violência, do Outro, 395-396; na inveja, 305-308; na paranoia, 388; na sociedade atual, 398; sexual, 244
Voltaire, 423
Vygotsky, Lev, 518

Wagner, Richard, 94
Weimar, 279
Winnicott, Donald W., conceitos fundamentais de, 426; contribuição para a prática clínica, 387, 391-393, 400, 408-410; e M. Klein, 392, 424, 453; e Merleau-Ponty, 392; e pulsão de morte, 394; ilusão segundo, 283; influência na França, 374; mãe suficientemente boa, 500; noção de colapso psíquico, 394-396; noção de crença, 392; dissociação segundo, 391-393; relação da sua obra com a de Freud, 391-393; sobre o tratamento analítico, 479-480; sobre paranoia, 386; sobre regressão, 393
Wittgenstein, Ludwig, 520

Yom Kipur, 290

Zaltzman, Nicole, 429
Zeitgeist (espírito do tempo), 397
Zweig, Arnold, 56
Zweig, Stefan, 56